Mauern einreißen!

Anke Domscheit-Berg

Mauern einreißen!

Weil ich glaube,
dass wir die Welt verändern können

Anke
10.03.2014

HEYNE <

Der Verlag hat sich bemüht, alle Rechteinhaber ausfindig zu machen,
verlagsüblich zu nennen und gegebenenfalls auch zu honorieren.
Sollte dies im Einzelfall bedauerlicherweise einmal nicht möglich gewesen sein,
wird der Verlag begründete Ansprüche selbstverständlich
branchenüblich berücksichtigen.

Aus Gründen der Einheitlichkeit wurde auch bei älteren Briefen und
Tagebucheinträgen die neue Rechtschreibung gewählt.

MIX
Papier aus verantwortungsvollen Quellen
FSC® C014496
FSC www.fsc.org

Verlagsgruppe Random House FSC® N001967
Das für dieses Buch verwendete
FSC®-zertifizierte Papier *EOS*
liefert Salzer Papier, St. Pölten, Austria.

www.heyne.de
Redaktion: Andrea Kunstmann
Umschlaggestaltung: Eisele Grafik-Design, München,
unter Verwendung eines Fotos von Kay Blaschke
Fotos in den Tweets auf den Seiten 190–192 mit freundlicher Genehmigung
von Hans-Christian Plambeck
Satz: Vornehm Mediengestaltung GmbH, München
Druck und Bindung: GGP Media GmbH, Pößneck
Printed in Germany 2014
ISBN 978-3-453-20042-5

Gewidmet all jenen, die den Willen und den Mut haben, auf irgendeine Weise und an irgendeiner Stelle die Welt jetzt oder in der Zukunft etwas besser zu machen. Mögen sie erfolgreich sein, Unterstützung und Anerkennung finden und immer zahlreicher werden!

Die Möglichkeiten der eigenen Freiheit
werden natürlich vom Willen der anderen
eingeschränkt, doch erscheint mir wichtig,
darauf hinzuweisen, dass Unfreiheit
immer die Folge innerer Feigheit und Passivität ist,
das Resultat fehlender Entschlusskraft
zu einer eigenen, der Stimme des Gewissens
entsprechenden Willensäußerung.
ANDREJ TARKOWSKIJ

The most common way people give up
their power is by thinking they don't have any.
ALICE WALKER

Inhalt

Teil 3
Hierarchien einreißen – wie Demokratie auf Augenhöhe funktioniert 203

Vorwort

Warum ich dieses Buch geschrieben habe

Ich bin in der DDR aufgewachsen, ich bin eine Frau, und ich bin ein politisch denkender und engagierter Mensch. Drei Gründe, warum ich in meinem Leben schon gegen allerlei Mauern angerannt bin – Mauern, die uns als Individuen und als Gesellschaft im Fortschritt behindern. Ich habe aber auch schon die eine oder andere Mauer (mit) eingerissen und möchte diese prägende Erfahrung mit meinen Leserinnen und Lesern teilen, vor allem jedoch die Erkenntnis, dass es immer Grund zur Hoffnung gibt, auch da, wo es auf den ersten Blick nicht danach aussieht.

Darum ist dies ein persönliches Buch geworden – es enthält viele eigene Erlebnisse, vor und nach dem Mauerfall, aber auch meine Überzeugungen, wie wir unsere Gegenwart und Zukunft gestalten sollten.

Dieses Buch möchte auch Antworten geben auf Fragen, die mir immer wieder gestellt werden, wenn ich bei Vorträgen oder Workshops über mein Leben oder die Themen, die mir wichtig sind, spreche und dazu viele kleine Geschichten erzähle. Es lag wohl auch an diesen Geschichten, dass ich in den letzten Jahren immer häufiger gebeten wurde, doch ein Buch zu schreiben. Ich schreibe sehr gern, hin und wieder auch für Medien, meist sind das aber Fachartikel, vor allem über transparente Politik und Verwaltung.

Doch ein Buch, noch dazu ein sehr persönliches – das ist etwas anderes, dafür braucht es mehr Zeit, mehr Muße und mehr Mut. Es ist ein Unterschied, ob man ganz neutral über die Forderung nach mehr Chancengleichheit in deutschen Führungsetagen schreibt oder über eigene, teils haarsträubende Erlebnisse, die man als Frau und Mutter in deutschen Führungsetagen aushalten musste. Das heißt dann auch, über Beziehungen zu schreiben, über die eigene Familie, über Freundschaften, über Gutes daran und über Schwieriges. Wer aber über Persönliches schreibt, gibt viel von sich preis. Das macht verletzbar und ist ein Risiko.

Im Herbst 2012 verfasste ich für die *FAZ* schon einmal einen persönlichen Text: Ich schrieb über den Wende-Film *Der Turm* und spannte darin einen Bogen zu meinem Leben und dem meiner Familie. Zu dieser Zeit war ich schon seit Monaten im Gespräch mit dem Heyne Verlag, die Buchidee war bereits konkreter geworden. Die außerordentlich positive Resonanz auf den *FAZ*-Artikel gab mir dann den letzten Push. Ich wagte das Risiko, mich, mein Leben und meine Vergangenheit transparenter und damit auch angreifbarer zu machen. Ich möchte so einen Beitrag leisten für den überfälligen kulturellen Wandel hin zu einer offenen, partizipativen und geschlechtergerechten Gesellschaft.

Dieses Buch enthält viel Autobiografisches und Erlebnisse Dritter sowie zugleich Erkenntnisse aus Studien und Forschung, weil ich glaube, dass genau diese Kombination meinen Leserinnen und Lesern hilft, scheinbar individuelle Probleme zu erkennen als Probleme, die strukturelle und gesellschaftliche Ursachen haben und weit über den Einzelfall hinausgehend relevant sind. Auf der Basis des aktuellen Forschungsstandes verbunden mit Erlebtem lassen sich auch Lösungsideen überzeugender vermitteln.

Aber worum soll es konkret gehen? Wie eingangs beschrieben, möchte ich vor allem Fragen beantworten. Sie betreffen zum Ersten meine Biografie:

Wie war denn das Leben in der DDR? Hatten Sie Kontakt mit der Stasi? Wie haben Sie den Mauerfall erlebt? Wie haben Sie als Ostfrau den Westen erlebt?

Andere Fragen befassen sich mit meiner Forderung nach mehr Geschlechtergerechtigkeit, nach dem Einreißen gläserner Decken, die Frauen am beruflichen Fortschritt behindern, zum Beispiel: Wieso fordern Sie mehr Frauen in Führungspositionen, man kann doch Frauen, die keinen Bock auf Karriere haben, nicht dazu zwingen? Wozu ist die Quote gut, und ist das nicht eine neue Diskriminierung von Männern? Warum ist im Osten Deutschlands der Anteil von Frauen im Management viel höher, aber der Gehaltsunterschied viel kleiner als im Westen? Ergreifen Frauen nicht selbst die falschen Berufe und landen deshalb im Niedriglohnsektor und auf dem Abstellgleis? Wie haben Sie es geschafft, in einem männerdominierten Umfeld Karriere zu machen – trotz Kind? Wie können alle Frauen die gläsernen Decken durchbrechen?

Und schließlich gibt es häufig Fragen zu meinem zweiten Spezialthema, der Forderung nach einer Öffnung des Staates, nach dem Einreißen von Barrieren, die wir heute zwischen Staat und BürgerInnen jeden Tag beobachten können: Welche Ursachen haben sie, und wie kann Transparenz und mehr Bürgerbeteiligung daran etwas ändern? Bedeutet mehr Bürgerbeteiligung nicht die Abschaffung der repräsentativen Demokratie? Wie können Bürgerinnen und Bürger sich mehr einmischen und mehr Rechte erhalten? Wie sieht ein Politikstil aus, der zukunftsfähig ist? Was bedeutet es für das Verhältnis von Bürgern und Staat, wenn Bürger einen gläsernen Staat wollen, aber nicht bekommen, und andererseits der Staat aus uns gläserne Bürger machen möchte und seit Jahren am Ausbau der Massenüberwachung arbeitet? Welche Gefahren liegen in der Nutzung der Werkzeuge eines totalitären Staates für die Demokratie, und wie kann man sie bannen?

Über alle Themen hinweg war für mich die Mutter aller Fragen jedoch stets die folgende: Warum lohnt es sich immer, für die eigenen Ziele zu kämpfen, selbst wenn die Chancen auf die erhoffte Veränderung gering scheinen? Wie nährt man Hoffnung und Energie auch in aussichtslos scheinenden Fällen?

Wenn Sie sich für die Antworten auf all diese Fragen interessieren, freue ich mich sehr, denn dieses Buch habe ich geschrieben, um andere dafür zu begeistern, Mauern und Barrieren einzureißen.

Viel Spaß beim Lesen,
Anke Domscheit-Berg

Teil 1

Den Eisernen Vorhang einreißen –
Wie ich den Zusammenbruch der DDR erlebte

Die erste Mauer fällt

Als in Berlin die Mauer fiel, war ich 21 Jahre alt. Ich studierte Textilkunst in Schneeberg/Erzgebirge und wohnte in einem Studentenwohnheim im nahe gelegenen Schlema, das einmal eine Unterkunft für Bergarbeiter des Uranbergbaus der Wismut war. Von den 2000 Becquerel im Wohnheim merkten wir nichts. An die hässlichen Halden, die die Gegend verunstalteten, hatten wir uns längst gewöhnt. Genauso wie an die Unisextoiletten, durch die hin und wieder eine Ratte rannte, die Gemeinschaftsküche, die so aussah, wie Gemeinschaftsküchen aussehen, wenn sie sich 35 Studenten teilen müssen, oder die geöffneten Briefe, die der Hausmeister vom Wohnheimschließfach in der Post holte und in unsere Fächer verteilte.

Vertraulichkeit war ein seltenes Gut in der DDR. Unser einziges Telefon befand sich im Erdgeschoss der zweistöckigen Baracke, am Ende eines Ganges, im einzigen Gemeinschaftsraum. Er war völlig leer und diente uns entweder für Partyzwecke oder einmal in der Woche als Studio für das Aktzeichnen. Dieses Telefon klingelte selten, und wenn, dann lange, bis sich irgendjemand erbarmte, den Hörer abnahm und auf die Suche nach der Angerufenen ging – der Anruf war ja fast nie für einen selbst. Wir konnten nur angerufen werden, selber anrufen ging nicht. Dafür mussten wir zu einer Telefonzelle laufen.

Am Abend des 9. November 1989 malte ich Selbstporträts für das Fach Naturstudium, nebenbei lief das Radio, und zu jeder vollen Stunde kamen die Nachrichten. Bei den Abendnachrichten trocknete mir die Farbe am Pinsel – diese Meldung konnte nicht wahr sein! Eine Stunde später saß ich vor dem Radiorekorder, hatte schon eine Audiokassette eingelegt und drückte auf Aufnahme.

Ich wollte einen Beweis dafür, dass die DDR-Nachrichten wirklich von freiem Grenzübertritt für jeden DDR-Bürger gesprochen hatten – nur falls es später mal als Versehen deklariert worden wäre. Diese Aufnahme habe ich später immer wieder angehört.

An diesem Abend hätte ich so gern jemanden angerufen und vor allem mit meinen Eltern gesprochen. Meine Mitbewohnerinnen waren nicht da, ich platzte vor Mitteilungsbedürfnis. Doch mal war die Telefonzelle besetzt, mal das Telefon meiner Eltern. Meine Gefühle an diesem ersten Abend der Grenzöffnung waren durchaus ambivalent. Reisefreiheit! Das war großartig! Aber gleichzeitig sah ich darin das Aus für die große Vision eines demokratischen Sozialismus. Dafür hätte es weiterhin massiven Druck auf der Straße gebraucht, Montagsdemos mit Tausenden von Menschen, wie es sie in den vergangenen Wochen und Monaten gegeben hatte. In den eigenwilligen Selbstporträts, die ich an jenem Abend des 9. November schuf, drückte sich auch meine Enttäuschung über das frühe Ende der Revolution aus.

Es war ja klar, was Heike DDR-Bürgerin jetzt am meisten interessierte: eine Reise in den Westen. Gucken, wie es drüben ist. Sich freuen über die neue Freiheit. Sie auskosten. Ich war da keine Ausnahme. Der nächste Tag war nur noch Enthusiasmus und die Erkenntnis von etwas viel Größerem. Als ich um Mitternacht dieses historischen Tages in mein Tagebuch schrieb, mischten sich bedrückende Gedanken wegen der nun noch stärkeren Massenflucht mit der Begeisterung über die Reisefreiheit – und es stellte sich mir zum ersten Mal die Frage, wer sich diese Freiheit eigentlich ökonomisch leisten kann. Mir wurde klar, dass eine offene Grenze noch lange nicht heißt, dass man überall, wo man hinmöchte, auch hinfahren kann.

Davon, dass sogar die Mauer noch in dieser Nacht gefallen war, hatte ich jedoch nichts mitbekommen. Die aufgeregten Stakkatosätze, die ich in der Nacht vom 9. auf den 10. November in mein Tagebuch schrieb, zeugten von Freude, aber auch Trauer und von der ungläubigen Begeisterung, dass man von nun an mit nur ein bis drei Wochen Antragsfrist *ohne Grund* in den Westen fahren durfte. Ausreisen sollten sogar innerhalb von 24 Stunden möglich sein. Ich beklagte die vielen Ausreisenden, die jede Stunde unser Land verließen. Zum ersten Mal schrieb ich auch davon, gerade Zeitgeschichte zu erleben. In dieser Nacht beschloss ich, eine Studienunterbrechung zu beantragen, um in der Produktion oder im Gesundheitswesen auszuhelfen, weil alles überall zusammenbrach, weil überall die Leute abhauten in den Westen. Ich fing an zu träumen, wo ich überall hinwollte, zu Freunden in die USA, nach Frankreich oder nach Tunesien. Ich schrieb als letzten Satz: »Ich habe Sehnsucht, überallhin, um wiederzukommen.«

Am Morgen des 10. November strahlte mich im Gemeinschaftsbad ein Kommilitone an: »Na, was sagst du zu unserem Sieg?« Ich wusste nicht, was er meinte, und hörte erst von ihm, dass Menschen einfach so über die Grenze gehen. Ich nenne es »Mauerschwund« in meinem Tagebuch, in dem ich am 13. November mein erstes freies Wochenende beschrieb (alle im Folgenden mit* markierten Namen habe ich geändert):

Tagebuch, Montag, den 13.11.89, 11:15 Uhr, Hauptbahnhof

Ich fass es noch gar nicht, vor 1 Stunde genau setzte ich mich in die S-Bahn Charlottenburg ... kam von der Rikki, wo ich ein Wochenende gelebt hatte. Ein so volles. Wahnsinn, unbeschreiblich, Herrgott, gib mir Worte, das Maß an Emotion auszudrücken – unmöglich. Versuchen? [...]

Ich renne zum Radio und höre es selbst, jeder darf rüber, wie er will. Unfassbar. Ich bin mit Gerlinde* gleich zur Polizei und in 1 Stunde hatten wir das Visum. Der Tag war gelaufen. Kein Fatz Entwurf gemacht. Frühstück mit Gerlinde gefeiert, ein Likörchen getrunken. Angerufen zu Hause und die Eltern zur Polizei geschickt. Kunstgeschichte geschwänzt und heimgefahren. Am Samstag früh mit Auto los zum neuen Übergang Bernauer Straße – Brunnenstraße, der Vater drängelte sich rein, wir standen 1 Stunde, die Schlange war endlos, es ging ständig vorwärts. Nur Ausweis hochhalten. Ringsherum aufgebrochene Mauern, Bauarbeiter, Grenzer. Ich strahle einen an – auch die freuen sich jetzt, trotz Stress. Auf der Mauer saßen Westberliner Jugendliche, klatschten und winkten, mir standen auch Tränen in den Augen. Überall die Westberliner, lachend, winkend, X Fernsehteams (vielleicht sah mich Melinda* [meine amerikanische Brieffreundin]). Eine Frau verteilte Nimm2, andere Rosen, weiß und rot, Kaiser verteilte Kaiserkaffee und Schokolade – wir suchten einen Bus und fuhren dann per S-Bahn zur Rikki. Mittags waren wir da. Ein Taumel, so viele Leute. Schon die Busse sind viel schöner, die Mauer so bunt, »sauer macht lustig, Mauer macht frustig«, schöne Sprüche überall. [...] Die Zeit verrennt. Die Eltern fuhren dann heim, ich schaute mit Rikki noch Landkarten an. Melinda wohnt nördlich von New York, gar nicht so weit. Boston ist auch in der Nähe. [...] Ich freue mich so auf die Reise! Padua ist ganz dicht bei Venedig – ein Traum! In Amsterdam habe ich sogar die Helmerstraat von W. entdeckt, eine lange Straße. Amsterdam macht einen feinen Eindruck. [...] Ich wollte ja schon gestern Abend nach Leipzig kommen, komme ich eben heute. [...] Zur Demo schaffe ich es noch. Heute Abend wollen wir feten.

Am 11. November um 11.11 Uhr hatten wir die Mauer mit Tausenden anderen passiert, es war ein einziges Gewühl. Ich habe noch nie so viele Menschen so glücklich gesehen! Free Hugs gab es überall, aber auch Sekt und Gummibärchen.

Die Filmemacherin Rikki Kalbe, von der in meinem Tagebuch die Rede ist und die wir besuchten, war eine Freundin meiner Mutter, die in Charlottenburg wohnte. Meine Eltern fuhren abends nach unserem ersten italienischen Essen zurück, ich blieb zwei Tage, machte Pläne und saugte Eindrücke auf wie ein Schwamm, insbesondere aber dieses Gefühl des Zusammengehörens und der gemeinsamen Euphorie. In einem kleinen Schuhladen auf dem Kurfürstendamm hatte eine Verkäuferin Blechkuchen und Kaffee für die Ossis hingestellt. Die ganze Nacht habe sie gebacken, meinte sie glückstrahlend und bot mir Kuchen an. Ich freute mich sehr, aber fand es zugleich seltsam, dass man mir offenbar ansah, dass ich aus der DDR kam. Vielleicht war es ja der Blick. Wie die meisten Ossis bin ich mit dem Entdeckerblick kleiner Kinder durch Westberlin gelaufen, habe auf jedem Quadratzentimeter Überraschungen erlebt und über die kleinsten Dinge gestaunt. Besonders bemerkenswert war zum Beispiel ein türkischer Gemüsestand, in dem es im November nicht nur alle möglichen mir bekannten Obstsorten jenseits der Saison gab, sondern auch seltsame Früchte, die wie kleine runde Tiere aussahen, weil sie ein Fell hatten oder Stacheln.

Am frühen Abend stand ich mit meiner Mutter auf der Mauer hinter dem Brandenburger Tor. Jemand hatte ein Bettgestell oder ein Stück Zaun an die Mauer gelehnt, das wir als Leiter benutzten. Von unten schob man uns, und von oben zogen uns viele Hände hoch. Da oben, mit Hunderten anderer euphorisierter Menschen auf der Mauer stehend, habe ich es zum ersten Mal verstanden: Die Mauer ist weg. Wir haben gewonnen! Wir sind frei!

Es gab auch keinen Zweifel daran, dass es nie wieder, nie wieder so werden würde wie früher. Uns sperrt nie wieder einer ein! Dieses Gefühl plötzlich unbegrenzter Freiheit habe ich in mir bewahrt. Die Erinnerung an diesen Abend kann ich inzwischen jederzeit wiederbeleben. Ich brauche diese Erinnerung als Energiequelle, wenn ich scheinbar aussichtslose Ziele verfolge. Es ist das Kostbarste, was ich aus der Zeit der DDR mitgenommen habe: die Erkenntnis, dass es aussichtslose Ziele nicht gibt.

Alltag in der DDR vor der Wende

Nabelschnüre in den Westen

Die Freiheit in der DDR war so ein aussichtsloses Ziel für mich. Aber für die Erkenntnis, dass ich in einem Land lebe, das zensiert, einsperrt, bevormundet, überwacht und bedroht, habe ich Jahre gebraucht. Nur langsam lernte ich seine Schattenseiten kennen. Langsam bekam ich Angst. Langsam entwickelte sich der Widerstand – trotz Angst, trotz Aussichtslosigkeit.

Als 1961 die Mauer gebaut wurde, war ich noch sieben Jahre lang nicht auf der Welt. Die gesamte Familie meiner Mutter lebte im Westen, ihr Bruder war Lehrer in Kiel, alle anderen lebten in Schwaben. Meine Mutter hatte in Leipzig Germanistik und Kunstgeschichte studiert, dort gab es die besten Professoren – und auf einmal eine unüberwindliche Grenze. Meine Oma aus Stuttgart habe ich dreimal gesehen, meine Mutter durfte sie nicht einmal auf dem Sterbebett besuchen. Trotzdem waren wir privilegiert durch Westpakete, die vor allem in der Vorweihnachtszeit ungewohnte Gerüche im ganzen Haus verbreiteten. Orangeat, Kaffee, Schokolade – diese Pakete waren der reinste Luxus für alle Sinne. Sogar Radiergummis hatten Kaugummigeruch.

Aber durch Westkontakte lernte man auch einige andere Seiten der DDR eher kennen. Briefe erreichten uns geöffnet. Nicht alle Pakete mit der obligatorischen Aufschrift »Geschenksendung, keine Handelsware« kamen an. In der Telefonleitung knackte es seltsam, und vermutlich hatte das keine technischen Gründe. Die Stasi hörte mit. Wahrscheinlich immer, jedenfalls haben wir immer damit gerechnet. Manchmal erwähnte ich die vermuteten Abhörer sogar explizit, wenn es wieder einmal verdächtige Geräusche gab: »Da knackt wieder die Stasi mit den Fingern, pass auf, was du sagst.«

Immerhin *hatten* wir ein Telefon – das Privileg meines Vaters, der Arzt war und Bereitschaftsdienst hatte. Aber einfach mal die Oma oder den Onkel im Westen anrufen, das ging nicht. West-Ost-Telefonate musste man anmelden und dann darauf hoffen, dass die Verbindung innerhalb der nächsten 24 Stunden zustande kam. Also 24 Stunden nicht das Haus verlassen, immer auf den Anruf lauern, in die Speisekammer, in den Keller nur rennen, die Dusche verschieben, keine Zeitung auf dem Klo lesen. Wenn der Anruf nicht kam, dann hatte es halt nicht geklappt, dann musste man erneut einen Anruf anmelden.

Nicht so einfach – Berufswahl in der DDR

Ernster wurde es jedoch, als ich in die 11. Klasse der Erweiterten Oberschule (EOS) in Strausberg ging. Ich liebte Fremdsprachen, sprach Russisch und Englisch fließend, aber mein Herz schlug für die romanischen Sprachen. Ich hatte, unterstützt durch eine großartige Lehrerin, Französisch gelernt, mir etwas Spanisch selbst beigebracht und träumte nun davon, an der Humboldt-Universität in Berlin Romanistik zu studieren. Dort stellte ich mich vor und wurde gründlich desillusioniert. An der EOS hatte man mir noch erzählt, mit einem Einserabitur könnte ich praktisch alles studieren. Die Wahrheit in der DDR sah anders aus. An der Humboldt-Uni bekam ich in etwa Folgendes zu hören: »Romanistik? Das bilden wir im nächsten Jahr gar nicht aus, ist nicht im Plan, da werden gerade keine gebraucht. Dolmetscherstudium? Das gibt's zwar, aber die Sprachen stehen erst nach Studienbeginn fest, da kann man nichts wählen, und romanische Sprachen kommen da bestimmt keine dran. Am wahrscheinlichsten sind wohl Englisch und Chinesisch, da gibt's eine Mangelversorgung. Haben Sie Westverwandtschaft? Einen Onkel? Hm. Bei Sprachen des kapitalistischen Wirtschaftsraumes ist das ein Hinderungsgrund. Aber Sie könnten dieses Formular hier unterschreiben, in dem Sie sich von Ihrer Verwandtschaft lossagen und versichern, jeglichen Kontakt für immer abzubrechen. Dann wäre das möglich. Aber Sie dürfen dann auch nie zu Ihren Eltern fahren, wenn dort Westbesuch ist, keine Anrufe, keine Briefe, nichts. Überlegen Sie es sich.«

Ich habe es mir überlegt, ungefähr eine halbe Sekunde lang. Wieder einmal war ein Schleier gefallen, der mich das wahre Gesicht der DDR besser erkennen ließ. Es war mein Land, und ich liebte es für viele Dinge. Aber ich hasste die Unfreiheit, die Restriktionen und die Überwachung. Ich hasste Vorschriften wie die gegen meine Westverwandtschaft. Ein anderes Studienziel musste her. Niemals würde ich so ein Papier unterschreiben.

Für die Studienlenkung an der EOS war längst klar, was ich studieren sollte. Mit besten Noten in allen naturwissenschaftlichen Fächern schien ich ideal geeignet, den eklatanten Mangel an Informatikern decken zu helfen. Verschiedenste Gespräche mit den Agitatoren hatten nur dieses eine Ziel – mich zum Informatikstudium zu bewegen. Dazu hatte ich keine Lust. Es war 1985, coole IT war mir noch nicht begegnet, nicht einen einzigen Computer hatte ich bis dahin gesehen. Physik war eines meiner Lieblingsfächer, aber mein Physiklehrer riet mir schweren Herzens davon ab – ich sei die beste Physikschülerin, die er je hatte, aber die besten Physiktalente, die würde man in der DDR ins Atomprogramm stecken. Wenn mir das egal sei, dann könne ich es ja machen. Wenn das für mich nicht infrage komme, solle ich mir lieber etwas anderes überlegen. Ich weiß nicht, ob seine Annahme stimmte, aber er war ein kritischer Geist und hatte häufig Insiderwissen. Auf Atomwaffen und AKWs hatte ich keine Lust. Mir war gerade am allermeisten nach einem Beruf mit maximaler Freiheit und minimalen Vorschriften. Die Enge der DDR fing an, mich immer stärker zu stören.

Als Kunstwissenschaftlerin war meine Mutter im Bezirk Frankfurt/Oder zuständig für die angewandten Künstler. Wenn die lokalen Keramikerinnen, Holzkünstler oder Textilgestalterinnen eine Ausstellung hatten, dann schrieb meine Mutter dazu die Katalogtexte oder Rezensionen für Zeitungen und hielt die Eröffnungsreden in den Galerien. Viele dieser Künstler lebten im Oderbruch, in alten Bauernhöfen, wie Anka Goll, die in Güstebieser Loose, ein paar Meter von der Oder entfernt, noch heute einzigartige Kunstwerke aus Keramik erschafft und aus deren Atelier auch einige Bilder stammen, die heute als Lieblingsbilder bei uns zu Hause an der Wand hängen. Für ihre Arbeit musste meine Mutter die Künstler in ihren Ateliers besuchen. Während meiner ganzen Kindheit und Jugend waren diese Besuche immer ein besonderes Vergnügen. Wir zwei Töchter begleiteten meine Mutter oft, und auf uns beide haben diese Besuche lebensverändernd gewirkt. Meine Schwester liebte es, schöne Dinge entstehen zu sehen, und wurde später Goldschmiedemeisterin. Noch heute trage ich ausschließlich den wunderschönen Schmuck meiner Schwester.

Auch mich haben das schöpferische Gestalten und der Entstehungsprozess eigener Kunstwerke fasziniert. Selbst etwas Neues erschaffen, das hat etwas Göttliches, und wenn es gelingt, macht es glücklich. Aber mindestens genauso wie die Kreativität und das Gestalten beeindruckte mich damals die in meinen Augen absolute Freiheit der Künstler. In ihren abgeschiedenen Höfen konnten sie im Grunde machen, was sie wollten. Es gab keine Chefs, keine festen Arbeitszeiten, keine Urlaubsregelungen. Die meisten Künstler, die wir besuchten, lebten von der Hand in den Mund, aber offensichtlich frei und unabhängig. Der Verband der Kunst sorgte für regelmäßige Einnahmen. Es verhungerte keiner, auch ohne Taxifahren.

Diese Freiheit war natürlich relativ, denn allzu kritisch durfte Kunst nicht sein. Aber aufsässige Keramikkunst oder Schmuckgestaltung sind selten, wenn auch nicht ganz ausgeschlossen. In Fürstenwalde staunten wir einmal nicht schlecht, als sogar in einer öffentlichen Galerie auf einem Tisch jede Menge kleiner, blau-weiß gestreifter Keramikschweine in Sparschweingröße ihre Nasen durch einen Zaun nach draußen streckten oder deprimiert in der Erde wühlten. Brisant wurde diese kleine Installation durch die vielen fantasievoll und bunt gestalteten Keramikschweine, die außerhalb des Zauns in Freiheit herumtollten. Jeder Betrachter erkannte sofort, für wen diese Schweine standen und welche Art Schwein auch ihn oder sie repräsentierte. Ich verstehe heute noch nicht, warum die Zensur dieses vielsagende Kunstwerk öffentlich ausstellen ließ. Die Galeriebesucher jedenfalls waren begeistert, gerade wegen der klaren Aussage. Sie grinsten sich gegenseitig an, stießen sich in die Rippen, hielten sich vor Staunen den Mund zu. Aber das war eine seltene Ausnahme. Systemkritik und damit Restriktionen waren häufiger in der bildenden Kunst zu finden. Für mich waren die angewandten Künste die freieste Form der Erwerbstätigkeit in der DDR. So wollte ich auch leben und arbeiten! Schönes schaffen, frei und unabhängig sein. Informatik – nein danke.

Die Studienlenkung an meiner Oberschule war sehr unglücklich, als ich ihnen meinen Studienwunsch mitteilte. Perlen vor die Säue werfen sei das. Verschwendetes Talent, das die sozialistische Volkswirtschaft so dringend bräuchte. Auch wenn immer wieder zu hören ist, in der DDR sei die Studienplatzlenkung allmächtig gewesen – so war es eben doch nicht. Es gab viele andere Gründe, aus denen man nicht das studieren durfte, was man wollte – in erster Linie etwa der »mangelnde Bedarf«, der darauf zurückzuführen war, dass es die Planwirtschaft auch bei Studienplätzen gab und daher viele Wunschstudienplätze nicht in der nötigen Zahl zur Verfügung standen. Das ist zwar im Kern auch heute so, aber dennoch war dieser Effekt zu DDR-Zeiten von viel stärkerer Wirkung. Auch politische Gründe gab es, die die freie Studienplatzwahl unfreier gestalteten. Wessen Eltern als Widerständler galten oder wer schon selbst im Alter von 17 nennenswert negativ aufgefallen war, der oder die hatte bei begehrten Studienplätzen schlechte Karten.

Einen tragischen Fall erlebte ich in meiner Abiturklasse. Einen meiner Klassenkameraden bewunderte ich für seine Ausnahmebegabung in Mathe und Physik. Er war wie geschaffen für ein Forscherleben, er würde bestimmt Großes erreichen! Als ich mit ihm darüber sprach, dass er doch bestimmt Physik studieren würde, schaute er traurig und antwortete, dass er das zwar am liebsten wolle, aber nicht dürfe. Er müsse Offizier werden, seine Eltern legten Wert darauf. Ich hatte eine Weile auf ihn eingeredet: wie egal doch die Meinung seiner Eltern sei, wenn es um seine Zukunft, seine Talente und Leidenschaften geht, und dass es doch sein Leben sei und nicht das seiner Eltern! Es hat mich unendlich aufgeregt, und ihm war anzusehen, wie sehr es ihn bedrückte, nicht frei zu sein in seiner Berufswahl. Er versprach, noch mal darüber nachzudenken. Wir redeten nicht weiter darüber, und ich dachte erst wieder daran, als mir bei einem Frühstück Wochen später meine Eltern von der »sehr merkwürdigen« Elternversammlung am Vorabend erzählten.

Meine Erweiterte Oberschule in Strausberg, östlich von Berlin, war die einzige EOS im ganzen Landkreis. Dort befand sich zugleich auch das Verteidigungsministerium der DDR, das aus Gründen der Alliiertenverträge nicht in Berlin angesiedelt sein durfte. Das Ministerium war groß, die Stadt eher klein, daher war ein erheblicher Anteil der Schülerinnen und Schüler Kinder von Offizieren oder Ministeriumsangestellten. Die EOS trug wohl auch deshalb den Namen eines polnischen Generals der russischen Armee, der auch im spanischen Bürgerkrieg kämpfte, General Karol Swierczewski Walter, der als stellvertretender Verteidigungsminister in Polen nach dem Krieg die Unabhängigkeitsbewegung Polens bekämpfte und viele Todesurteile unterschrieb. Die FDJ-Sekretärin in unserer Klasse entsprach holzschnittartig dem Stereotyp der überzeugten Fanatikerin wie die Schülerin Swetlana in gleicher Funktion im Film *Der Turm* nach dem Roman von Uwe Tellkamp. Jeden Morgen stürmte sie in das Klassenzimmer und schmetterte uns ein »Guten Morgen, Jugendfreunde!« entgegen. Die politischen Diskussionen mit ihr waren ermüdend einseitig, sie schien alle Parteitagsbeschlüsse auswendig zu kennen und wurde schon mit 18 Jahren Kandidatin der SED. Heute ist sie Pathologin und widmet sich dem Sezieren von Körpern, die so tot sind, wie die Gesellschaftsordnung, für die sie damals so brannte.

In dieser Schule also spielte sich bei jener Elternversammlung folgende Szene ab: Die Klassenlehrerin wies darauf hin, dass es ein beunruhigendes Vorkommnis gegeben habe und Offizier B. dieses gerne mit den Eltern diskutieren wolle. Offizier B. stand auf, voll uniformiert, und berichtete in äußerster Entrüstung, dass ein Schüler oder eine Schülerin klassenfeindliche Agitation gegenüber seinem Sohn betrieben habe, der Sohn aber leider nicht mit dem Namen dieses Klassenfeindes herausrücken würde und er deshalb an alle Eltern appellieren müsse, mit ihren Kindern zu reden, um herauszufinden, wer dieser Übeltäter sei, um unbedingt Ähnliches in der Zukunft zu vermeiden. Dieser Klassenfeind habe seinem Sohn Flausen in den Kopf gesetzt, sodass der jetzt auf einmal Physik studieren wolle, dabei sei schon immer klar gewesen, dass er Offizier werde, so wie er selbst auch und wie es auch sein Großvater schon gewesen sei. Die Verteidigung der DDR brauche engagierte Menschen mit Talenten, da könne nicht jeder irgendwelchen Einflüsterungen oder persönlichen Präferenzen folgen, wo käme man da hin …

Mir blieb beim Frühstück das Brot im Hals stecken. Ich erzählte meinen überraschten Eltern, dass ich dieser Klassenfeind sei und dass es mir das Herz breche zu hören, was dieser arme Kerl zu Hause für bescheuerte Eltern habe.

Der dominante Offiziersvater setzte sich jedenfalls durch, sein Sohn musste nach Russland auf eine Militärakademie am Kaspischen Meer und studierte dort Funkmesstechnik. Aber auch für ihn kam die Wende, und schon 1990 studierte er noch einmal, diesmal Elektrotechnik in Deutschland, arbeitete später sogar eine Zeit lang als Dozent für Mathematik, Physik und Elektrotechnik und ist seit vielen Jahren bei großen deutschen IT-Unternehmen in leitenden Funktionen und mit Einsätzen in vielen Ländern beschäftigt.

Diese Oberschule war eine schwierige Umgebung für nachdenkliche Schülerinnen mit Eigensinn. Zum Glück war unsere Lehrerin für Staatsbürgerkunde alles andere als verbohrt, ausgerechnet in diesem Unterricht konnte man die offensten Diskussionen führen. Aber es war schon sehr lästig, wenn man mehrfach in ein Büro gerufen wurde, um für die GST, die Gesellschaft für Sport und Technik, geworben zu werden. Diese Gesellschaft mit dem harmlosen Namen war nichts anderes als ein paramilitärischer Verein, in dem man viel Schießen (»Sport«) übte, aber auch viel Funktechnologie (»Technik«) zum Einsatz kam. Man hielt mir vor, dass die EOS seit Jahren Landessieger in der Mitgliedschaft der GST sei, und meinetwegen sei diese Position in Gefahr. Ich hätte doch technische Fähigkeiten und Interessen, und seit zehn Jahren würde ich doch Sport machen, die GST sei doch wie geschaffen für mich, und gut schießen könne ich auch, sie brauchten mich einfach. Es war sehr schwer, dagegen zu argumentieren, denn mit allem hatten sie recht. Ich konnte nur immer wieder sagen: Ich will einfach nicht.

Tatsächlich war ich seit zehn Jahren Geräteturnerin, auch stark in Leichtathletik und nahm an Spartakiaden (so hießen Sportwettkämpfe in der DDR) teil. Ich war in einem Kreismatheclub und hatte jahrelang leidenschaftlich gern geschossen. In der DDR gab es an Schulen vermutlich fast überall einen jährlichen Schießwettbewerb, die »Goldene Fahrkarte«. Ich hatte gute Augen, eine ruhige Hand und auf jedem Rummel Blümchen abgeschossen. Diese Wettbewerbe machten mir Spaß, und jedes Mal schoss ich besser. Als ich zehn Jahre alt war, lud man mich ein, zwei Ferienwochen in einem »Schießferienlager« zu verbringen. Das fand ich damals sehr aufregend und überzeugte noch eine Freundin aus meinem Heimatort, mitzukommen. Wir waren die beiden einzigen Mädchen dort und die Jüngsten, der Rest waren Jungs bis hoch zur 10. Klasse. Natürlich lachte man das kleine Mädchen aus, aber nicht sehr lange, dafür schoss ich zu gut. Heute schäme ich mich für den Spaß, den ich dabei hatte, mit Kleinkalibergewehren auf 50 Meter entfernte Ziele zu schießen. Aber noch sehr lebendig sind der Stolz und die Schadenfreude, als ich beim Abschlusswettbewerb alle Jungs – auch die älteren – besiegte. Nicht lange danach wurde ich angesprochen, ich solle doch in einem Team trainieren, für eine Kombination aus Schießen und Crosslauf, bei der man mit einem Gewehr durch den Wald rennt und auf Ziele schießt. In diesem Moment verstand ich, dass es darum ging, mich militärisch auszubilden. Es war auch der Auslöser für Diskussionen in meiner Familie. Meine beiden Eltern haben den Krieg als Kinder erlebt. Der Bruder meiner Mutter fiel mit 19 Jahren an der Front. Ihr Vater war fünf Jahre im russischen Speziallager Nr. 7 und überlebte seine Freilassung nicht lange. Mein Stiefopa erlebte den Sturm auf die Normandie, wo er in englische Kriegsgefangenschaft geriet, und war jahrelang in Nordafrika in einem Wüstenlager interniert. Mein Vater sah mit eigenen Augen seine Heimatstadt Königsberg niederbrennen und erlebte die Flucht als zweitältestes Kind einer erst 28-jährigen Mutter, die sich allein mit vier Kindern bis nach Erfurt durchschlug. Vor deren Augen erlitt sie das gleiche Schicksal, das so viele deutsche Frauen nach dem Einmarsch der russischen Armee ereilte. Meine Mutter musste aus ihrem deutschen Dorf in Bessarabien (eine Region, die heute auf dem Gebiet Moldawiens und der Ukraine liegt) fliehen. Sie hat ihre Heimat nie wiedergesehen. Meine Eltern sind vielleicht wegen dieser persönlichen Erfahrungen von Kriegsleid durch und durch Pazifisten geworden. Uns allen war klar, dass eine Entwicklung hin zum Militärischen für mich überhaupt nicht infrage kam. Ich hörte auf zu schießen. Mein Vater stellte mir als Arzt später ein Attest aus, das mich vom Schießen befreite, da mein Gehör (ich bin auf einem Ohr taub) durch den Schießlärm nicht weiter gefährdet werden dürfe.

Doch vor dem Hintergrund meiner damaligen Freizeitaktivitäten waren die Anwerbeversuche der GST mehr als nachvollziehbar. Über solche Vereine versuchte man sicher nicht nur an dieser besonderen Oberschule, junge Menschen in ihrer Berufswahl zu beeinflussen und in eine bestimmte Richtung zu drängen.

Zusätzliche Einschränkungen in der Berufswahl gab es aber schon durch den beschränkten Zugang zum Abitur. In eine durchschnittliche DDR-Schulklasse gingen 20 Schüler, und Mitte der Achtzigerjahre kamen aus jeder Klasse der Polytechnischen Oberschule nur ein bis zwei Schüler auf die Erweiterte Oberschule. Zusätzlich gab es die Ausbildung zum Facharbeiter mit Abitur, nach der auch ein Studium möglich war. Das waren noch einmal zwei bis drei Schüler pro Klasse. Insgesamt war der Anteil von Schülern mit Abitur jedoch sehr klein, das hat den Wettbewerb um einen Studienplatz wieder etwas entschärft. Viele gaben jedoch dem Druck der Studienlenkung nach, wenn der gewünschte Studienplatz nicht erreichbar war. Diese eingeschränkte Freiheit hatte aber wenigstens den Vorteil, dass man nach dem Studium nicht auf der Straße saß – denn arbeitslose Absolventen sind mir nicht einmal in den Geisteswissenschaften begegnet.

Mir waren die Wünsche der Studienlenkung jedenfalls egal, ich bewarb mich an der Fachschule für Angewandte Kunst in Schneeberg für das Studium der Textilkunst. Aber auch das war nicht so einfach, denn ein Abitur reichte nicht für die Bewerbung. Voraussetzung war entweder eine abgeschlossene Berufsausbildung oder ein Jahr praktische Arbeit in der Textilbranche. Also ging ich mit einem Notendurchschnitt von 1,0 im Abitur für ein Jahr nach Frankfurt/Oder in die Produktionsgenossenschaft des Handwerks »5. Parteitag«. Dort webte ich zuerst in der Handweberei Kissenbezüge an alten Holzwebstühlen, spulte Garn an Maschinen, die wohl nicht einmal rudimentären Arbeitsschutzanforderungen genügten, oder knotete Fransen an Tischdecken. Die meiste Zeit war ich jedoch in der Stickereiabteilung, wo ich an Kurbelstickmaschinen aus der Vorkriegszeit Wasserballermützen mit den Zahlen von 2 bis 13 bestickte. Blau auf weiß, weiß auf blau, nur die Eins wurde in Rot-Weiß gestickt. Nachts träumte ich von der rotierenden Nadel, das hämmernde, hektische Rattergeräusch der Stickmaschine wurde ich lange nicht los.

Laut Arbeitsvertrag war ich »Hilfsarbeiterin für alle anfallenden produktiven Tätigkeiten«, mein Monatslohn waren 293 DDR-Mark. Davon gingen über 60 Mark für die tägliche Busfahrt zur Arbeit drauf, ein Teil ging als Kostgeld an meine Eltern, wo ich immer noch wohnte. Auch in der DDR war das ein Hungerlohn. Durch Fransenknüpfen in Heimarbeit konnte ich meinen Lohn um ein paar Mark aufbessern. Ich hatte flinke Finger, war fleißig und knüpfte Fransen sogar im Bus.

Studieren unter besonderen Bedingungen

Nach einem halben Jahr fuhr ich im kältesten Winter, den ich je erlebt habe, vom Osten Brandenburgs nach Schneeberg im Erzgebirge zur Aufnahmeprüfung der Fachschule. Die alten Bergarbeiterbaracken, in denen wir untergebracht waren, waren für minus 28 Grad nicht gedacht. Die Heizung fiel aus, Wasser gab es nicht, weil die Rohre geplatzt waren. Durch zentimeterbreite Spalten in den Bretterwänden kroch der Frost. Wir lagen immer zu zweit in den Doppelstockbetten, weil es sonst zu kalt zum Einschlafen war. Geschäfte hatten »wegen Frost« geschlossen, wir konnten also auch kein Essen kaufen. Wir Bewerberinnen waren aus der ganzen DDR angereist und teilten die letzten Packungen der DDR-Standardmarke Hansakeks miteinander, die vom Reiseproviant übrig waren. Drei Tage dauerte die Aufnahmeprüfung in der Kunstschule. Drei Tage, an denen wir wenigstens dort warm saßen, einen Imbiss und heißen Tee bekamen. Drei Tage zeichnen, malen, Zeichenmappe diskutieren. Mit der Deutschen Reichsbahn im Ausnahmezustand traten wir die Heimreise an. Kein Zug fuhr nach Plan, Verspätungen betrugen viele Stunden. Ich war 24 Stunden unterwegs und verbrachte eine Nacht auf dem Leipziger Hauptbahnhof in klirrender Kälte. Ich habe nie wieder in meinem Leben so gefroren wie damals.

Zu Hause angekommen, begann das Warten auf *den* Brief. Ich hatte mich für Textilkunst, Schwerpunkt Stickerei, beworben. Für diese Studienrichtung wurden nur alle paar Jahre Studenten ausgebildet. Ich hatte keine Ahnung, was ich im Falle einer Ablehnung studiert hätte, einen Plan B gab es nicht. Im Herbst 1987 gehörte ich zu den Glücklichen, die einen der begehrten Studienplätze antraten. An der ganzen Kunstschule gab es circa 60 Studierende, betreut von etwa 60 Professoren und Angestellten. Zumindest was die Qualität der Lehre und den Betreuungsschlüssel anging, hatten wir luxuriöse Studienbedingungen.

Vermutlich überall auf der Welt sind Kunststudenten besonders renitent und kritikfreudig. Bei uns war das nicht anders. Die meisten unserer Professoren dachten ähnlich, aber der Politprominenz waren wir ein ständiger Dorn im Auge. Unsere Aufsässigkeit wuchs proportional zu den politischen Entwicklungen in der DDR Ende der Achtzigerjahre und den zunehmenden Eingriffen, denen wir uns vonseiten der Schule ausgesetzt sahen. Bei den letzten Wahlen der DDR im Frühjahr 1989 war die Fachschule für Angewandte Kunst (FAK), an der ich studierte, ein Wahlbüro. Von den Kommilitonen war ich für ein Jahr zur Studentensprecherin (zu der Zeit noch als FDJ-Sekretärin) gewählt worden. In dieser Funktion sprach mich der politisch korrekte Direktor an: »Mir sind Gerüchte zu Ohren gekommen, die den Ruf der Schule beschädigen könnten, wenn sie sich als wahr erweisen. Man munkelt, dass die Studenten bei der Wahl Kabinen benutzen wollen. Das würde ein sehr schlechtes Licht auf unsere Einrichtung werfen, insbesondere, da die Studenten sowieso schon negativ auffallen.« Und wieder fiel ein Schleier vom Gesicht der DDR. Meine Antwort ließ ihn etwas verstört zurück: »Wahlen sind geheim, und Kabinen stehen doch genau dafür da, dass man sie nutzt! Ich hoffe jedenfalls, das Gerücht stimmt und die Studenten machen von diesem Angebot Gebrauch!«

Genauso kam es auch. Zusammen mit anderen Bürgerinnen und Bürgern standen wir im Wahlbüro an, um unsere Wahlunterlagen zu erhalten, und einer nach dem anderen gingen wir in die Wahlkabine. Wählen in der DDR, das erforderte keine Kreuze. Man sagte nicht ohne Grund »falten gehen«, denn für eine Jastimme reichte es, den Stimmzettel einmal zu falten und so, wie er war, einzuwerfen. Damit hatte man die Kandidaten der sogenannten

»Nationalen Front« en bloc gewählt. Nur für eine Neinstimme brauchte man einen Stift, zum Durchstreichen der Namen aller Kandidaten. Ich war als Erste von uns Studenten in der Kabine. Einen Stift gab es dort nicht. Als ich wieder herauskam und die Wahlhelfer um einen Stift bat, lachten die Studenten, tuschelten die Wahlhelfer und raunten die Bürger. Der Stift kratzte laut auf dem harten Tisch. Jeden Strich konnte man hören. Jeder Strich war eine Neinstimme. Das Wahlergebnis an unserer Studieneinrichtung soll schlecht gewesen sein, habe ich später gehört. Alles andere wäre noch größerer Wahlbetrug gewesen. Aber was heißt schon schlecht bei DDR-Wahlen: vielleicht 90 Prozent Zustimmung statt der üblichen 99 Prozent.

In meinem Heimatort bekamen wir am Wahltag regelmäßig gegen Mittag einen Anruf vom Bürgermeister, in dem mein Vater auf die Wahlen und die Uhrzeit hingewiesen wurde und was es doch für ein schlechtes Signal sei, wenn die Stadt die Wahlbeteiligung mittags melde und sie dann so niedrig sei. Mein Vater sei als Arzt des Ortes doch ein Vorbild für viele andere, und Genosse sei er doch auch, da könne er doch nicht so spät wählen gehen! Aber mein Vater konnte. Sein Protest bestand neben anderen Formen des zivilen Ungehorsams auch darin, immer mit der ganzen Familie als einer der Letzten irgendwann kurz vor Schluss ins Wahllokal zu gehen.

Lachen war systemgefährdend

Man lebte mit diesen kleinen Schikanen, sie waren lästig, aber ich empfand sie persönlich nicht als besonders gefährlich. Man lernte, mit den meisten Restriktionen so umzugehen, dass sie einem gerade nicht gefährlich werden konnten. Schon in der ersten Klasse wusste ich, dass man »draußen« nicht so reden durfte wie zu Hause. Bei Familienfeiern wurden wir gewarnt, wenn eine Person anwesend war, der man eine Tätigkeit als Informelle Mitarbeiterin der Stasi (IM) unterstellte. Dann wurden zwar immer noch genauso viele politische Witze gerissen wie sonst auch, aber immer nur dann, wenn diese verdächtige Person nicht im Raum war.

Die politische Elite der DDR war ziemlich humorlos, von Witzen fühlte sie sich offenbar bedroht. Meine Mutter kann sich Witze genauso gut merken wie ich, also eher gar nicht. Daher hatte sie sich in den Siebzigerjahren sogar einen der langweiligsten und meist verbreiteten Witze der DDR auf einen Zettel geschrieben: »Einmal im Jahr Apfelsinen und zum Parteitag Bananen.« Diesen Zettel hatte sie auf die Ablage im Auto gelegt und dort vergessen. Der »Firma Guck und Horch«, wie wir die Stasi nannten, entging dieser Zettel dagegen nicht. Als meine Mutter zum Auto zurückkam, nahm man sie mit und verhörte sie viele Stunden lang. Meine Schwester und ich waren damals noch sehr klein, und meine Mutter bat immer wieder, endlich zu uns nach Hause zu dürfen. Es wusste ja niemand Bescheid, wo sie geblieben war. Die Antwort war bedrohlich: »Seien Sie froh, wenn Sie Ihre Kinder jemals wiedersehen.« Aber irgendwann in der Nacht ließ man meine Mutter laufen, ein Nachspiel hatte die Geschichte auch nicht. Doch meiner Mutter saß die Angst noch so viele Jahre in den Knochen, dass sie uns Kindern nicht einmal davon erzählte, als wir älter waren. Dazu musste erst die Wende kommen und mit ihr der Mut und die Überwindung der Angst vor dem System.

Dass Lachen am falschen Ort zur falschen Zeit ein Problem werden kann, erfuhr ich selbst im Studium. Wie üblich hatten wir unabhängig von der eigentlichen Studienrichtung die Fächer »Politische Ökonomie des Sozialismus« und »Politische Ökonomie des Kapitalismus«. Unser Lehrer war ein Unsympath, ein älterer Herr, der massig hinter dem winzig wirkenden Schultisch klemmte, in einschläferndem Singsang den Inhalt der Lehrbücher herunterbetete und unter dem Tisch für alle sichtbar die Beine so breit stellte, wie man es heutzutage am ehesten in U-Bahnen erleben kann. Sein Gemächt schien massig wie der Rest des Körpers, es zeichnete sich als fetter Beutel in seiner Hose ab. Für eine etwas albern aufgelegte 19-Jährige war das ein sehr belustigender Anblick, vor allem, wenn man die gegenübersitzenden Studentinnen per Blickkontakt darauf aufmerksam machen konnte. Wir kicherten. Er guckte streng. Alle hörten auf zu kichern. Alle außer mir. Ich fand die ganze Situation so lächerlich, dass mein Kichern in einen Lachanfall überging, den ich nicht mehr unter Kontrolle bekam. Unterricht war dabei schlecht möglich, der Lehrer fühlte sich sabotiert. Mehrfach wurde ich streng ermahnt, das half für drei Sekunden, bis ich wieder Tränen lachte. Dann schmiss er mich raus: »Kommen Sie wieder rein, wenn Sie sich benehmen können!« Das Lachen verging mir auf der Stelle. Vor der Tür wartete ich betreten ein paar Minuten. Dann ging ich wieder rein. Ich war noch keinen Meter im Raum, als es mich wieder vor Lachen schüttelte. Der Lehrer sagte nur »Raus!«, und ich drehte um. Beim nächsten Versuch schaffte ich es immerhin bis zu meinem Sitzplatz, aber länger hielt ich nicht durch. Der lauernde Blick der anderen, ob ich gleich wieder loslachen würde, ihr Grinsen darüber, das war schreiend witzig. Ich lachte wieder Tränen. Aber mein Lehrer fand das nicht lustig.

In jedem anderen Fach hätte man den Lachanfall eines weiblichen Teenagers vermutlich als unbedeutenden, alterstypischen Zwischenfall abgetan, aber in »Pol-Ök« wurde er zur politischen Demonstration, zu einem Akt der Sabotage politischer Bildung. Der Lehrer unterbrach den Unterricht, führte mich in ein separates Zimmer und setzte mir auseinander, dass er diese Art der feindlichen Propaganda nicht länger dulden würde und dass ich mir genau überlegen solle, wann ich wieder in den Klassenraum zurückkäme, denn beim nächsten Versuch, seinen Unterricht zu stören, würde er meinen Rausschmiss von der Schule veranlassen – wegen politischen Fehlverhaltens. Ich weiß nicht, ob er das geschafft hätte, aber seine Drohung war ernst, und ich bekam Angst. So viel Angst, dass mir wirklich das Lachen verging, zumindest in seinem Unterricht.

Als ich meiner Mutter bald darauf davon erzählte, meinte sie, das liege dann wohl im Blut, und beschrieb mir, wie sie 1953 in der Aula ihres Gymnasiums bei der Trauerveranstaltung anlässlich Stalins Tod hinter einer Säule sitzend die ganze Zeit lachen musste. Ihre Schulfreundinnen saßen unglücklicherweise im Blickfeld der Schulleitung. Wie von allen Lehrern erwartete man auch von den Schülern den Ausdruck tief empfundener Trauer ob des unvorstellbar großen Verlustes, den der Tod Jossif Wissarjonowitschs für die Welt des Sozialismus, ach was, des ganzen Planeten, bedeutete. Aber sie waren alle Mädchen im Teenageralter, und als ihre Mitschülerinnen sahen, wie meine Mutter sich lautlos kaputtlachte, fingen ihre Mundwinkel an zu zucken. Aber Lachen bei der Trauerfeier zu Stalins Tod? Das war ein schlimmes Vergehen, also musste das aufkommende Lachen um jeden Preis unterdrückt werden. Meine Mutter blickte also im Schutz der Säule auf ihre Freundinnen, die die seltsamsten Grimassen schnitten. Ihre Gesichter spiegelten eine Mischung aus trauriger Ergriffenheit und hysterischer Albernheit wider, Mundwinkel bebten, aus ihren Augen liefen Tränen, die von nichts Ahnenden als Tränen aufrichtiger Trauer interpretiert werden konnten. Dieses Schauspiel war für meine Mutter eine großartige Komödie. Ihr lautloser Lachanfall steigerte sich, bis die Unterhose nass gelacht war, aber sie blieb hinter ihrer Säule unentdeckt bis zum Schluss, und niemand hat sie je verraten.

Wer uns spalten kann, gewinnt

Man kann vieles aus der DDR-Geschichte lernen, unter anderem, mit welch kruden Methoden der Apparat versucht hat, seine Macht zu erhalten und den Widerstand zu brechen. Die Staatssicherheit war erfindungsreich und nutzte vor allem menschliche Schwächen, um die Opposition zu spalten. Die Stasi-Richtlinie 1/76[1] gibt dazu eine minutiöse Handlungsanweisung, deren eiskalte Sprache mich noch heute erschreckt. In dieser Richtlinie steht auch, in welchen Fällen die Maßnahmen der Zersetzung anzuwenden sind, darunter »zur Zerschlagung feindlicher Gruppen«, »zur Einschränkung bzw. Unterbindung der Massenwirksamkeit feindlich-negativer Handlungen«, »zur Verhinderung des staatsfeindlichen Wirksamwerdens negativer Gruppierungen«, »zur Einschränkung der Wirksamkeit politisch zersetzender Auffassungen« – und in einer ganzen Reihe weiterer Fälle. Detailliert werden die Methoden beschrieben:

»Maßnahmen der Zersetzung sind auf das Hervorrufen sowie die Ausnutzung und Verstärkung solcher Widersprüche bzw. Differenzen zwischen feindlich-negativen Kräften zu richten, durch die sie zersplittert, gelähmt, desorganisiert und isoliert und ihre feindlich-negativen Handlungen einschließlich deren Auswirkungen vorbeugend verhindert, wesentlich eingeschränkt oder gänzlich unterbunden werden. [...]

Bewährte Formen der Zersetzung sind [Auszug]: [...]

- systematische Diskreditierung des öffentlichen Rufes, des Ansehens und des Prestiges auf der Grundlage miteinander verbundener wahrer, überprüfbarer und diskreditierender sowie unwahrer, glaubhafter, nicht widerlegbarer und damit ebenfalls diskreditierender Angaben;
- systematische Organisierung beruflicher und gesellschaftlicher Misserfolge zur Untergrabung des Selbstvertrauens einzelner Personen;
- Erzeugen von Misstrauen und gegenseitigen Verdächtigungen innerhalb von Gruppen, Gruppierungen und Organisationen;
- die Verwendung anonymer oder pseudonymer Briefe, Telegramme, Telefonanrufe usw., kompromittierender Fotos, zum Beispiel von stattgefundenen oder vorgetäuschten Begegnungen;
- die gezielte Verbreitung von Gerüchten über bestimmte Personen einer Gruppe, Gruppierung oder Organisation;
- gezielte Indiskretionen bzw. das Vortäuschen einer Dekonspiration von Abwehrmaßnahmen des MfS;

- die Vorladung von Personen zu staatlichen Dienststellen oder gesellschaftlichen Organisationen mit glaubhafter oder unglaubhafter Begründung.«

Diese perfiden Maßnahmen hatten zum Teil enorme Auswirkungen auf das Leben Einzelner, die meist erst nach Einsicht in die Unterlagen der Stasibehörde davon erfuhren. Die Gründe für derartige Stasiaktivitäten waren zahlreich, auch die weit auslegbaren Straftatbestände »staatsfeindliche Hetze, staatsfeindliche Gruppenbildung sowie andere kriminelle Personenzusammenschlüsse, Landesverratsverbrechen, Geheimnisverratsdelikte und ungesetzliches Verlassen der DDR« gehörten dazu.

Clara Mosch – Kunst als Staatsgefahr

Wie diese Zersetzung in der Praxis ablief, möchte ich an der Geschichte einer sächsischen Künstlergruppe erzählen. Kritische Künstler gerieten schnell in das Visier der Staatssicherheit – auch die Gruppe *Clara Mosch* aus Karl-Marx-Stadt, deren Name sich aus den Anfangsbuchstaben der Nachnamen der beteiligten Künstler zusammensetzte: Carlfriedrich **CLA**us, Thomas **RA**nft und Dagmar Ranft-Schinke, Michael **MO**rgner, Gregor-Thorsten **SCH**ade. Die Gruppe kündigte 1977 per Zeitungsnotiz die Eröffnung einer selbstverwalteten Galerie an, was jedoch in der DDR so nicht vorgesehen war. Für den Betrieb von Galerien sah sich die Kulturbürokratie zuständig, alles andere galt als gefährliches Abweichlertum. Man drohte wenige Tage vor der Eröffnung der Galerie mit der polizeilichen Schließung, einzig erreichbarer Kompromiss war der Betrieb in einer aufgezwungenen Kooperation mit dem offiziellen Kulturbund. Nur fünf Jahre später löste sich *Clara Mosch* im Jahre 1982 wieder auf.[2] Der Wikipedia-Eintrag schweigt zu den Ursachen, die Stasiunterlagen sind dazu umso ausführlicher. Mehr als 120 Spitzel waren im Laufe dieser Jahre insgesamt auf die Künstlergruppe angesetzt.[3] Diese führten die Richtlinie 1/76 zur Zersetzung oppositioneller Gruppen geradezu lehrbuchmäßig um. Ich hatte von *Clara Mosch* als Studentin gehört, auch wenn zu Beginn meines Studiums diese Gruppe bereits nicht mehr existierte. Ich bewunderte insbesondere Morgner, Ranft und Claus und hatte viele ihrer Werke gesehen.

Wenige Jahre nach der Wende hörte ich zwei der *Clara-Mosch*-Künstler (welche es waren, weiß ich leider nicht mehr) bei einer Veranstaltung von der Einsicht in ihre Stasiakten erzählen. Ich erinnere mich noch sehr genau, wie ich beim Zuhören Gänsehaut bekam, wie mir die Haare zu Berge standen, die Tränen über das Gesicht flossen, wie es mir das Herz zerriss, zu hören, wie die Stasi selbst Ehen ruinierte, nur um eine freie Künstlergruppe zu zerstören. Drei getrennte »operative Vorgänge« wurden zu *Clara Mosch* aufgesetzt. Sie trugen die Namen »Made«, »Wurm« und »Eremit«.

Schon im Gründungsjahr der Galerie verfasste die Stasi ein 15 Seiten langes Konzept zur »Zerschlagung des personellen Schwerpunktes Avantgardistischer Kreis«, das sie in den folgenden Jahren systematisch und höchst erfolgreich umsetzte. Die beiden Künstler erzählten bei der Veranstaltung, dass Gregor-Thorsten Schade mehrfach vorgeladen wurde, man ihn bei der Staatssicherheit aber nur in einen leeren Raum setzte und nach ein, zwei Stunden, in denen nichts passierte, wieder nach Hause schickte. Bei seinen Freunden streute man das Gerücht über eine Zusammenarbeit Schades mit der Staatssicherheit. Als Schade den Freunden davon erzählte, dass bei den ominösen Vorladungen niemand etwas von ihm forderte, glaubten sie ihm natürlich nicht. Misstrauen zog ein in die Gruppe. Man hielt Schade für einen Spitzel, er wurde isoliert und zog sich zurück. Richtlinie 1/76 hatte funktioniert, Schade war draußen.

Für Thomas Ranft und seine Frau Dagmar hatte sich die Stasi folgende Methode ausgedacht, um gleich zwei Fliegen mit einer Klappe zu schlagen: »Durch politisch-operative Maßnahmen sind Ansatzpunkte für einen Ehekonflikt mit dem Ziel der Trennung zu schaffen, dazu ist es erforderlich: Einsatz von zuverlässigen und überprüften IM an R. und dessen Ehefrau, Verunsicherung beider Personen durch intime Zuschriften, Briefe u. a., die geeignet sind, eheliche Zerwürfnisse zu vertiefen.«

Die Stasi setzte eine schöne Frau auf Thomas Ranft an und informierte Dagmar Ranft über Details des künstlichen Seitensprungs. Nach der Scheidung des Paares tauchte der Stasi-Lockvogel sofort ab. Beide Künstler zogen sich aus der Gruppe *Clara Mosch* zurück. Auch die für die Eheleute Ranft maßgeschneiderte Strategie der Stasi war aufgegangen.

Michael Morgner wollte die Stasi durch Begünstigung bei Auftragsvergabe und Ausstellungsbeteiligungen auch im westlichen Ausland für sich gewinnen, biss jedoch bei ihm auf Granit. Informationen aus der Gruppe bekam sie aber auch ohne ihn regelmäßig und en détail. Ein enger Freund von *Clara Mosch* berichtete als IM »Frank Körner« gegen Monatslohn alles, was er hörte und sah. Nach nicht einmal sechs Jahren war es vorbei mit der Galerie. Die Stasi hatte ihr Ziel erreicht und die künstlerische Avantgarde der DDR, die nichts weiter wollte, als unabhängig und frei ihrer Kunst nachzugehen, war gespalten und geschwächt.

Wenn ich noch letzte Zweifel am wahren Charakter der DDR gehabt hatte, dann wurden sie damals, drei Jahre nach dem Mauerfall, beseitigt. Ich las in den Gesichtern der Künstler, dass diese unglaubliche Geschichte stimmte. Man sah ihnen die Erschütterung darüber an, dass sie Marionetten eines Überwachungsstaates gewesen waren, in deren Leben, Privatsphäre, Freundschaften und Ehen die Stasi nach Belieben eingedrungen war. Es war ein elendes Erwachen zehn Jahre später, viel zu spät, um den emotionalen Schaden auszugleichen und irgendeine Art von Wiedergutmachung zu fordern.

Systematische Zersetzung – alte Praktiken funktionieren immer noch

Ich bin überzeugt davon, dass diese Methoden nicht ausschließlich bei der DDR-Staatssicherheit Anwendung fanden. Unterlagen wie etwa das US-Handbuch zur unkonventionellen Kriegsführung, das bei WikiLeaks veröffentlicht wurde, zeigen, dass es auch heute noch und in demokratischen Staaten üblich ist, Persönlichkeitsstrukturen und Schwächen von Individuen auszunutzen, um oppositionelle Kräfte zu schwächen und zu spalten.

Wer weiß, ob nicht auch die über 100 FBI-Mitarbeiter, die in der WikiLeaks-Taskforce arbeiteten, solche Verfahren nutzten. Anders kann ich mir kaum erklären, was Julian Assange am 20. August 2011 in einer Botschaft an über eine Million Follower auf Twitter schrieb: Er habe Informationen darüber, dass mein Mann Daniel Domscheit-Berg, sein früherer Freund und Mitstreiter, mit dem er gemeinsam WikiLeaks aufgebaut hatte, und ich Kontakte zum FBI, zum CIA und zum Mossad hätten. Als Quelle gibt er »a current Western intelligence officer« an.[4]

Warum Julian Assange, dessen Hauptfeind westliche Geheimdienste zu sein scheinen, ausgerechnet einer Quelle aus einem westlichen Geheimdienst Glauben schenkt, ohne auch nur eine Sekunde daran zu denken, dass hier möglicherweise eine Zersetzungsstrategie der eher simplen Art zur Anwendung kam, das erschließt sich nur schwer und hat wohl vor allem damit zu tun, dass auch die westlichen Geheimdienste sich psychologischer Erkenntnisse bedienen und ihre Strategien maßgeschneidert anwenden.

Von Assange ist bekannt, dass er unter ständiger Angst vor Unterwanderung lebt, aber auch dass er eitel ist und gern im Mittelpunkt steht. Er konnte es nie ertragen, dass sein Gründungsmythos infrage gestellt wurde. Dass ständig Medien meinen Mann Daniel als »Mitgründer« von WikiLeaks bezeichneten, schürte sein Misstrauen gegen ihn, obwohl Daniel dies gegenüber Journalisten unermüdlich korrigierte. Das machte Assange offenbar anfällig für gezielte Zersetzungsstrategien.

Es ist schwer, sich gegen solche Vorwürfe zu verteidigen. Akteneinsicht gibt es zwar bei der Gauck-Behörde, nicht aber bei FBI, CIA oder Mossad. Und wie immer bleibt auch von den abstrusesten Vorwürfen etwas hängen. Im Herbst 2011 vervollständigte Google den Namen Anke Domscheit-Berg mit dem Wort CIA an erster Stelle. Als zur gleichen Zeit Piraten aus dem Berliner Stadtbezirk Friedrichshain-Kreuzberg nach dem Erfolg bei der Berliner Landtagswahl vorschlugen, mich als Stadträtin zu nominieren, gab es einen wahren Shitstorm im Internet: Da war ich nicht nur die böse Feministin, die die Piratenpartei auf keinen Fall unterwandern durfte, sondern vor allem ein CIA-Spitzel, geschickt von den USA, dem deutschen Geheimdienst oder selbst von Microsoft. Die Piratenpartei erhielt Drohungen, man würde mit Dokumenten an die Öffentlichkeit treten, die meine Tätigkeit für Geheimdienste bewiesen, falls es zu meiner Nominierung kommen sollte. Aber diese »Beweise« blieben eine leere Drohung, der Versuch einer Einschüchterung – oder ein diesmal misslungener Versuch der Spaltung und Zersetzung.

Auch die Piratenpartei wird von einigen Teilen des politischen Establishments als Gefahr gesehen. Sie tritt ein für einen gläsernen Staat, maximale Transparenz und damit eine starke Demokratie, denn die Demokratie stirbt hinter verschlossenen Türen. Aber die Piraten vertreten auch den Schutz der Privatsphäre. Sie kämpfen gegen den gläsernen Bürger, gegen unkontrolliert agierende Geheimdienste, die uns pauschal durchleuchten und überwachen, sie entlarven Gesetzesverschärfungen, die unsere Freiheit einschränken und die staatlichen Möglichkeiten der Überwachung und Zensur ausweiten. Wer einen gläsernen Bürger und einen Überwachungsstaat wünscht, hätte also Gründe genug, die Piratenpartei von innen zu zersetzen und ihre Kraft und Dynamik zu bremsen.

Ich würde mir wünschen, die Piraten und anderen Gruppen, die für ähnliche Ziele kämpfen, würden sich dieser Mechanismen bewusster werden. Viel zu häufig wird Zeit und Energie darauf verschwendet, sich gegenseitig unter Generalverdacht zu stellen. Das verprellt Aktive, führt zu Abspaltung einzelner Gruppen und damit zu Schwächung des Ganzen und ist genau das, was unsere Gegner sich wünschen. Man nimmt ihnen die Arbeit ab, weil man nicht auf die Idee kommt, dass hier möglicherweise gezielt zersetzt und gespalten wird. Natürlich weiß ich nicht sicher, ob das etwa bei der Piratenpartei der Fall ist, aber die Vermutung liegt nahe, und ich würde mich wundern, wenn die Geheimdienste in diesem Fall schlafen würden, wo doch die Piraten ihre Kontrolle bis hin zur Abschaffung fordern. Ich weiß, das klingt wie eine Verschwörungstheorie, aber wer Geschichten wie die von *Clara Mosch* kennt und sich an den NSA-Überwachungsskandal erinnert, der kann das nicht mehr paranoid und abwegig finden.

Zur Wende als Grenzsoldat am Bahnhof Friedrichstraße

Viele junge Männer in der DDR fürchteten bei der Musterung vor allem eins – in der Volksarmee an der innerdeutschen Grenze eingesetzt zu werden und vielleicht auf Menschen schießen zu müssen. Ich hatte 1986 einen Teenager kennengelernt, der 1989 am Bahnhof Friedrichstraße als Grenzsoldat Dienst schob. In vielen sehr detaillierten Briefen schilderte er mir im Sommer 1989 den Alltag dort.

Dieser GrePo, wie sich der Grenzposten auch selbst nannte, litt darunter, dass Urlaub und Ausgänge gestrichen wurden, weil in den Straßen Berlins zu viel Unruhe war. Er diente in der Nikolai–Bersarin-Kaserne, die er »Scheißhaus« nannte. Er schrieb von den »ostdeutschen Nutten«, die auf die Einreise westdeutscher Kunden warteten, von Lieferungen an den Intershop in der Nähe, der normalen Ossis obszön vorkam, vom Alt-Offizier, der den Spitznamen »Eule« hatte, weil er sich blind stellte, wenn ein Soldat die

Hände in den Taschen trug. Von den derben Scherzen berichtete er, mit denen die Grenzer Westberliner Fußballfans in Schach hielten, und von den diversen Macken, die die Grenzer entwickelten. Er machte die Ödnis des Dienstes in einem kleinen Kabuff anschaulich, in dem sich fast nichts befand, aber auf dessen Blechdach unbarmherzig die Sommersonne knallte. Seine Briefe beschrieben auf sehr eindringliche Weise, wie sich das Leben in den letzten Monaten vor dem Mauerfall an der deutsch-deutschen Grenze abspielte. Um auch diesen Eindruck unverfälscht zu teilen, habe ich einige dieser Briefe in dieses Buch aufgenommen. Nennen wir meinen Brieffreund Ralf*.

Brief von Ralf 27.5.1989

Du wirst Dich wundern, auf was für Papier ich schreibe. Es ist Verpackungspapier vom Butterbrotpapier, das ich immer in meiner Postenverpflegungstasche, kurz PVT, genannt PüVT [habe]. Ich sitze nämlich zur Zeit auf dem Sicherungsposten Süd und da die Einreise Süd zu hat, gibt's eigentlich nichts zu tun. Links von mir ist die Südfassade des Bahnhofsgebäudes mit der Tür der Einreise Süd und die zur Zollkantine (jetzt kommen ab und zu ein paar Zöllner vorbei). Rechts von mir auch eine Blechwand, dahinter eine Baustelle und dahinter die Georgenstraße. Einen Teil des Metropolhotels kann ich auch sehen. Vor mir das Internationale Informations- und Handelszentrum, davor die Friedrichstraße, ein paar Bäume des Georgenplatzes sowie ein Parkplatz, über dem die Luft flimmert. Die Sonne knallt voll auf die Südfassade, es ist 13:30 Uhr, ich komme mir vor wie in einem Backofen. Vor mir ist noch ein Panoramaspiegel, aus dem mich ein durchgeschwitzter GrePo anguckt. Heute durften wir das erste Mal unsere Ärmel hochkrempeln. Ich sitze hier in so einem Postenhäuschen, 2 x 1 m groß, folgender Inhalt: ein Stuhl, ein Feldtelefon, 2 elektrische S-Bahn-Heizungen, eine Skizze von der GÜSt [Grenzübergangsstelle], 2 DIN-A4-Blätter, wo draufsteht, worauf ich zu achten habe, ein paar Alarmsummer und -knöpfe vom Zoll und PKE

[Passkontrolleinheit], meine PVT und ich. Wenn der Diensthabende kommt, muss ich folgende Meldung runterrasseln: »Sicherungsposten Süd, Soldat S., eingesetzt zur Sicherung im befohlenen Postenbereich mit dem Ziel, Grenzdurchbrüche nicht zuzulassen und die Ausweitung von Provokationen zu verhindern.«

Brief von Ralf 27.5.1989

Jetzt noch ein Abschnitt über die GÜSt-Macke. Sie äußert sich zum Beispiel bei Einzelposten bei Unterhaltungen mit Mülleimern oder Ratten. Andere zählen Eisenbahnschienen, S-Bahnen oder wie oft oben am Fernsehturm das rote Licht blinkt. Angeblich wurde schon mal einer 2 Wochen nach seiner Entlassung hier in eine Irrenanstalt eingeliefert. Bei den Uffzen [Unteroffizieren] ist es teilweise schlimmer, die sind ja auch länger hier. Mit einem kann man nicht mehr ernsthaft reden, der erzählt am laufenden Band Witze und Gags (und keine schlechten), aber der ist mit den Nerven total fertig. [...] Ich hoffe, mir ergeht es hier nicht genauso.

Immer wieder beschrieb Ralf die »Tiefenprüfungen«, bei denen alle Soldaten peinlichst genau auf verbotene Dinge hin untersucht wurden. Manchmal wurde die ganze Bude auf den Kopf gestellt, manchmal nur die Verpflegungstaschen durchsucht: »Einige hatten Radios in der Brotbüchse. Was meinst Du, wie schnell die die Dinger raus hatten und rein damit in die Hose.« Es gab zwar auf jeder Bude ein installiertes Radio, aber die Sender waren voreingestellt und konnten nicht verändert werden. Alle sonstigen Informationsquellen waren streng kontrolliert. Ein geschmuggeltes Radio, mit dem man Sender aus Westberlin empfangen konnte, war kein Kavaliersdelikt und zog schwere Strafen nach sich. Information galt als gefährlich. Transparenz ist der größte Feind einer Diktatur und jeder Unterdrückung.

Auch Grenzverletzungen von West nach Ost spielten eine Rolle in seinen Briefen, für mich waren sie damals eine Neuheit. Bekannt waren uns Grenzdurchbruchsversuche von Ost nach West, die jedoch auch häufiger vorkamen, als der normal sterbliche Ossi das ahnte. Selbst in den Westnachrichten tauchten solche Mauerflüchtlinge vor allem dann auf, wenn sie es geschafft oder beim Fluchtversuch getötet worden waren, und beide Fälle waren ganz offensichtlich nur ein Bruchteil aller Versuche.

Mich erschreckt heute wie damals die kalte Distanz, mit der Ralf über die Grenzverletzer schrieb, die man dort nur »Erwins« nannte. Wie wenig konnte sich ein offenbar ganz durchschnittlicher Grenzsoldat mit den Menschen identifizieren, die, um das Land zu verlassen, sogar ihr Leben in Gefahr brachten? Wie sehr stand der eigene Vorteil im Vordergrund – ein Tag Sonderurlaub oder eine Beförderung? Ich glaube nicht, dass Ralf sich da besonders von seinen Kameraden unterschied.

Brief von Ralf 23.6.1989

Gestern war wieder ein versuchter Grenzdurchbruch, schon wieder durch die Einreise Mitte. Die Leute sind wirklich blöd, da muss man bei GT [Grenztruppen] vorbei, beim Zoll, dann bei PKE [Passkontrolleinheit], da kommt keiner durch. 2 Tage davor hat's ja schon einer versucht, ich glaube, ich hatte Dir davon geschrieben. Der Soldat, der die Festnahme gestern hatte, stand das erste Mal in diesem Postenbereich, war sonst immer krank, der hatte ein Schwein. Ich bin zwar nicht scharf auf eine Festnahme, aber einen Tag S (Sonderurlaub) und die Gefreitenbalken könnte man ganz gut gebrauchen.

Brief von Ralf 9.7.1989

Vor ein paar Tagen hat einer versucht, durch die Spree abzuhauen. Er ist bei der Weidendammbrücke rein, wurde von einem unserer Posten gesehen [...] welcher jetzt zum »Frühbeet« wird (vorzeitig zum Gefreiten ernannt). Da wollte wohl schon mal einer rüber, der ist aber ziemlich weit schon geschwommen und das Wasser war sehr kalt. Er hat's zwar bis zur Schwimmsperre geschafft, ist dort jedoch vor Entkräftung zusammengebrochen. Diese Schwimmsperre ist bei der GÜSt Marschallbrücke (für die Binnenschifffahrt). Eigentlich soll sie bis zum Grund reichen, aber im Moment haben sie wohl eine provisorische, da kann man durchtauchen.

Brief von Ralf 13.8.1989

[...] Da ich gerade dabei bin, kann ich Dir ja von unserem LKW-Durchbruch erzählen. Das Ganze hat sich kurz bevor ich herkam ereignet. Ein KrAS (Russen-LKW, halber Panzer), besetzt mit 3 Erwins, hat 2 Stahltore unterm Viadukt durchrammelt, [ist] durch den Signalzaun gefahren, im Streckmetallzaun steckengeblieben, sind dort ausgestiegen und rein in die Spree. Schwimmflossen hatten alle schon an. 2 haben's geschafft, der Fahrer wurde vom Alarmboot noch vom Ufer gezogen (eben dort, wo jetzt die Seile und Leitern sind). Den haben unsere vor ein paar Wochen nach Drüben abgeschoben. Das ganze hat sich unter einem unserer Türme abgespielt. Jetzt haben sie dort ein paar Betonplatten hingelegt, dass man Slalom fahren muss, wenn man durch will. Eine Seilsperre haben sie auch hingebaut, die Dinger sind in der Lage, kleinere Panzer zu stoppen. Bei einem ähnlichen Versuch hat sich der Signalzaun (der ist aus Stacheldraht) um das Fahrerhaus gelegt und die Erwins eingesperrt. Geschah denen auch recht, denn sie wollten die GrePos übern Haufen fahren.

Brief von Ralf 25.8.1989

Erst einmal zum Erwin. Du kennst doch bestimmt die Spreebrücke. Das ist die, die vom Bahnsteig zum Schiffbauerdamm führt. Dort hatte gestern um ca. 2 Uhr früh ein Posten von der GÜSt Marschallbrücke (für die Binnenschifffahrt, da wo die Erwins immer in den Westen schwimmen wollen) eine Person in der Brückenkonstruktion gesehen. Ich saß mit 2 anderen Soldaten im Aufenthaltsraum, als ein Uffz von uns angerannt kam und alles losging. Wir 3 haben das

Reichstagsufer abgeriegelt, der Uffz ist rüber zum Schiffbauerdamm. Kurz darauf kamen noch die Streife und der Diensthabende an. Erst haben sie den Typen nicht entdeckt. Als sie ihn dann sahen, haben sie ihn 5 Min lang aufgefordert, rauszukommen. Dann kam erst das Alarmboot an und hat unten alles mit Scheinwerfern abgesucht (ob noch ein 2. da ist). Dann sind 2 Uffze in die Brücke rein und haben ihn mit Gewalt rausgeholt und in unsere Zelle gesteckt. Dort hab ich ihn erst mal bewacht. Ein PKE-Offizier hat ihn kurz verhört, wie er in die Brückenkonstruktion gelangt ist und was er da wollte und warum er alle seine Papiere bei [sich] hatte, wusste er nicht. Der Typ war übrigens angetrunken. Angeblich hatte er Probleme zu Hause. Er war ca. 25 Jahre alt. Als er dann an die PKE übergeben wurde, habe ich ihn abgeführt. Ein paarmal wollte er rumzucken, aber zack, ein Armhebel und dann war Ruhe.

Brief von Ralf 4.10.1989

Hier ist ganz schön was los, heute Nacht wurde ein Grenzboot[5] mit SMG [schweres Maschinengewehr] und Besatzung nach Frankfurt/O. versetzt, weil sie dort »wie die Ratten rüberschwimmen«. An die ČSSR-Grenze gehen jetzt auch viele der neuen Offiziere und Soldaten.

Ich fand es damals schon erstaunlich, wie viele Interna er mir verriet. Heute erscheint es mir rückblickend noch bemerkenswerter, denn für jeden dieser Briefe hätte er in den Bau wandern können. Es war strengstens verboten, über Grenzverletzungen oder interne Prozesse, einzelne Personen, gestohlene Kalaschnikows oder die konkrete Ausgestaltung von Grenzübergangsstellen zu sprechen. Er erwähnte sogar mehr als einmal erwartete Grenzverletzungen, von denen die DDR-Aufklärung Wind bekommen hatte. Auch was er und seine Kameraden auf dem Postenführerlehrgang beigebracht bekamen, einschließlich Abhörpraktiken, teilte er mir ohne Hemmungen mit:

Brief von Ralf 25.8.1989

[...] Die Nachrichtenausbildung war auch ganz interessant. Z. B. haben wir auf der GÜSt ein sogenanntes SAS-Telefon[6], total abhörsicher. Ein km Kabel dafür kostet ca. 10-15TM! Bei uns sind sie auch in der Lage, Telefone abzuhören. Den Funkverkehr hören sie sowieso ab, die Amis genauso. Die Amis sollen uns manchmal darauf hinweisen, wenn bei uns Fehler beim Absetzen von Meldungen gemacht werden, umgekehrt genauso. Ab und zu stören wir uns auch gegenseitig beim Funken.

Ralfs Briefe versetzen mich durch ihre Detailtreue, aber auch ihre plastischen Bilder noch heute in die alte Zeit zurück. Sie machen den traurigen Alltag einer typischen Grenzübergangsstelle nachvollziehbar, gerade durch die genaue Beschreibung einzelner Beobachtungen:

Brief von Ralf 17.6.1989

Gestern kam auch eine DDR-Bürgerin an, brach fast zusammen unter der Last ihrer Koffer. Als sie ankam, sprangen gleich ihr Mann und ihr Sohn mit einem Fotoapparat herbei und wollten fotografieren, wie Mutti schwerbepackt aus dem Westen kommt. Da musste ich erst mal einen Brüller loslassen, dass der Fotoapparat verschwinden soll. Dann kam noch ein Opa vorbei, der von uns wissen wollte, warum seine Tochter ('57 nach Texas ausgewandert) kein Einreisevisum bekommt.

Brief von Ralf 19.6.1989

Einige schöne Dinge sieht man aber auch, z. B. der Reichstag in einer Vollmondnacht, schön angeleuchtet, das sieht gut aus, bloß von unserer Richtung müsste er noch beleuchtet werden. Die Mauer verläuft ja ein paar Meter neben dem Reichstag. Aber es ist ja verboten, gegnerisches Gebiet zu beleuchten.

Schon Mitte Juni 1989 enthielt sein Brief einen Hinweis auf eine künftige Lockerung des Reiseverkehrs:

> »Eben sagen sie im Radio, dass Erich und Momper abgesprochen haben, den Reiseverkehr zu erweitern. Dann kriegen wir wieder Stress.«

Damals habe ich das offenbar nicht für bare Münze genommen – eine »Erweiterung des Reiseverkehrs« interpretierte man damals so: Dann darf man halt nicht nur zum 85. Geburtstag zur Oma fahren, sondern auch schon zum 82. oder zum 90. Geburtstag vom Westonkel.

Rückblickend finde ich es seltsam, dass Ralf gerade als Grenzsoldat so wenig über die politischen Entwicklungen in der DDR kurz vor der Wende schrieb. Die wenigen Bemerkungen zeugen eher von Unverständnis oder Ärger über daraus resultierende eigene Nachteile wie Ausgangs- oder Urlaubssperren.

Erst in seinem letzten Brief an mich, auf den ich nicht mehr geantwortet habe, äußert er sich über die Lage im Land. Ob die erwähnten Waffendiebstähle der Wahrheit entsprachen oder nur Propaganda waren, um die Grenzsoldaten auf Kurs zu halten, kann ich nicht beurteilen. Wenn es sich um Propaganda handelte, hat sie offensichtlich zumindest bei diesem Grenzsoldaten ihren Zweck erfüllt, nämlich ihn von seinen Mitbürgerinnen und Mitbürgern emotional zu entfremden:

Brief von Ralf 17.10.1989

Und ich glaube auch, dass Du mir über die Brenzligkeit der gegenwärtigen Situation nichts zu erzählen brauchst, denn ich habe am 6./7.10. mit der Knarre in der Hand am BIT [die Bedeutung der Abkürzung habe ich nicht herausfinden können] auf den Einsatz gewartet, zum Glück brauchte ich nicht raus. Kumpels von mir wurden am Checkpoint mit Steinen und Brandflaschen beworfen. Unser Regiment war teilweise auf die doppelte Stärke aufgestockt. Heute gibt's zum ersten Mal wieder Ausgang. Teile der BePo-Einheiten [vermutlich Bereitschaftspolizei] wurden nicht entlassen und machen 3 Monate länger. Vor ein paar Tagen wurden am Ostbahnhof 2 Polen mit einem MG (8) mit Patronengurt (voll) und einem Natomesser festgenommen. Den Russen wurden ein paar AK74 mit 2000 Schuss sowie KK-MPi und -Pistolen mit 7000 Schuss geklaut. In Strausberg wurden an 2 aufeinanderfolgenden Tagen Überfälle auf eine Waffenkammer verübt. Wir hatten teilweise 12 Std. Grenzdienst. Einmal waren welche 14 Std. draußen, weil die Ablösung nicht durchkam. So weit zu dem Thema. [...] Meine Meinung und Stellung zu den gegenwärtigen Vorgängen will ich jetzt aus Zeitmangel nicht noch darlegen. [...] aber wenn Du Wert darauf legst, genug Papier habe ich.

Auch über den ganz alltäglichen Rassismus las ich in seinen Briefen, er richtete sich gegen Polen, Vietnamesen und Afrikaner. Ich kann mir vorstellen, dass man absichtlich Propaganda in diese Richtung betrieb und Gerüchte streute, wie das über den »Neger«, der durch »Schachern mit Computern und Elektronik« aus der DDR, »die er bestimmt nicht selbst benutzen wollte«, zum Millionär geworden sei. Es ist zwar schwer vorstellbar, aber man hielt diese Geschichte in seinen Kreisen offenbar für möglich. Indem Hass gegen Fremde geschürt wurde, stärkte man das Zusammengehörigkeitsgefühl nach innen. Zusätzlich verhinderte man damit unerwünschte Kontaktaufnahmen oder Beziehungen zwischen Ostdeutschen, speziell Grenzsoldaten, und Ausländern.

Unser Briefwechsel endete im Oktober 1989. Wie er den Mauerfall erlebt hat, weiß ich daher leider nicht.

Empörung ist ein kraftvoller Treiber

Die Zeit der Zurückhaltung ist vorbei

Irgendwann gingen auch in meinem eigenen Leben die kleinen Schikanen über in größere. Die innenpolitische Krise in der DDR hatte sich im Sommer 1989 weiter zugespitzt. Immer mehr DDR-Bürger stellten Ausreiseanträge, besetzten Botschaften, flohen über die ungarische Grenze. In einigen Städten gab es Engpässe, weil zu viele Fachkräfte ausgereist waren, vor allem aus dem Gesundheitswesen. Mitten in dieser Phase, in den Tagen vor und unmittelbar nach dem 40. Geburtstag der DDR am 7. Oktober 1989, führte ich sehr regelmäßig Tagebuch. Die Eintragungen geben meine Gefühle von damals ganz gut wieder, die ich vermutlich mit vielen anderen teilte. Mich befiel die Vorahnung von etwas Großartigem, aber auch Gefährlichem, davon, an einem Scheideweg der Geschichte zu stehen – ohne zu wissen, wo es langgeht. Zugleich hatte ich den Eindruck, dass die Zeiten des Wischiwaschi und der vornehmen Zurückhaltung vorbei waren, dass jeder sich bekennen musste zu einer Meinung, einer Seite. Ich schrieb auf, was ich in den Westnachrichten hörte, wie viele Menschen schon wieder unser Land verlassen hatten und wie wir Studenten uns wehrten, den Republikgeburtstag boykottierten, Informationsblätter tippten und verteilten. Ich schrieb mir den Schock von der Seele, den mir die vielen brutalen Übergriffe staatlicher Kräfte versetzten, die in Dresden, Berlin oder Plauen Proteste niederknüppelten. Ich schrieb, was ich (und wohl alle anderen DDR-Bürger) von den hanebüchenen Berichten der DDR-Medien über die Aufstände hielt: verlogene Propaganda. Man kann meinen Texten von damals aber auch entnehmen, wie meine Erregung stieg, je mehr die Lage eskalierte. Rückblickend verschwimmen mir fast die Erinnerungen, Einzelheiten werden erst durch meine eigenen Texte wieder lebendig. Ich stand damals im Sog eines rasanten

Geschehens, übernächtigt und mitgenommen von all dem, was passierte. Ich befand mich mittendrin, Atempausen gab es nicht. Die folgenden Tagebuchauszüge dokumentieren die Gefühle einer damals 21-Jährigen und ermöglichen eine Zeitreise in ein Studentenwohnheim im äußersten Süden der DDR:

Tagebuch, Mittwoch, den 4.10.1989, Wohnheim der FAK, DSF 3

... Herrje, so viel Politik, Politik, Politik. Nie hat sie mich so beherrscht, so mein Leben ausgefüllt, angeleitet. Eine heiße Zeit, gefährlich, endlich aktiv und interessant. Die Situation ist gekommen, wo Entscheidungen getroffen werden müssen, wo Bedeutendes geschieht. Historische Ereignisse und Möglichkeiten, die es vorher nicht gab. Es kann ausarten in jede Richtung, selbst Neo-Stalinismus, was die Praktiken angeht, oder eine Militärdiktatur sind möglich.

Eine Konterrevolution ist ahnbar. Es brodelt, es kocht, es brennt. Überall.

Niemand kommt ohne Standpunkt davon. Man muss sich endlich bekennen. Sagen, was man denkt. Es ist höchste Zeit. Was ist passiert? Den ganzen Sommer schon sind Tausende über Ungarn ausgewandert. Jetzt im September haben sich letztes Wochenende insgesamt 6800 Bürger (mit kleinen Kindern!) in und um die BRD-Botschaft in Prag und einige 100 in Warschau festgesetzt. Auf Planen und in Zelten unter unwürdigen Bedingungen haben einige davon Wochen so zugebracht. 1 Arzt für alle, der schon längst jede Verantwortung abgelehnt hat. Von 50 Kindern hatten 40 Durchfall. Genscher selbst hat am Samstag die Lösung – Ausreise – durch die DDR mit Reichsbahn verkündet. Ein unvorstellbarer Jubel. Komische Bilder, wie Völkerwanderungen nach dem Kriege. Wie Flucht aus der Barbarei. Umarmen, Tränen. [...]

Die Botschaften sollten geschlossen werden. Aber die BRD hielt sich nicht dran, und heute früh waren es schon wieder 11.000 Leute (!) um die Botschaft. Gestern die Nachricht, dass der visafreie Reiseverkehr

in die ČSSR bis auf Weiteres aufgehoben ist. Ein Hammer nach dem anderen. Jetzt geht also nur noch Rostock und Suhl ohne Visum.
In der Schule wurde es auch immer heißer. Bernd* hatte mir ein NF *[Neues Forum]*-Info-Blatt und eine Mitgliederliste sowie eine Broschüre über den Neofaschismus in der DDR mitgebracht. Das Infoblatt haben wir gleich mehrfach abgetippt (im Werkstattsekretariat) und unter Leute gebracht. Hier habe ich erst Sabine* und Gerlinde geworben. Nach den letzten Ereignissen (Konrad* wird wohl beschattet, und sein Zimmer ist ebenfalls betreten worden) hat auch er sich entschlossen, zu unterschreiben, und Anna* und einige andere folgen noch. Erst mal muss ich irgendwie an die Liste rankommen, ich habe sie blöderweise zu Hause liegen lassen. Auf meine Familie kann ich stolz sein. Vater, Mutter, Schwester, Schwager, Freund – alle unterschrieben. Auch wenn z.B. meine Mutter Hemmungen hatte. Ihr Stasierlebnis war nicht wirkungslos. Wo man damals zu ihr sagte – seien Sie froh, wenn Sie Ihre Kinder wiedersehen dürfen ... Der Vater war eher überzeugt. Es muss doch endlich was passieren! [...]
Hier gab es fast täglich Versammlungen. Es ging um die Frage Fete ja oder nein, wenn ja, dann wie. Mit Fete ist das Keilbergfest am 08.10. gemeint. Es war schon überall ausgehängt, und in der Presse stand's, und eine Menge war organisiert. Umsonst. Unsere Studentenschaft hat sich tapfer geschlagen. Wir haben lange und viel diskutiert. Erst am Dienstag – nach der ČSSR-Mitteilung – haben wir aufgefordert, zum Boykott.
Wir haben alles abgewogen, kamen dann einstimmig zu dem Schluss, dass wir uns verweigern müssen. Dass es in der gegenwärtigen Situation, die eine nie geahnte Fluchtbewegung aufzeigt, unmöglich ist, ein Fest zum 40. DDR-Geburtstag zu veranstalten. Auch wenn wir mit Plaketten und in Schwarz erschienen wären. Ehrlichkeit ist vonnöten, und jetzt nicht zu feiern heißt nicht, 40 Jahre zu ignorieren, sondern zu sehen. Diese letzten Wochen sind das Ergebnis dieser 40 Jahre, ohne Letztere also auch nicht möglich. Feiern? Nie.
In Leipzig am Montag die größte Demo seit 1953, 20.000, die Stasi »lud« einige auf LKW, an Händen und Füßen gepackt. Furchtbar, es

geht los. Bei den Dozentengesprächen wurde deutlich zum Ausdruck gebracht, dass es jederzeit zu einer Situation kommen kann, wie sie '53 oder noch nie da war. Schwere Ereignisse erwarten alle, und »dass es noch viel schlimmer« kommt. O weh. Aber endlich tut sich was, und eine Geburt ist immer mit Schmerz verbunden. Meine Post wird neuerdings offen nach Müncheberg geschickt. Schön, wie schnell *die* reagieren. [...]

In den Zeitungen steht entweder nichts oder nur Mist. Schlimm in jedem Falle. Haarsträubend. Die Tausenden sind »einige Bürger, darunter Asoziale«, die Ungarnflüchtlinge sind »mit Drogen betäubt und über die Westgrenze verschleppt« worden, der »Sklavenhandel« in den Imperialismus blüht ... da kommt einer das Kotzen. Widerlicher Mist. Ich habe eine Einladung bekommen, zum Fackelzug nach Aue zu fahren, »Bekenntnis zum Vaterland«, »Vertrauen in die Politik der Heimat«, »Für ein Leben in Glück und Frieden, uns und unseren Kindern« – welch Hohn.

Im Dresdner Bahnhof haben sich mehr als 3000 Bürger verschanzt, die auf die Züge aufspringen wollen, die durch die DDR fahren, von Prag kommend. Erst hat eine nette Frau durchs Mikro geredet, dann wurden die Maßnahmen schrittweise verschärft, und am Ende griff die Polizei ein. Die Menschen legten sich auf die Schienen, um die Züge zu stoppen. Man wundert sich über die große Freundschaft zu China – denke an den Juniaufstand und sein so blutiges Ende. Ob die Soldaten so etwas mitmachen würden? Was mache ich nun am 07.10.? Nach Berlin fahren? Es passiert garantiert irgendetwas. Muss ja. Die Spannung schreit nach Entladung. Von Gustavo* [ein italienischer Brieffreund] der Brief ist verschwunden. Gemeinheit. Einfach konfisziert. Der von Melinda [meine amerikanische Brieffreundin] kam offen. [...] Françoise* [eine französische Brieffreundin] hat mir angeboten, wenn ich eine Bleibe suchen sollte – sie wäre immer da und ich könnte bleiben, solange es nottäte. Von Gerlinde kam wenigstens das Päckchen an, auch das, trotz Eilpost, war 5 Wochen unterwegs. [...].

Tagebuch, Montag, den 9.10.1989, Schlema, 19:00 Uhr, Wohnheim der FAK

Ist der Republikgeburtstag also vorbei. Erwartungen übererfüllt. So viel passiert, heute wieder Versammlung der Studenten. Ziel: Erfahrungsaustausch. Jetzt kommt es. Überall Schlagstöcke, Hunde, Helme, Schilde, Wasserwerfer, Verletzte, allein in Berlin 700 Gefangene. Ursulas* Freund darunter. 24 Std. gefangen, davon 2 Std. von Gefängnis zu Gefängnis gefahren – alle sind schon voll. 18 Std. auf dem Stuhl sitzend, registriert wie Schwerverbrecher, kein Essen, Klo in 4-Mann-Begleitung. In Leipzig in einer Kirche = 150 Leute, Rufe »Wir bleiben hier« – einfach alle bis auf 12 in LKW geladen und rein in einen Westzug ... Ursula war mit Freund nur vom Jugendclub gekommen. Straße mit Grünen abgeriegelt. Kampftruppen überall, jeden auf der Straße eingeladen, ohne Auskunft, jeden. Auf dem Alex einige Tausend mit Chören wie »Demokratie hier«, »Wir bleiben hier«, »Stasi raus«, »Gorbi hilf uns«, »Keine Gewalt« etc. Polizei holte wieder wahllos Leute.
Im ND [Neuen Deutschland] heute eine dicke Zeitung voll Jubel, [...], irgendwo eine 5-Zeilen-Notiz über die vereitelte Provokation – Störung der Feierlichkeiten auf dem Alex, Festnahme der Rädelsführer der Randalierer – alles, kein Leipzig, kein Potsdam – wo Bernd* nur noch Bullen und Krankenwagen sah, in Leipzig eine Kanone mit Gummigeschossen, in Dresden etliche Tausend, auch mit Gewalt bekämpft. Öffentliche Bekanntmachung: wer Ausreise will, bei dem zuständigen Stadtbezirksvorstand melden, erledigt in 2 Tagen, gültig nur für Dresdner. In Plauen: 20.000 Demonstranten, eingeschlagene Scheiben. Ralf* hat geknipst, beinahe den Apparat dafür lassen müssen, der Film musste geopfert werden. Ein Freund hat heimlich mit kleiner Kamera geknipst. Mal sehen, ob das durchkommt. Gerlinde wollte auch hin, kommt sicher erst morgen. Es wird kriminell. Ralf [der Grenzsoldat] schreibt, die Grenzen nach Polen und ČSSR werden gesichert, weil noch so viele flüchten. Frank* hat erzählt, bei ihm in Grenznähe wimmele es nur so von Grünen. Wo die so viel Sicherheit auf einmal herhaben!

Tagebuch, Montag, den 16.10.1989

[...] Müde, 22:00, geschafft. Politik nervt und reibt auf, aber positiv! Wir sind so viele! VBK [Verband Bildender Künstler] – Frankfurt – Resolution. Vom VBK-Berlin schon 3 neue. Unsere ist wohl über Dorfpiecker* schon in Berlin angekommen, hörte heute in Tagesschau über Studenten, die unabhängige Studentenvertretungen vorschlugen – kann sich nur um unseren gleichlautenden Satz in der Resolution handeln. Hatte sie oft abgetippt. Habe von Gerlinde neuen, konkreten Forum-Text bekommen. Bin noch beim Tippen. Zu müde für heute. Morgen vielleicht? [...] In Berlin gestern Rockkonzert für Demokratie, Karat, Puhdys, Pankow, Silly – alle dabei. Hurra. In Leipzig 10.000 draußen heute, gestern 15.000 friedliche Demonstranten in Plauen. Hurra. Prozess nicht aufzuhalten. Volkswitz: »Honecker wurde doch an der Galle operiert. Entließ dann den Chirurgen, da dieser sich in seine inneren Angelegenheiten gemischt hätte. Entließ dann auch den Internisten, dieser hatte ihm eine Reformdiät verschrieben.« [...]

Früher hieß es »Volk ohne Raum«, heute »Raum ohne Volk«. Ungarn ist jetzt ganz zu, wegen Ferienverkehr sind am Wochenende 4000 (!) rüber. In Warschau schon wieder 1400, man rechnet mit 150.000 Ausgereisten bis Jahresende, schlimm. ZK [Zentralkomitee der SED]: »Denen weinen wir keine Träne nach, auf Verräter können wir verzichten« – schlimm. Kuno [mein Bruder] hat man gesagt, sein Problem würde noch dieses Jahr gelöst werden ... Seh ich ihn noch mal wieder? Er glaubt nicht an eine Änderung.

Anka hat viel Gutes erzählt. Das Forum [gemeint ist das Neue Forum] hat ganze Belegschaften, Betriebe, einschließlich Leiter gewonnen, Massen. So viele, Idee, die die Massen ergreift! Das ist die Wahrheit. Und dann kommt Hager [Kurt Hager, Mitglied des ZK der SED] und sagt, wir haben so viele Plattformen und Foren, da haben wir sozialismusfeindliche neue gar nicht nötig, Geschichte des Sozialismus sei doch Geschichte von Reformen schon immer gewesen ... Ironisch. Lenkt ein, um von den Machtpositionen nicht gehen zu müssen. Nichts da, ihr habt eure Unfähigkeit lange genug bewiesen!

Von den Behandlungen der Gefangenen am 07.10. gibt es erschreckende Berichte. Von Leuten, die stundenlang nackt an eine Wand gestellt verhört wurden, von Frauen, die man auf LKW lud und rausfuhr, nachts auf einem Acker aussetzte, sie trampten (die Ersten), und ein informierter Kommissar hat wütend alle anderen per Taxi holen lassen. Rest Mensch gibt es also auch noch [...]

Noch heute laufen mir Schauer über den Rücken, wenn ich meine Aufzeichnungen von damals lese: Es kommt mir vor, als würde zu oft vergessen, an welcher Wegscheide wir damals standen und welchen Mut die Tausenden Menschen in der DDR aufbrachten, die sich für den besseren Weg einsetzten. Mir fällt dabei auf, wie viel einfacher wir es heute haben, gegen Missstände zu protestieren, aber auch, wie bequem und ängstlich wir geworden sind, aus Sorge um unsere Alltagsprivilegien. Ich wünsche mir oft, der Wendegeist würde noch einmal zurückkommen!

In jener Zeit empörten mich jedoch neben all den politischen Geschehnissen von großer Tragweite auch zwei ganz persönliche Erfahrungen in einer Weise, wie ich es vorher noch nicht erlebt hatte. Und Empörung wurde der Hebel, der meine Wut in Aktion umsetzte und mir half, Ängste zu überwinden und mich zu wehren. Seit dieser Zeit wurde mir immer wieder bewusst, dass man sich viel öfter wehren und Nein sagen kann, als man denkt – das gilt auch für kleine Ärgernisse im Alltag. Viel zu häufig reden wir uns heraus mit »Ich hatte keine andere Wahl«, wo wir nur zu feige oder zu bequem waren, eine Auseinandersetzung zu wagen. Ich stand kurz vor Ende der DDR an einigen Wegscheiden, an denen ich mich zu entscheiden hatte: zwischen meinen Werten und einem aufrechten Gang auf der einen und persönlichen Vorteilen, Klappe halten, Befehle ausführen und dafür Ruhe haben auf der anderen Seite.

Ich bin meinen Eltern sehr dankbar, denn das Wertegerüst, das sie mir mitgegeben haben, war so stabil, dass ich an diesen Wegscheiden den in meinen Augen einzig richtigen Weg gegangen bin. Das war nicht nur damals wichtig, sondern für den ganzen

Rest meines Lebens. In diesen Situationen habe ich gelernt, wie viel Kraft und Stärke man daraus zieht, nicht erpressbar zu sein und sich nicht ohne Gegenwehr unterdrücken oder einschränken zu lassen. Man wird dadurch auf eine gewisse Art unbesiegbar, selbst dann, wenn die Gegenseite ihre Ziele erreichen sollte. Wer sich selbst treu bleibt, der kann nie wirklich verlieren.

Noch besser fühlte es sich natürlich an, wenn die Gegenseite es nicht schaffte, ihre Ziele zu erreichen, und das (auch) am eigenen Widerstand lag – egal ob allein oder in einer Gruppe. Am großartigsten fühlte ich mich jedoch immer dann, wenn ich nach Überwindung von Trägheit und Feigheit erfolgreich irgendeine Veränderung anstoßen konnte. Der Stolz darauf stärkte mir das Rückgrat für das nächste Mal. Mit jedem erfolgreichen Widerstand wurde es schwerer, mich zum Stillhalten zu zwingen, wenn mir etwas missfiel.

Viel wurde schon geschrieben darüber, wie Menschen sich an Erniedrigungen gewöhnen – wie der Frosch, der nicht aus dem Topf springt, wenn man ihn langsam erwärmt, bis er in der Hitze umkommt. Die gute Botschaft ist, dass man sich auch daran gewöhnen kann, sich zu wehren. Am besten lernt man das schon als Kind, aber lernen kann man es immer. Ich habe nur einen einzigen Kühlschrankmagneten, und der verkündet eine mir wichtige Weisheit: »Es ist nie zu spät, so zu sein, wie man gern sein möchte.« Widerstand kann man lernen, egal wie alt man ist. Zwei meiner Lektionen fanden im Sommer 1989 statt: Der Staat verweigerte mir eine Traumreise, und mein bester Freund wurde im Gefängnis schikaniert.

Eine Reise ins Wunderland fällt ins Wasser

Ich liebe Fremdsprachen. Schon mein Großvater mütterlicherseits sprach neben Deutsch auch Rumänisch und Russisch fließend, außerdem Französisch, selbst Latein beherrschte er. Die Leichtigkeit des Spracherwerbs vererbte er meiner Mutter und sie mir. In der brandenburgischen Kleinstadt, in der ich aufwuchs, gab es keinen Französischunterricht an der Schule. Aber meine Freundin Silke aus Berlin hatte Audiokassetten von einem westdeutschen Französisch-Sprachkurs kopiert (heute würde man »raubkopiert« sagen), und so lernte ich mit den Kassetten und DDR-Lehrbüchern autodidaktisch Französisch. Als ich mit 16 Jahren von der allgemeinbildenden Oberschule auf die Erweiterte Oberschule wechselte, wurde dort Französisch als dritte Fremdsprache nach Russisch und Englisch eingeführt. Ich konnte bereits den Stoff von zwei Schuljahren und langweilte mich schrecklich. Aber ich hatte wie häufig in meinem Leben Glück und traf auf eine Lehrerin, die mit Begeisterung lehrte. Sie freute sich, dass eine Schülerin nicht bei null anfing, und gab mir nebenbei Einzelunterricht. Ich lernte also den Stoff des 3. und 4. Sprachlehrjahres Französisch in den zwei Jahren bis zum Abitur.

Während meines Praxisjahrs in Frankfurt an der Oder wollte ich weiter Französisch lernen, aber es gab nur eine Option, eine Volkshochschule, die nur wenige Kurse anbot. Der einzig infrage kommende war der vorbereitende Kurs für die sogenannte Sprachkundigenprüfung IIIa, die man üblicherweise nach sieben Lernjahren ablegte. Ich schrieb mich trotzdem ein, und da mein Intellekt beim Spulen von Garn, Besticken von Wasserballermützen oder Knoten von Fransen nicht besonders gefordert war, saugte ich die Sprache auf wie ein Schwamm und lernte den Stoff der drei übersprungenen Lernjahre nebenbei.

Als ich dann an der Fachschule für Angewandte Kunst 1987 mein Textilkunststudium begann, war ich dort eine der wenigen, die überhaupt Französisch gelernt hatten. Auch an anderen Kunstschulen waren profunde Französischkenntnisse eher Mangelware. Im Sommer 1989 erfuhr ich von einem Stipendium, das eine französische Kunstschule für einen DDR-Kunststudenten ausgeschrieben hatte. Das Stipendium umfasste drei Monate in Paris, mit Atelierbesuchen, Essen, Unterkunft und Deckung aller Reisekosten.

Für einen in der DDR aufgewachsenen Menschen entsprach Paris etwa der Welt aus Tausendundeiner Nacht. Ein unerreichbares Wunderland schien plötzlich greifbar nah! Bedingung dafür war die Teilnahme an einem Französischwettbewerb, und da war ich im Vorteil und gewann!

Ich sah mich schon die Champs-Élysées auf und ab spazieren … Doch dann erhielt ich einen Brief von der Kreisleitung der FDJ, in dem man mich bat, zu einem Termin in ihren Büros in der Kreisstadt Aue zu erscheinen, bei dem es um Studentenreisen gehe. Da ich im Studienjahr 1988/1989 gewählte Studentensprecherin, damals FDJ-Sekretärin, war, waren solche Briefe nicht ungewöhnlich. Ich war nicht misstrauisch und hoffte auf eine Zuteilung von Reiseplätzen für Studenten der Kunstschule. Aber als ich zur vereinbarten Zeit dort erschien, gab mir der FDJ-Funktionär die Hand, murmelte etwas von »Tut mir leid, wir haben gar nichts zu besprechen, da drin wartet jemand, der möchte mit Ihnen reden« und schob mich durch eine offene Tür.

Ich fand mich in einem kleinen, schmucklosen Büro wieder. Außer zwei Tischen und ein paar Stühlen in Hellgrau gab es nichts. Ein Mann mit Allerweltsgesicht und im mittleren Alter stellte sich mir vor als Mitarbeiter der Staatssicherheit. Er kam ziemlich schnell zum Thema – man wolle mich anwerben als Inoffizielle Mitarbeiterin. Es gehe ja politisch etwas hoch her, und gerade die Studenten hätten ja nicht den besten Ruf, wir seien überdurchschnittlich renitent und hätten schon den 1. Mai nicht angemessen unterstützt, bei den Wahlen die Kabinen benutzt, und es gebe auch Gerüchte über weitergehende Aktivitäten, die die Sicherheit unseres sozialistischen Vaterlandes von innen heraus gefährden könnten. Bestimmt hätte ich daran auch kein Interesse, ich sei doch dem Staat sicher dafür dankbar, dass ich hier lernen und studieren könne.

Es kostete mich einige Anstrengung, ein eher unbewegtes Gesicht aufzusetzen und mir die tiefe Abscheu nicht anmerken zu lassen. Ich antwortete, dass wir ganz normale Studenten seien, mir nichts Besonderes aufgefallen sei und das mit den Wahlkabinen doch nicht schlimm sei, schließlich seien sie ja vom Staat auch hingestellt worden, damit man sie benutzt. Ich sähe mich jedenfalls außerstande, die Staatssicherheit in dieser Angelegenheit zu unterstützen.

Aber so einfach wurde man den Typ nicht los. Er zog seine Trumpfkarte: »Freuen Sie sich denn nicht schon auf Paris? Das ist ja was ganz Besonderes, so mit Eiffelturm aus der Nähe, da kommt ja nicht jeder hin. Das ist Ihnen aber schon klar, dass Sie ohne einen Sichtvermerk von uns überhaupt keine Ausreisegenehmigung dafür erhalten, oder? Und ohne Kooperation mit uns gibt's diese Genehmigung natürlich nicht. Haben Sie gedacht, dass irgendjemand, der nicht seine Oma zum 80. Geburtstag besucht, ins NSW [Nichtsozialistische Wirtschaftsgebiet] fährt, *ohne* für uns tätig zu sein?«

Darüber hatte ich noch nie nachgedacht, denn so oft kam das ja in meinem Umfeld gar nicht vor. Aber ich neige auch heute noch dazu, es für einen Bluff zu halten. Alle waren sicher keine Stasispitzel, nicht jeder Professor, der auf einen Kongress fuhr, nicht jeder Sportler, der an einem Wettkampf im kapitalistischen Ausland teilnahm. Aber vermutlich war es ein gern genutztes Druckmittel, und in meinem Fall wirkte es sehr ernst gemeint: »Der Platz verfällt übrigens dann, es ist zu kurzfristig, jetzt noch jemand anderen zu nominieren, das wäre doch doppelt schade, wenn jetzt gar keiner fährt, denken Sie doch noch mal darüber nach! Im Übrigen macht es für uns ja nicht mal so viel Unterschied. Glauben Sie nicht, Sie wären die erste Studentin, die mit uns kooperiert! Wir haben dort längst mehrere Personen, die uns berichten, wir wissen sowieso Bescheid.«

Jetzt noch cool zu wirken, war mir nicht möglich, meine Hände wurden kalt und feucht. Ich hörte mich sagen, dass Paris zwar schön sei, aber die Welt hänge auch nicht davon ab, und wenn dies die Bedingung dafür sei, dann gehe es halt nicht, ich könne hier nichts für ihn tun. Über meine Kommilitonen zu berichten, das könne ich mit meinem Gewissen nicht vereinbaren. Und wenn die Stasi dort ohnehin schon Leute habe, die ihnen was erzählten, dann brauche man mich ja auch gar nicht dafür. Ich bekam Angst und überlegte, wer die Spitzel bei uns sein konnten. Was wusste die Stasi von meinen eigenen Aktivitäten, zum Beispiel dem nächtelangen Abtippen von Aufrufen oppositioneller Gruppen? Ich musste wachsamer werden in der Zukunft.

Aber während ich noch darüber nachdachte, wie ich mich besser vor Stasispitzeln an der Kunstschule schützen konnte, ging der Stasimann noch einen Schritt weiter. Er hatte zwar offenbar verstanden, dass ich mit Paris nicht erpressbar war, aber wer weiß, vielleicht hatte ich ja ein hohes Verantwortungsgefühl gegenüber meiner Familie: »Ihre Mutter ist Kunstwissenschaftlerin. Leider verdient man da ja nicht viel. Zum Glück ist ja Ihr Vater Arzt. Fast Alleinverdiener, sozusagen. Angestellter des Staates. Da sollten Sie dankbar dafür sein, dass Ihr Vater die Familie ernähren kann, weil der Staat ihn für seine Arbeit bezahlt. Da wollen Sie doch bestimmt, dass er seine Arbeit behält?«

Das war der Moment, wo meine Angst umschlug in nackte Wut. Ich hasste diesen Mann. Ich hasste die Stasi. Ich hasste diese fiese und heimtückische Art der Erpressung! Die Empörung machte mich immun gegen diese Art von Angriff. Ich sah dem Stasimann direkt in die Augen und teilte ihm mit, dass ich meinen bisherigen Aussagen nichts hinzuzufügen hätte. Ich wollte gehen, aber er bestand auf einem zweiten Treffen. Ich sollte darüber einmal schlafen, natürlich mit niemandem reden, und am nächsten Morgen früh um acht Uhr zum Parkplatz auf dem Gleesberg kommen. Ich lehnte ab, morgen hätte ich auch keine andere Meinung als heute, doch das ließ er nicht gelten. Das könne ich ihm ja auch morgen noch mal sagen. Ich wollte endlich raus, also sagte ich zu.

Draußen fühlte ich mich wie in einer anderen Welt. Wieder war ein Schleier gefallen. Das, wovon ich schon tausendmal gehört hatte, jetzt hatte ich es selbst erlebt. Die Stasi hatte mir Einblicke in ihre Methoden gewährt, meinen Respekt vor dem System hatte ich endgültig verloren. Es ist ein Unterschied, etwas nur vom Hörensagen zu kennen oder selbst zu erleben. Ich sah jedenfalls mein Umfeld mit anderen Augen, als ich in Aue wieder auf die Straße trat. Ich fühlte mich verraten. Ich bereute all meine Vorfreude auf Paris. Drei Monate im Märchen leben – das hatte ja gar nicht wahr sein können. Wie hatte ich auch nur fünf Minuten glauben können, dass ich – die kleine Studentin aus der DDR – über die Champs-Élysées gehen würde? Den ganzen Weg zurück nach Schlema, ins Wohnheim, machte ich mir schwere Gedanken. Was wurde mit der Arbeitsstelle meines Vaters? Würden sie die Drohung wahr machen? Wenn ja, wovon sollte meine Familie leben? Wer waren die Spitzel an der Kunstschule? Würde die Stasi sich wieder melden? Was wusste sie von unseren Aktionen?

Am Abend erzählte ich meinem Freund Konrad als Einzigem von diesem Vorfall. Ich schlief sehr schlecht und machte mich am nächsten Morgen auf den Weg. Konrad hatte ich gesagt, ich sei in einer halben Stunde wieder da, ich ginge nur zum Parkplatz auf dem Gleesberg, um Bescheid zu sagen, dass ich meine Meinung nicht geändert hätte, und käme wieder zurück. Zweimal fünfzehn Minuten Fußweg.

An diesem Morgen war es herbstlich kalt. Der Dunst hing noch in den Bäumen. Ich kam pünktlich am Parkplatz an, dort stand ein einziges Auto, weit und breit war keine Spur von anderen Menschen. Das einzige Gebäude dort war ein Kulturhaus, an dem nur abends ab und zu Veranstaltungen stattfanden. Der Stasimann saß im Auto und öffnete die Beifahrertür. Ich beugte mich hinunter und begann zu reden, aber er unterbrach mich: »Ihre Antwort können Sie auch im Sitzen geben, es ist kalt und zieht.« Mit diesen Worten zog er mich in den Wagen. Kaum war die Tür ins Schloss gefallen, fuhr er plötzlich los. Meine Frage, wohin, ließ er unbeantwortet. Bis heute weiß ich nicht, wohin wir fuhren. Wir waren im Dreieck zwischen Aue, Schneeberg und Schlema, mitten im Erzgebirge, einer waldreichen Gegend. Wir fuhren in irgendeinen Wald und hielten auf einem einsamen Waldweg. Rechts und links hing noch der Morgennebel in den Bäumen. Niemand wusste, wo ich war, die halbe Stunde war längst vorbei. Ich hatte nackte Angst.

Als Kind habe ich mit Faszination Bücher über den antifaschistischen Widerstand gelesen. In vielen dieser Geschichten kamen die Helden am Ende um, ermordet von den Nazis. Eine häufige Variante war das Erschießen auf der »Flucht«, nachdem man die Widerständler auf irgendeinem einsamen Waldweg zum Weglaufen zwang. So irrational diese Assoziation ist – ich kenne keinen einzigen vergleichbaren Fall aus der DDR-Zeit und bezweifle, dass es solche gegeben hat –, so naheliegend erschien sie mir doch in jenem Moment in jenem Auto.

Wenn man richtige, große Angst hat, denkt man nicht rational, nicht unbedingt realistisch. Ich weiß noch wie heute, dass ich damit rechnete, dass der Stasimann jeden Augenblick zu mir sagen würde, ich solle aussteigen und wegrennen, und dass ich wahrscheinlich nie wieder nach Hause käme.

Natürlich geschah nichts dergleichen. Es wiederholte sich einfach der Dialog vom Vortag fast gleichlautend, nur mit ein paar mehr Wiederholungsschleifen – auf beiden Seiten. Irgendwann gab er auf. Ließ den Motor wieder an und fuhr zum Parkplatz zurück. Mit Beinen aus Watte, über Baumwurzeln stolpernd, ging ich den Weg ins Tal. Ich erzählte meinem beunruhigten Freund, wo ich so lange geblieben war. Ich dachte oft darüber nach, warum ich in diesem Auto so irrational schreckliche Angst hatte. Inzwischen glaube ich, dass genau das die Absicht der Stasi war. Genau deshalb musste es eine überraschende Fahrt in den Wald sein, in eine fremde Gegend, von der niemand wusste, dass ich mich dort befand, und eine Kulisse wie in einem Gruselfilm. Ich sollte mich fürchten, und ich sollte aus Angst nachgeben. Man wollte über Gefühle meinen Verstand brechen. Das war nacktes Kalkül, ich bin sicher, dass auch das in den Handbüchern der Stasi irgendwo so beschrieben steht. Ich bin froh, dass die Rechnung nicht aufging. Aber dieses Erlebnis macht es mir heute schwer, ehemalige

IMs pauschal zu verurteilen, weil ich weiß, dass sie in vielen Fällen Opfer der damaligen Verhältnisse waren. Es gab in dieser Zeit nicht nur Schwarz oder Weiß, Gut oder Böse, und ich würde mir sehr wünschen, dass diejenigen, die sie nicht selbst mitgemacht haben, nicht so häufig den moralischen Zeigefinger heben. Niemand, der eine solche Situation nicht selbst erlebt hat, kann wirklich beurteilen, wie er oder sie sich verhalten hätte.

Erst Wochen später bekam ich eine Vorladung zum Lehrer für Wissenschaftlichen Sozialismus, der mir »mit Bedauern« mitteilte, dass meine Fachdozentin den mir zugesprochenen Frankreich-Studienplatz aus »fachlichen Gründen« zurückgegeben habe. Das Zerbrechen eines so schönen Traums hat mir damals sehr zugesetzt. Meine Studienleistungen ließen nach, ich saß oft vor leeren Blättern und konnte meine Kreativität nicht mehr entfalten.

In den darauffolgenden Wochen vor dem Mauerfall war ich sowieso mehr mit meinen Aktivitäten in der Opposition beschäftigt, dann beseelt von der Euphorie der Freiheit und unbegrenzten Möglichkeiten. Danach, schon im November, wuchs langsam das Gefühl der Enttäuschung und Desillusionierung. Wir hatten so vieles erreicht, die Mauer war gefallen, wir hatten erfolgreich Widerstand geübt, Solidarität und die Kraft der Gemeinsamkeit erfahren – aber dennoch: Der Dritte Weg, von dem so viele geträumt hatten, er blieb unbeschritten. Aus dem kraftvollen »Wir sind das Volk«, mit dem die Forderung nach Macht verbunden war, wurde bald »Wir sind ein Volk«, die Forderung nach Wiedervereinigung und D-Mark. Vielleicht haben mich auch die vielen durchgearbeiteten Nächte, meine fieberhaften Aktivitäten und die emotionale Anspannung schlicht ausgebrannt. Vielleicht kann man zu viel Euphorie einfach nicht aushalten, ohne dass das Pendel in die andere Richtung ausschlägt, die Seele ein Gegengefühl erzeugt. Vielleicht war es alles das zusammen.

An diese Zeit erinnere ich mich, wenn Menschen ihre Depression beschreiben oder wie der Fußballer Robert Enke irgendwann keinen Ausweg mehr sehen. Ich habe aber in den Monaten danach gelernt, dass es auch aus der traurigsten Phase wieder aufwärts geht, dass man das Licht am Ende des Tunnels gerade dann erblickt, wenn man denkt, dass es für immer erloschen ist. Und darum macht es Sinn, immer wieder aufzustehen und die eigenen Träume wieder auszugraben. Wenn die Realität zu sehr davon abweicht, muss man einfach weiter dafür kämpfen, sie den Träumen anzugleichen. Nichts ist für die Ewigkeit, und die wenigsten Ziele werden im ersten Anlauf erreicht. Manchmal braucht es einfach einen sehr langen Atem.

Mehr als ein Jahrzehnt später habe ich zum ersten Mal einer Kommilitonin von meinen Erlebnissen mit der Stasi erzählt. Sie lachte lauthals und überraschte mich mit ihrer Geschichte. Auch sie war von der Stasi angesprochen worden, aber sie habe den besten Trick der Welt für diese Art Annäherungsversuche angewendet, und er sei auch sofort erfolgreich gewesen: Liebend gern würde sie ja ihre sozialistische Heimat unterstützen, aber leider habe sie eine große Schwäche, nämlich absolut nichts für sich behalten zu können. Sie platze, wenn sie nicht über alles rede, was sie bewegt, und zwar ständig und überall, sie sei halt einfach schwatzhaft, und daher sei sie völlig ungeeignet für jede Art konspirativer Aufgaben. So einfach hätte ich es also auch haben können. Ihr Gespräch dauerte nur Minuten, ein Folgegespräch fand nicht statt.

Paragraf 213 und ein Unfall mit Folgen

Das zweite Erlebnis, das mich in der Wendezeit sehr geprägt hat, betraf meinen engsten Freund aus der Kindheit.

Ich wuchs in Müncheberg, einer Kleinstadt im Osten Brandenburgs auf. In der Mitte des Städtchens stand eine sehr große gotische Kirchenruine. Sie war Zeugnis einer glorreichen Vergangenheit, als Müncheberg vor Jahrhunderten an der Kreuzung der Ost-West- und Nord-Süd-Handelswege lag und eine eigene Gerichtsbarkeit und Münze hatte. Sie war aber auch Mahnmal des Zweiten Weltkrieges. Die Wehrmacht hatte den Ort auf dem Rückzug von der Schlacht um die Seelower Höhen nach Berlin zur Festung erklärt, und nicht nur die Kirche selbst wurde von einer Bombe getroffen und brannte aus, sondern 80 Prozent des Ortes wurden vollständig zerstört. Der alte Stadtkern ist aber noch heute von einer Stadtmauer aus Feldsteinen umschlossen, an zwei Seiten durchbrochen von der Bundesstraße 1, die am Pulverturm in die Stadt hineinführt und am Storchenturm wieder heraus.

Gleich hinter der Stadtmauer erstrecken sich Felder und Wiesen, sumpfiges Gelände, Friedhöfe und Gärten. Das alles waren Spielplätze meiner Kindheit. Mit meinem besten Freund rannte ich auf der Stadtmauer um die Wette, machte irrsinnige Mutproben, sprang aus dem zweiten Stock von Industrieruinen oder über ihre morschen Dächer, deren Ziegel unter jedem unserer Schritte brachen. Wir kletterten die Mauern der Kirchenruine hoch und durch die gotischen Fenster ins Innere, wir erforschten die alten Grabsteine, die dort zwischen den Trümmern lagen, und schrieben »Ich mag dich« auf Dachziegel. Dort in der Kirchenruine habe ich zum ersten Mal Händchen gehalten, habe im Geheimversteck in der Kirchenmauer Süßigkeiten gefunden, die mein Freund Sebastian* für mich dort versteckt hatte. Dort habe ich von ihm meinen ersten Silberring geschenkt bekommen. Dort in die Ruine hat er ihn hineingeworfen, als wir uns später im Streit trennten. Dort hat er mir Gedichte vorgelesen. Ich bewunderte meinen Freund für seine sensible Sprache, für seinen Eigensinn und für seinen Mut.

Er gehörte zu den wenigen, die immer offen ihre Meinung sagten und ihrem Gegenüber dabei gerade in die Augen sahen, die keine Angst vor Respektspersonen oder Konsequenzen hatten und dadurch häufig schon mit der Schulobrigkeit aneinandergerieten. Er war nicht korrumpierbar und hatte ein bewundernswertes Rückgrat. Was mich beeindruckte, gefiel anderen weniger. Auch meine Eltern fanden diese Freundschaft für mich nicht gerade förderlich. Er galt als frech und aufsässig, man verbot uns den Umgang. Aber das ist für Teenager bekanntlich kein Hindernis. Wir entwickelten

Geheimzeichen, um uns zu verabreden, eine Codemelodie, um uns ans Fenster zu rufen. Wir schmuggelten Botschaften und kleine Geschenke mit einem Korb, den ich an einer Leine aus dem Kinderzimmerfenster nach unten auf die Straße abseilte. Dieser Freund war der Held meiner Kindheit, einer der engsten Freunde, die ich jemals hatte. Als ich später zur Erweiterten Oberschule ging und er zur Lehrausbildung, trennten sich unsere Wege, und wir hörten nur noch wenig voneinander, wir sahen uns sehr selten, und wenn, dann nur kurz.

Seinen Nonkonformismus hatte er sich bewahrt, er widersprach auch als junger Erwachsener, wenn er eine andere Meinung hatte, er diskutierte politisch und vertrat anarchistische Positionen. In einem Staat, in dem die Staatsgewalt die höchste Priorität hat, sind das gefährliche Ansichten. Er war dem Staat ein Dorn im Auge, aber sie kriegten ihn einfach nicht dran.

Dann passierte ein folgenreicher Unfall, eine Verkettung unglücklicher Umstände, bei denen ein technischer Defekt und Alkohol im Spiel waren. Mein Freund selbst wurde dabei schwer verletzt, und der Staat hatte endlich den gesuchten Vorwand: Unfallverursachung unter Alkoholeinfluss, ab in den Knast. Aber nicht in den normalen Strafvollzug, nein, er kam nach Halle in die Einrichtung für die sogenannten Zweihundertdreizehner: Paragraf 213 im Strafgesetzbuch der DDR betraf ungesetzlichen Grenzübertritt – Republikflucht.[7]

Auf diese Weise hörte ich wieder von ihm. Ich erfuhr, dass er unter restriktiven Bedingungen inhaftiert war, dass er vorerst nur von seinen Eltern besucht werden durfte, wenig Post bekam und nur einmal in der Woche selbst einen Brief schreiben durfte. Informationen bekam er im Gefängnis auch nicht – es war das Jahr 1989, draußen brodelte es, und drinnen bekam er davon nichts mit.

Meinen besten Freund aus Kindheit und Jugend konnte ich nicht hängen lassen. Ich erklärte mich kurzerhand zu seiner Verlobten (wie hätte man das Gegenteil beweisen wollen) und war damit besuchsberechtigt. Ich schrieb ihm jeden Tag einen Brief, den ich möglichst schön und bunt gestaltete, um damit etwas Abwechslung in seinen tristen Alltag zu bringen. Ich schrieb davon, was alles so passierte im Land, und natürlich kamen viele meiner Briefe nicht an. Alles wurde geöffnet und zensiert, meine Briefe waren zu brisant, viele davon sah er als bunte Schnipsel aus seiner Akte heraushängen, wenn man ihn wieder einmal verhörte. Als ich davon erfuhr, fing ich an, sie zu nummerieren. Er sollte wenigstens wissen, wie viele Briefe sie ihm vorenthielten.

Einmal konnte ich ihn besuchen in Halle. Das Prozedere war abschreckend. Man durfte nur wenig mitnehmen, Briefmarken beispielsweise waren nicht erlaubt, obwohl im Knast schwer erhältlich. Also habe ich Kunstzeitschriften gekauft und auf die kleinen Abbildungen von Gemälden Briefmarken geklebt – eine perfekte Tarnung. Für das kurze Gespräch brachte man uns in einen Raum, in dem ein sehr langer und sehr tiefer Tisch stand. Auf der einen Längsseite saßen die Gefangenen, einer neben dem anderen, auf der anderen wir Besucher. Leise reden war unmöglich, weil das Gegenüber auf der anderen Seite des Tisches so weit weg saß. Also konnten nicht nur die anderen Gefangenen und Besucher alles hören, was man sprach, auch die Gefängniswärter hörten zu. Ich saß schon, als man meinen Freund hereinbrachte. Er war blass, seine Haare kurz geschoren, seine Augen wirkten viel dunkler als sonst, unter ihnen lagen tiefe Schatten, seine Backenknochen stachen hervor. Er wirkte so ernst und so traurig, wie ich ihn noch nie zuvor gesehen hatte. Ich konnte nur »Hallo!« sagen, dann schossen mir schon die Tränen in die Augen. Wie konnten sie ihm das antun! Wir haben uns wenig unterhalten. Kurze Sätze auf beiden Seiten, wir sagten viel mehr mit Blicken.

Danach schrieb ich noch schönere und längere Briefe, ich wollte ihm ein Lächeln ins Gefängnis schicken. Auch dass der Sommer politisch immer heißer wurde, berichtete ich haarklein. Wie viele Botschaftsflüchtlinge jetzt schon in Prag saßen, was in Ungarn an der grünen Grenze los war. Proteste zum 7. Oktober.

Als ein Besuch seiner Mutter bei ihm am Tag davor abgesagt wurde und auch kein Brief mehr von ihm kam, begann ich mir Sorgen zu machen. Aus der Heimatstadt ließen mir Bekannte die gut gemeinte Warnung ausrichten, ich solle den Kontakt zu Sebastian abbrechen, die Stasi würde seinetwegen Leuten Fragen nach mir stellen.

Dann kam ein Brief mit Fantasieabsender und unbekannter Schrift, offenbar von einer Frau, abgestempelt in Karl-Marx-Stadt. Sie schrieb mir anonym, dass es in der JVA am 5. und 7. Oktober Streiks und Hungerstreiks gegeben habe, über die mich mein Freund in Kenntnis setzen wolle, damit ich das öffentlich mache. Er habe dazu einen Brief rausschmuggeln wollen, und dieser Schmuggel sei aufgeflogen. Mein Freund sitze daher wegen »illegaler Nachrichtenübermittlung staatsfeindlichen Inhalts« in Einzelhaft, unter erschwerten Haftbedingungen, faktisches Lese- und Schreibverbot, Essen bekam er nur durch eine Luke in der Tür. Sie riet mir, mit wechselnden Absendern zu schreiben, in unauffälligen Briefen, damit er die Post erhält. Später erfuhr ich außerdem, dass man ihn immer wieder stundenlang am Türbalken und an der Heizung fixiert hatte und auch auf subtilere Weisen quälte. Nicht mehr lesen und nicht mehr schreiben zu können – mir war klar, dass das von allem das Schlimmste für meinen Freund war. Vor allem wollte man ihm meine Schreibadresse und meine Besuche streichen.

Ich setzte mich hin und schrieb am 1. November 1989 einen Brief an den Leiter des Strafvollzuges, von dem ich mir zwar nicht allzu viel erhoffte, aber nichts tun war keine Option:

Sehr geehrter Herr Direktor,
ich wende mich an Sie mit der Bitte um eine Vorladung in die Strafvollzugsanstalt, ich würde gern mit Ihnen oder einem anderen verantwortlichen Leiter des Strafvollzuges reden. Ich bin Anke Domscheit, Kunststudentin und FDJ-Sekretärin der Fachschule für Ange-

wandte Kunst Schneeberg. Mein Verlobter befindet sich seit dem 09. Juli 1989 in Ihrer Einrichtung, um seine 14-monatige Haftstrafe abzusitzen, die ihm wegen eines Verkehrsunfalles im Mai 1988 ausgesprochen wurde. Mein Verlobter ist berechtigt, seiner Mutter und mir zu schreiben, und zwar jeweils Sonntag, sodass ich alle zwei Wochen Post von ihm bekam. Seit dem 10. September 1989 hat mich kein Brief meines Verlobten mehr erreicht. Ein Sprecher [d. h. ein Besuchstermin] seiner Mutter wurde am Vorabend telegrafisch »aus vollzugstechnischen Gründen« abgesagt. Eine Begründung im eigentlichen Sinne ist das wohl nicht zu nennen. Ich bin nunmehr 8 Wochen ohne Information und mache mir große Sorgen, welche Ursachen das hat. Ich bitte Sie hiermit darum, mir entweder alsbald detaillierte Informationen über Ursachen, Berechtigung und Dauer der Verschärfung der Strafvollzugsbedingungen des Strafgefangenen Sebastian R. zukommen zu lassen bzw. was ich bevorzugen würde, mir eine Sprechstunde bei Ihnen zu ermöglichen. Ich werde mich darüber hinaus bei einer Rechtsberatung über meine Möglichkeiten und meine Rechte bzw. Ihre Rechte informieren. Ich bitte darum, auf mein Schreiben schnellstmöglich zu reagieren. Auch in einem sozialistischen Strafvollzug sollte Durchschaubarkeit einziehen und ein durchaus sozialistisches humanes Recht Handlungsgrundlage sein. Ich danke Ihnen im Voraus für Ihre Bemühungen,
hochachtungsvoll,
Anke Domscheit

Ich war so beunruhigt, dass ich in meiner Ratlosigkeit Gott und die Welt um Hilfe bat. Noch heute erfüllt es mich mit Demut, wie viele Menschen – Bekannte und Unbekannte – mir und damit meinem Freund in dieser Situation beistanden, mit Tipps, Telefonnummern, Warnungen und Schlafgelegenheiten. Am Ende konnte ich nicht viel ausrichten, aber Aktionismus war ein Mittel gegen das lähmende Gefühl der Ohnmacht, und man konnte sich auch gegenseitig damit anstecken. Das Aufbegehren hat uns damals Kraft gegeben – egal, wie erfolgreich der Ausgang in jedem Einzelfall war. Die Solidarität schweißte uns weiter zusammen und ermöglichte eine weitere Vernetzung im Widerstand. Es machte mich damals rasend, dass zwar schon von politischer »Wende« die Rede war und sich viele über Erfolge freuten, die für mich nur Scheinerfolge waren, weil sich offenbar im Kern nichts geändert hatte. Statt verkündeter Straffreiheit für Gesinnung und politische Meinungsäußerung bekam mein Freund Einzelhaft.

Irgendjemand von denen, die ich damals kontaktierte, empfahl mir, den Anwalt Wolfgang Schnur anzurufen, er vertrete Oppositionelle und sei Vertrauensanwalt der evangelischen Kirche. Ich rief ihn mehrfach an und war verzweifelt, weil ich ihn nicht erreichte. Heute danke ich dem Himmel dafür, denn nach der Wende wurde bekannt, dass Wolfgang Schnur als IM arbeitete und seine Mandanten bespitzelte. Mehr als drei Jahrzehnte war er für das Ministerium für Staatssicherheit (MfS) tätig. 1993 wurde ihm die Anwaltszulassung wegen »Mandantenverrat« und »Unwürdigkeit« entzogen, da er sich an den »Grundsätzen der Menschlichkeit und der Rechtsstaatlichkeit vergangen« habe.[8]

Während in Berlin am 4. November die größte Demonstration der DDR-Zeit stattfand, mit über einer Million Teilnehmerinnen und Teilnehmern, verbrachte ich das Wochenende in Halle, um Hilfe für meinen Freund zu mobilisieren. Ich suchte den Superintendenten der Hallenser Marktkirche in seiner Wohnung auf. Das Gespräch mit ihm, aber auch mit anderen Menschen, die mir anschließend auf meiner Odyssee bei der Suche nach Hilfe begegneten, dokumentierte ich in meinem Tagebuch.

Tagebuch, Sonntag, den 5.11.1989, 10:15 Uhr, Personenzug Halle – Leipzig

[...] Ein hagerer Mann, kurzfassend und konzentriert. Er hörte zu, ich kämpfte mit den Tränen. Er fragte auch nebensächlich, das beruhigte mich, wie ich zur Kirche stünde, wie wir uns kennengelernt hätten etc., zum Studium. Er rief bei der Mahnwache an und fuhr mit mir im

Auto hin, zu Pfarrer Hanewinckel. Das ist die Seele der Georgenkirche, der Mahnwache, [...] ein Mann mit goldener Nickelbrille und wallendem grauen Bart, viel rauchend, wie fast alle dort. Bis in die Nacht ist er dort und hilft jedem. Er ging mit uns in einen Raum, wo wir allein waren, hörte sich alles an und beschloss zu helfen. Er holte einen jg. Mann herein, »Mike«, entlassen nach 14 Monaten aus dem Jugendhaus Halle [der Bereich der Justizvollzugsanstalt, in dem mein Freund saß] am 10.10.89. Der ist jetzt ein Fall von Amnesty International. Er hörte mir zu und ließ sein Rendezvous platzen, um sich mit mir zu unterhalten. Er hat noch verschiedene Beziehungen zum Jugendhaus und versprach, Montag etwas in Erfahrung zu bringen und mir zu schreiben. [...] Am nächsten Morgen rief ich den Rechtsanwalt Lenzel* an, der aber würde sich frühestens am 16.11. des Falles annehmen. Ich rief Hanewinckel an, wir versuchten noch zwei andere Rechtsanwälte zu erreichen. Es wurde Mittag. Ich rief Sebastians Mutter an, wegen neuer Infos. Am Vortag waren vom Strafvollzug und von Sebastian je ein Brief gekommen. Sebastian schreibt, es ginge ihm gut ... er hätte einen Brief schmuggeln wollen und wäre dafür disziplinarisch belangt worden. Auf dem Kopf hätte er eine Entzündung, wegen der seine Haare ab mussten. [...]
Von Hanewinckel um 16:00 neue Nachricht. In der Puschkinstraße, im Haus der Jungen Gemeinde, wäre gerade SDP-Tagung [SDP = Sozialdemokratische Partei, eine Neugründung in der Wendezeit], hinten säße ein Dr. Wilhelms* mit schwarzem Hemd und beigem Pullover drüber ... der wüsste Bescheid und würde mich einem RA vermitteln. Als ich endlich hinfand, war die Tagung eben zu Ende und Dr. Wilhelms über alle Berge. Bei Pfarrer Gerstner* im Haus rief ich Hanewinckel an. Der gab mir dann die Adresse des RA Schwehn*, Im Lerchenweg*, Halle-Döhlau. Es war inzwischen dunkel geworden. Mit der Straßenbahn fuhr ich raus, fand die Bushaltestelle, wartete ½ Stunde und fuhr [...] bis Döhlau-Post, ödeste Wildnis, die nächsten 3 Leute kannten den Weg nicht. Ich irrte durch das öde, menschenleere Nest, kreuz und quer, entdeckte einen Mann in einer Einfahrt, der mir den Weg erklärte. Ich fand den Weg – der verlassenste in ganz

Döhlau, Nebel, kaum ein Licht, die Häuser weit auseinander. Kein Laut. Pfützen, Wald herum. Oh Grusel, ich mittendrin. Ich irrte bis zur Nr. 13, dann war die Welt schwarz und zu Ende. Beim letzten Licht bimmelte ich einen Mann heraus. Der Weg würde rechts abbiegen und dann wieder links, und dann käme schon die Einfahrt des Rechtsanwaltes. Also wieder in die Nacht. Riesenpfützen, Schwärze, blindes Gehen, Knistern. Eine Andeutung von Weg linker Hand. Ich riss die Augen auf und kämpfte gegen Verzweiflungstränen, lief auf ein Licht zu. Kurz vor dem Haus ein wütendes Bellen – Herrgott. Ich hob die Hände und rührt mich gar nicht. Der Hund schwieg, ich ahnte, dass er festlag, weil er nicht kam. Ich scharrte mit dem Fuß, dass er wieder bellte und jemanden zum Nachschauen zwang. Es funktionierte. Der da kam, war RA Schwehn* selbst. Er hörte mich an und versprach zu helfen. Nur die Vollmacht musste die Mutter unterschreiben. Ich irrte durchs Dunkel zurück, rannte viel, fuhr ins Zentrum, zur Mahnwache, suchte den Pfarrer vergeblich und fuhr nach HaNeu.

Hans-Joachim Hanewinckel ist für mich bis heute einer der Helden der Wendezeit. In Halle waren die Montagsdemos nicht immer friedlich geblieben, am 9. Oktober 1989 hatte es massive Übergriffe durch die Polizei gegeben. Die Demonstranten, die in die Kirche geflüchtet waren, waren dort in Sicherheit, die übrigen waren der Polizeigewalt schutzlos ausgeliefert. Diese Übergriffe waren der Ursprung der Mahnwache. Pfarrer Hanewinckel beschrieb sie später in einem Interview so:

> »Und dort wurde geknüppelt, festgenommen, gejagt, geschlagen und auf Lkws geworfen. Viele wurden in die Kaserne der Transportpolizei in Reideburg gesperrt, standen über Nacht an der Wand, in Fliegerstellung und durften nicht auf Toilette, geschweige denn jemanden anrufen. Da waren Minderjährige, Frauen und Männer, Kinder und Alte.
>
> Dieses Unrecht wollten wir dem Staat nicht durchgehen lassen, nicht zulassen, dass alles wie üblich unter den Teppich gekehrt und ver-

schwiegen wurde. Die Mahnwache machte mit den Gedächtnisprotokollen öffentlich, wie dieser Staat gegen seine Bürger vorging.«[9]

Bei der Mahnwache von Pfarrer Hanewinckel traf ich Menschen, die mir zuhörten, auch er selbst. Aber auch ich hörte viele schlimme Geschichten von anderen. Ein älterer Mann hob seine Hosen hoch und entblößte Beine, die bis zum Knie nur aus Narbengewebe bestanden. Er beschrieb, wie er als politischer Gefangener in eine Zelle gesperrt wurde, in der er bis zum Knie im Wasser stand, so lange, bis seine Haut entzündet und offen war. Ich hörte auch von den Übergriffen bei der Montagsdemo Anfang Oktober, und immer wieder standen mir die Tränen in den Augen. Alles das hatte ich in meinem Land nicht für möglich gehalten. Doch neben der Traurigkeit, der Angst und der Verzweiflung nahm ich auch die grenzenlose Solidarität und den Mut der Menschen in der Mahnwache wahr. Die emotionale Unterstützung und das Verständnis, das mir Pfarrer Hanewinckel damals entgegenbrachte, werde ich ihm nie vergessen. Ohne Menschen wie ihn hätte ich damals nur Angst und Ohnmacht empfunden. Er, der Kirchenmann, schaffte es, mir, der Atheistin, Hoffnung und den Glauben an unsere gemeinsame Kraft zurückzugeben. Letztlich kann es keine Massenbewegung geben ohne Menschen mit Rückgrat, die Visionen haben und nicht daran zweifeln, dass Widerstand notwendig und sinnvoll ist. Die gute Nachricht ist, dass es solche Menschen überall gibt und dass man sie nur suchen muss, dann wird man sie auch finden. Letzteres scheint mir mit Blick auf die Vergangenheit nicht einmal schwer, denn diese Menschen sind wie Knoten in einem großen Netz, man kann sie über viele Verbindungsfäden erreichen. Heute ist die Vernetzung nicht nur untereinander, sondern auch mit solchen »Widerstands-Katalysatoren« noch einfacher geworden.

Es zeichnete die Wende in der DDR an ihrem Höhepunkt aus, dass es eine gute Balance gab aus basisdemokratischer Massenbewegung, die sich selbst organisierte, und aus inspirierenden

Köpfen, die keine spezielle Macht und keine Deutungshoheit für sich in Anspruch nahmen, aber doch eine besondere Rolle in der Opposition spielten, als Funken, die das Feuer am Brennen hielten.

Über die Notwendigkeit von Menschen mit herausragender Rolle in oppositionellen Bewegungen ist auch später viel diskutiert worden. Gerade in der Occupy-Bewegung vertritt man heute eher die Überzeugung, dass die Masse sich allein steuert und Lichtgestalten nicht notwendig sind. Auch bei der Piratenpartei herrschte lange das Credo »Themen statt Köpfe«, weil man jede Art Machtkonzentration und Personenkult vermeiden wollte. Aber man kann Themen ohne Köpfe nicht kommunizieren, und eine Massenbewegung verliert an Kraft, wenn ihr inspirierende Gestalten fehlen, die in der Lage sind, Menschen zu motivieren und Inhalte und Ziele zu vermitteln.

Der Kontakt zu Menschen wie Pfarrer Hanewinckel hat am Ende vor allem mir selbst geholfen. Für meinen Freund habe ich nicht viel erreichen können. Aber mit dem Fall der Mauer, nur Tage nach meinem Besuch in Halle, überrollte uns die Geschichte und veränderte die Welt schneller, als wir uns das vorstellen konnten. Mein damaliges Schreiben an den Gefängnisdirektor blieb jedoch ohne Antwort, und auch von meinem Freund erhielt ich keine Nachricht. So schrieb ich am 22. November einen weiteren Brief, in dem ich unter anderem endlich Informationen, eine Besuchserlaubnis und die Aufhebung des Schreibverbots für Sebastian forderte. Ich wies auch auf die neue Straffreiheit für Meinungsäußerungen hin und auf die daher unverhältnismäßige Strafe.

Am selben Tag schrieb ich einen Brief an die Redaktion der *Jungen Welt*, die damals vergleichsweise offen über die politischen Bewegungen in der DDR berichtete, und fasste darin alle Details zusammen, die ich zwischenzeitlich über Ursache und Folgen seiner Haftverschärfung erfahren hatte. Ich hoffte auf Unterstützung durch Druck der Medien – eine interessante Entwicklung, denn nur wenige Monate früher wäre ich auf die absurde Idee, von einem DDR-Presseorgan Unterstützung zu erwarten, niemals gekommen.

An eine Antwort der Justizvollzugsanstalt kann ich mich nicht erinnern, und in meinen Unterlagen findet sich dazu nichts mehr. Aber die Ereignisse überschlugen sich in jener Zeit. Nachdem am 27. Oktober 1989 schon die wegen Republikflucht verurteilten Insassen amnestiert wurden, gab es am 12. Dezember 1989 eine weitere Amnestie,[10] die für alle Gefangenen galt, die »wegen vorsätzlicher oder fahrlässiger Vergehen zu einer Strafe bis zu drei Jahren verurteilt wurden« – davon ausgenommen waren Schwerstdelikte. Mit dieser Amnestie kam auch Sebastian frei.

Die Haftzeit hat ihn jedoch sehr verändert. Nur schwer konnte er wieder Fuß fassen. Seine Seele hat Schaden genommen damals, und das kann ich dem Justizapparat der DDR niemals verzeihen. Der massive Eingriff in seine Persönlichkeitsrechte, die Zensur, die Überwachung, der Entzug von Informationsquellen – alles das, was er gerade in der Zeit der Wende erlitt, das möchte ich auch für die Zukunft verhindern. Es darf sich nie wiederholen, für niemanden, auch nicht in Ansätzen, schon gar nicht in einer Demokratie. Unsere Rechte müssen wir verteidigen, aber nur gemeinsam können wir das schaffen.

Vernetzung und Kommunikation ohne Internet

Heute ist es zumindest in den westlichen Demokratien einfach, über das Internet Zugang zu Informationen zu erhalten und sie zu verbreiten, sich mit Gleichgesinnten zu vernetzen und Menschen für Aktionen zu mobilisieren. Für diese technischen Möglichkeiten können wir gar nicht dankbar genug sein. In der Wendezeit war für die oppositionellen Gruppen der DDR die Kommunikation eine der schwierigsten Herausforderungen – und was die staatlich kontrollierten Mainstreammedien veröffentlichten, konnte man kaum als brauchbare Information bezeichnen. Blogger, die eine Gegenöffentlichkeit herstellen, gab es im Jahrzehnt vor dem Siegeszug des Internets nicht, und auch Demonstrationen ließen sich nicht spontan und kurzfristig organisieren. Trotzdem kann Widerstand in großem Maßstab nur dann erfolgreich sein, wenn es Menschen gelingt, sich zu vernetzen, wenn sie Mittel und Wege finden, ihre Inhalte zu verbreiten, nicht nur ohne Internet, auch ohne Copyshop.

Ich hatte von meiner Mutter die Schreibmaschine meines Großvaters bekommen, eine uralte Erika. Fast jede Nacht schrieb ich Aufrufe von oppositionellen Gruppen ab, vom Neuen Forum, dem Demokratischen Aufbruch, von Demokratie Jetzt, Studentengruppen wie von der Hochschule für Bildende Künste in Dresden oder der TU Karl-Marx-Stadt, von anderen Künstlergruppen wie den Berliner Mitgliedern des Verbandes Bildender Künstler, selbst das Gründungsprogramm der SDP (der Sozialdemokratischen Partei der DDR) habe ich abgetippt, außerdem Gedächtnisprotokolle zu Übergriffen der Polizei oder eine Dokumentation von Konrad Weiss zur »Neuen alten Gefahr – Junge Faschisten in der DDR«.

Die Tasten meiner Schreibmaschine musste man mit viel Kraft anschlagen, um Buchstaben zu Papier zu bringen. Nach ein paar Stunden Tippen bekam ich manchmal Krämpfe in den Fingern. Mit einmal Abtippen konnte ich ein recht lesbares Exemplar erzeugen und zwei bis drei Durchschläge auf dünnem Schreibmaschinenpapier, die schon wegen des abgenutzten Kohlepapiers kaum noch lesbar waren. Manchmal schrieb ich in langweiligen Vorlesungen auch Texte per Hand ab.

Andere hatten es etwas leichter. Uns erreichten zum Beispiel Aufrufe, die mit Blaupausen vervielfältigt waren, und die Studenten der TU in Karl-Marx-Stadt hatten sich offenbar sogar Zugang zu einem Nadeldrucker verschaffen können. Einen Großteil der Dokumente versteckte ich im Wohnheimzimmer, aber was ich gerade abschrieb, das lag mitunter noch bei der Schreibmaschine. Nur wenn ich länger weg war, beseitigte ich alle Spuren. Aber das half ohnehin nicht viel, wie sich herausstellte. Es gab Menschen, die Schlüssel zu unseren Zimmern hatten, und irgendjemand hat auch meine Schreibmaschine näher untersucht. Als ich an einem Nachmittag von den Vorlesungen aus Schneeberg zurückkam, waren die Farbbänder verschoben, rot und schwarz waren vertauscht, als hätte jemand die Bänder herausgenommen und dann versehentlich falsch eingesetzt. Entweder dieser Jemand war ein Volltrottel oder es sollte ein Zeichen an mich sein: Was immer du machst, wir lesen mit. Ich hatte damals überlegt, was ich tun sollte, aber Aufhören war keine Alternative für mich, und andere Methoden der Vervielfältigung hatte ich nicht. Also schrieb ich weiter, etwas vorsichtiger als zuvor. Ich rechnete sogar damit, dass die Stasi meine Tagebücher las.

Das Abschreiben und Verteilen per Brief oder persönlich, die Weitergabe von Terminen und Treffpunkten über Mundpropaganda, alles das brauchte Zeit. Größere Demonstrationen hatten daher einen längeren Vorlauf. Die Studentendemonstration in Berlin am 17. November 1989 war schon lange vor dem Mauerfall geplant worden, ich habe dafür sogar am 31. Oktober bei der Leitungssitzung der Kunstschule als Vertreterin der Studenten einen Antrag auf Freistellung gestellt, dem erstaunlicherweise stattgegeben wurde. Eine Ablehnung hätte uns auch nicht von der Teilnahme abgehalten, aber dieser Antrag war auch eine Ansage an die Leitung der Schule. Bei derselben Sitzung informierte ich die Schulleitung über die Entscheidung der Studenten, einen Studentenrat zu gründen, in dem sieben Studentinnen und Studenten die Interessen der Studierenden unabhängig wahrnehmen können. Darüber hinaus hatte ich die Schule darüber in Kenntnis gesetzt, dass wir Arbeitsgruppen zu den Themen Umwelt, Unterricht in Marxismus-Leninismus (ML), Zivilverteidigung (ZV, Pflichtkurse paramilitärischer Art, in denen u. a. das Verhalten im Kriegsfall geprobt wurde) und nationaler Vernetzung gründen werden. Natürlich wollten wir keinen schöneren Unterricht in ML und ZV, sondern die Abschaffung dieser Pflichtfächer erreichen. Das Protokoll dieser Leitungssitzung habe ich noch immer, der blasse

Durchschlag enthält auch die Forderung der Studenten, künftig an Kontrollgängen im Wohnheim beteiligt zu werden und die Öffnung von Studentenpost durch einen neuen Postschrank mit verschließbaren Fächern zu verhindern. Im Nachhinein wirkt es wie eine Ironie der Geschichte, dass der im Protokoll dafür als zuständig vermerkte Kollege ausgerechnet unser Lehrer für Staatsbürgerkunde war. Dieser trieb sich auch in der Wendezeit seltsam häufig in den Wohnheimen der Studenten herum, und über seine Nebentätigkeiten hielten sich hartnäckig diverse Gerüchte. Der Lehrer unseres Vertrauens war er ganz bestimmt nicht.

Alte Protokolle der Leitungssitzungen, an denen ich als FDJ-Sekretärin teilnehmen konnte, erwähnen auch im Mai 1989, dass die »Benutzung der Wahlkabinen durch die Studenten kritisiert wurde«, eine Absurdität, die deutlich macht, dass die Kabinen offenbar nur als Demokratiesimulation in den Wahlbüros standen. Zur Sitzung am 3. Oktober 1989 vermerkt das Protokoll zum Thema Feierlichkeiten anlässlich des Jahrestages der DDR, dass die »FDJ-Leitung die Leitungsmitglieder informiert, dass die Studenten unter den derzeitigen politischen Spannungen nicht bereit sind, an diesem Fest mitzuwirken«.

Unser Engagement erstreckte sich aber über das Neinsagen hinaus und auch über unsere eigenen Interessen hinweg. Am Anfang jedes Studienjahres mussten die Erstsemester für einige Wochen in der LPG (Landwirtschaftliche Produktionsgenossenschaft) Affalter bei der Kartoffelernte helfen. Dort mussten an langen Fließbändern und auf einer Art Hochsitz sitzend Kartoffeln sortiert sowie Steine und beschädigte Kartoffeln ausgelesen werden. Arbeitsschutz wurde dabei kleingeschrieben. Trotzdem hatten wir durchaus unseren Spaß dabei, und von jedem Ernteeinsatz wanderten säckeweise Kartoffeln in die Wohnheime, die uns monatelang als Versorgung dienten. Das Ende des Ernteeinsatzes war immer Anlass für ein legendäres Kartoffelfest, bei dem es nur aus Kartoffeln produzierte Speisen in unvorstellbarer Vielfalt gab, die Studenten Kostüme aus Kartoffelsäcken trugen und Theaterstücke mit Kartoffelpuppen zur Aufführung kamen, die zwar nur von der Natur geformte, aber dennoch sehr ausdrucksvolle Gesichter hatten.

Aber bei diesem Einsatz in der LPG saßen nicht nur wir selbst an ungeschützten Fließbändern, sondern uns fiel auch die gesundheitliche Belastung der Mitarbeiter auf, die ständig ungefilterte Dieselabluft einatmen mussten. Studenten des Erstsemesters 1989 schrieben dazu eine Eingabe, die im Protokoll der Leitungssitzung vermerkt ist – mit der Ergänzung, dass sich die LPG um eine Lösung des Problems bemüht.

Dieses Beispiel steht für eine weitere wichtige Erkenntnis aus diesen Tagen:

»Das ist nicht meine Baustelle« gab es für uns nicht. Alle gesellschaftlichen Probleme haben wir damals persönlich genommen. Egal ob es die Übergriffe gegen Demonstranten in Deutschland oder der Tschechoslowakei waren oder von Polizisten oder Neonazis Gewalt ausgeübt wurde, egal ob es um Mitarbeiter der LPG ging oder um die Lage der Nation – wir fühlten uns betroffen, und weil wir uns betroffen fühlten, haben wir uns engagiert. Und weil ganz viele damals so dachten, blieb niemand allein, und die Bewegung wurde eine Massenbewegung. Spalten und Isolieren hat damals nicht mehr geklappt, Solidarität war das Credo der Stunde. Eine Solidarität, die ich heute oft vermisse, in einer Zeit, wo »Not my department« das Motto der Mehrheit zu sein scheint. Genau deshalb trug wohl auch der Chaos Communication Congress im Dezember 2012 diesen Titel, um uns alle daran zu erinnern, dass wir damit Einflussmöglichkeiten abgeben und uns schwächen.

Wir, die Studenten der Kunstschule in Schneeberg, schrieben damals selbst viele Resolutionen, als eigene Stellungnahme, Antwort auf andere oder als Solidarisierungsaktion. Unsere wichtigste Resolution datiert vom 10. Oktober 1989, ich habe ihr damals ein Zitat meines kirgisischen Lieblingsautors vorangestellt.

Resolution der Studenten der Fachschule für Angewandte Kunst Schneeberg

> Nicht mehr ganz fünftausend Tage trennen uns noch vom Jahrhundertende ... Die Menschen sind von einem Gefühl der Verzweiflung erfüllt. Die traditionellen Institutionen haben sich überlebt. Wir alle müssen uns an der Suche nach neuen Lösungen beteiligen.
> *Tschingis Aitmatow*

Die dramatische Zuspitzung der Krisensituation in unserem Lande zwingt uns Studenten zur öffentlichen Äußerung. Die wachsende Zerstörung der Umwelt, die Massenflucht, die Identitätskrise, die Ignoranz der Staats- und Parteiführung gegenüber den bestehenden Widersprüchen, die Kriminalisierung der Reformbemühungen und das starre Festhalten am überholten Kurs sind unsere Bedrängnisse.
Wir Studenten können uns unsere Hoffnung auf unsere Zukunft nicht zerstören lassen. Wir wollen nicht weiter passiv bleiben und damit mitschuldig an der Deformierung unserer sozialistischen Ideale sein.
Wir wollen eine Gesellschaft, die einen Sozialismus möglich macht und die die Hoffnung auf eine sinnvolle Zukunft, für die es sich lohnt, zu studieren, zu arbeiten, zu leben und sich mit aller Kraft und Kreativität zu engagieren, zulässt. Dazu brauchen wir in erster Linie das Vertrauen und die Ehrlichkeit der Staats- und Parteiführung.
Wir fordern den öffentlichen Dialog mit allen gesellschaftlichen Kräften, auch mit den neu entstandenen alternativen Gruppen. Die Vorschläge der Initiatoren entsprechen unseren Gefühlen, unserem Denken und müssen öffentlich zur Diskussion stehen.
Wir stellen den absoluten Wahrheitsanspruch der Staats- und Parteiführung infrage. Ebenso können wir uns nicht mit der alleinigen Vertretung unserer Interessen durch die staatliche Massenorganisation FDJ identifizieren. Wir schlagen die Bildung unabhängiger Studentenvertretungen vor. Wir werden uns den Widersprüchen stellen und fordern Gleiches von der Staats- und Parteiführung. Nur so ist eine

Lösung, ein Ausweg aus dieser Krise und der Bestand der sozialistischen Gesellschaft möglich.
Mut macht uns die wachsende Bereitschaft breiter Bevölkerungskreise, sich an der Erneuerung der Gesellschaft zu beteiligen. Ein Zeichen dafür sind die vielfachen Resolutionen.
Wir haben erfahren, dass an der Fachschule für Angewandte Kunst Heiligendamm 14 Studenten die Exmatrikulation angedroht wurde aufgrund ihres politischen Engagements. Wir protestieren entschieden dagegen und solidarisieren uns hiermit mit den Studenten der FAK Heiligendamm.

Im Auftrage der gesamten Studentenschaft
Durch die FDJ-GO [Grundorganisation der Freien Deutschen Jugend] der FAK Schneeberg
FDJ-GO Sekretär
Anke Domscheit

Ich schickte diese Resolution an den Staatsrat der DDR, den Zentralrat der FDJ und an den Allgemeinen Deutschen Nachrichtendienst (ADN, die nationale Presseagentur der DDR), die uns auch alle brav antworteten. Der Staatsrat informierte uns darüber, dass er unseren Brief an das Ministerium des Inneren weitergeleitet hätte – zur Prüfung. Der Zentralrat der FDJ schickte uns Material von einer Rede des damaligen Vorsitzenden Eberhard Aurich, in der »Ansätze für eine tiefere Analyse und zum Nachdenken enthalten« seien und die wir doch für unsere Arbeit in der FDJ verwenden könnten. Der ADN schrieb uns am 31. Oktober 1989 überraschend ausführlich. In seiner Antwort, die ja noch eine Woche vor dem Mauerfall verfasst wurde, ist bereits eine Wende erkennbar: Die Medien, sogar der Nachrichtendienst, hatten keine Lust mehr, das alte Spiel mitzuspielen, vorbei waren das Leugnen der brennenden Probleme, die Bagatellisierung und die demagogische Rhetorik von »einzelnen, asozialen Provokateuren«:

Werte Studenten!
Den ADN erreichte in der zurückliegenden Zeit eine große Zahl von Resolutionen und Meinungsäußerungen zu brennenden Fragen unserer Gegenwart. Angesprochen wurde eine Vielzahl von Problemen, die inzwischen überall im Lande – auch in den Medien – zur Diskussion stehen. Wir haben zahlreiche Stellungnahmen von Organisationen, Verbänden, Institutionen und Kollektiven veröffentlicht. Ausführlich berichten wir über den in Gang gekommenen Dialog, von auf Demonstrationen erhobenen Forderungen, sind bemüht, in Gesprächen und Interviews zusätzliche Informationen zu Fragen der Bürger einzuholen, sodass nahezu alle in Zuschriften an ADN angesprochenen Aspekte Gegenstand unserer Berichterstattung sind.
Wir bitten deshalb um Verständnis dafür, dass wir, auch angesichts der großen Fülle von Briefen an die Zeitungen, nicht jede einzelne Zuschrift publizieren können. Sehen Sie uns das bitte nach, denn unsere erstrangige Aufgabe als Agentur ist, die Medien über die vielen Tagesereignisse zu informieren. In Fällen, wo ADN der einzige Adressat ist und wir aus genannten Gründen nicht zu einer Veröffentlichung in der Lage sind, informieren wir die zuständigen Stellen vom Inhalt.
Im Auftrag des Generaldirektors,
Klaus Pommerening
Redaktionssekretär des ADN

Die Antwort des ADN zeigt auch, dass offene Briefe und Resolutionen *die* Kommunikationsform dieser Zeit waren. Aber gerade unter höheren Bildungseinrichtungen gab es noch einen eigenen Austausch und zwischen Kunstschulen noch einmal einen weiteren engeren Kreis. So erreichte uns Ende Oktober ein Brief der Studenten der Fachschule für Werbung und Gestaltung Berlin:

An alle Studenten der Fachschule für Werbung und Gestaltung Berlin, der Fachschule für Angewandte Kunst Schneeberg sowie der Fachschule für Angewandte Kunst Heiligendamm

Die gesellschaftliche Notwendigkeit zur Umgestaltung in unserem Land ist für den Einzelnen in den letzten Wochen immer spürbarer geworden. Sie dokumentiert sich einerseits in der noch immer anhaltenden Massenflucht von DDR-Bürgern, in den zahlreichen Wortmeldungen von Verbänden und Initiativen, andererseits aber auch in der Art der Staatsgewalt, auf massenhaft laut werdende Forderungen nach mehr Demokratie und Mitbestimmung am 7./8.10. des Jahres zu reagieren.

Wir Studenten sind durch die Ereignisse der letzten Tage und Wochen aufgefordert, unseren Beitrag zur Überwindung der gegenwärtigen Krisensituation dieser Gesellschaft zu leisten. Die Stagnation von Wirtschaft und gesellschaftlichem Leben wirkt sich nachhaltig auch auf die Kultur aus, der wir uns durch unsere Studienrichtungen im Besonderen verpflichtet fühlen.

Wir dürfen nicht länger stillschweigen, wo unsere Stimme Gewicht hat! Wir können nicht länger abwinkend wegsehen, wenn unser Engagement über die persönlichen Belange hinaus gefordert wird! Wir sollten baldmöglichst in einen konstruktiven Austausch untereinander treten.

Indem wir die Qualität und Ausnutzung der demokratischen Umgangsformen an unseren Schulen darlegen und vergleichend werten und indem wir unsere Vorstellungen zu notwendigen Umgestaltungen in allen, vornehmlich den uns tangierenden Bereichen äußern. Im Ergebnis könnte ein gemeinsamer Maßnahmenkatalog für den Bereich Kultur entstehen, mit dem wir uns in den landesweit einsetzenden Dialog einbringen.

Jede Gelegenheit sollte uns recht sein, auch die bestehenden staatlichen Strukturen für die Ausweitung des Dialoges zu nutzen. Wir rechnen fest mit Eurer Gesprächsbereitschaft und laden hiermit autorisierte Studenten Eurer Schulen nach Potsdam ein.

[Unterschrieben von vier Studentinnen]

Unsere Antwort habe ich innerhalb einer Woche verfasst und am 1. November 1989 zurückgeschickt:

Liebe Studenten der FS für Werbung und Gestaltung!
Vielen Dank für Euren Brief vom 24.10.1989. Wir haben auf unserer letzten Vollversammlung über Euren Vorschlag gesprochen und sind uns darüber einig, dass eine Zusammenarbeit der Studenten nicht nur regional, sondern auch fachspezifisch erfolgen muss, um effektiv zu sein. Wir sind noch bei der Bildung unseres Studentenrates, bis zum Dienstag 7.11.1989 stehen dann alle 7 Vertreter fest.
Ob es noch notwendig sein wird, eine FDJ-Leitung zu bilden, wird die verbliebene Mitgliederzahl zeigen. Wir werden in Kürze einen konkreten Maßnahmekatalog erarbeiten, um endlich aus der Resolutionsphase herauszukommen und den zweiten Schritt zu tun, der unbedingt folgen muss. Wir gründen eine Arbeitsgruppe Ökologie – unser Territorium bietet dafür unerschöpflich Tätigkeit. Wir befassen uns mit einer Umstrukturierung des ML-Unterrichtes, wollen versuchen, durchzusetzen, eine Fremdsprache nach Wahl zum Pflichtfach zu machen und nicht obligatorisch das Russische dazu zu machen. Unsere Schulleitung hat die neue Form der Studentenvertretung bereits anerkannt, auch ein Fortschritt. Bitte schreibt uns euren Terminvorschlag zum Treffen, denkt bei der Festlegung bitte auch an die Entfernung Schneeberg-Potsdam und daran, dass wir nebenbei noch studieren, Mittwoch mittags wäre also nicht so günstig. Wir hoffen, am 17.11. [dem Tag einer großen Studentendemonstration] seid Ihr recht zahlreich in Berlin vertreten!
Im Namen der Studenten der FAK Schneeberg
Anke Domscheit
FDJ-GO Sekretär

Der ganze Osten Europas war von Veränderungsprozessen ergriffen. Ein Land steckte das andere an. Nicht überall ging es immer friedlich zu, auch wenn man rückblickend sagen kann, dass der

Fall des Eisernen Vorhanges und die Ablösung sozialistischer Diktaturen insgesamt mit wenig Gewalt und Blutvergießen vonstattenging. Aber die Angst war immer dabei, sie lief mit in Leipzig und in Warschau und in Prag. Panzer standen hier wie dort bereit, und jeder von uns hielt ihren Einsatz für möglich.

Nachdem die Mauer gefallen war und der Verlust der Autorität staatlicher Mächte sich langsam abzeichnete, da erst erzählten mir meine Eltern, was sie im Prager Frühling vor Jahrzehnten erlebt hatten. Aus einer kleinen Kiste holten sie alte Schwarz-Weiß-Fotos vom Sommer 1968 in Prag, wo meine Eltern ein paar Tage Urlaub gemacht hatten, um Freunde zu besuchen. Zum ersten Mal, inzwischen war ich bereits 21 Jahre alt, offenbarten mir meine Eltern, dass die gewaltsame Niederschlagung des Aufstandes in Prag genau während ihres Aufenthaltes stattgefunden hatte. Sie berichteten, wie dort auf einmal Schüsse fielen und wie wildfremde Menschen sie in einen Hauseingang zogen, um sie vor den Geschossen zu schützen. Auch diese Geschichte gehörte zu den Familiengeheimnissen, die aus Angst vor politischen Repressalien selbst uns erwachsenen Kindern bis zum Mauerfall vorenthalten wurden.

Gut 21 Jahre nach diesem Sommer in Prag schrieb ich am 23. November 1989 folgenden offenen Brief, die Geschichte meiner Eltern im Hinterkopf:

Wir, die Studenten der Fachschule für Angewandte Kunst Schneeberg, wurden und werden durch die DDR-Medien über die gesellschaftlichen Auseinandersetzungen in der ČSSR informiert. Mit Bestürzung erfuhren wir vom gewalttätigen Vorgehen der dortigen Sicherheitsorgane bei einer Demonstration der Studenten am 17. November 1989 in Prag. Die Verantwortlichen für dieses Vorgehen sollten aus den Erfahrungen der Geschichte, siehe DDR Oktober/November 1989, wissen, dass Demonstrationen eine unbedingt notwendige Artikulation breiter Gesellschaftsschichten darstellen und ein unbestreit-

bares Menschenrecht sind. Sie sind ein völkerrechtliches Mittel zur Durchsetzung politischer und gesellschaftlicher Forderungen. Wer auf diese Forderungen mit Gewalt reagiert, statt den Dialog anzustreben, macht sich moralisch und gesetzlich strafbar.
Wir solidarisieren uns mit den Studenten der ČSSR und unterstützen ihre Forderungen nach tiefgreifenden Reformen. Sie haben unsere Sympathie.
Der Studentenrat der Fachschule für Angewandte Kunst,
Vertreter aller Studenten

Ob die tschechischen Studenten jemals von unserem Brief erfahren haben, weiß ich nicht. Ich habe mich oft gefragt, wie die Wende abgelaufen wäre, wenn es damals schon Twitter gegeben hätte, Blogs und Wikis, in denen man Informationen zu Übergriffen hätte sammeln und veröffentlichen können. Auf einem Zettel hatte ich im Oktober 1989 die über Mundpropaganda verbreiteten Informationen notiert, um sie weiterzugeben. In ihrer Kürze hätten sie gut in Tweets gepasst. Die Wende auf Twitter, bei mir hätte sie nach den Stichpunkten von diesem alten Zettel so ausgesehen, der Hashtag »#tww89« bedeutet dabei »Twittern wie 1989«:

Schleifchen
@Schleife89

In Dresden wurde die Gründung der Bezirksgruppe des Neuen Forums verboten! #tww89

Schleifchen
@Schleife89

Plauen hermetisch abgeriegelt, Grenztruppen im Einsatz, Feuerwehr, Kampfgruppen mit Schlagstöcken, ZV, Wasserwerfereinsatz bei Demo. #tww89

Schleifchen
@Schleife89

In Dresden gabs wohl Durchsagen, wonach bei Antrag Ausreisen in 1-2 Tg genehmigt werden. Jetzt lange Schlangen in den Dienststellen. #tww89

Schleifchen
@Schleife89

07.10.89: Schauspieler tragen Resolution im Dresdner Theater vor, dann Diskussion mit Publikum. Eine Wiederholung wird verboten. #tww89

Schleifchen
@Schleife89

In Berlin wird von über 700 Verhafteten berichtet. Der Mann einer Freundin ist wg Befehlsverweigerung im Knast. #tww89

Schleifchen
@Schleife89

In Plauen gibt es 2000 Ausreisefamilien. Das ist die größte Quote in der DDR! #traurigerRekord #tww89

Schleifchen
@Schleife89

Viele Betriebe veröffentlichen Resolutionen, auch 400 Arbeiter von VEB Bergmann-Borsig. #tww89

Ja, vielleicht hätte es sich so gelesen bei uns. Aber all diese Möglichkeiten der schnellen Information, Vernetzung und Mobilisierung hatten wir nicht. Ich erinnere mich, dass 2011 eine der Anti-Guttenberg-Demos, zu der nach Aufdeckung der Plagiate in seiner Doktorarbeit gegen den damaligen Bundesverteidigungsminister aufgerufen wurde, innerhalb von nur viereinhalb Stunden nach der ersten Ankündigung auf Twitter in Berlin tatsächlich stattfand. So etwas wäre in der DDR wegen der fehlenden Kommunikationstechnologien nicht möglich gewesen.

In einem unvollendeten und daher nicht abgeschickten Brief vom 9. Oktober 1989 von mir an eine frühere Schulfreundin, die Genossin, also Mitglied der SED war und in Halle studierte, kann man herauslesen, auf welche Hindernisse wir bei der Verbreitung von Informationen stießen, aber welche Priorität sie dennoch besaßen:

Liebe C.
ich habe wieder einmal WS [das Unterrichtsfach Wissenschaftlicher Sozialismus], da bleibt mir nichts anderes übrig, als so rum [Anmerkung: der Brief war in Spiegelschrift verfasst] zu schreiben. Da wirst Du Dich wieder ärgern. Ach C., sag nicht, Du hättest noch den geringsten Durchblick ... Ich habe keinen mehr. Unsere Studenten erzählen alle von den Ereignissen in ihren Heimatkreisen. In Dresden war es besonders schlimm. Ich vertrag es nicht. DDR und Schlagstöcke, Schilder, Hunde etc. passt denn das zusammen? In Halle soll ja heute was passieren. Bist Du dabei? Bist Du noch Genosse? Ich wüsste nicht, was ich als Genosse tun würde.
Ich habe am Wochenende getippt. Ich schicke Dir doch ein Forumexemplar, wer weiß, wann wir uns wiedersehen, und Information war nie notwendiger als heute. Vielleicht habe ich Glück, und es kommt glücklich in Deine Hände. Schreib bitte sofort, wenn Du es erhalten hast. Ich muss das wissen, weil ich doch schon überwacht werde. Ein komisches Gefühl. In WS höre ich gerade, schuld an den blutigen Zwischenfällen wäre das Neue Forum ... Makaber.

Um die mangelhaften Kommunikationsmöglichkeiten auszugleichen, wurde der Widerstand in der Wende auch verstetigt – in Ort und Zeit. So fanden zum Beispiel Mahnwachen über Wochen immer an der gleichen Stelle statt, bei denen Ansprechpartner weitergegeben wurden und man Hilfe bekam. Zugleich aber dienten diese Orte als Netzknoten, an die Informationen gegeben wurden, um sie von dort aus weiterzuverteilen und so zu vervielfältigen. Auch die Montagsdemos funktionierten so: jede Woche an der gleichen Stelle zur gleichen Zeit – da musste man sich nicht jedes Mal neu verabreden. Auch ohne Flugblätter oder andere Formen der Erinnerung kamen die Menschen in immer größerer Zahl zu den Montagsdemos, die allmählich zu einem eigenen Symbol des Widerstandes wurden.

Die Rhetorik der Mächtigen gegen sie verwendet

Um in den damaligen Machtstrukturen überhaupt Kritik üben zu können, waren wir oft gezwungen, uns die Rhetorik der herrschenden Politik zu eigen zu machen und den Absolutheitsanspruch, mit dem bestimmte Begrifflichkeiten oder unantastbare Personen der Zeitgeschichte behandelt wurden, für unsere Zwecke auszunutzen.

Diese Praxis lernte ich schon in der Schule. Dort waren Fragen unerwünscht, die an Prinzipien des Systems rüttelten. Bei der Vorstellung der Mauer als antifaschistischem Schutzwall, der die DDR und ihre Bürgerinnen und Bürger vor den Angriffen des Imperialismus schützen solle, fragte ich an der Polytechnischen Oberschule einmal, warum dann der Stacheldraht nach innen gerichtet ist und nicht nach außen, wo er uns viel besser vor Angriffen von draußen schützen könnte. Eine Antwort habe ich nicht erhalten. Aber zum Schulabschluss verweigerte man mir die Lessing-Medaille in Gold, die ich mit dem Notendurchschnitt von 1,0 auf dem Abschlusszeugnis hätte bekommen sollen, mit der Begründung politischer Unreife. Zu viele falsche Fragen kamen nicht gut an, denn auch wenn es auf sie keine Antwort gab, verleiteten sie die Schulkameraden dazu, sich selbst Fragen zu stellen, die oft die Antwort bereits in sich trugen.

Also lernte ich schnell, den Vorwurf staatsfeindlicher Einstellung zu kontern, indem ich mich darauf berief, dass ich ja nur Fragen stellte, weil ich die Antwort nicht wissen könne. Habe nicht unser aller Vorbild Karl Marx den Leitsatz »An allem ist zu zweifeln« geprägt und damit dem Fragenstellen eine Lanze gebrochen? Dass Marx diesen Satz von Descartes, dem französischen Philosophen aus der ersten Hälfte des 17. Jahrhunderts, entliehen hatte, wussten meine Lehrer offenbar nicht, jedenfalls hat es mir nie jemand vorgehalten.

Später, zur Wendezeit, verwiesen wir auf die »Glasnost« in der Sowjetunion, dem »Großen Bruder« der DDR, um auch für uns mehr Transparenz und Mitbestimmung einzufordern. Eine beliebte Monatszeitschrift war der russische *Sputnik*, in dem für an Zensur gewöhnte DDR-Leserinnen und -Leser erstaunliche Sachen standen. Ganz offen wurden dort unhaltbare Zustände in sowjetischen Gefängnissen beschrieben und die Forderung nach Bekämpfung von Politbürokratie und Korruption in Worte gefasst. Als sich der Charakter des *Sputnik* so weit von den Maßstäben der DDR-Medien entfernt hatte, dass man die Gefahr der Ansteckung befürchtete, wurde ausgerechnet diese Zeitschrift unseres sowjetischen Bruderlandes kurzerhand verboten. Im November 1988 flog der *Sputnik* aus dem Presseverteiler und war nicht mehr in der DDR erhältlich. 130.000 Stück betrug bis dahin die Auflage in der DDR. Die Begründung laut ADN: »Wie die Pressestelle des Ministeriums für Post- und Fernmeldewesen mitteilt, ist die Zeitschrift *Sputnik* von der Postzeitungsliste gestrichen worden. Sie bringt keinen Beitrag, der der Festigung der deutsch-sowjetischen Freundschaft dient, stattdessen verzerrende Beiträge zur Geschichte.«[11] Die zuvor veröffentlichte Oktoberausgabe hatte zu offen über den Hitler-Stalin-Pakt berichtet. Für die DDR-Bürger wurde dieser besonders dreiste Fall der Zensur zum Symbol für die eingeschränkte Presse- und Meinungsfreiheit.

Ich schrieb damals eine Eingabe an das Postministerium der DDR, und von einer Russlandreise schmuggelte ich ein paar *Sputnik*-Ausgaben in die DDR. Mehr Möglichkeiten hatte ich nicht. Später las ich von dieser Eingabe in den Resten meiner Stasiakte, deren Hauptteil in den ehemaligen Stasibüros in der Kreisstadt Aue offensichtlich vernichtet worden war. Außerdem war »Sympathisantin NF« – das sollte wohl Neues Forum heißen – vermerkt, für die ich Aufrufe abgetippt und Unterschriften gesammelt hatte.

Auszüge aus dem *Sputnik* wurden übersetzt, ich schrieb sie ab, und einen davon hängte ich unbehelligt an meine Tür im Studentenwohnheim. Niemand wagte es, diesen Text einer sowjetischen Zeitung wieder abzuhängen, zumal Egon Krenz zum Oktober 1989 die erneute Zulassung des *Sputnik* ankündigte.

Der Text der Ausgabe vom August 1989 enthielt ein Manifest von Alexander Solschenizyn vom 12. Februar 1974, der im Herbst 1989 eine besondere Brisanz hatte, aber auch in unserer heutigen Zeit an Aktualität wenig verloren hat – ich wünsche ihn mir auf der ersten Seite aller großen Zeitungen:

»Jeder Mensch sollte:

1. keinen einzigen Satz mehr schreiben, unterschreiben oder drucken lassen, der seiner Meinung nach die Wahrheit entstellt
2. einen derartigen Satz weder in einem privaten Gespräch noch vor größerem Publikum äußern, und zwar weder von sich aus noch nach einem ihm in die Hand gedrückten Konzept, noch als Agitator, Lehrer oder Erzieher, noch in einer Bühnenrolle
3. keinen verlogenen Gedanken und keine einzige Entstellung der Wahrheit, die er als solche erkennt, weder mit den Mitteln der Malerei, der Bildhauerei, der Fotografie und der Musik darstellen noch kommentieren noch mit Hilfe von Rundfunk und Fernsehen verbreiten
4. weder mündlich noch schriftlich, sei es aus Liebedienerei, aus Gründen der eigenen Sicherheit oder um des Erfolges seiner Arbeit wegen, Äußerungen von führenden Funktionären zitieren, wenn er das Gesagte nicht völlig teilt oder das Zitat nicht genau am rechten Platz ist
5. sich nicht zwingen lassen, an einer Kundgebung oder Demonstration teilzunehmen und kein Transparent und kein Spruchband in die Hand zu nehmen und hochzuhalten, mit dessen Text er nicht völlig einverstanden ist
6. für keinen Vorschlag stimmen, für den er keine ehrliche Sympathie empfindet, weder offen noch geheim für jemanden seine Stimme abgeben, den er für unwürdig oder für zweifelhaft hält
7. sich nicht zwingen lassen, zu einer Versammlung zu gehen, auf der eine erzwungene und verzerrte Erörterung der auf der Tagesordnung stehenden Fragen zu erwarten ist

8. jede Sitzung, Versammlung, Vorlesung, Theatervorstellung oder Filmvorführung unverzüglich verlassen, sobald er dort Lüge, ideologischen Unsinn oder schamlose Propaganda vernimmt
9. keine Zeitung oder Zeitschrift weiter kaufen oder abonnieren, in der Informationen entstellt und höchst wichtige Fakten verheimlicht werden.

Gewiss, in der ersten Zeit wird nicht alles glattgehen. Manch einer wird zeitweilig seine Arbeit verlieren. Jugendlichen, die die Wahrheit leben wollen, wird dies zeitweilig das Leben erschweren, denn auch der Schulstoff, der ihnen abgefragt wird, ist voller Lügen. [...] [Wer aber nicht einmal zum Schutz seiner Seele genügend Mut aufbringt, der] [...] sollte sich nicht damit brüsten, dass er Akademiemitglied, Volkskünstler oder General ist, der sollte sich lieber sagen, dass er eine Sklavenseele und ein Feigling ist, dass es ihm lediglich darum geht, satt zu sein und es warm zu haben. [...] Sollten wir jedoch zu feige dazu sein, dann dürfen wir uns nicht darüber beklagen, dass man uns nicht frei atmen lässt, denn wir selbst sind schuld daran.«

An diesen Text an meiner Tür klebte ich eine Verlängerung aus gelbem Papier, auf die ich schrieb: »FÜR WICHTIG BEFUNDEN UND BEI VOLLER ZUSTIMMUNG VON MIR AUFGEHÄNGT – Anke Domscheit«.

An meiner Tür hing noch ein weiteres Blatt aus gelbem Buntpapier, auf dem ich in schwungvoller Schrift mit Feder und schwarzer Tusche ein Zitat von Andrej Tarkowskij verewigt hatte, einem russischen Autor und Filmemacher, der allerdings Mitte der 80er-Jahre bereits in Frankreich lebte. Aber Letzteres war wenig bekannt, jedenfalls nicht bei den Schnüfflern in unserem Wohnheim, und der russische Name schützte das Zitat an meiner Tür. So konnte man Meinungen sagen, für die man selbst Probleme bekommen hätte:

»Die Möglichkeiten der eigenen Freiheit werden natürlich vom Willen der anderen eingeschränkt, doch erscheint mir wichtig, darauf hin-

zuweisen, dass Unfreiheit immer die Folge innerer Feigheit und Passivität ist, das Resultat fehlender Entschlusskraft zu einer eigenen, der Stimme des Gewissens entsprechenden Willensäußerung.«
Andrej Tarkowskij

Selbst im Rechenschaftsbericht, den ich als FDJ-Sekretärin im Jahr 1989 zu erstellen hatte, konnte man sich auf die russischen Freunde berufen, um mehr oder weniger subtil Kritik zu äußern. In der Einleitung schrieb ich damals:

Auch die sozialistische Welt befindet sich in einem Umbruch. So nehmen wir an allen Vorgängen in der Sowjetunion lebhaften Anteil. Im Mittelpunkt unserer Diskussion stehen auch die Veränderungen oder die Nichtveränderungen in unserem eigenen Vaterland, die weitere Erhaltung des Friedens, die Umweltprobleme, mit allen großen und kleinen Fragen. So ist wieder ein Jahr vergangen, und es gilt Rechenschaft abzulegen. An unserer Schule gibt es Probleme wie überall. Einige wurden im vergangenen Jahr gelöst, die meisten sind geblieben, manche dazugekommen. So hat sich die Zusammenarbeit zwischen Studenten und staatlichen Leitern etwas gebessert. Allerdings sind wir vom Kernproblem zum Dialog, der Demokratie, noch ein Stück entfernt. Demokratie ist nicht nur die Ausführung von Weisungen, sondern die Einbeziehung in die Diskussion zur Problemlösung und Lösungsfindung.

Den Blick nach Osten richteten auch andere Studentengruppen, so etwa die FDJ-Gruppe der Hochschule für Bildende Künste in Dresden, die in einem Aufruf an alle anderen künstlerischen Hoch- und Fachschulen der DDR den Zentralrat der FDJ scharf kritisierte, weil er nicht ähnliche Reformbemühungen anstrebte wie die Jugendorganisation Komsomol in der Sowjetunion:

[...] In diesem Zusammenhang müssen wir auch die Frage nach der Zukunft des FDJ-Jugendverbandes stellen, der es mit seiner starren, administrativ zentralistischen Organisationsweise immer weniger verstanden hat, die Interessen auch der studentischen Jugend zu artikulieren und durchzusetzen. Der Zentralrat hat es nicht für nötig erachtet, die Ergebnisse des XX. Kongresses des Lenin'schen Komsomol in aller Öffentlichkeit zur Diskussion zu stellen, um entsprechende politische und organisatorische Schlussfolgerungen zu ziehen. [...]
Damit wurden de facto alle Punkte des Statuts der FDJ verletzt, in denen die Beziehung zur Sowjetunion und zum sowjetischen Komsomol definiert sind. Wir möchten an dieser Stelle auf den Rechenschaftsbericht des Kongresses vom April 1987 aufmerksam machen, in dem u. a. folgende Lehren gezogen wurden:

- »In vielen Komsomolorganisationen hat der Formalismus Fuß gefasst.«
- »Viele Probleme resultierten unmittelbar aus dem Arbeitsstil der führenden Komsomolorgane und vor allem des ZK des Komsomol [...] Die Leitung einer solchen Jugendorganisation entwickelte sich zu einer immer schwierigeren Angelegenheit. Die Unmöglichkeit, die ganze Vielfalt des Lebens der Organisation von einem Zentrum aus zu erfassen, lag auf der Hand, doch wurde nach wie vor die weitere Zentralisierung angestrebt.«
- »Der demokratische Zentralismus eignete sich immer mehr Merkmale eines bürokratischen Zentralismus an.«

Die Dresdner Studenten zogen nach den umfangreichen und in der DDR unverfänglichen Verweisen auf die sowjetische Jugendorganisation den Schluss, dass die Jugend eine übergreifende und zugleich spezifische Interessensvertretung brauche, die nicht zum Anhängsel eines Apparates und zur »Reserve« der SED degradiert wurde. Ein Jahr früher hätte auch der Verweis auf den Komsomol niemanden vor der politisch bedingten Exmatrikulation gerettet. Aber im Herbst 1989 war das schon möglich, denn wir waren einfach viel zu viele geworden, die kein Blatt mehr vor den Mund nahmen. Keine Zeit meines Lebens war ereignisreicher. Die Geschehnisse überschlugen sich, und ich bin froh, dass ich aus dieser Zeit viele Dokumente aufgehoben habe, die meiner Erinnerung heute eine Stütze sind.

Diese Aufrufe zeigen, dass wir zwar immer mutiger unsere Meinungen öffentlich kundtaten, uns aber dennoch zuweilen in den Schutz sozialistischer Rhetorik begaben, um die persönlichen Risiken zu minimieren und unserem Aufruf die Verbreitung zu sichern. Das war nicht verwerflich, sondern kreativ und effektiv – jedenfalls oft genug.

Freiheiten muss man nicht nur erkämpfen, sondern auch verteidigen

Es war nicht leicht, sich nach und nach Freiräume zu erkämpfen. Immer wieder gab es Rückschläge, gegen die wir uns wehren mussten. Ab Anfang Oktober 1989 durften wir eine studenteneigene Wandzeitung im Foyer der Kunstschule gestalten. Damit sollte unserer Forderung nachgegeben werden, Informationen und Meinungen aus unseren Reihen zu verbreiten, um auf deren Grundlage eine qualifizierte Diskussion mit möglichst vielen Studenten, Lehrkräften und Angestellten der FAK zu ermöglichen. Schon wenige Tage später sahen wir uns genötigt, eine Stellungnahme zu veröffentlichen:

[...] Am 11.10.1989 veröffentlichten wir aus aktuellem Anlass das Infoblatt des Neuen Forums. Es sollte der Vereinbarung mit der Schule entsprechend als Diskussionsgrundlage dienen. Am 12.10.1989 wurden wir von Genossen Herr S. aufgefordert, das Blatt zu entfernen, da es keine persönliche Stellungnahme eines oder mehrerer Studenten enthielt. Wir protestieren entschieden gegen dieses Vorgehen. Eine Wandzeitung ist als an der Wand befestigte Zeitung laut Definition

»eine regelmäßig erscheinende Druckschrift mit aktuellen Nachrichten und Beiträgen aus allen Lebensbereichen« (Lexikon). Da die staatlichen Medien derzeit den Informationsbedarf in keiner Weise decken, ein konstruktiver Dialog aber nur auf der Basis des Wissens um die Dinge möglich ist, halten wir es für unumgänglich, wichtige Informationen auch ohne Stellungnahme an die Wandzeitung zu hängen.
Im Auftrage der FDJ-GO der FAK in Vertretung aller Studenten
Anke Domscheit
[unterschrieben von drei weiteren Studierenden]

Am schwersten aber war es, nach der anfänglichen Euphorie den Kampfgeist für eine bessere Welt zu erhalten, als plötzlich alle über Wiedervereinigung und D-Mark zu reden begannen. Schon wenige Monate später schrieb ich mit Wehmut von diesen Veränderungen und von der besonderen Situation der Wende in mein Tagebuch. Ich plante, im ersten Sommer nach dem Mauerfall die Einladung meiner amerikanischen Freundin Melinda anzunehmen, und malte mir aus, was ich ihr alles berichten würde:

Tagebuch, Donnerstag, den 24.5.1990, 9:30 Uhr

[...] ich werde ihr viel von den feelings in Deutschland erzählen, wie das ist, wenn man den Abgrund sieht, bevor man hineinfällt. Wenn das Schwert über einem schwebt. Ein eigenartiges Gefühl. Alles ist so fremd, dass man es so gut wie gar nicht mehr schafft, sich die Novembereuphorie hochzubeschwören. [...] Es war so bewegend, das Neue, die Hoffnung, das Kampfgefühl, wir gegen die da oben, dann als es die Masse war, das Berauschende der Leipziger Demos, der Ruf von Tausenden, der Aufruhr wegen Rumänien und die Demo vor der Botschaft, durch Berlin die halbe Nacht gezogen, an Mahnwachen und Kerzen vorbei, am Pressezentrum alle auf die Kreuzung gelegt und den Verkehr blockiert, viele waren es, zum Schluss nur noch einige Hundert, die von der Botschaft in Pankow bis zum Staatsrat marschiert waren.

Wie die Mauer aufging, das Unfassbare, aber auch der Gedanke, dass es der falsche Moment war, dass es die Masse vom Ziel, einen neuen, demokratischen, einen alternativen Sozialismus zu schaffen, abhielt. Da nämlich kam sie schon, die zweite Wende. Wer hörte denn noch Rumänen schreien in ihrem Kampf gegen Ceausescu, der auf sie einschießen ließ mit Securitate-Truppen, als das Brandenburger Tor aufging und alles schrie und weinte und sang und nur noch Sektflaschen herumstanden und die Mauer voll von Menschen war, wo Steine splitterten und Zäune verbogen wurden. Ich habe mich auch gefreut, bin mit der Meuder [so nannten wir meine Mutter] hingefahren. War dabei an diesem Tag und habe ein paar graue Betonstückchen von der Mauer aufgehoben, direkt hinterm Brandenburger Tor von einem der lachenden jungen Männer abgeschlagen, wo das Bücken danach gefährlich war, weil es alle taten. Und hoch wollte ich unbedingt, in den tiefsten Taumel hinein. Mutter überredet und ein Stück Zaun hochgeklettert, mithilfe von oben, wo schon so viele waren. Ein Staunen über die Breite der Mauer, das Absonderliche, auf Todesstein zu stehen und nur Singen, Lachen, Grölen zu hören, wogendes Volk beiderseits und das Tor von hinten und der Osten rechterhand und links ein Park – Westberlin, die Straße zur Säule und so viele Leute – das ist der Westen – und Buden und 1000 Fotoapparate (kein Bild habe ich!) und Mauersteinchen und Plaketten mit dem Tor und »ich war dabei« – drauf, T-Shirts und ein Straßenschild, das nicht mehr Straße des 17. Juni hieß, sondern überklebt war mit 9. November – Was für ein Datum. Eine Revolution mitgemacht zu haben und doch das Gefühl dabei, sie nicht ganz erlebt zu haben, außenstehend gewesen, verpasst. Schade, der Moment war dann vorbei, für immer. Im Westen ist unser gutes Volk versaut worden. Oder das Gute an ihm ging wieder ins Abseits, wo es vorher auch stets geschlummert hatte.

Der Katzenjammer kam früh, denn unsere Ahnungen wurden schnell bestätigt. Da war nichts mehr mit Drittem Weg. Das »Volk« wollte lieber schnell angeschlossen werden und so leben, wie die da drüben im goldenen Westen. Sehr schnell kamen die Ortsbegeher und die Vorhut der Heuschrecken, sie verteilten vor der ersten freien Wahl Coca-Cola und Bananen auf dem Marktplatz. Der Umtauschkurs und wie man da am günstigsten durchkommt, das waren die wichtigen Informationen, nicht das Wahlprogramm von einer der neuen Parteien. Der bisher unterdrückte Rassismus kroch aus allen Ritzen. Im Erzgebirge standen besonders viele rechte Parolen auf den Wahlplakaten. Noch bevor man überlegen konnte, ob es das war, wofür man sich eingesetzt hatte, brach recht schnell die gesamte DDR-Wirtschaft zusammen. Alle, die nur noch Westwaren im Laden kaufen wollten, trugen ihr Scherflein dazu bei, dass eine Fabrik nach der anderen dichtmachte, aber gegen die plötzliche übermächtige Konkurrenz aus dem Westen hätten sie wohl so oder so keine Chance gehabt. Zuerst verloren die Älteren ihre Arbeitsplätze, dann flogen die Frauen aus den vermeintlichen Männerberufen. Am Ende der Rest. Es war zappenduster in vielen Regionen, und es gab wohl kaum eine Familie, die nicht betroffen war.

Wir alle mussten uns neu orientieren und von vorn anfangen – auch meine Familie: Mein Vater, ein städtischer Arzt, wurde entlassen – in der neuen deutschen Gesellschaft beschäftigen Kommunen keine Ärzte mehr. Das Landambulatorium, ein medizinisches Versorgungszentrum der Stadt, hörte auf zu existieren, die Ärzte mussten sich in eigenen Praxen selbstständig machen. Viele der Betroffenen waren damals schon über 50 Jahre alt, mein Vater war 55. Meine Mutter hatte als Kunstwissenschaftlerin viele Jahre an einem großen Buch über Tierbilder in der Kunst gearbeitet und war stolz darauf, dass ihr Manuskript 1989 von einem der renommiertesten Verlage der DDR angenommen worden war. Sie erhielt bald darauf die Nachricht, dass er von einem englischen Verlag übernommen würde, der entschieden habe, ihr Manuskript nicht zu drucken. Damit fiel das Honorar für viele Jahre Arbeit einfach aus. Als Arbeitsbeschaffungsmaßnahme entwickelte und betreute sie zwei Jahre lang in Müncheberg ein Tourismusbüro. Danach musste sie notgedrungen meinem Vater in der Praxis helfen – als hoffnungslos überqualifizierte Hilfsschwester, Sekretärin und Putzfrau, denn für Angestellte war kein Geld da. Der Beziehung meiner Eltern tat diese Art Beschäftigungsverhältnis auch nicht gut.

Mein Bruder ging sofort in den Westen. In Kiel fand er Arbeit als Bauingenieur und kehrte mit neu erworbenen Kenntnissen nach Frankfurt/Oder zurück, um dort ein eigenes Bauunternehmen zu gründen.

Meine Schwester ist gelernte Goldschmiedin. Auch sie hielt nichts mehr in der alten DDR, sie ging ebenfalls nach Kiel, machte dort ihren Meister (als Mutter von vier Kindern!) und arbeitet heute dort selbstständig.

Ich hatte Anfang 1991 einen Abschluss als »Textilkünstlerin«, doch mein Abschluss wurde nicht anerkannt, »weil es ein vergleichbares Studium in der BRD nicht gab«. Ich hatte einen Arbeitsvertrag bei einem Verlag unterschrieben, für den ich Mustervorlagen für die Zeitschrift *Handarbeit* entwerfen sollte, doch dieser Verlag existierte kurz darauf nicht mehr. Meine Trauer darüber hielt sich in Grenzen, ich hätte mich bei diesem Job zu Tode gelangweilt. Ich zog dahin, wo es Arbeit gab, ins Rhein-Main-Gebiet, suchte mir einen Job, sparte jeden Pfennig, studierte ein zweites Mal – diesmal was »Handfestes«, hundertprozentig Krisensicheres, nämlich internationale Betriebswirtschaft.

Die wenigsten meiner ehemaligen Kommilitonen konnten in ihrem Metier bleiben. Meine Freundin und Zimmergefährtin Gerlinde studierte Psychologie und lehrt heute an der Universität in Jena. Eine Absolventin mit Schwerpunkt Weberei machte einen Getränkemarkt auf. Eine ging an den Bodensee, wo sie T-Shirt-Designerin wurde, eine andere ging in die bayerische Oberpfalz, wo sie in einer Stickerei Entwürfe aus den Katalogen anderer Firmen kopieren sollte. Mit Kreativität hatte das wenig zu tun. Mit meinem damaligen Freund Konrad, der Holzgestaltung studiert hatte, reiste ich bis nach Santiago de Chile, weil er dort Aussichten auf einen Job als Designer in einer Holzfabrik hatte. Wir trennten uns bald darauf, aber er ging tatsächlich für eine Weile dorthin, um zu arbeiten.

Wir waren flexibel, wir waren mobil, wir machten alles Mögliche, um mit der neuen Zeit klarzukommen. Dass die meisten das auch geschafft haben, verleiht den Ostdeutschen noch heute eine besondere Stärke und Flexibilität, und ich würde mir sehr wünschen, dass sie sich dessen mehr als bisher bewusst werden. Immer noch sind junge Frauen aus den ostdeutschen Bundesländern die mobilste demografische Gruppe in Deutschland, von allen Jugendlichen sind sie auch die am höchsten gebildete Gruppe.[12]

Wir Ossis wissen, dass man sich auf kein System verlassen kann. Wenn selbst die DDR in wenigen Wochen untergehen kann, warum sollten dann die Renten in der BRD sicher sein? Oder das ganze Gesellschaftssystem? Noch eine Wirtschaftskrise? Die Einführung des Euro? Für uns relativ wenig Aufregung im Vergleich zu den gesamtgesellschaftlichen Erschütterungen, die das Ende der DDR für jede und jeden von uns gebracht hat. Andererseits können wir uns vielleicht eher als andere vorstellen, dass diese Probleme sich möglicherweise zu viel größeren Krisen auswachsen, als aktuell absehbar ist. Wir wissen, dass Entwicklungen eine Dynamik bekommen können, die nicht mehr zu bremsen ist. Too big to fail? Daran glauben wir nicht. Nichts ist zu groß, um nicht doch kaputtzugehen.

Einer Studienfreundin, die wir immer kleine Kathrin nannten, verdanke ich eine Lebensweisheit, die sie in der Wendezeit gewonnen hatte. Ihr Mann hatte schon drei Jahre vor dem Mauerfall einen Ausreiseantrag gestellt, drei Jahre lang lebte er auf gepackten Koffern. Im Frühjahr 1989 fand er Zuflucht in der BRD-Botschaft in Berlin, die er drei Tage später mit der Zusicherung verließ, noch im selben Jahr das Land verlassen zu dürfen. Nicht einmal einen Monat später, im Mai 1989, erhielt er die Aufforderung, innerhalb von 24 Stunden auszureisen. Meine Kommilitonin, die kleine Kathrin, blieb zurück, aber auch sie wollte raus, so wie viele andere Bekannte aus der Künstlerszene in Halle. Sie alle kannten Herrn Brenner*, zuständiger Sachbearbeiter für Ausreisewillige. Er war ein grauer, kleiner, unscheinbarer Mann, der seine Allmacht offensichtlich genoss. Ein Federstrich, und jemand musste ins Gefängnis oder bekam die Papiere für die Ausreise – er musste sich wie der liebe Gott fühlen.

Jedes Mal, wenn die kleine Kathrin sein Büro betrat, fühlte sie sich machtlos der Willkür von Herrn Brenner ausgeliefert. Anfang November 1989 erhielt sie endlich den Laufzettel für die Ausreise, sie musste ihre Ausweispapiere abgeben und galt als Staatenlose, bis sie das Übergangszertifikat für die Ausreise in die BRD erhielt. Noch bevor es so weit war, fiel die Mauer, die Nachrichten verkündeten, dass jeder ohne Formalitäten die Grenze passieren durfte.

Da aber die Nachrichtensprecher nicht erwähnten, dass am Grenzübergang in Berlin einfach eine Menschenwelle von einer Hälfte der Stadt in die andere schwappte, ohne dass irgendjemand ein Ausweisdokument auch nur sehen wollte, machte sich die kleine Kathrin auf zu Herrn Brenner – sie wollte ihre Papiere, um endlich ihren Mann wiederzusehen. Wen sie anstelle des bisherigen Allmachtsbeamten traf, wird sie ihr Leben lang nicht mehr vergessen: Aus Herrn Brenner, dem Schreckensmann, war Herr Brenner, der Ohnmächtige, geworden, ein kleiner und grauer Sachbearbeiter, der die Welt nicht mehr verstand und vor dem keiner mehr Angst hatte. Er war über Nacht geschrumpft zu einem lächerlichen Zahnrad in einem Getriebe, in das Sand geraten war. »Nie wieder«, schwört die kleine Kathrin mir 24 Jahre später, »nie wieder werde ich Angst vor irgendeinem Sachbearbeiter haben.« Jeder, der Macht hat, kann sie auch wieder verlieren. Verhältnisse können sich umkehren. Wir wissen das noch gut – aber vielleicht nicht mehr gut genug.

Viele haben inzwischen vergessen, was wir vor kaum mehr als zwei Jahrzehnten geschafft haben. Ich möchte uns alle wieder daran erinnern, denn immer, wenn uns ein Missstand aufregt und ärgert, wenn wir wütend werden, weil Lobbyismus oder Egoismus die Politik bestimmen, weil unsere Umwelt vor die Hunde geht, der Bildungserfolg unserer Kinder von ihrer Herkunft abhängt, wenn die Schere zwischen Arm und Reich weiter auseinandergeht – immer dann sollten wir daran denken, dass auch sehr große Veränderungen möglich sind und nichts, ich meine wirklich NICHTS, so bleiben muss, wie es ist, egal wie stabil es aussieht. Wir können besser machen, was uns nicht gefällt. Wir müssen es nur wollen, und wir müssen es gemeinsam tun.

Auch nach der Wende bin ich ein Mensch geblieben, der sich über Missstände nicht nur empört, sondern auch versucht, sie zu beseitigen. Es gibt sehr viele Dinge, die ich für veränderungswürdig halte, aber zwei Probleme wurden zum Schwerpunkt meines Engagements. Beide stehen in engem Zusammenhang zu meinen DDR-Erfahrungen. In beiden Fällen geht es darum, Mauern einzureißen: Der zweite Teil des Buches widmet sich den sogenannten gläsernen Decken, die Frauen an der Ausnutzung ihrer Potenziale hindern. Im dritten Teil des Buches wird es um meine Vision einer besseren Demokratie gehen und darum, wie wir gemeinsam diesem Ziel näher kommen – denn noch steht eine Mauer gegenseitigen Misstrauens zwischen den Bürgerinnen und Bürgern dieses Landes und der politischen Kaste. Und Mauern egal welcher Art haben in einer demokratischen, gleichberechtigten Gesellschaft nichts verloren.

Teil 2

Gläserne Decken einreißen –
für wirkliche Geschlechtergerechtigkeit

Numbers talk:
Frauen stoßen an gläserne Decken

Die Faktenlage ist eindeutig

Gläserne Decken nennt man die unsichtbaren, aber höchst effektiven Barrieren, die Frauen auch heute noch auf ihren Karrierewegen behindern. Dieses Phänomen sorgt dafür, dass Frauen langsamer und seltener befördert werden und für gleiche und erst recht für gleichwertige Arbeit weniger Geld verdienen.

Dieses Problem verorten manche in den Sechziger- oder Siebzigerjahren, einem Höhepunkt der Frauenbewegung, und halten es also für ein Problem der Vergangenheit. Ja, es gab tatsächlich Zeiten, da ging es Frauen schlechter. Vor etwa hundert Jahren durften Frauen noch nicht einmal wählen gehen, und auch Studieren war nur wenigen Frauen erlaubt. Aber heute steht in unserer Verfassung in Artikel 3 »Männer und Frauen sind gleichberechtigt«. Und Gleichberechtigung – das sollte doch heißen, gleiche Rechte für alle, unabhängig vom Geschlecht, egal ob es um Beförderungen oder um Bezahlung oder um die Aufteilung unbezahlter Arbeit geht.

Es ist gleichermaßen belustigend wie traurig, immer wieder vom »Vormarsch der Frauen« zu lesen, die »im Sturm« die Vorstandsetagen erobern, davon, wie der böse und gefährliche Feminismus nun die Männer zu den neuen Diskriminierten macht, weil jetzt überall Frauen aufmarschieren und bedrohlich mit den hochhackigen Pumps scharren.

Da immer häufiger angezweifelt wird, dass noch immer eine massive Ungleichbehandlung von Frauen und Männern herrscht, möchte ich zuerst zeigen, wie ich und andere diese Barrieren erlebt haben, und diese persönlichen Erfahrungen mit knallharten Fakten untermauern (die ich teilweise auch in den Anmerkungen untergebracht habe, um meine Leser nicht mit Zahlen zu erschlagen). Nur, wenn man die gläsernen Decken sichtbar macht, kann man sie auch wirksam bekämpfen. Ich möchte gerade den Zweiflern zeigen, dass wir noch einen weiten Weg vor uns haben, aber mit vielen Beispielen und Ideen auch belegen, dass der Einsatz für Geschlechtergerechtigkeit nicht hoffnungslos ist.

Management ist eine Männerdomäne

Das Managerinnen-Barometer des Deutschen Instituts für Wirtschaft von 2013[13] verzeichnet einen Anstieg des Frauenanteils in Vorständen der 200 größten deutschen Unternehmen auf sage und schreibe vier Prozent. Das ist ein Zuwachs von 1,5 Prozentpunkten in vier Jahren. Oder anders ausgedrückt – im Jahre 2012 ist die Männerquote in den Vorständen deutscher Großunternehmen von 97 Prozent auf 96 Prozent gesunken. Ein wirklich dramatischer Einbruch. Frauen auf dem Vormarsch? Jawoll, nur dass es in diesem Tempo noch circa 123 Jahre bis zur Gleichberechtigung dauert, und bis dahin sogar meine ungeborenen Enkel schon tot sein werden.

Wenn es nach den aufgeregten Kommentaren in der Medienwelt geht, dann sind die Frauen schon überall so dominant, dass Männer kaum noch Chancen haben. Die Wahrheit ist, dass auch im Jahre 2012 nur 20 Prozent aller Führungspositionen der 200.000 größten Unternehmen in Deutschland von Frauen besetzt wurden – also 80 Prozent blieben nach wie vor in Männerhand. In kleinen Unternehmen[14] waren sie etwas präsenter – mit immerhin 22 Prozent, in großen Unternehmen jedoch betrug ihr Anteil nur 15 Prozent. Deprimierend ist der detaillierte Blick auf die Führungsebenen: Ging im mittleren Management noch fast jeder dritte Posten an eine Frau, so ist es in den Topführungsebenen nur noch jeder zehnte. Die Männerquote an der Führungsspitze von Unternehmen lag also auch im Jahre 2012 noch bei 89 Prozent[15]. Arme Männer?

Wer kennt ihn nicht, den Mythos, dass hoch qualifizierte Frauen einfach ein wenig Zeit brauchen, um in den Vorständen anzukommen? Es wird gern verbunden mit einem Appell an unsere Geduld. Eine McKinsey-Studie widerlegte dieses Argument, indem sie untersuchte, was aus den Frauen geworden ist, die vor 35 Jahren Abschlüsse an Universitäten diverser europäischer Länder erworben haben. In keinem der beobachteten Länder lag der Frauenanteil in Vorständen 2010 auch nur annähernd in der Höhe des Anteils damaliger Absolventinnen. Selbst in Schweden wurde aus einem Studentinnenanteil von über 60 Prozent in den 70er-Jahren Jahrzehnte später nur ein Managerinnenanteil von 17 Prozent. Überträgt man den Verlust weiblicher Talente auf heutige Studentinnenanteile, dann werden wir auch 2040 nicht mehr als 4 bis 18 Prozent Frauen in Vorständen haben.[16] Warten bringt nichts.

Chancengleichheit in der Wissenschaft? Fehlanzeige!

Gläserne Decken sind nicht nur ein Problem in der Wirtschaft, es gibt sie in praktisch allen Beschäftigungsbereichen, auch in Wissenschaft und Forschung. Schon seit einiger Zeit haben Frauen die Parität bei den Studierenden erreicht, und auch ihr Anteil an Promotionen ist bis 2010 auf 44 Prozent gestiegen. Aber in den höheren Rängen der Wissenschaft, bei Habilitationen (25 Prozent), Professuren allgemein (20 Prozent) oder den am besten bezahlten C4-Professuren (15 Prozent) scheint eine Parität noch sehr weit weg.[17]

Die Unterschiede zwischen Ländern, Universitäten und Studienfächern sind hinsichtlich der Frauenanteile in allen Bereichen jedoch enorm. In Ingenieurswissenschaften an der Helmut-Schmidt-

Universität in Hamburg immatrikulierten sich nur 1,9 Prozent Frauen, an den Universitäten in Hildesheim, Köln und Bamberg waren es dagegen 60 Prozent. Bei Mathematik und Naturwissenschaften reicht die Bandbreite von 13 Prozent (TU Ilmenau) bis 70 Prozent etwa in Heidelberg oder Karlsruhe.

Ein höherer Studentinnenanteil wiederum heißt wenig für die Chancen auf eine wissenschaftliche Karriere. Selbst an pädagogischen Hochschulen mit 70 Prozent Studentinnen beträgt der höchste Professorinnenanteil 44 Prozent. In der Tiermedizin ist das Verhältnis noch schlechter. Manche Hochschulen haben Geschlechterparität unter den Studierenden, aber keine Frau bei Habilitanden.

Unerklärlich ist, dass selbst die Verwaltungshochschule der Bundesagentur für Arbeit in Mannheim 70 Prozent Studentinnen hat, aber nur 16 Prozent Professorinnen.[18] Da fragt man sich schon, ob die Bundesagentur für Arbeit von Artikel 3 des Grundgesetzes auch schon mal etwas gehört hat.

Deutsche Forschungsinstitute sind noch schlechter. In höheren Positionen finden sich dort nur zwischen 2 (Fraunhofer-Gesellschaft) und 19 Prozent (Max-Planck-Gesellschaft) Frauen. Bei Fraunhofer ging nicht einmal jede fünfte Wissenschaftlerstelle an eine Frau.[19] Fragt man Wissenschaftlerinnen selbst nach ihren Wünschen und Chancen, hört man in der Regel folgende Geschichte: »Ich möchte gern, und das Potenzial habe ich auch, aber ich weiß nicht, wie ich das schaffen soll« – diese Frauen beziehen sich dabei nicht auf die intellektuellen Anforderungen. Stellen für Wissenschaftler sind oft befristet, unterbezahlt und verlangen viel mehr Arbeitszeit, als im Vertrag steht. Für eine Professorenkarriere braucht es einen exzellenten Ruf durch Publikationen, Teilnahme an Konferenzen, Vernetzung in der internationalen Forschercommunity und Einwerben von Drittmitteln für Projekte. All das kostet Zeit, und all das können Frauen natürlich genauso gut. Aber leider findet der langwierige Prozess von der Diplomandin bis zur Professorin in der Rushhour des Lebens statt, zwischen dem

25. und dem 40. Lebensjahr, also genau dann, wenn ein Durchschnittsmensch eine Familie gründet. Das ist exakt die Phase, in der diese speziellen Rahmenbedingungen Frauen benachteiligen, weil eben auch auf Frauen in der Wissenschaft die Erziehungsarbeit meist stärker lastet als auf den Männern.

Vor allem bei der ersten Berufung muss man örtlich mobil sein, schließlich gibt es selten am eigenen Wohnort eine geeignete Professur. Leider sind immer noch wenige Männer bereit, ihren Partnerinnen an beliebige Orte zu folgen. Eine Entscheidung pro Umzug wird dadurch erschwert, dass am alten Ort soziale Beziehungen etabliert, Kinderbetreuung organisiert und Notfallkonzepte erprobt sind. Alles das ist weg, wenn die Familie umzieht. Manchmal bleibt daher die Familie am alten Wohnort, und Mama pendelt zur Uni, während Papa die Kinderbetreuung alleine schmeißt. Häufiger verkneift sich Mama solche Bewerbungen, auch wenn ihr die Professur auf den Leib geschrieben ist, weil Papa nicht mitziehen möchte, aber auch nicht die Familienarbeit am Heimatort übernehmen will, oder weil die Wissenschaftlerin und Mutter sich und ihrer Familie die Belastung nicht zumuten mag. Neben mangelnder Vereinbarkeit von Familie und Wissenschaftsbetrieb werden auch fehlende Rollenmodelle und Mentoren viel häufiger von Frauen als von Männern als Bremsen für die eigene Karriere genannt.[20] Das Muster ist also das gleiche wie in der Wirtschaft. Es gibt vielfältige Barrieren, die Frauen bei der Entfaltung ihrer Potenziale behindern, ein Umstand, der unseren Wissenschaftsstandort und den ganz Europas international schwächt. Zunehmend haben auch Männer ein Problem mit einer Arbeitskultur, die mit dem sozialen Leben kaum vereinbar ist. Talente brauchen andere Rahmenbedingungen für ihre optimale Entfaltung – Talente, die in Männern und in Frauen schlummern. Der Abbau gläserner Decken würde Karrierewege für die größten Talente öffnen – unabhängig vom Geschlecht.

Die Bundesregierung ist ein schlechtes Vorbild

Die Politik erhebt seit Langem die Forderung nach mehr Frauen in Führungspositionen in der Wirtschaft und droht mit einer Frauenquote für Aufsichtsräte und Vorstände. Nach weit über einem Jahrzehnt erfolgloser freiwilliger Vereinbarung zwischen Spitzenverbänden der Wirtschaft und der Bundesregierung halte ich die Quote für einen nicht nur gangbaren, sondern auch notwendigen Weg – eine Krücke, die uns den Fortschritt ermöglicht, den wir anders offenbar nicht hinbekommen.

Aber kann eine Regierung etwas einfordern, das sie selbst nicht vorlebt? Nach der Studie »Frauen – Macht – Regierung« von Kienbaum[21] aus dem Jahr 2012 betrug der Frauenanteil an allen Führungspositionen der Bundesregierung unter Kanzlerin Angela Merkel lediglich ein Viertel. Immerhin ist die Bundesregierung auf der höchsten Führungsebene (Kanzlerin, Ministerämter) besser – der Frauenanteil lag dort vor der Bundestagswahl 2013 bei 37 Prozent, das heißt 17 Prozentpunkte mehr als in der Wirtschaft allgemein und 33 Prozentpunkte mehr als der Frauenanteil unter den DAX-Vorständen. Es ist heute politisch nicht mehr opportun, wenn ein Kabinett vor allem aus Männern besteht.

Ein Blick in den Verwaltungsapparat der Ministerien offenbart, dass bei etwas weniger Öffentlichkeit die Gleichberechtigung von Frauen und Männern erheblich zu wünschen übrig lässt. Nicht einmal jede sechste Abteilung hatte 2012 eine Chefin. Nur jede fünfte Unterabteilungsleitung war weiblich besetzt. Nach einer Studie von Kienbaum scheinen gläserne Decken in frauengeführten Ministerien dünner zu sein, denn dort ist der Frauenanteil in der ersten und zweiten Führungsebene mehr als doppelt so hoch wie durchschnittlich in männergeführten Bundesministerien (32 versus 15 Prozent). Dabei gibt es nur im Verteidigungsministerium einen Frauenanteil an der Belegschaft von unter 45 Prozent, in den meisten Ressorts arbeiten mehr als die Hälfte Frauen, in fünf Ministerien sogar zwischen 58 und 68 Prozent. Dennoch kommt auch das

Bundesfrauenministerium mit zwei Dritteln weiblicher Angestellter nur auf ein Drittel Frauen in Topführungspositionen.[22]

Im internationalen Vergleich muss sich Deutschland schämen. Unter Verwaltungsbeamten der obersten Führungsebene haben wir nur 11 Prozent Frauen, der EU-27-Durchschnitt liegt bei 30 Prozent.[23]

Das ist alles sehr verwunderlich, denn immerhin schreibt das Bundesgleichstellungsgesetz in Paragraf 8 vor: »Für Leitungsfunktionen gilt: Sind Frauen in einzelnen Bereichen unterrepräsentiert, hat die Dienststelle sie bei beruflichem Aufstieg bei gleicher Eignung, Befähigung und fachlicher Leistung (Qualifikation) bevorzugt zu berücksichtigen, sofern nicht in der Person des Mitbewerbers liegende Gründe überwiegen.« Es liegt nahe, dass häufiger durch intensive Suche »Gründe in der Person des Mitbewerbers« gefunden wurden.

Wie will die Bundesregierung der Wirtschaft einen gesetzlichen Eingriff zur Erzwingung eines Anspruches vorschreiben, der offenbar für die eigenen Einrichtungen nicht gilt? Bedenkt man zusätzlich, dass drei Millionen Frauen im öffentlichen Dienst arbeiten – das ist ein Anteil von 53 Prozent[24] – und dass 15 Prozent aller weiblichen Fachkräfte und sogar ein Viertel der hoch qualifizierten Frauen in Deutschland in der öffentlichen Verwaltung beschäftigt sind[25], wird die Bedeutung dieses Umstandes erst richtig klar. Für ein Viertel aller hoch qualifizierten Frauen könnte eine Beschäftigung ohne gläserne Decken relativ einfach möglich sein – mit vermutlich enormer Vorbildwirkung auf andere Sektoren. Dennoch verpassen wir in Deutschland diese Chance.

Die Bundesregierung ignoriert konsequent eigene Vorschriften. So gibt es seit 1994 ein Bundesgremienbesetzungsgesetz[26] mit dem erklärten Ziel, eine gleichberechtigte Teilhabe von Männern und Frauen in Gremien herzustellen. Fünfzehn Jahre nach Verabschiedung dieser Vorgabe sollte es überall paritätische Gremien im Einflussbereich des Bundes geben. Leider ist das nicht der Fall. Der letzte Gremienbericht von 2009 stellt fest, dass nur 14 Prozent aller vom Bund allein besetzten Gremien mit mindestens 40 Prozent Frauen besetzt waren, der Gesamtanteil von Frauen lag unter einem Viertel. In jedem zehnten vom Bund allein besetzten Gremium saß keine einzige Frau[27], und dieser Anteil ist seit 2005 angestiegen.[28] Die Legislatur bis 2009 hat jedes siebte neu besetzte Gremium ausschließlich mit Männern besetzt.[29] Das Aufsichtsgremium zum Finanzmarktstabilisierungsfonds wurde mit neun Männern und keiner Frau besetzt, der Leitungsausschuss des Fonds bestand nur aus drei Männern, und in seinem Lenkungsausschuss saßen vier weitere Männer.[30] Dieser Sonderfonds entstand in der letzten Wirtschaftskrise 2008, seinerzeit mit einem siebenköpfigen Lenkungsausschuss, der auch nur aus Männern bestand[31], und hat einen Handlungsrahmen von schlappen 480 Milliarden Euro zur Rettung und Stabilisierung von Finanzinstituten. Auf die sinnvolle Vergabe dieser nicht ganz unbeträchtlichen Summe wirft keine Frau in irgendeinem der drei vom Bund zu besetzenden Gremien ein Auge. Selbst der Vermögensbeirat der Stiftung »Mutter und Kind« kommt ohne Frau aus, obwohl er vom Bundesministerium für Familie, Senioren, Frauen und Jugend bestellt wurde.[32]

Diese Gremien sind einflussreiche Netzwerke mit zum Teil hoher Entscheidungsgewalt. Zu ihnen gehören Vorstände (zum Beispiel der Bundesagentur für Arbeit), Verwaltungsräte, Aufsichtsräte, Sachverständigenkommissionen, Sonderkommissionen (zum Beispiel Monopolkommission), Beiräte und internationale Gremien, aber auch Auswahl- und Prüfungskommissionen sowie Gremien, die sich Regulierungsfragen, der Immobilienverwaltung des Bundes oder der Reaktorsicherheit widmen. Der Gremienbericht kritisierte auch die mangelnde Transparenz zu Gremien und ihrer Besetzung – leider ohne Folgen.[33] Wie überall ist jedoch umfassende Transparenz der erste Schritt zur Beseitigung eines Missstandes.

In der öffentlichen Wirtschaft sind gläserne Decken besonders dick

Der Staat ist nicht nur in Verwaltungen aktiv, sondern auch in allen möglichen Wirtschaftszweigen, etwa als Eigentümer oder Co-Eigentümer staatlicher Betriebe, das sind immerhin 14.800 öffentliche Unternehmen mit einer Bilanzsumme von 1,364 Milliarden Euro, die mehr als 850.000 Frauen beschäftigen – das entspricht einem Frauenanteil an der Belegschaft von 48 Prozent.[34] Man sollte annehmen, dass dort die Vorreiter für Gleichberechtigung in der Wirtschaft zu finden sind, immerhin kann hier der Staat über seinen Einfluss als Eigentümer direkt Einfluss ausüben auf die Einhaltung politisch gewollter Ziele – etwa Artikel 3 der bundesdeutschen Verfassung, der die Gleichberechtigung von Mann und Frau festschreibt.

Dennoch sind mehr als 80 Prozent aller Vorstände und fast jeder vierte Aufsichtsrat von Beteiligungsunternehmen des Bundes komplett frauenfrei. Nicht einmal jede zehnte Vorstandsposition ist weiblich besetzt. Gerade vor dem Hintergrund der Quotendebatte ist das ein Armutszeugnis.[35] Ex-Frauenministerin Schröder schwor auf Freiwilligkeit, forderte bestenfalls eine Flexiquote. Die damalige Arbeitsministerin von der Leyen wollte feste Quoten, weil sich sonst nichts tut.

Zu keinem der beiden Vorschläge passt ein Staat, der weder mit Quoten noch freiwillig in seinen eigenen Wirtschaftsunternehmen die Ziele erreicht, die er von anderen verlangt. Dass man es auch anders machen kann, zeigt ein Blick in die öffentlichen Unternehmen mit Beteiligung der Länder. Das Land Berlin mit seinen fortschrittlichen Gesetzen etwa zur Geschlechterquote in Aufsichtsräten von Beteiligungsunternehmen führt das Ranking mit 42 Prozent Frauenanteil an. In Rheinland-Pfalz, dem zweitbesten Bundesland, ist nicht mal mehr jeder vierte Aufsichtsrat öffentlicher Beteiligungen eine Frau. In schlechteren Bundesländern ist nur jeder zehnte Aufsichtsrat weiblich. Vorstände öffentlicher

Landesunternehmen scheinen sich in manchen Ländern an DAX-Vorständen zu orientieren, mit Frauenanteilen unter fünf Prozent, nirgendwo[36] sind es mehr als 24 Prozent.[37]

Am eklatantesten ist dieser Widerspruch im Finanzsektor. In 90 Prozent der öffentlich-rechtlichen Banken und Sparkassen findet sich keine einzige Frau im Vorstand. Der Anteil von Frauen in Vorständen liegt bei lächerlichen 2,5 Prozent[38], und das, obwohl es in der Belegschaft dieser Finanzinstitutionen einen besonders hohen Frauenanteil gibt. Die frühere Finanzministerin von Mecklenburg-Vorpommern erzählte mir einmal frustriert, wie die frühere DDR-Frauendomäne Sparkassenleitung mit jeder Frau, die in Rente ging, nach und nach zu einer reinen Männerwelt wurde, denn in fast allen Fällen folgte ein Mann.

Gleicher Lohn für gleichwertige Arbeit? Schön wär's.

Die Forderung nach gleichem Lohn ist so alt wie die abhängige, bezahlte Beschäftigung von Frauen auf dem Arbeitsmarkt. Nach jeder gängigen Berechnung, egal ob sie auf Bruttostundenlöhnen, absoluten Einkommenshöhen oder auf Zahlen basiert, bei denen alle möglichen Einflussfaktoren bereits herausgerechnet wurden, werden Frauen schlechter bezahlt als Männer – überall auf der Welt, überall in Europa und ganz besonders in Deutschland.

Bei einem Vergleich der Bruttostundenlöhne beträgt der Unterschied über alle Branchen hinweg 22 Prozent.[39] Mit anderen Worten: Für jeden Euro, den ein Mann nach Hause trägt, verdient eine Frau nur 78 Cent. Oder noch anders ausgedrückt: Um das Gehalt ihres Mannes in diesem Jahr zu verdienen, müssen Frauen noch bis Mitte März des kommenden Jahres arbeiten.

Frauen arbeiten häufig in Branchen und Berufen, in denen die Verdienste generell niedriger sind. So verdient ein Mann, der auf Maschinen aufpasst (Maschinenwärter), im Durchschnitt knapp ein Drittel mehr als eine Frau, die als Kindergärtnerin arbeitet –

man darf sich fragen, warum uns das eine mehr wert ist als das andere. Aber selbst wenn Männer und Frauen Vollzeit und im gleichen Beruf arbeiten, gibt es seltsame Unterschiede, die immer zugunsten der Männer ausfallen. Selbst bei Verkäufern und Friseuren, beides sogenannte Frauenberufe, liegen die Durchschnittsverdienste Vollzeit arbeitender Männer 45 Prozent respektive 38 Prozent über denen Vollzeit arbeitender Frauen. Auch Kassierer verdienen ein Viertel mehr als Kassiererinnen, dabei dürfte die Varianz der beruflichen Anforderungen klein sein. Männliche Wirtschafts- und Steuerprüfer verdienen sogar 78 Prozent mehr als eine Frau im gleichen Job, selbst ein Industriemeister verdient im Durchschnitt die Hälfte mehr als eine Industriemeisterin.[40] Diese Zustände machen mich wütend.

Und dabei berücksichtigen diese Daten noch nicht, dass ein ganzes Heer von Frauen in vielen Bereichen nur noch mit Niedriglohnverträgen und Teilzeitverträgen arbeitet, die in diese Analysen gar nicht einfließen, aber die natürlich einen enormen Einfluss auf das ganz reale Einkommensniveau von Männern und Frauen haben. Fast zwei Millionen Frauen arbeiteten 2010 als geringfügig Beschäftigte. Mehr als 4,2 Millionen Frauen erhalten als Teilzeitbeschäftigte außerdem einen geringeren Stundenlohn – geringer als der Lohn für männliche Teilzeitbeschäftigte.[41] Als Frau ist man also mehrfach benachteiligt – ganz egal, in welcher Art von Arbeitsverhältnis man arbeitet.

Die höchsten Lohnlücken gibt es bei höherer Ausbildung, in Führungsjobs und Technikberufen. Bei Haupt- oder Realschulabschluss beträgt die Lohnlücke »nur« 11 Prozent, bei einem Hochschulabschluss dagegen 27 Prozent. Ausbildung lohnt sich – besonders für Männer. Hören Frauen auf den Rat, sich mehr für technische Berufe zu interessieren, dann landen sie bei Lohnunterschieden von 30 Prozent. Genauso hoch ist der Gehaltsunterschied, wenn sie es in die Führungsetagen ihrer Unternehmen schaffen.[42]

Sogar im Staatsdienst werden Frauen benachteiligt: seltener

verbeamtet, seltener befördert und häufiger in niedrigere Lohngruppen einsortiert – selbst bei gleicher Aufgabe, etwa bei Referatsleitern im Bundesdienst. Bei Ministerien und bei öffentlichen Betrieben gilt ebenfalls die Grundregel: Höherer Frauenanteil korreliert mit niedrigeren Einkommen.[43]

Ursachenforschung: Was sind die Bausteine gläserner Decken?

Old Boys haben immer noch das Sagen

Ja, es gibt sie immer noch, die sogenannten Old Boys Networks, und gleich mehrere Faktoren tragen dazu bei, dass sie an Wirkung bisher wenig verloren haben. Die stärksten Einflüsse dabei sind die Unterschiede im Netzwerkverhalten von Männern und Frauen und die Neigung von Menschen, sich stärker mit ihresgleichen zu verbinden.

Die Macht der Netzwerke

Menschen haben mehr und intensivere Kontakte mit Mitmenschen, die ihnen ähnlich sind, man vernetzt sich untereinander. Dieses sich selbst verstärkende Prinzip sorgt dafür, dass Frauen es schwerer haben, in bestimmte Zirkel vorzustoßen. Vor allem Männer aus ganz bestimmten Kreisen (weiß, bürgerlicher Hintergrund, höhere Ausbildung) haben es besonders leicht, Zugang zu einflussreichen Netzwerken zu erhalten. Das sind die viel zitierten Old Boys Networks.

Diese Ausgrenzungsmechanismen werden durch (anerzogene) Unterschiede im Netzwerkverhalten von Männern und Frauen verstärkt. Menschen pflegen zwei Typen von Beziehungen: einerseits instrumentelle Beziehungen, wie man die vor allem beruflich »nützlichen« Kontakte nennt, über die man potenziell karriereförderliche Informationen, Vorteile und Gefälligkeiten erhalten kann. Andererseits emotionale Beziehungen, bei denen man sich offener zu Themen des privaten Lebens und der Gefühlswelt austauscht und damit etwas für sein Seelenleben tut. Die meisten Männer und Frauen scheinen auf unterschiedliche Weise mit diesen beiden Beziehungstypen umzugehen.[44] Männer pflegen häufig mit derselben Person – meist ebenfalls ein Mann – beide Beziehungsarten. Diese Beziehungen nennt man daher »same sex« (weil sie zwischen Angehörigen des gleichen Geschlechts stattfinden) und »multiplex« (weil es sowohl instrumentelle als auch emotionale Beziehungen sind). Im Durchschnitt vermischen Frauen diese Arten von Beziehungen nicht miteinander. Sie pflegen zwei säuberlich getrennte Netzwerke – ein »nützliches« für Arbeitskontakte, und darin befinden sich Männer gleichermaßen wie Frauen (»Cross-sex«-Beziehungen), und ein emotionales für ihre privaten Kontakte, und in diesem Netzwerk finden sich vor allem Frauen (»Same sex«-Beziehungen).

Das bedeutet, wenn ein Mann eine Stunde Freizeit für Vernetzung nutzen kann, dann geht er vielleicht mit Kollegen ein Bierchen trinken und redet mal über Geschäftliches und mal über die Pubertät der Kinder – er tut sich doppelt Gutes, arbeitet für sein Sozialleben und für die Karriere. Die Stunde ist gut angelegt. Wenn eine Frau eine Stunde einsetzen kann, dann muss sie sich aufgrund der getrennten Netzwerke entscheiden, ob sie etwas für ihr Seelenleben tut oder für die Karriere oder ob sie die Zeit aufteilt – was meist keinen Sinn macht. Oft bleibt diese durchschnittliche Frau aber ganz zu Hause, denn Frauen haben statistisch weniger Freizeit als Männer, weil sie immer noch mehr unbezahlte Familienarbeit leisten.

Das führt dazu, dass Frauen netto weniger Zeit für beruflich nützliche Netzwerke aufbringen, was wiederum dazu führt, dass ihre Beziehungen in instrumentellen Netzwerken weniger belastbar sind und damit schlicht weniger nützlich. Frauen erfahren so weniger Insiderinformationen, erhalten weniger Kontakte, haben seltener Fürsprecher, wenn in der Firma eine Krise zu Arbeitsplatzabbau führt. Wohl deshalb ist der Frauenanteil in Führungspositionen nach Reorganisationen meistens niedriger, als er vorher war.

Aber auch unsere Sozialisierung steht uns im Weg, denn viele Frauen empfinden es immer noch als Beziehungsmissbrauch, wenn sich instrumentelle und emotionale Zwecke bei Beziehungen vermischen. Vielleicht sollten noch mehr Mädchen Fußball spielen, um zu lernen, wie sehr es hilft, wenn man sich gegenseitig den Ball zuspielt. In einem Managerinnennetzwerk habe ich leider häufiger erlebt, dass Mitglieder es als Ausnutzung des Netzwerkes empfanden, wenn ein anderes Mitglied ein Dienstleistungsangebot über die Liste schickte. Das erste der zehn Grundprinzipien dieses Netzwerkes hieß: »Ich freue mich über Kontakte und nutze die vielfältigen Angebote, die das Netzwerk mir bietet«. Wie soll man ein Angebot nutzen, wenn es anrüchig ist, es bekannt zu machen? Dass selbst in einem solchen Netzwerk eine instrumentelle Vernetzung immer wieder von Mitgliedern als unpassend empfunden wurde, spricht Bände.

Auch in Einzelgesprächen hatten Frauen unerklärliche Hemmungen, zum Hörer zu greifen und sich mit jemandem zu verabreden, nur weil der Kontakt bei einer beruflichen Neuorientierung hilfreich sein könnte. Besonders groß sind diese Hemmungen, wenn es sich um einen Kontakt aus dem emotionalen Netzwerk handelt. Diese Hemmungen haben Männer selten. Wenn ich in gemischten Workshops davon erzähle, sind die Männer stets fassungslos, wenn die Frauen ihnen bestätigen, dass das stimme.

Das alles bedeutet, dass Frauen

- generell weniger Zeit für das Netzwerken haben,
- ihre Netzwerkzeit zusätzlich aufteilen müssen und daher noch weniger Zeit für das »nützliche« Netzwerken übrig bleibt,

- seltener gezielt netzwerken, selbst wenn die Gelegenheit dafür da ist, weil sie sich dabei nicht gut fühlen und den positiven Effekt beruflicher Netzwerke unterschätzen,
- weniger belastbare instrumentelle Beziehungen haben, was ein Karrierenachteil ist.
- Zusätzlich wirken die eingangs beschriebenen Ausgrenzungsmechanismen durch die Auswahl nach dem Ähnlichkeitsprinzip.

Netzwerke und der geschlechtsabhängige Zugang zu ihnen sind somit ein gewichtiger Baustein der gläsernen Decke – und wie bei anderen ist ein Teil davon von Frauen selbst, ein anderer durch die Gesellschaft bestimmt.

Gleich und Gleich gesellt sich gern

Vieles können Frauen selbst beeinflussen. Wir können rhetorisch besser werden, proaktiv und selbstbewusst auftreten. Aber eine Sache können wir nicht selbst verändern: die Neigung des Menschen zur Selektion nach dem Ähnlichkeitsprinzip, auch homosoziale Reproduktion genannt. Wie eben schon beschrieben, vertrauen Menschen am ehesten anderen, die ihnen ähnlich sind, weil sie ihr Verhalten für berechenbarer halten.

Ähnlichkeit bezieht sich auf den familiären Hintergrund, aber auch auf das Aussehen, das Geschlecht und die damit verbundene Sozialisierung. Viele Chefs suchen in ihrem Nachfolger eine jüngere Ausgabe von sich selbst. Wenn dieser Chef ein Mann ist, dann fällt es jüngeren Männern naturgemäß leichter, dieser Vorstellung zu entsprechen. Wenn man im Internet in der Bildersuche »Vorstand« oder »Aufsichtsrat« eingibt, kann man die Auswirkung der homosozialen Reproduktion sehr plastisch erkennen. Es scheinen die immer gleichen mittelalten weißen Männer mit schwarzem Anzug, hellem Hemd und irgendeiner dezenten Krawatte abgebildet. Von Geschlechter- oder Generationenvielfalt oder unterschiedlichen kulturellen oder ethnischen Hintergründen kann keine Rede sein.

Das Phänomen der Ähnlichkeitsauswahl trägt dazu bei, dass Frauen in Topführungspositionen heute oft wie Männer in Frauengestalt wahrgenommen werden. Sie haben gelernt, dass sie eher erfolgreich sind, wenn sie die Unterschiede minimieren. In Unternehmensberatungen sieht man diesen Typ Frau recht häufig. Röcke und Kleider sind selten, frau trägt schwarze Hosenanzüge, weiße Hemden und schwarze Aktentaschen, genau wie männliche Berater. Wenn sie in einer Gruppe steht, erkennt man sie aus ein paar Metern Entfernung kaum, wenn sie nicht zufällig lange blonde Haare hat.

Es mag sein, dass die Karriere schneller verläuft, wenn man sich optisch der männlichen Norm anpasst, aber für mich gehört das Äußere zur eigenen Identität. Meinen eigenen Stil verleugnen, nur um eine Art Managerverkleidung zu tragen, das kann und will ich nicht. Ich glaube auch, dass Frauen hier oft zu große Kompromisse eingehen und damit selbst dazu beitragen, dass weibliche Kompetenz weniger wahrgenommen wird. Hier und da ein überlegter Kompromiss ist natürlich in Ordnung. Zum ersten Vorstellungstermin bei McKinsey bin ich auch im schwarzen Hosenanzug gekommen. Aber später trug ich rote Blusen und eine rote Handtasche, fast nie eine Hose und immer schönen Schmuck. Das brachte mir zwar Kritik wegen zu auffälliger Kleidung ein, aber irgendwann verstummten die Bemerkungen. Selbst Frauen, die sich perfekt verkleiden, können nicht verstecken, dass sie Frauen sind. Und so scheitern doch viele an dem Prinzip der Ähnlichkeitsauswahl, das einer der stärksten Bausteine der gläsernen Decke ist.

Die Macht der Stereotype

Mythos: Es geht nur nach Kompetenz und Leistung

Dieser Mythos wird am häufigsten gegen jede Art von Quotenvorschlag ins Feld geführt, denn natürlich soll es bei jeder Personalentscheidung nur um Kompetenz gehen – alles andere wäre Diskriminierung. Dabei habe ich noch nie einen Personal- oder Karriereberater getroffen, der nicht betonte, wie wichtig das eigene Netzwerk oder die Art der Selbstdarstellung ist – um nur zwei weitere Einflussfaktoren zu nennen. Zu behaupten, es ginge bei Beförderungen nur nach Kompetenz, ist in etwa so wahr wie die Behauptung, Menschen kauften Lebensmittel im Supermarkt ausschließlich nach ihrem Bedarf oder Geschmack – als gäbe es keine Marken, keine Verpackungen, keine Werbung, keine Discountaktionen und keine strategische Positionierung in den Regalfächern.

Kompetenz mag ein wichtiger Faktor sein für Beförderungen, aber das reicht nicht aus. McKinsey untersuchte die Gründe, warum sich in den höheren Hierarchiestufen so wenige Frauen finden – mangelnde Kompetenz war keines der Ergebnisse. Als Hauptgründe wurden genannt: fehlende Vorbilder, Ausschluss aus internen Netzwerken, fehlende Unterstützung im oberen Management, aber auch die Liebe zu fachlichen Themen verbunden mit der Sorge, im höheren Management vor allem mit Meetings und Verwaltungsfragen zu tun zu haben. Als wichtigsten Grund identifizierte diese Studie jedoch tief verankerte Glaubenssätze, stereotype Vorstellungen davon, was Frauen und Männer wollen, können oder sollen. Das war bereits Ergebnis der ersten McKinsey-Frauenstudie »A Wake Up Call for Female Leadership in Europe« von 2007, die ich selbst leitete und für die wir eine Reihe Interviews mit Topmanagerinnen in Deutschland und anderen europäischen Ländern führten.

Bei einem Workshop im Rahmen eines Graduiertenkollegs einer

renommierten Berliner Universität erzählte eine Promovendin, dass sie den Eindruck habe, als Philosophin werden Frauen entweder gemocht oder fachlich respektiert. Sie fragte sich, warum eine Frau nicht Philosophin sein kann, deren fachliche Argumente überzeugen und die man als Mensch trotzdem sympathisch findet. Diese Beobachtung ist kein Einzelfall. Forscher der Universität Stanford wiesen nach: Frauen, die man für sympathisch hielt, hielt man gleichzeitig für weniger kompetent als Führungskraft. Hielt man eine Frau für eine kompetente Führungskraft, mochte man sie dagegen weniger. Diesen seltsamen Ausschluss der Einschätzung als »kompetent *und* sympathisch« beobachteten die Forscher nur bei Frauen, nicht bei Männern.[45] Männer können beides sein. Die Ursache dafür liegt in tief verankerten Glaubenssätzen, in stereotypen Zuschreibungen von weiblichen und männlichen Eigenschaften.

Management und Männlichkeit werden von den meisten Menschen stark miteinander assoziiert. »Typische Männer« und »typische Manager« beschreibt man mit den gleichen Eigenschaften: ehrgeizig, dominant, selbstbewusst, stark, unabhängig und aggressiv. Einer »typischen Frau« schreibt man andere Eigenschaften zu: Sie sei verständnisvoll, hilfsbereit, freundlich, empathisch, herzlich.

Wenn nun eine Frau selbstbewusst, ehrgeizig und unabhängig auftritt, erfüllt sie zwar die Vorstellungen vieler Menschen von einer Führungskraft, verletzt aber die Vorstellungen, die man unbewusst von einer Frau hat. Dies führt zu dem Effekt, dass man Frauen, die als führungsstark wahrgenommen werden, nicht leiden kann. Man könnte das auch den Maggie-Thatcher-Effekt nennen. Respektiert ja, gemocht nein. Entweder oder, Frauen haben die Qual der Wahl.

Forscher fanden auch heraus, dass die Verletzung von Stereotypen zu tendenziell schlechteren Leistungsbewertungen führt. Das ist eine Falle für Karrierefrauen, denn ein Stereotyp verletzen sie leider immer – entweder sind sie keine »richtige Frau« oder kein »richtiger Manager«.[46] Für Frauen scheint es nur diese zwei Schubladen zu geben, in die der Standardbetrachter uns ablegt: Wir sind entweder feminin, mehr so das zarte, stille Mäuschen, oder aber wir sind aggressiv, profilierungssüchtig und karrieregeil.

Wie stark solche unbewussten Verbindungen von Männlichkeit und Führungseignung sind, haben einige ernüchternde Experimente nachgewiesen. Für eines dieser Experimente wählte man zwei Frauen aus, eine mit sehr femininer Ausstrahlung und eine eher maskulin aussehende Frau. Beide Testpersonen fotografierte man für ein Bewerbungsfoto je zweimal, einmal in femininer Aufmachung (offene Haare, Halskette, Make-up, Bluse) und einmal in eher maskuliner Aufmachung (Haare gebunden, kein Schmuck, kein Make-up, strengere Kleidung). Die dabei entstandenen Fotos entsprachen also vier Schemata:

1. feminine Frau in femininer Aufmachung
2. feminine Frau in maskuliner Aufmachung
3. maskuline Frau in femininer Aufmachung
4. maskuline Frau in maskuliner Aufmachung

An völlig identische Lebensläufe gehängt, beurteilten Testpersonen die Eignung für eine Führungsposition der fiktiven Bewerberinnen sehr unterschiedlich. Je maskuliner die Frau, umso kompetenter erschien sie – bei gleicher Faktenlage.[47]

Selbst Bewerbungen, die einfach nach Männerparfum rochen, wurden in der Eignung für eine Führungsrolle höher eingeschätzt, sowohl wenn ein Männername als auch, wenn ein Frauenname unter dem sonst gleichen Lebenslauf stand.[48] Es klingt völlig verrückt. Aber so immensen Einfluss können stark vorherrschende Stereotype ganz unbewusst ausüben, auf jeden von uns und eben auch auf Personalchefs und Vorgesetzte.

Diese Zuschreibungen habe ich auch selbst erfahren. Mit mehr als zehn Jahren Berufserfahrung in der Unternehmensberatung wurde ich als neue Projektleiterin eines IT-Strategie-Projekts bei einem internationalen Konzern mit Hauptsitz in Deutschland angekündigt. Als der zuständige Manager der Kundenseite erfuhr, dass jetzt eine Frau das Projekt leiten sollte, hinderten ihn auch das Label McKinsey und ein lupenreiner Lebenslauf nicht daran, Panik zu bekommen. Er drückte meinem Chef gegenüber seine Beunruhigung aus, es gehe doch um Millionen Euro, da dürfe nichts schiefgehen, und außerdem wären da lauter Männer im Team, und dann eine Frau als Projektleiterin?! Kann die das überhaupt?! Mein Chef beruhigte den Kunden, verwies auf meine langjährige Erfahrung und erzählte mir vorerst nichts davon. Aber ich spürte die Skepsis des Kunden, an seinen Blicken, an seinen Fragen, an seinem ganzen Verhalten mir gegenüber. Immer wieder ließ er mich abends in sein Büro kommen, nur um mir Fragen zu stellen, als wolle er testen, ob ich Ahnung von IT habe. »Frau Domscheit, wie definieren Sie denn Service Oriented Architectures, und was sind die Vorteile dieser IT-Architektur gegenüber anderen?« – das war eine seiner Fragen. Nach einem Monat in diesem Projekt war er offensichtlich beruhigt und zufrieden, sprach wieder mit meinem Chef und teilte ihm mit, dass seine Sorgen sich erledigt hätten, ich hätte doch hinreichend Kompetenz, und er sei mit meiner Arbeit zufrieden. Erst dann erzählte mir mein Vorgesetzter davon, als großes Lob. Aber dennoch blieb der Subtext: Frauen gehören nicht in die IT-Branche, eigentlich sind sie zu doof dafür, und wenn sie es doch mal können, dann ist das eine große Ausnahme.

Aber zu der geschlechtsabhängigen Leistungsbeurteilung durch Dritte kommt noch eine geschlechtsabhängige Bewertung der eigenen Leistung. Männer neigen dazu, ihre eigene Leistung und Leistungsfähigkeit zu überschätzen, bei Frauen ist es umgekehrt. So dachten 70 Prozent männlicher MBA-Studenten, dass sie besser sind als der Durchschnitt, und 70 Prozent weiblicher MBA-Studenten hielten sich selbst für durchschnittlich. Beides geht mathematisch nicht. Die tatsächlichen Leistungen beider Geschlechter entsprachen der Normalverteilung.[49]

Doch die Beurteilung der eigenen Kompetenz vermittelt sich

auch nach außen – das ist das Geheimnis jedes Hochstaplers, der einfach kraft seiner Überzeugung und seines selbstbewussten Auftretens andere glauben macht, dass er (nur selten ist es eine »Sie«) auch wirklich kann, was er behauptet. Übertreibung ist hilfreich, sie führt bestenfalls dazu, dass das Gegenüber Abstriche macht in der Einschätzung eines Angebers, aber selten dazu, dass man den Gesamteindruck revidiert. Das funktioniert in etwa so wie die selbst gemachten Steuererklärungen, in die viele Steuerzahlerinnen gern »noch was zum Streichen für die Beamten« mit aufnehmen, damit am Ende die Rückzahlung herauskommt, die sie sich erhoffen.

Eine Partnerin einer Unternehmensberatung, bei der ich Ende der 90er-Jahre arbeitete, erzählte mir von ihrem Großprojekt mit hundert Beratern, die in kleineren Teams organisiert waren und vergleichbare Aufgaben zu bewältigen hatten. Die ihr unterstellten Manager hatten alle paar Monate Leistungsbewertungen für ihr Team zu schreiben. Das war viel Aufwand, und so war es nicht selten, dass die Manager die Berater baten, das entsprechende Formular schon einmal selbst auszufüllen, um dann nur noch einmal korrigierend darüberzugehen. Der Partnerin fiel auf, dass sie häufiger Teamleiterinnen hatte, die sich selbst als mittelmäßig beschrieben, aber absolute Leistungsspitze waren, während sich die Teamleiter regelmäßig als Geheimwaffe des Projekts darstellten, als intelligente, ständig Höchstleistung bringende, maximal teamorientierte, immer pünktlich und in hervorragender Qualität Ergebnisse abliefernde Genies. Häufig war das eine eklatante Selbstüberschätzung. Auch nach Überarbeitung durch die Manager hörten sich die Beurteilungen männlicher Teamleiter besser an als die der weiblichen, obwohl sich ihre Leistungen nach Aussage der Vorgesetzten entweder nicht unterschieden hatten oder sogar Frauen die besseren Leistungsträger waren. Die Leistungsbewertung hat Einfluss auf Beförderungen und Gehaltserhöhungen. Die unterschiedliche Selbsteinschätzung und die mangelnde Ausgleichskompetenz der Manager führen in solchen Fällen also zu handfesten Karrierenachteilen. Diese Effekte kann man minimieren, denn je objektivierter eine Leistungsbeurteilung ist, umso weniger Spielräume gibt es für bewertende Personen, ihre Vorurteile und Fehleinschätzungen einfließen zu lassen.

Lernen können Frauen auch von Männern, wie man die eigene Leistung für andere transparenter macht. Klappern gehört zum Geschäft, das ist eine Binsenweisheit, dennoch fällt es vielen Frauen schwer, anderen von ihren Leistungen zu erzählen. Eigenlob stinkt, das haben wir schon als Kinder gelernt. Aber Beförderungsentscheidungen werden oft an Stellen über dem eigenen Chef getroffen, wo es keinen detaillierten Einblick mehr in die Leistungsfähigkeit der Mitarbeiter gibt. Wenn dann der direkte Vorgesetzte kein Interesse an einer Wegbeförderung von Frau Schmitt hat, weil sie so großartig arbeitet, hat Frau Schmitt keine guten Karten – außer sie hat selbst dafür gesorgt, dass der Chef oder die Chefin des Vorgesetzten weiß, was sie kann und dass sie Interesse an einer neuen Herausforderung hat. Frauen arbeiten jedoch weniger bewusst an ihrer Sichtbarkeit, weil sie selbst glauben, dass sich Leistung durchsetzt. Auch deshalb tauchen sie seltener auf dem Radarschirm für Beförderungen auf und werden übergangen.

Zusätzlich benachteiligen stereotype Bewertungen von Kommunikationsmustern Frauen. Obwohl es große Unterschiede zwischen einzelnen Individuen innerhalb eines Geschlechts gibt, gibt es doch auch eine Tendenz unterschiedlich häufiger Kommunikationsmuster von Männern und Frauen. Bei Männern häufiger anzutreffende Kommunikationsmuster werden mit Führungsstärke assoziiert, beispielsweise weiblich konnotierte mit Unsicherheit und Inkompetenz, etwa wenn Frauen in der Teamkommunikation häufiger Fragen stellen und viele Mitarbeiter in Entscheidungen einbeziehen. Schon Mädchen lernen, in einer Gruppe nach Harmonie auf der Basis von Gemeinsamkeiten zu streben und die eigene Herausstellung zu vermeiden. Diese Kommunikationsmuster assoziiert man heute mit einem modernen, kooperativen Führungsstil, der sehr effektiv ist. Dennoch werden sie Frauen immer noch nachteilig ausgelegt, immer noch erwartet man von Chefs häufiger, dass sie klare Ansagen machen, ohne viel zu fragen. Stereotype wirken lange nach.

Viele Frauen verwenden häufiger Konjunktive und verpacken ihr Anliegen elegant in rhetorisches Seidenpapier. Wenn frau jedoch Stärke und Kompetenz vermitteln möchte, sollte sie nicht Sätze sagen, wie: »*Könnte* man nicht *vielleicht* über eine Erhöhung der Investitionen in X *nachdenken*? Ich *könnte* mir *vorstellen*, dass das *keine schlechte Idee wäre*, weil es sich *vermutlich* positiv auf A, B und C auswirken *würde.*«

Glaubhafter ist eine Aussage à la »Ich bin überzeugt davon, dass eine Erhöhung der Investitionen im Bereich X jede Menge Vorteile für uns bringt, nämlich A, B und C.« Konjunktive klingen nach Selbstzweifeln. Selbstzweifel sind ein schlechtes Marketinginstrument. Sie wirken so, als würde ein Werbeslogan für Marmelade mit »Vielleicht schmeckt sie lecker« versuchen, Kunden vom Kauf zu überzeugen.

Macht und Medien: Warum es nicht egal ist, wer die News macht

Leider können wir der Werbung und den uns umgebenden Medien nicht entfliehen, und beides hat Einfluss auf uns alle. Dieser Einfluss kann auch positiv sein und zu gesellschaftlichen Veränderungen beitragen. Höchstwahrscheinlich gibt es einen Zusammenhang zwischen den vielen Polizistinnen im *Tatort* und in Vorabendserien und der stark angestiegenen Attraktivität des Polizistenberufs für Mädchen. Das Fehlen von Vorbildern ist ein häufig zitierter Faktor, der die Segregation in der Berufswahl von Jungen und Mädchen beeinflusst. Aber genauso wirkt auch die Unterrepräsentation von Frauen in der meinungsbildenden Berichterstattung, sei es als Berichtende oder als Subjekt der Berichterstattung. Es ist ganz bestimmt nicht egal, dass nur zwei Prozent der Chefredakteure in Deutschland weiblich sind. Genauso wenig, wie es egal ist, dass Drehbücher vor allem von Männern geschrieben werden und auch Regisseure überwiegend Männer sind.[50] Wenn Frauen Filme machen, sind in ihren Teams viel mehr Frauen zu finden – an der mangelnden Lust von Frauen am Filmemachen liegt es also nicht.[51] Auch Lorbeeren werden ungleich verteilt – bei den Oscars 2013 waren nur 35 Frauen, aber 140 Männer nominiert. In sieben Kategorien, darunter Beste Regie, Kamera und Drehbuch, war keine einzige Frau nominiert worden.[52]

Männer machen News, jedenfalls mehrheitlich und insbesondere in den »harten« Themen wie Wirtschaft und Politik. Gläserne Decken auch in den Redaktionsstuben, überraschend ist das natürlich nicht. Es geht um Einfluss und Interpretationshoheit in einer Wissensgesellschaft. Im Jahr 2012 platzte 350 Journalistinnen der Kragen, sie veröffentlichten den Aufruf »Pro Quote« und forderten gemeinsam, bis 2017 30 Prozent aller journalistischen Führungspositionen mit Frauen zu besetzen, also jede dritte Stelle eines Chefredakteurs, Intendanten oder Ressortleiters. An Talenten mangelt es in den Medien nicht, schon länger ist die Mehrheit der Absolventen von Journalistenschulen weiblich. Aber ihre Arbeit beurteilen männliche Chefs oder mehrheitlich männlich besetzte Jurys, deren Preisvergaben in der von Aufmerksamkeit abhängigen Medienwelt eine hohe Relevanz haben. Im Jahre 2012 waren nur drei von 15 Jurymitgliedern des angesehenen Henri-Nannen-Preises weiblich. Bei dieser Zusammensetzung ist es wohl wenig überraschend, dass sich unter den 30 Preisträgern keine Journalistin befand.[53] Aber »es geht ja immer nur nach Leistung, immer nur nach Kompetenz« – was dann im Umkehrschluss bedeuten würde, dass Journalistinnen schlechtere journalistische Qualität abliefern als Männer.

Ist in der *Wirtschaftswoche* oder dem *Manager Magazin* von Managern die Rede, dann sind die abgebildeten Personen Männer – der Anteil der abgebildeten Frauen liegt unter ihrem tatsächlichen Anteil, der ohnehin schon sehr klein ist. Weltweit, in Medien aus über 100 Ländern, machen Frauen nicht einmal ein

Viertel der Personen aus, über die berichtet wird.[54] Bei der vorletzten Erhebung im Jahr 2005 war der Wert genauso hoch – nichts hat sich verbessert. Es ist nicht erklärbar, warum auch heute noch 86 Prozent aller in Leitmedien befragten Experten in Deutschland Männer sind, als gäbe es keine Frauen bei uns, die kompetent sind. Aber dafür dürfen wir als Opfer zu Wort kommen, da machen wir nicht nur mickrige 14, sondern fast 60 Prozent aus, obwohl nicht nur die Täter in Deutschland mehrheitlich männlich sind, sondern auch ihre Opfer, aber das passt nicht so gut ins Bild.[55] Die Art und Weise, wie Frauen in Medien vorkommen, wirkt unterbewusst auf uns alle und zementiert veraltete Rollenbilder.[56] Bei Frauen spielt es dann eine Rolle, ob sie allein leben oder nicht, wie sie aussehen und was sie anhaben.[57] Sie werden häufig leicht bekleidet oder nackt abgebildet – egal ob es das Titelbild des *stern* ist oder eine Werbung für Autos oder Bier, diese Regel gilt selbst für Gemäldegalerien moderner Kunst.

Im Frühjahr 2013 starb eine US-amerikanische Wissenschaftlerin, deren bahnbrechende Erfindungen in der Weltraumtechnik zum Industriestandard bei Satelliten wurden. Aber der Nachruf der *New York Times* zum Tod von Yvonne Brill[58] machte auf mit den offenbar viel wichtigeren Informationen, dass sie ein hervorragendes Bœuf Stroganoff gekocht hatte, ihrem Mann überall stets hinterhergezogen und acht Jahre aus dem Beruf ausgestiegen war, um sich allein der Kindererziehung zu widmen.[59] Sie sei die beste Mutter und Ehefrau der Welt – das war die Kernbotschaft des Aufmachers. Sie mag eine brillante Wissenschaftlerin gewesen sein, aber darauf kam es wohl nicht an. Im Gegenteil, gerade bei einer erfolgreichen Wissenschaftlerin muss darauf hingewiesen werden, dass sie trotzdem konservativen Vorstellungen entsprach und ihren Gattinnen- und Mutterpflichten stets nachkam. Wäre ja noch schöner, wenn eine Trägerin des Nationalpreises für Technologie und Innovation nicht kochen könnte oder sich nicht voller Hingabe um Mann und Kinder kümmerte. Wer kann sich vorstellen, dass beim Tod eines männlichen Wissenschaftlers zuerst auf seine Kochkünste und die Erfüllung von Ehe- und Vaterpflichten hingewiesen würde? Nach heftigen Protesten hat die *New York Times* immerhin das Bœuf Stroganoff wieder gelöscht, aber die Super-Mom blieb weiterhin im Aufmacher.[60] So pflegt eine renommierte Zeitung Stereotype und räumt der Expertise von Fachfrauen weniger Raum ein.

Wie Frauen dargestellt werden, können wir auch in Hollywoodfilmen beobachten. Bei den hundert erfolgreichsten Filmen ist etwa ein Drittel der Sprechrollen ein weiblicher Charakter, Parität gibt es nur bei etwa jedem sechsten Film. Die Frauen sind im Regelfall jünger, sexualisierter, häufiger nackt oder halb nackt, sie erreichen ihre Ziele seltener als Männer. Noch trauriger ist die Lage, wenn man Filme dem sogenannten Bechdel-Test unterwirft.[61] Nach diesem sehr einfachen Test kann man den Grad der Geschlechterstereotypisierung eines Films überprüfen. Dazu sind drei höchst einfache Fragen pro Film zu beantworten:

1. Gibt es mindestens zwei weibliche Sprechrollen in dem Film? (meist ergänzt um die Anforderung, dass diese einen Namen haben)
2. Reden mindestens einmal zwei Schauspielerinnen miteinander?
3. Reden sie dabei mindestens einmal über etwas anderes als einen Mann?

Erstaunlicherweise fallen sehr viele zeitgenössische Filme durch bei diesem Test minimalster Anforderungen.[62] Auch Filme, die diesen einfachen Test bestehen, sind noch lange nicht frei von Stereotypen, Sexismus und Frauenfeindlichkeit, und selbstverständlich lässt der Test auch keinen Rückschluss auf die Qualität eines Filmes zu. Häufig drehen sich Dialoge von Frauen untereinander am Ende doch um das Heiraten oder Kinderkriegen, dabei macht das Leben von Frauen sehr viel mehr aus. Da etliche der Filme, die den Bechdel-Test bestehen, ihn nur gerade so bestehen – weil zwei weibliche Rollen einmal einen Satz miteinander reden –, forderte Anita Sarkeesian die Einführung einer vierten Regel: Zwei Frauen sollten mindestens 60 Sekunden lang eine inhaltliche Konversation führen, in der es nicht um einen oder mehrere Männer geht.[63] Es gibt nicht viele Filme, die diesen Test bestehen.[64] Den Drehbuchautoren scheint einfach nicht klar zu sein, dass jedes zweite Kinoticket von einer Frau gekauft wird. Sie pflegen ihre eigenen Präferenzen und schieben das dann auf »das Publikum«. [65]

Der Bechdel-Test wird inzwischen auch auf Videospiele[66] und Comics[67] angewendet – die Ergebnisse sind keinesfalls besser als beim Film. Gerade Videospiele sind ein Hort einseitigster Stereotype, in dem Männer vor allem kraftstrotzende Superhelden und Frauen vor allem aus Gefahren zu rettende Sexbomben sind. Alle diese Medien prägen Kinder, Jugendliche, aber auch Erwachsene. Sie halten Stereotype am Leben, die längst auf die Müllkippe der Geschichte gehören, weil sie Menschen jedweden Geschlechts auf bestimmte Rollen festlegen, aber ganz besonders, weil sie Frauen mit Schwäche, Eindimensionalität, Abhängigkeit von Männern und Hypersexualisierung verbinden und eine allgemeine Irrelevanz ihrer Lebensverhältnisse suggerieren.

Macht und Marketing: Die »Gendered Society« ist ein guter Absatzmarkt

Mädchen lieben Rosa, Jungen lieben Blau. So weit die gängige Zuschreibung. Aber ein kleiner Blick in die Vergangenheit hilft, die »biologisch determinierten« Präferenzen als sozial anerzogen zu entlarven. Es ist kaum hundert Jahre her, da kleidete man Jungs in Rosa und Mädchen in Hellblau und fand das die natürliche Zuordnung. Rosa galt als kraftvollere Farbe. Seit etwa zehn Jahren kann man einen massiven Backlash bei der Farbgestaltung von Spielzeug und Kinderkleidung beobachten. Noch als im Jahr 2000 mein Sohn geboren wurde, gab es Kinderwagen und Zubehör kaum nach Geschlecht getrennt. Das ist heute anders, selbst

Wickelzubehör, Fläschchen und Beißringe gibt es für Mädchen in Rosa. Betriebswirtschaftlich macht das Sinn, so können Firmen trotz Geburtenrückgang den Umsatz steigern, denn schon bei zwei Kindern unterschiedlichen Geschlechts müssen Eltern fast alles neu kaufen.

Indem wir die frühkindliche Umgebung schon rosa oder himmelblau prägen, legen wir Kinder früher als je zuvor in der menschlichen Kulturgeschichte auf ihr Geschlecht fest, schränken sie ein in ihrer freien Wahl und hindern sie daran, selbst herauszufinden, auf welche Farben oder Spielzeuge sie stehen. Wir fallen rein auf Marketingkampagnen, die uns einreden, dass die Rosapräferenz biologisch weiblicher Menschen genetisch bedingt ist.

»Pink it and shrink it« (Mach's kleiner und rosa) – das ist die Devise vieler Hersteller, wenn sie Frauen als Zielgruppe anpeilen. Das gilt selbst für Laptops oder Werkzeug (ja, es gibt ganze Werkzeugkoffer in Pink!). Im Zweifel wird noch ein Glitzerstein draufgeklebt, und fertig ist das »Frauenprodukt«. Elektronikfachmärkte richten Frauenzonen ein, wo es dann sogar Staubsauger in Rosa gibt, aber auch Tischventilatoren, rosa Haartrockner und Lockenstäbe, drum herum stehen rosa Kerzen und rosa Orchideen als Dekoration.[68] Für wie blöd hält man Frauen eigentlich?

Wer sich mehr mit »Frauenprodukten« beschäftigt, hat längst verstanden, dass das Geheimnis in gutem Design verbunden mit hoher Funktionalität und der Abwesenheit von überflüssigem Schnickschnack besteht. Bosch hat einen Akkuschrauber für Frauen entwickelt, der die ganz normalen Bosch-Farben hat (also Werkzeuggrün), aber viel leichter ist, gut in der Hand liegt und dennoch tadellos Schrauben rein- oder rausdreht. Das für Frauen entwickelte Produkt wurde ein Bestseller für Käufer beiderlei Geschlechts. Auch ein intelligentes Marketing bietet sich an, wie es der Baumarkt Hornbach schon seit Längerem praktiziert. Die Ergebnisse sprechen für sich: Ganz ohne Frauenzone ist jeder zweite Kunde von Hornbach eine Frau.

Auch Werbung vermittelt bestimmte Eigenschaften und Rollen

von Männern und Frauen. Neben dem Grad an Bekleidung unterscheiden sich bei der Darstellung der Geschlechter auch Haltung, Mimik und Gestik. Diese Unterschiede manifestieren geschlechterbezogene Stereotype. Den Herbst/Winter–Katalog 2012/13 von René Lezard habe ich mit Abscheu durchgeblättert. Diese Marke hat als Zielgruppe die beruflich erfolgreiche Frau mit ausreichend finanziellen Mitteln. Als Unternehmensberaterin habe ich dort gern klassische Etuikleider oder ein beratertaugliches Kostüm erworben. Doch mit den in der Lezard-Werbung abgebildeten Frauen würde ich mich nie identifizieren wollen. Sie standen mit nach innen gekehrten Füßen und hängenden Schultern da und wirkten schwach, verunsichert, deprimiert, halb verhungert sowieso. Ich verstehe die Werbeabteilungen solcher Firmen nicht. Ich war eindeutig Zielgruppe, aber dieses Marketing ging völlig an mir vorbei, und ich kann mir keine erfolgreiche Frau vorstellen, die darin ein Rollenmodell für sich entdeckt. Die Männermodels im selben Katalog sahen ganz anders aus. Stolz und aufrecht standen sie da, mit beiden Beinen im Leben, blickten dem Betrachter selbstbewusst direkt in die Augen, strahlten Handlungswillen und Stärke aus. So wollen Männer bestimmt gern wirken – sie finden ein erstrebenswertes Rollenbild im Katalog. Frauen leider nicht.

Der Katalog von René Lezard ist kein Einzelfall, man kann fast jede beliebige Marke nehmen, egal ob Kleidung oder Kosmetik, Frauen kommen häufig schwach und anlehnungsbedürftig rüber, sie lehnen an der Wand oder an einem Mann, haben den Kopf schräg und richten den Blick geistig abwesend ins Nirwana. Ebenso häufig hat die typische Frau in der Werbung ihre Lippen lasziv geöffnet und die Augen halb geschlossen, sie liegt auf dem Rücken irgendwo herum – eine implizite Einladung, sich die Abgebildete als Sexobjekt vorzustellen. Eine solche Darstellung ist in der Werbung omnipräsent[69], leider wird dabei auch vor der platten Verbindung von Sex und Gewalt kein Halt gemacht. Diese Grenzverletzungen sollen wohl im Kampf um unsere Aufmerksamkeit punkten, sind aber gefährlich.

Caroline Heldmann, Präsidentin des Fachbereichs Politik des Occidental College in Los Angeles, hat sich mit diesem Phänomen ausführlicher befasst und auch mit dem Standardargument von Werbern: »Sex sells«. Wenn das so ist, fragt sie zu Recht, warum sind dann auf fast allen dieser Abbildungen Frauen, wo doch Frauen sogar mehr Konsumentscheidungen treffen als Männer? Offenbar ist es nicht Sex allgemein, der sich verkauft, sondern eine ganz bestimmte Art der Darstellung, die eine ganz bestimmte Gesellschaftsstruktur bedient – nämlich die eines Patriarchats, in dem Männer die Norm und die aktiven Subjekte sind, die sich der passiven Objekte, der Frauen, so bedienen, wie sie es gern hätten.[70] Ja, es stimmt, in vielen Marketingabteilungen arbeiten Frauen, und solche Bilder negativer Stereotypisierung werden auch von Frauen gestaltet. Aber das ändert nichts daran, dass dies in einem System stattfindet, dessen Regeln von Männern gemacht werden, in dem Männer und auch Frauen in einer ganz bestimmten Weise sozialisiert werden und in dem die Auftraggeber und Chefs der Werbeagenturen eben doch in den meisten Fällen Männer sind.

Die Schwestern von Prinzessin Lillifee: Was Kinder heute prägt

Auf unsere Kinder wirken von allen Seiten stereotype Darstellungen der Geschlechterrollen. Marketing und Medien können als Zielgruppe Erwachsene haben – Kinder sehen sie dennoch, sie laufen ja nicht mit geschlossenen Augen durch die Straßen und an der H&M-Werbung vorbei, sie sehen Abbildungen in Medien und sind ständig ihrer Wirkung ausgesetzt.

Mädchen sehen heute in Modezeitschriften Size-Zero-Hungermodels, deren Körper im realen Leben nicht existieren, weil die Bilder zusätzlich so bearbeitet wurden, dass Taillen Wespenform annehmen und aus Oberschenkeln und Waden kurvenfreie Stöckerbeine werden. Mädchenzeitschriften haben Schönheitsutensilien als Beilage, kleine Spiegel, ein Armband, eine Kette – Mädchen müssen schön sein, das ist die Botschaft. In München gibt es einen Schönheitssalon für Mädchen ab fünf Jahre. Diese Entwicklung ist katastrophal, denn sie bedeutet, dass Mädchen keine unbeschwerten Kinder mehr sein dürfen, die Entdeckungen machen und im Spiel vielfältige neue Welten ausprobieren. Es bedeutet, dass sie früh verinnerlichen, dass es für eine Frau vor allem auf das Äußere ankommt.

Darauf weist auch die Initiatorin von Pinkstinks in Deutschland, Stevie Schmiedel, hin, die sich auch als Professorin mit der »Pinkifizierung« der Kinderzimmer kritisch auseinandersetzt.[71] Die »Diktatur von Prinzessin Lillifee« bereite die Mädchen auf Sendungen wie *Germany's Next Topmodel* vor, die von Mädchen am dritthäufigsten angeschaute TV-Sendung[72], deren schädlicher Einfluss auf das körperliche Selbstbild längst nachgewiesen ist.

Im Dorf der Lego-Friends für Mädchen gibt es einen Schönheitssalon, eine Tierärztin und eine Bäckerei mit bunten Cupcakes. Alles ertrinkt in Rosa und Lila, alle Legofiguren sind kleine Mädchen. Spiele mit Jungen sind nicht vorgesehen. Beim Lego in der Jungsecke gibt es dagegen Feuerwehr, Polizeistation, Baustelle, Flughafen, Bahnhof, Fuhrpark – gleich neben Monstern, Außerirdischen, Raumfahrzeugen, Kriegsschauplätzen mit militärischem Gerät, kurz, alles, was mit Helden, Kampf oder Technik zu tun hat, was aufregend, spannend, abenteuerlich oder gruselig ist. Hinter alldem steht die unausgesprochene Annahme, dass Mädchen und Jungen sich für komplett unterschiedliche Dinge interessieren – oder interessieren sollen.

Was macht ein T-Shirt von OTTO, auf dem »In Mathe bin ich Deko« steht, mit einem Mädchen? Erst nach heftigen Protesten nahm OTTO dieses Produkt vom Markt[73], dessen Botschaft die Wiederholung eines der ältesten Stereotype war: Mädchen sind zu doof für Mathe. Für Jungen gab es das T-Shirt übrigens nicht. Die subtile zweite Botschaft: Mädchen selbst sind Deko. Das war im Frühjahr 2013. Von den negativen Auswirkungen auf die

Leistungen von Mädchen, die glauben, dass sie in Mathematik schlechter sind, wird noch ausführlicher die Rede sein. Diese Wirkung kann man auch mit einem T-Shirt erreichen, das in die altbekannte Kerbe schlägt. Viele Diskutanten im Internet waren der Meinung, das T-Shirt wäre doch nur selbstironisch, und warum sollten Mädchen, die zufällig tatsächlich in Mathe untalentiert sind, nicht humorvoll damit umgehen? Das T-Shirt gab es ab Größe 92/98 und für Mädchen bis zehn Jahre. Kleinkinder von zwei bis drei Jahren dürften eher selten selbstironisch mit ihren Mathekenntnissen umgehen, und selbst wenn Mädchen im Alter von neun oder zehn Jahren das tun sollten und selbst wenn sie sich außerdem ihre T-Shirts schon selbst kaufen sollten, so sind doch ihre Fähigkeiten in Mathematik keinesfalls schon für alle Zeiten festgelegt – außer, man redet ihnen ein, dass sie es als Mädchen einfach nicht können, und drängt sie damit in ein Rollenmuster, in dem sie für den Rest ihres Lebens bleiben sollen.

Mythos: Die Frauen haben keinen Bock auf Wettbewerb

Frauen haben halt weniger Interesse an Karriere, dafür kann die Firma nichts, heißt es immer wieder. Jüngere Studien scheinen zumindest die Annahme zu widerlegen, dass Frauen keine Lust auf Wettbewerb haben. Wissenschaftler der University of California untersuchten diese Hypothese anhand von Teilnehmern des Meilenlaufs in Santa Barbara. Für die Anmeldung in der Spitzengruppe gab es eine Mindestbestzeitempfehlung an Teilnehmende. Alle Frauen, die sich für diese Eliteklasse anmeldeten, erfüllten die Voraussetzung. Anders die Männer: Viele liefen langsamer als die vorgegebene Mindestzeit. Die Analyse ergab, dass junge Männer am häufigsten in einer Gruppe liefen, für die sie nicht qualifiziert waren. Frauen registrierten sich nur dann für eine hohe Leistungsklasse, wenn sie realistische Chancen hatten, dort auch zu gewinnen. Die Forscher übertrugen dieses Phänomen auf die Wirtschaftswelt und argumentierten wie folgt:

»Das ist in etwa so, als würden alle Frauen, die eine Chance haben, die Karriereleiter bis zur Firmenchefin zu erklimmen, in das Rennen gehen, gemeinsam mit den meisten dafür qualifizierten Männern und einer Menge Männer, deren Beförderung unwahrscheinlich ist. Der Fakt, dass weniger Frauen die Wahl treffen, sich an diesem Rennen zu beteiligen, ist nicht unbedingt das, was Frauen fern von den Chefsesseln hält. Wenn es darauf ankommt, sind Frauen genauso wettbewerbsorientiert wie Männer.«[74]

Eine McKinsey-Studie von 2011 befragte über 1000 Frauen der mittleren Managementebenen unterschiedlicher Großunternehmen, ob sie einen weiteren Aufstieg für sich erstrebten. Mehr als 80 Prozent dieser Frauen haben das bejaht.[75] Auch diese Untersuchung spricht dagegen, dass Frauen prinzipiell kaum Lust auf Karriere haben.

Allerdings haben mir schon viele Frauen erzählt, dass sie weniger Interesse daran haben als männliche Kollegen, ganz auf Freizeit und Familienaktivitäten zu verzichten. Aber müssen Führungsrollen so beschaffen sein? Ich zweifele das an. Selbst bei McKinsey habe ich festgestellt, dass in anderen Ländern deutlich kürzer gearbeitet wurde als in Deutschland.

Auch der auf den ersten Blick plausible Gedanke, Spitzenpositionen und Teilzeit seien unvereinbar, wirkt auf den zweiten Blick albern, wenn man sich vor Augen führt, wie viele Teilzeit-Spitzenjobs ein Topmanager in Deutschland heute parallel bekleidet. Selbst DAX-Vorstände schaffen nebenbei ein paar Aufsichtsratsposten, Beiratsvorsitze, Verbandspräsidien und Ähnliches. Es wird offenbar mit zweierlei Maß gemessen. Zwei, drei, vier, fünf oder noch mehr berufliche Rollen gleichzeitig – alle in Teilzeit – sind bei Männern gesellschaftlich akzeptiert und führen kaum zu der Aussage, jemand sei deshalb einer dieser Rollen nicht gewachsen. Dabei wäre das manchmal angebracht, wenn wir an das Totalversagen etwa des Aufsichtsrats für den neuen BER-Flughafen denken, in dem unter anderem ein Ministerpräsident und der Berliner

Oberbürgermeister so nebenbei saßen. Leider wendet man dieses Argument nicht auf solche Fälle an, sondern nur dann, wenn man Mütter aus verantwortungsvollen Positionen heraushalten möchte.

Mythos: Selbst schuld, Frauen studieren einfach das Falsche

Kunsthistoriker werden nun mal nicht DAX30-Vorstand, heißt es oft. Wenn Frauen so weichen Krimskrams studieren wie Sozialwissenschaften, Philosophie oder Lehramt, sind sie also selbst daran schuld, dass sie nicht in Topführungspositionen landen. Dazu muss man etwas »Richtiges« studieren, am besten irgendwas mit MINT: Mathematik, Informatik, Naturwissenschaften und Technik. Dieses Argument wird zwar häufig zitiert, ist aber dennoch falsch. Etwa 60 Prozent aller Vorstände und Aufsichtsräte (Eigentümerseite) von DAX30-Unternehmen erwarben Abschlüsse im Bereich Wirtschaft oder Jura, beides Studienfächer mit schon lange hohem Frauenanteil. Dennoch lag der Frauenanteil im Untersuchungszeitraum 2010 in Vorständen nur bei 2 Prozent und in Aufsichtsräten (Eigentümerseite) bei 7 Prozent. An den mangelnden MINT-Abschlüssen hat es also nicht gelegen.[76]

Dennoch studieren mehr Männer als Frauen die sogenannten MINT-Fächer. Auch hier wird gern argumentiert, dass Mädchen sich nun mal mehr für andere Sachen interessieren – was solle man da machen, man könne ja schließlich niemanden zwingen. Ja, das stimmt, zwingen bringt nichts. Aber man könnte dafür sorgen, dass Mädchen nicht schon vom Kindergarten an suggeriert bekommen, dass alles, was mit Technik zu tun hat, nichts für sie sei.

Die OECD hat die internationale PISA-Bildungsstudie für den Bereich wissenschaftliche Kompetenzen ausgewertet.[77] In doppelt so vielen Ländern waren die Leistungen von Mädchen höher als die von Jungs als umgekehrt. Deutschland und unsere Nachbarländer Österreich, Schweiz, Niederlande, Frankreich, Belgien und Dänemark gehören zu den Ländern, in denen Jungen bessere Ergebnisse ablieferten. In vielen arabischen, osteuropäischen und skandinavischen Ländern sind jedoch Mädchen besser. Selbst in Mathematik, wo die PISA-Studie in 35 Ländern für Jungen bessere Ergebnisse zeigte als für Mädchen, gab es zahlreiche Länder – ebenfalls vor allem aus Skandinavien, Osteuropa und Asien –, in denen es keinen statistisch relevanten Unterschied in den mathematischen Leistungen von Jungen und Mädchen gab. In einigen Ländern schnitten Mädchen sogar besser ab, aber insgesamt waren Unterschiede zwischen Mädchen und Jungen sehr klein. Die ebenfalls international durchgeführte Vergleichsstudie TIMSS ergab bei Achtklässlern für Mädchen bessere Leistungen in 16 Ländern, nur in acht Ländern war es umgekehrt.[78] An den Genen kann es nicht liegen, sonst wären die Ergebnisse konsistenter, es muss am Umfeld liegen.[79]

Wissenschaftler haben die Wirkung von gesellschaftlich verankerten, abwertenden Stereotypen untersucht, wie die verbreitete Annahme, Mädchen seien schlechter in Mathematik als Jungen. Jedes Mädchen weiß, dass ihre Fähigkeiten unter dem Einfluss dieser Grundannahme bewertet werden, und kann in Testsituationen entweder durch den Effekt sich selbst erfüllender Prophezeiungen oder durch die Erwartung negativer Bewertungen ihrer Leistungen durch andere in zusätzlichen Stress geraten, der ihre Leistungen tatsächlich sinken lässt. Dieser Effekt wurde wissenschaftlich nachgewiesen. Teilte man Männern und Frauen mit sehr guten Mathematikkenntnissen vor einem Test mit, dass dieser Test üblicherweise geschlechtsabhängige Ergebnisse bringt, schnitten Frauen schlechter ab. Gab es vorher den Hinweis, dass dieser Test bisher keine Geschlechtsunterschiede erbracht hätte, lösten Frauen und Männer alle Aufgaben gleich gut.[80]

Dieselben Forscher schlussfolgerten auch, dass das Stereotyp, Mädchen seien schlechter in Mathematik, dazu führen kann, dass Mädchen sich weniger mit Mathematik identifizieren und glauben, dass dies ein Bereich sei, in den sie einfach nicht gehören. Dies kann zur Folge haben, dass weniger Mädchen sich für Mathematik allgemein oder ein Studium mit mathematischem Schwerpunkt interessieren. Dies sind Effekte, die wir in Deutschland bei allen möglichen Fächern feststellen können, für die starke gesellschaftliche Stereotype existieren – etwa die Annahme, Frauen sind schlechter in Technik und IT.

Stereotype – die Bilder und Einschätzungen, die wir direkt und indirekt jeder Zeitung, jedem Schulbuch, jeder Werbung und jeder dummen Bemerkung entnehmen können – wirken jeden Tag auf Jungen und Mädchen und ihre Selbsteinschätzung ein und beeinflussen ihre Leistungen, ihre Präferenzen, ihre Berufswahl und ihre Karrierechancen.

Qual der Wahl – Karriere oder Partner?

Die 40/80-Katastrophe: Was Frauen und Männer vom Leben erwarten

Junge Frauen und Männer wollen heute fast überall das Gleiche. Sie wollen eine gute Arbeit, einen vernünftigen Lohn dafür und eine glückliche Familie. Aber wenn es darum geht, was ihnen bei ihrem Partner respektive der Partnerin am wichtigsten ist, machen sich Unterschiede bemerkbar, die vermutlich Ergebnis sozialer Prägungen und Stereotype sind und vorhandene Rollenbilder perpetuieren. Der Mann will immer noch ganz gern Ernährer sein, über 50 Prozent der jungen Männer finden es sehr wichtig, dass sie mehr verdienen als ihre Partnerin – obwohl nur für 11 Prozent der jungen Frauen das Einkommen ihres Partners wichtig ist. Vielleicht hat sich doch noch nicht bei allen jungen Männern herumgesprochen, dass sich die Ansprüche, aber auch die Erwartungen von jungen Frauen verändert haben in den letzten Jahrzehnten.

Die Shell-Jugendstudie beschreibt dieses Problem noch etwas genauer, es trägt seitdem auch die Bezeichnung 40/80-Katastrophe. Die Zahlen stehen für den Anteil männlicher und weiblicher

Jugendlicher, die sich eine wirklich gleichberechtigte Partnerschaft wünschen, in der Frauen und Männer als Mütter und Väter Arbeit und Familienleben in gleicher Weise miteinander vereinbaren. So stellen sich 80 Prozent der Mädchen ihre spätere Partnerschaft vor, aber nur 40 Prozent der Jungen.[81] Man hätte erwarten können, dass dieses Problem heute keins mehr ist, doch offenbar haben sich zwar die jungen Frauen radikal in ihren Vorstellungen weiterentwickelt, aber leider nicht genauso viele Männer. Da wird es schwierig, für jedes Töpfchen ein passendes Deckelchen zu finden. Vor allem für die 40 Prozent Mädchen, deren Präferenzen sich nicht mit denen der Jungen decken. Was wird die Folge sein? Werden sich die jungen Männer an die Erwartungen der Frauen anpassen müssen, oder wird es umkehrt sein? Werden die Singleraten einfach weiter ansteigen, weil auf Partnerschaften verzichtet wird, um keine Kompromisse eingehen zu müssen? Ich ahne nichts Gutes. Der Konfliktstoff ist in jedem Fall dramatisch.

Erfolgreiche Frauen sind unsexy

Dieses Konfliktpotenzial ist schon recht alt. Es äußert sich darin, dass Frauen, die mehr verdienen oder in höheren Positionen tätig sind, auf dem Partnermarkt »schwer vermittelbar« sind. Bei Männern ist es umgekehrt, der Teich, in dem sie »fischen« können, wird immer größer, je erfolgreicher sie sind und je mehr sie verdienen. Als ich längere Zeit Single war, fing ich irgendwann an, mich darüber zu wundern, denn ich hatte keinen Grund, mit meinem Aussehen zu hadern, war erfolgreich im Beruf und verdiente sehr gut, ich hatte eine hohe Allgemeinbildung und hielt mich für eine verträgliche Zeitgenossin. Ich nutzte dann ElitePartner – eine Akademiker-Online-Partnerbörse. Ich beschrieb meinen Beruf dort eher etwas vage, und an Kontakten mangelte es nicht. Doch beim ersten Treffen im realen Leben sah ich spätestens dann das Gesicht meines Gegenübers in Panik verfallen, wenn ich auf seine Fragen nach meiner Beschäftigung etwas konkreter antwortete.

Das war auch bei Zahnärzten oder Unternehmern so. Ich verstehe immer noch nicht wirklich, warum. Eine Frau, die Direktorin bei einer Softwarefirma war? Offenbar ein Schock! Ich konnte den Männern förmlich ansehen, wie sie begannen, Minderwertigkeitskomplexe zu entfalten, auch wenn ich nach meiner festen Überzeugung rein gar nichts dazu beitrug. Als ich einem guten Freund mein Leid klagte, meinte er, er verstehe meine Verwunderung darüber gar nicht: »Ist doch sonnenscheinklar, Frauen wie du machen Männern einfach Angst.«

Jahre später, ich war inzwischen glücklich verheiratet, saß ich abends nach einer Konferenz beim Dinner mit zwei großartigen Frauen an einem Tisch, einer Professorin einer männerdominierten Fachrichtung an einer renommierten Universität, die andere Vorstand einer Bank. Beide sind Single, beide sind in den besten Jahren, beide sind witzig, charmant, intelligent und gut aussehend. Irgendwann kamen wir auf das Thema Partnersuche. Wir lachten Tränen, als wir uns all die Geschichten erzählten, die wir mit Elite-Partner erlebt hatten. Sie waren komplett austauschbar und eigentlich furchtbar traurig. An jenem Sommerabend haben wir uns darüber lustig gemacht, dass die Männer stets in Panik gerieten, aber auch darüber, welche bescheuerten Taktiken wir drei anwendeten, um unseren beruflichen Erfolg kleinzureden. Die eine schrieb in ihr Profil »arbeite im Büro«. Sie meinte, wenn sie schreibe »als Vorstand einer Bank«, würde sich ja niemals einer mit ihr treffen wollen, und »gelogen war es ja nicht«. Die Professorin schrieb »arbeite an einer Uni«, und natürlich dachten die männlichen Kontakte daraufhin alle, sie sei Assistentin oder arbeite in der Administration. Dass sie dort einen Lehrstuhl leitete, darauf kam natürlich keiner. Auf diese Weise bekamen beide Frauen jede Menge Kontaktanfragen, und es kam – wie bei mir – immer wieder zu einem persönlichen Treffen. Dort fiel dann der Vorhang. Spätestens, wenn frau ihren richtigen Namen nannte, erledigte Google den Rest. Jeder Nutzer einer Singlebörse sucht im Internet nach Details über einen namentlich bekannten Kontakt. Und raus bist du. Erfolgreiche Frauen sind unsexy.

Bei einer Konferenz hatte ich später Gelegenheit, den Geschäftsführer von ElitePartner zu sprechen, zufällig war die erwähnte Professorin dabei. Wir erzählten ihm von unseren problematischen Erfahrungen. Seine Reaktion ließ uns ratlos zurück: Ja, das wüsste er. Erfolgreiche Frauen seien besonders schwer vermittelbar. Die Männer hätten mit ihnen ein Problem.

Wir raten also Frauen, was sie alles dafür tun sollen, damit ihr Anteil an Führungspositionen endlich höher wird: das richtige Fach studieren, sich auf anspruchsvolle Posten bewerben, Rhetorik trainieren, Überstunden ackern, mit dem Chef Klartext reden und immer schön flexibel und mobil sein. Wir wissen zugleich, dass das für viele dieser Frauen die Chancen auf ein glückliches Familienleben schmälert. Zumindest in Westdeutschland sind tatsächlich Frauen in Führungspositionen erheblich seltener verheiratet und haben weniger Kinder als Männer oder Frauen ohne Führungsposition. Diesen hohen Preis sollen Frauen also zahlen, weil Männer mit ihrem Erfolg ein Problem haben und am liebsten Frauen heiraten, die ihnen nach Status und Einkommen unterlegen sind? Das klingt nach 19. Jahrhundert, aber nicht nach Gleichberechtigung. Wir sollten uns empören darüber, vor allem dann, wenn mal wieder eine Schlagzeile suggeriert, dass diese überehrgeizigen, egoistischen Emanzen alle nur Karriere machen wollen, deshalb keine Kinder mehr bekommen und Deutschland in die demografische Katastrophe stürzen. Ja klar – sollen diese Frauen die Kinder ohne Mann bekommen und großziehen? Das ist bekanntlich gerade in einer Führungsposition das reinste Vergnügen. Ich war in dieser Situation, sie endete mit Burn-out. Ich kann das nicht empfehlen.

Wenn die Frau mehr verdient und der Gatte Komplexe bekommt

Aber selbst wenn Frauen einen Partner haben, kann es eine Beziehung in Schwierigkeiten bringen, wenn ihre Karriere steiler verläuft als seine. In Managerinnennetzwerken tauschen manche

Frauen Tipps aus, wie damit umzugehen ist: Sie lehnen Beförderungen ab, weil sie fürchten, ihr Mann würde schreckliche Minderwertigkeitskomplexe erleiden, wenn sie weiter aufstiegen, und ihre Ehe sei ihnen einfach wichtiger als diese Beförderung. Wenn sie mehr verdienen, stecken sie ihrem Mann heimlich Geldscheine ins Portemonnaie. Es ist völlig klar, wo das Geld herkommt, aber niemand in der Ehe spricht darüber, und im Restaurant bezahlt der Mann die Rechnung und fühlt sich gut. Andere Frauen reichen ihrem Mann unter dem Restauranttisch ihr Portemonnaie. Eine erzählte, dass sie alle unsichtbaren großen Kosten trägt, die dann über ihr Konto abgewickelt werden – Miete und Nebenkosten, Flüge und Hotelbuchungen bei Reisen, Kreditkartenrechnungen. Sie erzählte auch, dass sie darauf achte, dass ihr Mann die Rechnungen nicht zu Gesicht bekommt, weil es ihm peinlich ist, wenn sie bezahlt. Und wie schön es dann im Urlaub ist, weil ihr Mann strahlend alle kleinen Rechnungen vor Ort bezahlen kann und sich großartig dabei fühlt. Ein Geheimtipp war, Gehaltserhöhungen nicht in Geld auszahlen zu lassen, sondern in Rentenbeiträgen direkt abzuführen, als Kinderbetreuungszuschuss abfließen zu lassen, einen Dienstwagen oder eine Tankkarte auszuhandeln – egal was, Hauptsache die Gehaltserhöhung war weniger offensichtlich. Diese Frauen litten alle unter diesen albernen Situationen, von ihren Männern redeten sie mit Großmut und Verständnis, wie man von kleinen Kindern redet. Sie akzeptierten die Situation und gingen Konflikten aus dem Wege. Keine von ihnen wollte ihre Beziehung riskieren, nur weil sie erfolgreicher waren als ihre Männer.

Ich habe niemals von einem Mann gehört, der ein ähnliches Problem mit seiner Frau hatte. Es ist ein Skandal, wie tief verankert uralte Stereotype noch im 21. Jahrhundert sind und auf wie viele Arten sie Gleichberechtigung verhindern.

Freie Wahl für Eltern – ein fernes Ziel

Mütter haben sehr unterschiedliche Vorstellungen von der Vereinbarkeit von Beruf und Familie. Manche wollen Vollzeit arbeiten, manche Teilzeit, manche lieber ein paar Jahre ganz zu Hause bleiben. Mir ist das egal, denn diese Entscheidung ist privat. Nicht egal ist mir, ob sie überhaupt entscheiden können und welche Auswirkungen diese Entscheidung auf ihre Zukunft hat. Wie kann eine Mutter Vollzeit arbeiten, wenn sie im Schichtdienst an der Supermarktkasse sitzt, nachts im Pflegeheim Dienst schiebt oder als Managerin auf Dienstreisen gehen muss? Wie, wenn sie zwar einen Ganztagsjob hat, aber kein Ganztags-Kitaplatz frei ist? Wenn Väter oder Großeltern Verantwortung übernehmen, geht das vielleicht, wenn nicht, bleibt frau nur der Ausstieg – ganz oder in einen schlechteren Job und/oder in eine Teilzeitstelle. Karriere kann frau dann abschreiben, und nicht nur das Einkommen, sondern selbst der Stundenlohn sinken. Davon wird sie noch als Oma etwas haben, wenn ihre Rente mickrig ausfällt.

Vielleicht hätte jemand der ehemaligen Frauenministerin Kristina Schröder mal erklären sollen, dass zu einer freien Wahl zwei mögliche Optionen gehören und dass unser aktuelles Problem ist, dass Frauen die Option »Ich habe ein Kind und will arbeiten« leider in vielen Fällen nicht haben, weil in Deutschland immer noch keine ausreichende Kinderbetreuung angeboten wird. Auch mit Rechtsanspruch reichen die Kitaplätze in vielen Regionen nicht, und schon gar nicht die Betreuungszeiten. Gleichzeitig sind die Betreuungsschlüssel viel zu hoch, und oft sind Kitaplätze zu teuer für eine wirklich freie Wahl. Wäre die Last der Kinderbetreuung auf beide Eltern gleich verteilt, wäre das exakt halb so schlimm. Aber Rollenerwartungen und politische Rahmenbedingungen sorgen dafür, dass es dazu selten kommt. Das Ehegattensplitting zementiert ein männliches Ernährermodell, in dem die Frau nur als Zuverdienerin eine Rolle spielt. Natürlich bleibt dann eher diejenige zu Hause, die weniger verdient – also wieder die Frau, auch wenn es bedeutet, dass sie für den Rest ihres Lebens *noch* weniger verdienen wird als der Vater der Kinder.

Als ich schwanger war, war ich sicher, mit einem modernen Mann liiert zu sein. Wir hatten eine vergleichbare Tätigkeit im selben Unternehmen, der einzige Unterschied: Er war schon etwas länger dort als ich. Als ich dann die für mich einzig logische Betreuungsvariante vorschlug, nämlich dass zuerst ich ein halbes Jahr Elternzeit nehme, dann er, schaute er verdutzt, schüttelte den Kopf und lehnte vehement ab: »Ich gebe zu, dass du durch die Elternzeit einen Karrierenachteil erleidest, aber für mich wäre er größer!« Ich war wütend und fühlte mich alleingelassen. Hochschwanger konnte ich an meinem Zustand auch nichts mehr ändern. Ich hatte eine wesentliche Lektion auf die harte Tour gelernt: Man klärt die Betreuungsverantwortung im Detail, *bevor* man schwanger ist. Damit meine ich neben der Aufteilung der Elternzeit auch die Betreuung für die nächsten circa 16 Jahre, also wer bleibt zu Hause, wenn das Kind krank ist? Wer kümmert sich um Schul-/Kitatermine? Wer geht zu Vorsorgeuntersuchungen? Wer richtet Kindergeburtstage aus und hilft bei den Hausaufgaben? Wie werden Konflikte gelöst, wenn beide Eltern gleichzeitig wichtige Termine oder eine Dienstreise haben? Wer kümmert sich um die Organisation von Kinderbetreuung? Das sind viele praktische Fragen, und ich kann jeder Frau mit Kinderwunsch nur ans Herz legen, sie zu klären und am besten die Ergebnisse gemeinsam aufzuschreiben, um später Konflikte und Frustrationen zu minimieren. So manch junge Mutter hat unangenehme Überraschungen erlebt.

Meine Wut damals hatte im Übrigen zwei Ursachen. Ich war enttäuscht von meinem Lebenspartner, der mich mit der Betreuungsfrage alleinließ, aber ich war auch wütend, weil ich einsah, dass er wohl sogar recht hatte. Zumindest im Jahr 2000, als mein Sohn geboren wurde, hatten Männer in den meisten Fällen mit wenig Akzeptanz zu rechnen, wenn sie für ein halbes Jahr Elternzeit aussteigen wollten. Seit Einführung der Vätermonate hat sich zumindest daran etwas verändert. Aber leider nimmt auch heute nur gut jeder vierte Vater Elternzeit, und auch das nur für durchschnittlich gut drei Monate. In einer repräsentativen Umfrage unter Vätern zwischen 25 und 45 Jahren äußerten immerhin 88 Prozent der Befragten, dass sie die Entwicklung ihres Kindes von Anfang an aktiv begleiten wollen. Doch von den befragten Vätern, die Elternzeit genommen hatten, gaben immer noch die Hälfte an, von ihren Vorgesetzten darin nicht unterstützt worden zu sein.[82] Das ist inakzeptabel.

Nicht nur an Vätern und Kitaplätzen scheitert die Wahlfreiheit oft, auch an den Chefs. Mütter und Karriere? Das gehört einfach nicht zusammen. So oder so ähnlich haben offensichtlich Vorgesetzte in meiner Umgebung gedacht, als ich nach sechs Monaten Elternzeit nicht nur wieder arbeiten wollte, sondern auch an meinen Karriereambitionen festhielt. Als im Osten Deutschlands sozialisierte Frau war es für mich von Anfang an selbstverständlich, dass sich auch mit Kindern nichts an meinen beruflichen Plänen ändert – also fast nichts. Als ich schwanger wurde, war mir klar, dass ich nicht weiter Expertin in einem internationalen Team in spannenden Projekten überall auf der Welt sein konnte. Das war schade, aber man kann nicht alles haben. Es war okay für mich.

Ganz und gar nicht okay war aber, wie man mir Tag für Tag signalisierte, dass ich abgeschrieben war. Die Personalabteilung konnte mir keinen Wiedereinstiegsplatz vermitteln, Teilzeit und Mobilitätseinschränkungen machten mich unvermittelbar in der Firma – Qualifikation hin oder her. Ich schnappte mir mein Baby, bat auf einem Firmenmeeting den obersten Chef meines Geschäftsbereichs um Unterstützung und war erfolgreich damit. Ich bekam einen Halbzeitvertrag für ein Jahr im Bereich Research und Marketing mit Aufgaben, die ich von zu Hause leisten konnte. Eine Tagesmutter kümmerte sich um das Baby, das ich in der Zeit noch voll stillte, später kam es in die Kita. Ich bekam nach Ablauf des Jahres sechs Monate Verlängerung, dann hieß es, entweder wieder Projektgeschäft oder für immer in den (langweiligeren) Backofficebereich wechseln – vorbehaltlich verfügbarer Stellen. Ich arbeitete bald 70, dann 80 Prozent, aber trotzdem sah sich die Projektvermittlungsabteilung nie in der Lage, ein Projekt mit mir zu besetzen. Ohne Projekt kein Vertrag. Ohne Vertrag kein Einkommen. Mir blieb nur Selbsthilfe, und so lernte ich Projektakquise und beschaffte selbst Projekte mit einer passenden Projektleiterstelle für mich. Immer wieder schaffte ich so, mir für ein paar Monate einen Vertrag zu sichern, immer wieder kam der Anschluss erst kurzfristig zustande. Es war ein extremer Druck. Das ganze Risiko war auf meine Schultern abgewälzt. Bei allen Vollzeitstellen war das anders. Es wurden selten alle Unternehmensberater immer nahtlos auf ein Projekt vermittelt. In allen Leerzeiten wurde man trotzdem voll bezahlt. Nur ich als Teilzeitberaterin genoss diesen Luxus nicht.

Leistung in Teilzeit ist fast nichts mehr wert

In Unternehmensberatungen gilt ein strenges Up-or-out-Prinzip – entweder man schafft die nächste Beförderungsstufe oder man fliegt raus. Beförderungen hängen offiziell von zwei Faktoren ab: von der Zeit, die man auf einer Karrierestufe verbracht hat, und von der halbjährlichen Leistungsbewertung. Für mich bedeutete das eine doppelte Diskriminierung: Meine Leistung wurde nicht mehr fair bewertet, und meine Verweildauer akkumulierte sich sehr langsam.

Meine Leistungsbewertung war immer noch sehr gut, aber meine männlichen Vorgesetzten erklärten mir, dass man mein »sehr gut« mit meinem Teilzeitfaktor multiplizieren müsse, also mit 0,5 oder 0,7 oder 0,8, und das sei dann halt weniger wert. In Teilzeit konnte ich also nie einen Leistungswert erreichen, der so viel wert war wie der meiner Kollegen in Vollzeit. Bei großer Konkurrenz ist das der Karrieretod.

Für 12 Monate mit einem 50-Prozent-Vertrag bekam ich nur sechs Monate angerechnet, die vielen unbezahlten Überstunden waren zwar notwendig, aber nichts wert. So stockte ich meine vertragliche Arbeitszeit immer weiter auf. Ich war es einfach leid zu sehen, dass alle sechs Monate frühere Kollegen an mir vorbeimarschierten, und zu hören, dass Teilzeitleistung weniger wert sei. Für mich blieb die Beförderung aus, und damit auch die Gehaltserhöhung, dafür stieg aber mit jedem Zyklus die Gefahr, dass ich rausflog, weil irgendwann das Up-or-out-Prinzip erbarmungslos griff.

Benachteiligt wurde ich selbst bei der Betriebsrente. Die Firma zahlte bei Überschreiten der Rentenbemessungsgrenze 1,2 Prozent des gesamten Gehalts in eine Firmenrentenkasse. Da kommt im Laufe der Jahre einiges zusammen. Aber in Teilzeit arbeitende Unternehmensberater fielen stets unter die Rentenbemessungsgrenze, und für sie wurden nur noch 0,4 Prozent ihres Gehalts eingezahlt. Ein Rechenbeispiel: Bei einem Vollzeitjahresgehalt von 60.000 Euro gibt es 720 Euro für die Rentenkasse, für ein Teilzeitgehalt von 30.000 Euro müssten das 360 Euro sein. Aber leider werden ja nur 0,4 Prozent eingezahlt, also nur 120 Euro. Auch so kann finanzielle Benachteiligung aussehen. Bei Halbzeitverträgen wurden nicht 50 Prozent, sondern nicht einmal 17 Prozent des Rentenbeitrags bei Vollzeit zurückgelegt. Diese Ungerechtigkeit regt mich heute noch auf! Ich weiß, dass ich mit diesem Beispiel auf hohem Niveau klage, aber die Wahrheit ist, dass sich die vielen Formen finanzieller Benachteiligung in allen Bereichen und Ebenen finden lassen und dass sie auf jeder dieser Ebenen beseitigt gehören, weil sie immer diskriminierend sind. Noch als Rentnerin und bis ans Ende meiner Tage werde ich einen empfindlichen finanziellen Nachteil haben, weil der Vater meines Kindes mir die Erziehungsarbeit allein überließ und weil mein Arbeitgeber Teilzeitkräfte benachteiligte.

Von roten Karriereteppichen und vermeintlicher Wahl

Ich wehrte mich gegen das Kaltstellen, sprach mit mehreren Vorgesetzten und hatte diverse Beratungsgespräche mit weiteren Vertretern der höheren Unternehmenshierarchie. Praktisch alle dieser Gespräche habe ich in meinem Gedächtnis in der Schublade »Das kann sich kein Mensch vorstellen« abgespeichert. Ohne mein »ostdeutsches Teflon«, mein durch die DDR-Sozialisierung gewonnenes Selbstvertrauen, hätte ich damals wohl aufgegeben, mir die Rabenmuttervorwürfe zu Herzen genommen und wäre daheimgeblieben. Eine Führungskraft hörte sich meine Klagen an, über abgewertete Leistungsnoten und ausbleibende Beförderungen, schüttelte den Kopf und äußerte Unverständnis. Vor mir sei doch der rote Karriereteppich ausgerollt gewesen, ich hätte doch die ersten Beförderungen leicht geschafft, *alles* hätte aus mir werden können, aber *ich selbst* hätte doch eine andere Wahl getroffen. An der Weggabelung zwischen Karriere und Familie hätte ich mich für die Familie entschieden, daraus könne ich doch der Firma keinen Vorwurf machen. Eine Ostfrau kann sich einfach nicht vorstellen, dass ein intelligenter Mensch solche dummen Sachen sagt. Ich hatte doch gar nichts gewählt! Ich hatte nur ein Kind bekommen und war sonst genau dieselbe geblieben! Talentiert, kompetent, mit Ambitionen. Ich hatte ein Kind geboren, nicht mein Gehirn abgegeben. Ich hatte es immer noch, genauso wie die Absicht, Karriere zu machen. Das alles habe ich geantwortet und mich in Rage geredet. Als ich fertig war, erhielt ich eine Antwort, die mich ebenfalls schockte: »Sei froh, dass du hier arbeiten kannst trotz Kind. Wie du dich verhältst, ist undankbar.«

Seine Frau weiß, wo ihr Platz ist

Am schlimmsten war jedoch mein direkter Vorgesetzter, leider derjenige, der meine Beförderung zu verteidigen hatte. Bei einer Firmenveranstaltung entspann sich ein Dialog zwischen uns, der mich so aufgeregte, dass ich ihn nie vergessen habe. Seinetwegen beschloss ich, länger in der Firma auszuhalten als er, damit er nie das Gefühl bekam, mich kleingekriegt zu haben. Ich hatte ihn gefragt, was ich tun könnte, um die Wahrscheinlichkeit für meine Beförderung zu erhöhen. Von da an wurde die Unterhaltung absurd:

Chef: Ich weiß gar nicht, was du immer mit Arbeit und Karriere willst. Du bist doch jetzt eine Mutter! Das ist etwas viel Größeres, viel Wichtigeres als Karriere!
Ich: Ich möchte aber auch arbeiten, auch als Mutter, und Karriere will ich immer noch machen.
Chef: Ach, Arbeit! Für eine Mutter ist Arbeit doch nicht wichtig. Schau die da drüben, der wurde gerade gekündigt. So kann es dir jeden Tag gehen, mit der Arbeit. Aber dein Kind, das bleibt immer da! Meine Frau, die war auch mal Managerin hier, die hat einen Sankt-Gallen-Prädikatsabschluss. Aber die weiß, wo ihr Platz ist, die hat in drei Jahren drei Kinder bekommen. Und die *kümmert* sich drum! Im Kindergarten werden Kinder doch asozial, das sehe ich an meiner Nachbarin.
Ich: Kindergarten ist doch kein Problem, bei uns im Osten waren alle Kinder im Kindergarten, die haben auch nicht alle einen Schaden.
Chef: Aber ohne Geschwister werden die Kinder auch komisch. Einzelkinder haben alle eine Macke. Vergiss die Karriere und mach noch ein paar Geschwister.
Ich: Ich hab mich vom Vater getrennt und bin alleinerziehend, da ist nix mit Geschwistern.
Chef: Wer hat denn die Trennung gewollt?
Ich: Ich.
Chef: Würde er dich wieder nehmen?
Ich: Er mich schon, aber ich ihn nicht.
Chef: Ich geb dir mal einen Rat: Gib dir einen Ruck, geh zurück zu ihm, und dann macht ihr noch ein paar Geschwister. Er verdient doch genug für euch zwei!

Erst an dieser Stelle brach ich das Gespräch ab. Es überrascht nicht, dass sich dieser Chef nicht für meine Beförderung zur Managerin aussprach. Aber Muttersein war gar nicht das einzige Problem. Aus Statistiken der Personalabteilung entnahm ich, dass es in meinem Geschäftsbereich etwa 20 Prozent Kandidatinnen gegeben hatte, aber nur 8 Prozent Frauenanteil an Beförderungen. Nur ich hatte ein Kind. Frau sein reichte offenbar aus für die Nichtbeförderung. Den Statistiken entnahm ich aber auch, dass es in anderen Geschäftsbereichen besser aussah. Ich ließ mich dorthin versetzen, wo Frauen einen Anteil an Managerbeförderungen hatten, der etwa dem Anteil der Kandidatinnen entsprach, und wurde bald auch selbst befördert. Die geringere Diskriminierung dort führte ich zurück auf den Umstand, dass in diesem Bereich 40 Prozent Frauen in der Topführungsebene saßen, in meinem früheren Bereich gab es dort keine einzige Frau.

Auch wenn das nur Anekdoten sind, kann ich als Trainerin von Managerinnen aller Branchen und Hierarchieebenen, als Leiterin einer McKinsey-Studie zu Managerinnen in Europa, als stark vernetzte Frau, der viele Menschen viele persönliche Geschichten erzählen, behaupten, dass dies keine Einzelfälle sind, sondern Zeugnisse eines großen und strukturellen Problems.

Wenn die Familie zum Feind wird

Meine eigene Familie, meine soziale Umgebung, waren mir glücklicherweise immer ein emotionaler Rückhalt, aber nicht alle Frauen haben dieses Glück. Mir haben Frauen von Situationen erzählt, von denen ich nicht weiß, ob ich sie durchgestanden hätte. Zwei dieser Frauen waren wie ich Unternehmensberaterin, wir waren einmal im selben Unternehmen beschäftigt.

Eine war Französin und lebte verheiratet mit einem Deutschen im Rhein-Main-Gebiet. Als sie ein Baby bekam, wollte sie nach dem Mutterschutz schnell wieder arbeiten, er wollte, dass sie drei Jahre zu Hause blieb. Der Kompromiss war ein Jahr Elternzeit für sie und danach Teilzeitarbeit. Diese Kollegin berichtete mir damals, dass es weit und breit keine Kinderbetreuung für Kinder ab einem Jahr gab, aber dass sie sich davon nicht abschrecken ließ und gemeinsam mit anderen Müttern eine Elterninitiativ-Kita gegründet hatte, die immerhin von 8 bis 12 Uhr Kinderbetreuung bot. Sie freute sich, wenigstens ein paar Stunden arbeiten zu können, war aber traurig darüber, dass sie mehrere ihrer Freunde vor Ort verloren hatte – mit der Begründung, dass diese nicht mit einer Person befreundet sein wollten, die ein so kleines Kind »abschob«.

Noch schwerer hatte es eine andere ehemalige Arbeitskollegin, die als Managerin in derselben Unternehmensberatung arbeitete. Sie war sehr erfolgreich, leitete große Projekte, bekam beste Leistungsbewertungen und verdiente viel Geld. Ihr Mann war wissenschaftlicher Mitarbeiter an einer Uni, seine Aussichten waren mittelmäßig, sein Einkommen niedriger. Als sie schwanger wurde, entschied die Kleinfamilie pragmatisch: Nach kurzer Pause sollte sie wieder Vollzeit arbeiten, er würde vorerst Hausmann werden. Aber Schwiegermutter und Schwägerinnen machten der Mutter das Leben schwer, sie warfen ihr vor, sie sei karrieregeil, opfere die Zukunft ihres Mannes und vernachlässige das Kind. Jeder Besuch von oder bei der Familie wurde zum Spießrutenlauf, bis das Kind älter war und der Hausmann wieder arbeiten ging. Wenige Jahre später kam diese junge Frau bei einem Training auf mich zu und bat um Rat. Sie sei in einer extremen Konfliktsituation, denn nach dieser Vorgeschichte sei sie nun mit dem zweiten Wunschkind schwanger, schon im fünften Monat, aber hielte die Schwangerschaft noch geheim, denn ihr Mann wolle wieder zu Hause bleiben. Sie hatte Angst vor der Familie ihres Mannes. Er sei der einzige Sohn neben mehreren Töchtern, man erwartete von ihm eine Bilderbuchkarriere, und sie sei nun diejenige, an der das scheiterte, sie sei die Böse und sie wisse nicht, wie sie den Druck aushalten solle. Ihr Mann habe kein Interesse an Karriere, er sei froh und glücklich mit ihrem Familienmodell, aber seine Familie glaubte ihm das nicht.

Widerstand und Kritik aus dem sozialen Umfeld an Familienmodellen, die nicht dem konservativen Standardmodell entsprechen, sind keine Ausnahme.

Bei den ohnehin schlechten Rahmenbedingungen für arbeitende Eltern sind soziale Ablehnung und familiäre Ausgrenzung eine enorme Zusatzbelastung. Wir sind soziale Wesen, auf emotionalen Beistand verzichten zu müssen, ist daher ein sehr hoher Preis für eine Karriere. Auch das ist ein Baustein der gläsernen Decken, auf die Frauen heute noch treffen, denn verständlicherweise ist nicht jede Frau bereit, diesen Preis zu zahlen.

Weg mit den Glasbausteinen! Konkrete Schritte zur Veränderung

Warum nicht nur Frauen von Gleichberechtigung profitieren

Wenn in einer Gesellschaft Menschen nach ihrem Geschlecht bewertet und bestimmten Rollen oder Kompetenzen zugeordnet werden, hat das Auswirkungen nicht nur auf das Individuum. Talente, die an direkten und indirekten Barrieren scheitern, beeinflussen das Betriebsergebnis jeder einzelnen Organisation negativ, und kumuliert verringern sie die Kraft einer ganzen Volkswirtschaft. Das gilt natürlich auch umgekehrt. Die nachfolgenden Abschnitte zeigen die enormen Potenziale von Geschlechtergerechtigkeit aus mikro- und makroökonomischer Perspektive.

Jetzt wird in die Hände gespuckt, wir steigern das Bruttosozialprodukt

Das Unternehmen Booz hat 2012 für einige Länder ausgerechnet, wie stark sich das Bruttosozialprodukt (BSP)[83] steigern ließe, wenn dort die Erwerbsquoten von Frauen genauso hoch wären wie die von Männern. Nach Booz könnten in dieser Dekade bis zu einer Milliarde Frauen weltweit erstmalig Teil der Arbeitsmärkte werden – wenn sie dafür die Voraussetzungen erhalten. Eine Milliarde Arbeitskräfte – das sind die Größenordnungen, von denen sonst immer im Zusammenhang mit Indien und China gesprochen wird, den hoch attraktiven und äußerst dynamischen Märkten, nicht zuletzt wegen ihres immensen Arbeitskräftepotenzials. An China und Indien denken viele, an das Potenzial der »dritten Milliarde« leider sehr wenige. Dabei ist der Nutzen einer höheren Erwerbsbeteiligung von Frauen selbst für Industrieländer wie die USA[84] oder China, in denen bereits ein hoher Anteil von Frauen berufstätig ist, enorm – immerhin 5 Prozent BSP-Steigerung können damit in beiden Ländern erreicht werden. Der Effekt ist noch höher, wenn es Industrieländer sind, die hier noch Nachholbedarf haben – etwa Japan, für das Booz eine Steigerung des BSP um 9 Prozent errechnet hat. Am höchsten sind aber die möglichen Wachstumsraten für Länder, in denen Frauen eher geringe Erwerbsquoten haben, in Ägypten liegt das Steigerungspotenzial bei 34 Prozent, in Indien bei 27 Prozent.

Die Studie weist aber auch auf die zusätzlichen positiven, indirekten und langfristigen Effekte einer höheren Erwerbsquote von Frauen hin. Es ist seit Langem bekannt, dass Frauen einen erheblich höheren Anteil ihres eigenen Erwerbseinkommens in Bildung und Gesundheit der Kinder investieren. Damit verbessern sich die Chancen dieser Kinder, selbst bessere Arbeits- und damit Lebensbedingungen zu erreichen und insgesamt die soziale und ökonomische Situation in ihren Ländern zu verbessern.[85] Den engen Zusammenhang zwischen Geschlechtergerechtigkeit, Wachstum und Verbesserung der Lebensbedingungen in einzelnen Ländern haben auch die Weltbank im Global Development Report[86] und die Vereinten Nationen mit ihrem Human Development Index[87] nachweisen können. Wenn wir überall auf der Welt die Benachteiligungen beseitigen, denen Frauen ausgesetzt sind, wäre das ein wichtiger Beitrag dazu, das weitere Auseinanderdriften von Arm und Reich auf unserem Planeten umzukehren und die Risiken von Unruhen und durch Not verursachte Migrationsbewegungen zu verringern, die man lieber durch Verbesserung lokaler Lebensumstände erreichen sollte als durch restriktive Einwanderungsgesetze und menschenfeindliche Grenzabschottungen.

Es ist eine einfache Rechnung: Da, wo Benachteiligungen von Frauen geringer sind, geht es der Bevölkerung insgesamt besser. Für uns alle, als Gemeinschaft, die auf einem Planeten gemeinsam lebt, ist das ein erstrebenswertes Ziel, egal wo wir leben. Es geht uns auch alle etwas an.

Geschlechtervielfalt rechnet sich auf Unternehmensebene

Einem einzelnen Unternehmen kann das im Prinzip alles egal sein, da geht's in der Regel um Profite, aber es sollte sich zumindest dafür interessieren, die besten Leute in den wichtigsten Positionen zu haben, um am Ende das beste Betriebsergebnis zu erzielen. Für die Schlüsselpositionen fischt das Management üblicherweise in einer Art Goldfischteich, dort schwimmen die High Potentials, die die Zukunft des Unternehmens sichern sollen. Sie bekommen spezielle Trainings, etwa in strategischem Management, werden zu eigenen Netzwerkveranstaltungen geschickt oder mit einflussreichen Mentoren beglückt. Wenn man nun mitten durch den Goldfischteich einen Zaun zieht und 90 Prozent der Zeit nur noch in dem Teil mit den männlichen Goldfischen angelt, weil Frauen für Führungspositionen weniger berücksichtigt werden, kann man für die anspruchsvollsten Positionen leider nicht mehr die allerbesten Kandidaten einsetzen, sondern muss auf die dritte und vierte Wahl zurückgreifen, weil es sonst nicht reicht. Wenn vor allem weibliche Goldfische in diesem Teich schwimmen, wie in einem typischen Unternehmen in der Dienstleistungsbranche, dann kommt sogar die männliche fünfte, sechste oder siebte Wahl zum Zuge, während viele talentiertere Frauen das Nachsehen haben, denn man fischt nur noch in einem Viertel des Teiches. Ist das unternehmerisch sinnvoll?

Wer dieses Beispiel unrealistisch findet, der kann sich ein beliebiges Krankenhaus, Kaufhaus, eine Schule oder eine Universität anschauen und wird feststellen: Die große Mehrheit der Belegschaft ist weiblich, die Führungsebene ist vorwiegend männlich. In der Tiermedizin machen Frauen heute zum Beispiel 85 Prozent der Absolventen aus, aber Professorinnen werden die wenigsten von ihnen. Die 15 Prozent männlichen Absolventen haben da bessere Chancen, aus ihrem Pool schöpfen sich nämlich die aktuell 80 Prozent männlichen Professoren.[88] Vermutlich nicht immer die erste Wahl.

Aber der Zugang zu den besten Talenten ist nur ein Teil des Problems, das sich Unternehmen einhandeln, wenn sie es nicht schaffen, mehr Geschlechtervielfalt zu erreichen. Elisabeth Kelan, Forscherin der London School of Economics, wies eine enge Korrelation zwischen der Wahrscheinlichkeit, mit der Teams Innovationen hervorbringen können, und ihrer Geschlechterzusammensetzung nach. Das Optimum lag bei einem Anteil von 45 bis 55 Prozent für jedes Geschlecht – dann herrschten in einem Team die besten Voraussetzungen für Kreativität und Innovationen.[89] Gartner, ein international führendes IT-Forschungs- und Beratungsunternehmen, zeigte, dass gemischtgeschlechtliche Teams erfolgreicher sind, vor allem in einem globalisierten Markt, bei komplexen Wertschöpfungsketten und immer dann, wenn es besonders auf Innovationen ankommt.[90]

Den Zusammenhang zwischen Geschlechtervielfalt in Führungsteams und Geschäftserfolg scheinen Investoren sehr ernst zu nehmen, denn in den USA erhalten Internet-Start-ups, die von Teams aus Männern und Frauen gegründet werden, im Durchschnitt doppelt so viel Venture Capital wie homogene Gründungsteams[91], und zwar unabhängig davon, ob man sie mit reinen Frauenteams oder mit reinen Männerteams verglich.[92]

Diverse Studien, unter anderem von McKinsey, wiesen eine hohe Korrelation nach zwischen dem wirtschaftlichen Erfolg eines Unternehmens und dem Anteil von Frauen in der Führung. In zehn untersuchten Ländern, darunter auch Deutschland, stellte McKinsey in der Studie »Women at the top of corporations – making it happen« fest, dass die Eigenkapitalrendite bei Unternehmen, die hinsichtlich des Frauenanteils im Vorstand zum besten Viertel ihrer Branche gehörten, 40 Prozent höher war im Vergleich zu branchengleichen Unternehmen mit frauenfreiem Vorstand. Der Gewinn vor Zinsen und Steuern (EBIT) war sogar um 56 Prozent höher![93] Rein ökonomisch macht es Sinn, die Vielfalt in Führungsgremien zu erhöhen. Diese These stützte auch der frühere norwegische Wirtschaftsminister, der konservative Ansgar Gabrielsen und Vater der Frauenquote für Aufsichtsräte aktiennotierter Unternehmen in Norwegen. Eines seiner Argumente bei der Einführung der Quote in seinem Land 2003 war ein rein wirtschaftliches: Norwegen könne sich schlicht nicht mehr so viel Inkompetenz in Topführungsetagen leisten. Selektion würde nicht hinreichend nach Leistung erfolgen, die Frauenquote könne diesen Umstand verbessern. Der gleiche Ansgar Gabrielsen soll bei einer Anhörung zur Frauenquote im Bundestag gesagt haben, dass er auch nicht glaubt, dass Deutschland sich das leisten kann.

Aber der Mensch und insbesondere der männliche Entscheider ist eben doch kein Homo oeconomicus …

Mangelnde Geschlechtervielfalt in Krisenzeiten

Es wurde schon vielfach spekuliert, ob es die Finanzkrise in dem Ausmaß gegeben hätte, wenn es mehr Lehman Sisters statt Brothers gegeben hätte. Diese Frage kann natürlich niemand sicher beantworten, aber es gibt zumindest Studien, die die These stützen, dass gemischte Teams in Aufsichtsgremien bessere Arbeit leisten. Wenn Vorstände versagen, ist das eine Sache. Wenn die Aufsichtsgremien davon nichts mitbekommen und nicht rechtzeitig Einspruch erheben und auf die Eisberge auf dem Kurs der Titanic hinweisen, ist das eine andere. Sowohl in Bankvorständen als auch in Bankenaufsichtsräten sind Frauen kaum zu finden.

Eine Studie zu Aufsichtsräten und ihrer Geschlechterzusammensetzung des kanadischen Conference Board kommt zu folgendem Schluss[94]:

- Gemischte Gremien nutzen mehr Rechenschaftsprozesse.
- Gemischte Gremien überprüfen doppelt so viele Leistungskennzahlen.[95]
- Gemischte Gremien übernehmen explizit mehr empfohlene Verantwortungen.

Die Studie besagt auch, dass Gremien mit ausgewogener Geschlechtermischung der Risikobewertung und -steuerung mehr Aufmerksamkeit widmen und häufiger Richtlinien für den Umgang mit Interessenskonflikten besitzen. Nachdem Vorstände und Aufsichtsräte verschiedener Unternehmen untereinander sehr stark verflochten sind, wirken härtere Vorgaben risikominimierend.

Dass heterogene Teams im Hinblick auf das Erkennen von und den Umgang mit Risiken Vorteile haben, liegt auf der Hand. Wenn ein Team aus Menschen mit gleichem sozialen Hintergrund, gleichem Alter, Geschlecht und gleicher ethnischer Zugehörigkeit besteht, also dem klassischen Aufsichtsratsmitglied entspricht, das auch in Deutschland ein mittelalter, weißer, bürgerlicher Mann ist, wie soll dieses Gremium dann die Bandbreite an Risiken erkennen können? Ihre Homogenität führt dazu, dass sie ein ähnliches Bewertungsverhalten an den Tag legen. Das wiederum erhöht die Wahrscheinlichkeit blinder Flecken, die für jedes Unternehmen ein Risiko sind, es sind die Eisberge, die nicht rechtzeitig erkannt werden. Insofern ist ein Aufsichtsratsgremium mit einem höheren Grad an Vielfalt – auch an Geschlechtervielfalt – mit einer größeren Wahrscheinlichkeit auch ein effektiverer Aufsichtsrat, der seiner Aufgabe – Risiken rechtzeitig zu erkennen und ihnen entgegenzusteuern – besser gerecht wird. Dieser Umstand wird durch zahlreiche Studien belegt.[96]

Eine Aufsichtsrätin in einem großen Energiekonzern erzählte mir, dass sie immer wieder die Einzige war, die einen vom Vorstand an das Gremium gerichteten Antrag nicht einfach durchwinken wollte. Sie stellte Fragen, die andere Mitglieder nicht stellten.

Man fand sie lästig, sie selbst fühlte sich als Störenfried. Aber notwendigerweise gab man ihren Forderungen etwa nach weiteren Untersuchungen vor einer finalen Entscheidung statt, und immer wieder wurde nach Präsentation der Details erkannt, dass die geplante Aktion doch nicht so vorteilhaft für das Unternehmen war, und der Antrag, der ohne ihre Intervention einfach durchgewinkt worden wäre, wurde abgelehnt.

Insofern spricht einiges dafür, dass die jüngste Wirtschaftskrise nicht so dramatisch ausgefallen wäre, hätten wir weltweit mehr Geschlechtervielfalt beziehungsweise überhaupt mehr Vielfalt an den Steuerhebeln der Macht in Banken und Großunternehmen.

Eine weitere hochinteressante Studie befasste sich mit den Führungskompetenzen, die Manager in einer breiten Befragung für besonders wichtig in Krisenzeiten hielten. Tausende Manager aus aller Welt gaben an, dass sie insbesondere Führungskompetenzen bräuchten, die sie vor allem mit Managerinnen assoziierten, und weniger die, die sie mit einem männlichen Führungsstil verbanden. Sie gaben gleichzeitig an, dass leider die vorhandenen Führungskompetenzen genau anders verteilt seien – mit einem eklatanten Mangel an weiblich konnotierten Kompetenzen und einem Überschuss an männlich konnotierten Eigenschaften. Die Eigenschaften, die Frauen im Management eher besaßen und die in und nach einer Krise für besonders wichtig gehalten wurden, waren: Inspiration (also eine überzeugende Vision und Optimismus in Bezug auf ihre Umsetzbarkeit) und das Management von Erwartungen in Verbindung mit einer geeigneten Incentivierung von erwünschtem Verhalten (also die richtige Motivation von Mitarbeitern). Die eher unerwünschten, aber häufiger bei männlichen Managern angetroffenen Führungseigenschaften waren individualistisches Entscheidungsverhalten sowie ein auf Fehlerkorrektur und Feinsteuerung fokussiertes Management.[97]

Warum führen solche Erkenntnisse nicht dazu, dass sich diese Manager massiv dafür einsetzen, Frauen mit diesen Kompetenzen in ihr Führungsteam zu holen? Genau: weil der Mensch kein Homo oeconomicus ist.

Leider scheint sogar das Gegenteil der Fall. So ist für Deutschland nachweisbar, dass der Anteil von Frauen im Topmanagement größerer Unternehmen[98] von 2007 auf 2008, dem von der Wirtschaftskrise am stärksten betroffenen Jahr, um fast ein Viertel einbrach, und das auf niedrigem Niveau. Noch 2010 war gerade einmal der Stand von 2001 wieder erreicht[99] – dem Jahr, in dem die freiwillige Vereinbarung der Spitzenverbände der Wirtschaft mit der Bundesregierung zu einer Erhöhung der Geschlechtervielfalt im Management beschlossen worden war. Diese eine Wirtschaftskrise hatte innerhalb kürzester Zeit den Fortschritt einer Dekade zunichtegemacht. Auch als die DDR-Wirtschaft nach dem Mauerfall zusammenbrach, flogen zuerst Frauen aus den Jobs, in die sie »nicht hineingehörten«. So gab es in der DDR viele Kranführerinnen, zwanzig Jahre nach dem Mauerfall waren aber nur noch 54 von 25.000 Baumaschinenführern in ganz Deutschland weiblichen Geschlechts.[100] Dazu trug auch der Umstand bei, dass bis 1994 in Westdeutschland ein Beschäftigungsverbot(!) für Frauen im Bauhauptgewerbe bestand. Selbst Lokführerinnen konnte es passieren, dass sie nach der Wende nur noch Fahrkarten verkaufen durften.[101] Ähnlich geht es offenbar Frauen in Managerjobs, wo sie ebenfalls zuerst gehen mussten, weil Männer dort eher »hingehören«.

Was wir von der DDR lernen könnten

Mädchen sein in der DDR: Mein Leben mit freieren Geschlechterrollen

Die DDR war kein Paradies der Gleichberechtigung, aber viel weiter als der Westen. Die Norm für Erwachsene war Vollzeitarbeit, egal, ob es sich um einen männlichen oder einen weiblichen Menschen mit Kindern oder ohne handelte. Dementsprechend gab es die erforderliche Infrastruktur, die nicht nur aus ausreichend Kitaplätzen bestand, sondern auch aus Krippen, Ferienlagern, Ganztagsschulen mit Hortbetreuung, Spätverkaufsstellen, ein Babyjahr mit vollem Lohnausgleich für das erste Kind und noch länger für weitere Kinder und so weiter. Das Wort Rabenmutter existierte nicht. Nur am Haushaltstag – einem zusätzlichen, bezahlten freien Arbeitstag pro Monat für jede vollbeschäftigte werktätige Mutter, Ehefrau, pflegende Angehörige oder Frau ab dem 40. Lebensjahr – war erkennbar, dass es auch im Osten keine gerechte Aufteilung der Hausarbeit gab. Aber immerhin wurde durch den Haushaltstag ein Teil davon bezahlt und konnte während der Arbeitszeit erledigt werden.[102]

Solange ich denken kann, herrschte in der DDR Fachkräftemangel – vielleicht konnte sich der Staat deshalb nicht leisten, weibliche Talente zu verschwenden. Vielleicht lag es aber auch am egalitären Menschenbild des Sozialismus, dass in Bildung und Berufsbildung weniger zwischen Geschlechtern differenziert wurde, vielleicht war es eine Mischung davon – jedenfalls habe ich von so einer Differenzierung wenig mitbekommen.

Ich wuchs auf im Glauben, dass Frauen genauso wie Männer alle Berufe ergreifen könnten. In den Spielzeugläden war alles nur nach Altersgruppen sortiert, rosa Spielzeug gab es kaum. Auf Spielzeugkisten waren schon in den 50er-Jahren Kranführerinnen abgebildet oder Frauen, die auf dem Bau Steine schleppten. Selbst auf der Packung von »Der kleine Schwachstromelektriker« strahlte ausschließlich ein Mädchen den Betrachter an.[103] Meine Kinderclique forschte alte Bunker aus, lieferte sich Verfolgungsjagden auf der alten Stadtmauer, bestand Mutproben, erkletterte Schornsteine, Bäume und alte Ruinen, hin und wieder gab es körperliche Auseinandersetzungen – an allem waren Mädchen und Jungen gleich beteiligt.

Die Gesellschaft war weniger von Stereotypisierung geprägt, und auch meine eigene Familie war weitgehend frei davon. Als wir 1974 nach Müncheberg zogen, war ich sechs Jahre alt. Auf dem Grundstück stand noch die Ruine eines im Zweiten Weltkrieg zerbombten Hauses. Es war unendlich viel Arbeit zu leisten, vor allem körperliche Arbeit. Meine Schwester half mehr im Haus, ich half mehr draußen. Ich machte alles, was es dort zu tun gab. Mit meinem Vater habe ich Berge von Holz gehackt, Steine aus der Ruine abgeklopft und eine Garage daraus gebaut, Bäume gerodet und zersägt. Wir schippten tonnenweise Kohlen in den Keller. Ich war zwar nach Ansicht der Ärzte viel zu dünn, aber zäh und kräftig, und schleppte auch Zentnersäcke in der Gegend herum, wenn es sein musste. Ich stieg bei Gewitter auf das Dach, um überlaufende Regenrinnen vom Laub zu befreien, ein Seil um die Taille, das mein Vater hielt. Nicht ein einziges Mal habe ich von jemandem in meiner Familie gehört: »Ein Mädchen macht so was nicht« oder »Das ist zu schwer/gefährlich/schmutzig, lass das jemand anderen machen«. Auch wenn ich vom Spielen draußen zerzaust, verdreckt oder mit zerrissenen Sachen und aufgeschrammter Haut nach Hause kam, hörte ich keinen Vorwurf.

Ich lernte mich effektiv zu wehren, wenn mich jemand angriff, war wendig, besaß einen schwer abzuschüttelnden Klammergriff und überwand meine Angst. Das sprach sich mit der Zeit herum, sodass man mich irgendwann in Ruhe ließ. Meine Mutter erzählt heute noch, wie sie aus dem Wohnzimmerfenster zusah, wie ich von einem Jahre älteren Jungen am Zopf hochgehoben wurde und mich wie eine kleine Berserkerin wehrte. Als ich nach Hause kam, strich mir meine Mutter über das wilde Haar, strahlte mich an und lobte mich, weil ich mich so tapfer verteidigt hatte. Alles das hat die Kämpfernatur in mir noch gestärkt.

Ich hatte Glück mit meinen Eltern, mit dem Spielzeug, das es zu meiner Zeit gab, und ich hatte Glück mit der Schule. Schon in der Grundschule hatten wir das Fach Werken, wo wir alle gemeinsam sägten und feilten, Plastik zu Schuhlöffeln formten oder Schlüsselanhänger zusammennagelten. In den höheren Klassen gab es ESP – Einführung in die sozialistische Produktion – und das praktische Pendant dazu: PA – Praktische Arbeit. Man könnte sagen, wir hatten alle 14 Tage Girls' Day, denn alle zwei Wochen waren wir einen ganzen Tag in einem richtigen Betrieb, bei uns war es das Landtechnische Instandsetzungswerk. Dort standen wir einen ganzen Tag lang an Bohr- oder Stanzmaschinen und kamen genauso ölverschmiert nach Hause wie die Arbeiter, die dort angestellt waren.

In der DDR hatten jeder Schüler und jede Schülerin die gleichen Fächer im gleichen Stundenumfang. Wer sich für bestimmte Themen näher interessierte, konnte Kurse am Nachmittag besuchen. Ich liebte Mathe und fuhr mit Begeisterung zum Kreismatheclub. Ich hatte keinerlei Geschlechtsassoziation zu irgendeinem Unterrichtsfach, auch in Naturwissenschaften gab es viele Lehrerinnen. Die besten Schüler meiner Klasse waren Schülerinnen – von der ersten Klasse bis zum Abitur, an drei unterschiedlichen Schulen, in allen Schulfächern. Auch beim Abitur waren die Top vier Mädchen. Wir hätten vor Lachen auf dem Boden gelegen, hätte uns jemand erzählt, Mathe oder Physik wären Jungenfächer. Von uns vier studierte eine später Informatik, eine Biochemie, die dritte Medizin (sie wurde später Pathologin), nur ich – die Vierte im Bunde – studierte freie Textilkunst, trotz der intensiven Agitationsversuche vonseiten der Schule, mich ebenfalls für die Informatik zu begeistern. Bei Mädchen aus meiner Abschlussklasse der Polytechnischen Oberschule (10. Klasse) stand der Facharbeiterabschluss als Elektronikfacharbeiterin hoch im Kurs, denn in Frankfurt/Oder, der Bezirksstadt, gab es ein Halbleiterwerk und damit gute Jobs.

Wenn ich heute lese, dass Mädchen sich aufgrund ihrer Anlagen weniger für MINT-Fächer interessieren oder schlimmer, weniger begabt dafür seien, dann weiß ich zumindest aus eigener Erfahrung, dass das nicht so ist und vor allem, dass es nicht so sein muss.

Warum in die Ferne schweifen ...? Frauen in Ostdeutschland machen Karriere

Als Frau, die in der DDR sozialisiert wurde, finde ich es lustig, wenn in der öffentlichen Debatte die Kinderbetreuung in Frankreich gelobt wird oder die Normalität arbeitender Mütter in Schweden. Man könne so viel von anderen Ländern lernen, höre ich und frage mich, warum es so schwerfällt, vom eigenen Land zu lernen, denn in den sogenannten fünf neuen Ländern dominiert eine Alltagskultur, die sich stark von der im Westen Deutschlands unterscheidet.

Im Osten gibt es nach wie vor flächendeckende Kinderbetreuung. Es gibt Ganztagsschulen mit Mittagessen und Hort. Rabenmütter gibt es nicht. Im Osten war die soziale Norm, Vollzeit zu arbeiten. Keine arbeitende Mutter wurde jemals komisch angesehen. Selbst Alleinerziehende mit mehreren Kindern arbeiteten regelmäßig, die meisten Vollzeit. Diese noch heute ungebrochene Erwerbsneigung ostdeutscher Frauen führt zu messbaren Unterschieden in einer ganzen Reihe von Gleichstellungsindikatoren, zum Beispiel was den Anteil von Frauen in Führungspositionen oder den Gehaltsunterschied zwischen den Geschlechtern betrifft. Würde man Deutschland heute als zwei getrennte Länderhälften in die klassischen EU-Rankings einsortieren, würden wir oft den Westen am untersten Ende des Rankings wiederfinden, den Osten jedoch in der Spitzengruppe. Der Frauenanteil für alle Führungspositionen ist im Osten Deutschlands mit 29 Prozent erheblich höher als im Westen (24 Prozent), in der Verwaltung ist im Osten schon fast Parität erreicht (45 vs. 29 Prozent im Westen).[104] Nach der etwas aktuelleren Hoppenstedt-Datenbank war der Frauenanteil an Top- und mittleren Führungspositionen im Osten 2012 fast 30 Prozent höher als im Westen Deutschlands.[105] Mögliche Erklärungen dafür sind, dass Ostfrauen seltener und kürzer ihre Erwerbstätigkeit unterbrechen, seltener Teilzeit arbeiten und wenn, dann meist mit einer höheren Wochenstundenzahl. Mehr als die Hälfte (53 Prozent) aller im Osten Teilzeit arbeitenden Frauen wünschen sich eine Vollzeitstelle, aber konnten keine bekommen. Diese Aussage treffen nur 13 Prozent der westdeutschen Teilzeitlerinnen.[106] Die bereits erwähnte Studie von McKinsey, »A Wake Up Call for Female Leadership in Europe«, wies eine hohe Korrelation zwischen der Teilzeitquote bei weiblichen Erwerbstätigen und dem Anteil von Frauen in Topführungspositionen nach.[107] Teilzeit ist ganz offensichtlich eine Karrierefalle, die es im Osten Deutschlands jedoch seltener gibt.

Ostfrauen bekommen immer noch ihr erstes Kind früher. Das kombiniert mit intakter Kinderbetreuungsinfrastruktur erklärt vermutlich, warum Managerinnen in ostdeutschen Ländern nicht weniger Kinder haben als weibliche Erwerbstätige ohne Führungsverantwortung, nach der Faktenlage haben sie statistisch sogar mehr Kinder. In den westdeutschen Ländern haben Männer in Führung zwar auch mehr Kinder als Männer ohne Führungsverantwortung, Frauen in Führung haben jedoch erheblich seltener Nachwuchs.[108] Ich finde es sehr traurig, dass offenbar westdeutsche Frauen ihren Kinderwunsch nicht oder seltener realisieren, nur weil er mit einer beruflichen Perspektive so schlecht vereinbar ist. Anders kann ich mir aber nicht erklären, dass ostdeutsche Frauen auch wahrscheinlicher ein zweites Kind haben und seltener kinderlos sind als westdeutsche Frauen.[109]

Noch im Jahr 2000 gab es statistisch im Osten kaum einen Unterschied hinsichtlich der Familienverhältnisse von Männern und Frauen in Führungspositionen. Sie lebten gleich oft allein (M 13 Prozent, W 14 Prozent) oder in Partnerschaft ohne Kinder (M 31 Prozent, W 30 Prozent), und sie hatten gleich häufig Kinder (M 54 Prozent, W 54 Prozent). Im Westen war das Bild völlig anders. Doppelt so viele Frauen wie Männer in Führungsrollen waren alleinstehend, sie hatten nur zu 34 Prozent Kinder, nicht zu 53 Prozent, wie die Männer. Bis zum Jahr 2007 hat sich dieser Unterschied im Westen noch verstärkt, im Osten ist er neu entstanden, allerdings in viel geringerem Ausmaß als in den alten Ländern. Die Wahrscheinlichkeit, Kinder zu haben, liegt nun im

Osten für Männer in Führungspositionen bei 48 Prozent, bei Frauen nur noch bei 42 Prozent. [110]

Zum ersten Mal wird es im Osten einer Generation Frauen im Alter schlechter gehen als der vorhergehenden. Rentnerinnen, deren Anwartschaften noch auf ein langes Vollzeitarbeitsleben in der DDR zurückgehen, haben im Osten kaum weniger Rente als ihre Männer. Die nachfolgende Generation aber, deren Qualifikation nach der Wende auf einmal nicht mehr zu einem stärker nach Geschlecht selektierenden Arbeitsmarkt passte, die jahrelang zwischen Arbeitsbeschaffungsmaßnahmen, Arbeitslosigkeit, Minijobs, Ein-Euro-Jobs und Hartz IV pendelte, wird Renten erhalten, die weit unter denen liegen, die heutige 75-Jährige erhalten. Sie sind die größten Verliererinnen der Einheit, unter anderem, weil die neue Gesellschaftsordnung Frauen stärker benachteiligt, als das im Osten der Fall war.

Viel kleiner als im Westen – Gehaltsunterschiede in Ostdeutschland

Im Ländervergleich macht Deutschland bei geschlechtsabhängigen Gehaltsunterschieden nach wie vor eine schlechte Figur. Ein EU-Vergleich[111] positioniert Deutschland auf Rang 23 – nur Tschechien und Österreich waren noch schlechter als wir in Bezug auf Gehaltsdiskriminierung.[112] Wenn man in die Datentabelle der EU aber die vom Statistischen Bundesamt ermittelten, getrennten Werte für Ostdeutschland und Westdeutschland einträgt, dann ergibt sich ein interessantes Bild: Ostdeutschland rutscht auf den fünften Rang, Westdeutschland bleibt auf dem drittschlechtesten Rang. Deutschlands Osten liegt damit 20 Plätze vor Westdeutschland. Der unbereinigte Gehaltsunterschied betrug 2011 in den neuen Ländern nämlich nur 7 Prozent, in den alten Ländern liegt er bei 24 Prozent, dem gleichen Wert wie 2006. Fünf Jahre sind vergangen ohne messbare Veränderung.[113]

Am spannendsten ist dabei natürlich die Frage nach den

Ursachen. Warum haben wir innerhalb eines Landes einen so großen Unterschied? Warum sind die neuen Länder um so vieles besser als die alten? Eine vollständige Antwort auf diese Fragen gibt es nicht, aber Indizien, die sich vor allem von den erklärbaren Einflussfaktoren des Gender Paygaps ableiten. Dazu gehören die höhere Teilzeitquote und die längeren Ausstiegszeiten nach Geburt eines Kindes bei Frauen in Westdeutschland. Ostfrauen haben auch häufiger eine Facharbeiterausbildung als Westfrauen und sind eher in Führungspositionen zu finden. Nach einem IAB-Betriebspanel von 2008 ist die Hälfte aller Beschäftigten im Osten, deren Beschäftigung einen Hoch- oder Fachschulabschluss erfordert, weiblich. Im Westen sind nur ein Drittel Frauen.[114] Vom Osten können wir lernen, wie man Gehaltsunterschiede zumindest verkleinert.

Rechte erfolgreich erstreiten

Frauen wollen nur die schicken Jobs? Von wegen!

Wenn wieder einmal jemand den Frauen vorwirft, nur die hoch bezahlten und attraktiven Chefjobs haben zu wollen (die Achtzigstundenwochen und das höhere Herzinfarktrisiko werden in diesem Zusammenhang selten erwähnt), dann darf man gern erwidern, warum Frauen bis vor Kurzem so wenig in Armee, Polizei oder Müllabfuhr vertreten waren und wie sie inzwischen hineingekommen sind. Denn in allen drei Beispielen lag es nicht an den Frauen, dass sie dort keine Aufnahme fanden. Die Berufe Soldatin und Polizistin durften sie ganz offiziell nicht ergreifen, in der Müllabfuhr gab es zwar keine formelle Zugangsbeschränkung, aber außer im Büro fanden sich trotzdem keine Frauen. Die gläsernen Decken hielten (und halten in vielen Städten) Frauen raus aus diesen Jobs, die die wenigsten als Topjobs bezeichnen würden.

Mit der Frauenquote in die Berliner Müllabfuhr

Bis mich vor einigen Jahren in Berlin eine Frau darauf ansprach, war mir nie aufgefallen, dass ich in meinem ganzen Leben noch keine einzige Müllfrau gesehen hatte. Diese Frau Mitte dreißig erzählte mir, dass sie gern einen Job bei der Müllabfuhr hätte. Sie sei alleinerziehend und habe zwei Kinder, sie arbeite in der Altenpflege und habe dort sowohl mit unangenehmen Gerüchen zu tun als auch mit sehr schwerer Arbeit – genau wie bei der Müllabfuhr, nur dass sie ein viel geringeres Gehalt bekomme und rund um die Uhr Schicht arbeiten müsse, was wegen der Kinder schwierig sei. Als Müllfrau hätte sie immer Frühschicht und wäre jeden Abend zu Hause bei ihren Kindern. Dreck und schwere Arbeit – das alles schrecke sie nicht, und sie brauche das Geld und bessere Arbeitszeiten. Leider laufe jede ihrer Bewerbungen ins Leere, man lade sie nicht einmal ein zu einem Gespräch. Sie fühlte sich benachteiligt, nur weil sie eine Frau ist. Sie fragte mich dann direkt: »Haben Sie jemals im Leben eine Müllfrau gesehen?« So dachte ich zum ersten Mal darüber nach.

Ich habe danach das Thema immer wieder mal in der Landesverwaltung Berlin angeschnitten, aber das brachte nichts. Veränderung gab es erst, als 2007 eine Frau an die Spitze der Berliner Stadtreinigung berufen wurde und sie sich darüber wunderte, warum immer nur Männer eingestellt wurden. Vera Gäde-Butzlaff, Vorstandsvorsitzende der BSR, setzte sich in der Firmenleitung durch und führte im Frühjahr 2010 eine 50-Prozent-Frauenquote für die nächste Einstellungsrunde ein. Die Widerstände dagegen waren enorm. Da war die Rede von einer Abwertung des Jobs, von der Überforderung der Frauen durch die Schwere der Arbeit, von der mangelnden Nachfrage durch Bewerberinnen. Aber offenbar wollte nicht nur die Frau, die ich kennengelernt hatte, bei der Müllabfuhr arbeiten. Mehr als 300 Bewerberinnen hofften auf eine der 60 für Frauen reservierten Stellen, am Ende wurden sogar 62 Frauen eingestellt.[115] Die Quote gibt es immer noch, der Widerstand ist verebbt. Ich bin Vera Gäde-Butzlaff sehr dankbar für diese

Maßnahme, denn endlich gibt es eine faktenbasierte Antwort auf den Dauervorwurf, die Frauen wollten doch nur die Spitzenjobs, aber für die Müllabfuhr seien sie sich zu fein.

Soldatinnen erstreiten sich Berufswege bei der Bundeswehr

Auch die Bundeswehr blieb Frauen lange verschlossen. Von der Wehrpflicht mit Dienst an der Waffe sind Frauen auch heute noch durch das Grundgesetz ausgenommen.[116] Bis 1975 durften Frauen in Westdeutschland nur in den zivilen Bereichen eingesetzt werden, erst danach gab es zuerst eine Öffnung für den Sanitätsbereich. 1988 öffnete man Frauen alle Laufbahnen der Bundeswehr für die Bereiche Sanitätsdienst und Militärmusik. Erst nach dem Mauerfall, im Jahre 1991, konnten Frauen auch Unteroffiziere in diesen Bereichen werden – aber alle anderen, die den Gebrauch von Waffen vorsahen, blieben ihnen verwehrt. Tanja Kreil, eine junge Frau mit Ambitionen auf eine Bundeswehrkarriere, sah dies nicht ein und klagte im Jahr 1996 unter Berufung auf den Gleichbehandlungsgrundsatz gegen die Bundesrepublik, da sie als Waffenelektronikerin arbeiten wollte, aber nicht durfte. Als der Europäische Gerichtshof ihr im Jahr 2000 endlich recht gab und damit die Türen zu vielen Laufbahnen innerhalb der Bundeswehr für Frauen öffnete, hatte Tanja Kreil längst einen anderen Berufsweg eingeschlagen. Schon Anfang 2001 kamen die ersten Soldatinnen, Anfang 2012 waren es 18.000 Frauen – etwa 10 Prozent aller Soldaten, fast 3000 von ihnen mit Offiziersrang.[117] Mit einer weiteren Steigerung des Frauenanteils in den kommenden Jahren wird gerechnet.

Etwas früher wurde die Gleichberechtigung im Militär der ehemaligen DDR angestrebt. Eine Wehrpflicht für Frauen gab es zwar nicht, aber auch kein Verbot für den Dienst an der Waffe – und zwar seit Beginn der NVA. Nur für höhere Dienstgrade wurden Frauen erst 1984 zugelassen, als die ersten weiblichen Offiziere ihre Ausbildung begannen. Unteroffiziere konnten sie bereits davor in jeder Waffengattung werden. Als sechs Jahre später die NVA aufgelöst und die Bediensteten in die Bundeswehr übernommen wurden, galt das leider nicht für die meisten weiblichen Soldaten der DDR-Armee. Das nun auch für sie geltende Grundgesetz verbot ihnen den Dienst an der Waffe. Und was tat man da? Ganz einfach – sie wurden entlassen.[118] So stellte sich für manche Frauen aus der DDR die Wiedervereinigung als Rückschritt in eine Gesellschaft dar, die ihnen berufliche Perspektiven nahm, die sie längst für selbstverständlich hielten.

In Deutschland sehen sich fast 60 Prozent der Soldatinnen sexuellen Belästigungen in der Bundeswehr ausgesetzt.[119] Kein angenehmes Klima für Frauen. Und trotzdem bewerben sich jedes Jahr mehr bei der Bundeswehr. Aber das wird gern ausgeblendet, denn Frauen sind ja »zu feige für die Armee«. Mann wirft ihnen auch vor, dass sie sich auch sonst nicht für riskante Berufe interessierten: »Sollen die Weiber sich doch auch mal stundenlang auf die Straße stellen und bei einer Demonstration mit Steinen bewerfen lassen, aber das dürfen ja die Männer machen …« – diesen Vorwurf habe ich schon öfter gehört. Doch auch beim Polizeidienst hilft ein Blick auf die Fakten.

Polizistinnen – von 0 auf 50 Prozent in ein paar Jahrzehnten

Die Einstellungsbarrieren für Frauen im Polizeidienst fielen länderweise – die Chancen für Frauen hingen also lange davon ab, in welchem Bundesland sie arbeiten wollten. Die ersten Frauen im Schutzdienst der Polizei in Westdeutschland gab es Ende der 70er-Jahre. Als letztes Bundesland ließ Bayern 1990 Frauen zum Polizeidienst zu – die Jahreszahl ist kein Druckfehler. Erst nach dem Tod von Franz Josef Strauß öffnete sich die Polizei in Bayern für Frauen.[120] Nur im Innendienst der Kripo durften Frauen bereits zuvor tätig sein.

Inzwischen gibt es selbst in Bayern eine Polizeipräsidentin und deutschlandweit einen Frauenanteil in der Polizei von 40 Prozent.

Auf den Chefsesseln findet man dennoch wenige Frauen. Im Herbst 2012 war ihr Anteil dort magere 6 Prozent[121], und das, obwohl bei Eignungsprüfungen für den mittleren und gehobenen Dienst zum Beispiel der nordrhein-westfälischen Polizei Männer eine doppelt so hohe Durchfallwahrscheinlichkeit hatten wie Frauen.[122]

Seit Frauen Polizistinnen werden dürfen, tun sie es in großer Zahl. Als das etwa 1987 in Rheinland-Pfalz zum ersten Mal der Fall war, gab es über 1000 Bewerbungen von Frauen für 140 offene Stellen, von denen am Ende 30 an Frauen vergeben wurden.[123] Bei den Neueinstellungen im bevölkerungsreichsten Bundesland Nordrhein-Westfalen ist der Frauenanteil schon fast 50 Prozent.[124]

In der DDR waren die Hürden kleiner. Genaue Daten über den Frauenanteil in der Polizei habe ich nicht gefunden, aber es gibt Quellen, die von uniformierten Polizistinnen schon direkt nach Kriegsende berichten.[125] Auf der DDR-Briefmarke zum 25. Jubiläum der Volkspolizei 1970 wird die Polizei durch eine Frau repräsentiert.[126] Der Polizeidienst wurde Müttern erleichtert, indem es polizeieigene Kindergärten gab, die auch bei längeren Sondereinsätzen geöffnet waren. Eine Hauptbarriere für Frauen im heutigen deutschen Polizeidienst ist das für höhere Posten erforderliche einjährige Studium in Münster. In der DDR gab es die Möglichkeit eines Fernstudiums an der Fachschule für die Offizierslaufbahn der Polizei in Aschersleben, und es gab ein »Frauensonderstudium«, mit dem ebenfalls ein Aufstieg in Offiziersränge möglich war.[127] Dennoch soll der Frauenanteil in der DDR nicht besonders hoch gewesen sein.[128]

Abschließend lässt sich festhalten: Der Frauenanteil in den Bereichen Müllabfuhr, Militär und Polizei, für die sich Frauen angeblich aus Bequemlichkeit nicht interessieren, wurde erst durch Regelungen möglich, die von Frauen durchgesetzt wurden: eine Frauenquote bei der Müllabfuhr, Gesetzesänderungen bei Polizei und Bundeswehr. Der Mythos von den Frauen, die nur in Goldröcken hinter Mahagonischreibtischen herrschen wollen, hält sich hartnäckig, dabei ist der Frauenanteil in diesen Bereichen längst viel höher als in den Topführungspositionen deutscher Großunternehmen, wo die Frauen doch angeblich ausschließlich hinstreben.

Frauen, vernetzt euch!

Die Bedeutung guter Kontakte wird von Frauen häufig unterschätzt. Ich möchte das mit einer Geschichte illustrieren, von der man einiges lernen kann.

Bei Unternehmensberatungen finden regelmäßig Trainings auch im Ausland statt. Das tägliche Programm beginnt in der Regel früh um 8 Uhr und geht bis in den Abend. Wenn man ihm folgt, ist man völlig platt, trotzdem gibt es umfangreiche Angebote für gemeinsame Abendaktivitäten. Ich bin auf vielen solcher Trainings gewesen. Abends war ich fast nie bei den langen Partys dabei, ich war zu müde und wollte morgens fit sein. Einer meiner ehemaligen Manager erzählte mir Jahre später eine vielsagende Anekdote über zwei seiner Teammitglieder, die sich nach einem solchen Training in den USA darüber unterhielten.

Die junge Frau machte sich lustig über ihren Kollegen, weil er kaum etwas gelernt habe, denn er hatte nachts Party gemacht, morgens die ersten Trainingseinheiten geschwänzt und in den folgenden nur über eine eingeschränkte Aufmerksamkeit verfügt. Ihrer Ansicht nach habe er daher wichtige Chancen für seine Zukunft verpasst. Der junge Mann hörte sich das grinsend an, griff in seine Tasche, legte einen Packen Visitenkarten auf den Tisch und antwortete sinngemäß: »Während du geschlafen hast, habe ich an meiner internationalen Vernetzung gearbeitet. Ich weiß jetzt genau, wen ich anrufen kann, wenn ich einen Rat für ein bestimmtes Problem brauche oder wenn ich für ein spannendes Projekt eingeteilt werden will. Ich wette, mir hat das Training zehnmal mehr gebracht als dir.« Die junge Frau verstummte, und man sah ihr an, dass sie gerade etwas Fundamentales begriffen hatte, einen Einblick bekommen hatte in Prozesse, die ihr bisher verborgen waren.

Der Manager dieser beiden Unternehmensberater hielt diese Geschichte für sehr typisch. Diese geschlechtsspezifischen Unterschiede hatte er in seinem langen Berufsleben häufig erlebt. Auch ich fühlte mich ertappt. Wie systematisch manche Männer an das Thema Vernetzung herangehen, hat mich in meiner beruflichen Laufbahn schon oft überrascht. Ich habe mehr als einmal Männer beobachtet, die mit einer Namensliste auf einem Zettel zu einem Konferenzdinner oder einer Firmenveranstaltung kamen und dann im Laufe des Abends einen Namen nach dem anderen durchstrichen, bis sie sich mit allen unterhalten hatten. Es sah jedes Mal aus wie zufälliger Small Talk, aber es folgte einem wohlüberlegten Plan. Hinter jeder Kontaktaufnahme steckte eine bestimmte Absicht. Diese Männer bauten höchst strategisch und systematisch ihr instrumentelles Netzwerk aus. Ich habe noch nie eine Frau mit einem derartigen Zettel gesehen.

Durch Vernetzung von Frauen innerhalb einer Institution, aber auch über ihre Grenzen hinweg, können weibliche Vorbilder sichtbar werden. Sie wirken dort am positivsten auf die Bereitschaft und Motivation anderer Frauen, wenn frau sie persönlich kennenlernen kann und bei Selbstzweifeln oder vorauseilender Sorge Ermutigung findet. Mir hat der Austausch mit anderen Frauen in Frauennetzwerken und auf Frauenkonferenzen sehr dabei geholfen zu lernen, wie man in bestimmten Situationen reagieren kann und welche persönlichen Erfahrungen in Wahrheit Folgen struktureller Benachteiligung und gesellschaftlicher Stereotype sind und gar nichts mit mir selbst zu tun haben. Wir haben uns über gute Trainings, aber auch über faire und unfaire Arbeitgeber ausgetauscht. Oft kam es vor, dass bei solchen Netzwerktreffen eine Frau eine andere um Rat bat, zum Beispiel wenn sie die Möglichkeit hatte, einen Posten zu bekleiden, den die andere bereits innehatte. Sie erfuhr so Insiderwissen über Anforderungen und Alltag in dieser speziellen Rolle, aber auch Ermutigung. Auf solchen Veranstaltungen sind Varianten des folgenden Dialoges häufiger zu hören:

Frau 1: Mein Chef hat mich gefragt, ob ich die Leitung der Abteilung übernehmen möchte, aber ich weiß nicht, ob ich mir das zutraue, was meinst du?
Frau 2: Wenn du deinen Chef ganz allgemein für einen guten Manager und für sachkompetent hältst, warum sollte er sich dann irren, wenn er dich für geeignet hält? Vermutlich stimmt es einfach.
Frau 1: Aber ich kann doch noch gar nicht alles, ich habe das noch nie gemacht!
Frau 2: Na und? Als du geboren wurdest, konntest du nicht mal alleine essen. Man kann alles lernen, und on the job lernt es sich besonders schnell. Wenn du es nicht machst, wer macht es denn dann? Dein Kollege Herr X vermutlich, der auch noch nie Abteilungsleiter war. Und, kann der mehr als du?
Frau 1: Hm. Stimmt. Im Grunde hast du recht. Mehr als Herr X kann ich allemal.
Frau 2: Na dann, worauf wartest du? Montag gehst du zu deinem Chef und sagst ihm, du freust dich auf die neue Herausforderung, nimmst sie gerne an und würdest dich gern über die Unterstützung bei der Einarbeitung unterhalten.

Vernetzung ist auch außerhalb des Unternehmens und jenseits von Frauennetzwerken wichtig. Ich engagierte mich im Branchenverband der ITK Industrie. Als Vorstandsmitglied eines Arbeitskreises gewann ich Sichtbarkeit und Anerkennung in der Branche, hatte nennenswerten Einfluss auf meinungsbildende Papiere des Verbandes, sprach als Vertreterin des Verbandes auf Konferenzen und bin so auf vielen neuen Radarschirmen aufgetaucht. Meine letzten Führungsjobs wurden über Headhunter vermittelt. Ich bin recht sicher, dass dazu meine Sichtbarkeit in diesem Industrieverband wesentlich beigetragen hat. Meine Erfahrung nach 15 Jahren Corporate World ist allerdings auch, dass nicht nur der Prophet im eigenen Land weniger gilt, sondern auch die weibliche Führungskraft im eigenen Unternehmen. Durch den Wechsel zu einem anderen hat man oft bessere Karrierechancen. Gleichzeitig kann ein guter Ruf in der Branche auch das Image im eigenen Unternehmen steigern. Das ist ein wenig wie in privaten Beziehungen – wenn sich andere für einen interessieren, wird man oft auch für den eigenen Partner wieder spannender.

Vom Mäuschen zur Powerfrau

Am Anfang meiner Karriere bekam ich noch öfter das Mäuschenlabel. Also bin ich brav den vielen guten Ratschlägen gefolgt, habe Trainings für Rhetorik und Leadership besucht, Bücher darüber gelesen, wie man selbstbewusster auftritt und kommuniziert. Ich habe mich offenbar in die richtige Richtung entwickelt, denn nach wenigen Jahren hörte ich stattdessen die Zuschreibung, ich sei aggressiv, zu ehrgeizig und solle mich mal etwas zurücknehmen, etwas in den Hintergrund treten, nicht so dominant sein. Man hätte auch sagen können: »Sei mal wieder etwas mehr ein feminines, stilles Mäuschen, das steht dir als Frau besser zu Gesicht«, aber das bedeutet, dass Karrierechancen gegen null tendieren, als Mäuschen kommt man die Karriereleiter nämlich nicht hoch.

Die ersten Male habe ich mich noch furchtbar gegrämt über diese verletzenden Einschätzungen, mir nächtelang den Kopf zerbrochen, wie ich um alles in der Welt nur etwas weniger dominant rüberkommen könnte, ohne gleichzeitig wieder durch das Wahrnehmungsraster zu fallen. Aber je mehr ich mich mit dem Phänomen der gläsernen Decken befasste, umso mehr verstand ich, dass diese Labels mit mir gar nichts zu tun hatten. Im Laufe der letzten zehn Jahre habe ich unzählige Male von Frauen die gleichen Geschichten vernommen – fast jede beruflich erfolgreiche Frau hat irgendwann im Leben diese Zuschreibungen schon einmal gehört. Ein Heer »profilierungssüchtiger, aggressiver, hyperdominanter, krankhaft ehrgeiziger Frauen« scheint da die Führungsetagen in Deutschlands Unternehmen zu besetzen. Da kann einem angst und bange werden – bis man sie kennenlernt. Auf mich wirkten diese Frauen alle völlig normal. Das Wissen um solche stereotypen Zuschreibungen erleichtert uns den Umgang damit. Wir brauchen sie nicht mehr persönlich zu nehmen.

An der Verwandlung in eine Powerfrau geht also für karriereorientierte Frauen kein Weg vorbei. Aber wie wird man das Mäuschen in sich los? Wir können alle lernen, selbstbewusst zu reden, klare Sätze zu formulieren, langsam und laut genug zu sprechen, unsere Sprache so zu modulieren, dass sie stärker ankommt. Das ist Handwerkszeug und hat nichts damit zu tun, Männer zu kopieren oder zu reden wie ein Mann. Es geht um erfolgreiche Kommunikation und darum, bestimmte Kommunikationsfehler abzulegen, die bei Frauen häufiger vorkommen. Dazu gehört auch, überhaupt zu reden. Viel zu oft setzen sich Frauen irgendwo in die vorletzte Reihe, hören gut zu und schreiben viel auf, meistens auch das Protokoll für die ganze Gruppe, und sagen nichts oder fast nichts, und wenn doch, dann hört man sie kaum, weil sie fast flüstern. Am Ende wird sich kaum jemand daran erinnern, dass sie im Raum waren. Wir müssen lernen, Präsenz zu zeigen. Präsenz fängt damit an, wie ein Raum betreten wird, wie aufrecht der Gang ist und wie direkt der Blick. Wem man wie die Hand gibt, wo man stehen bleibt und wo man sich setzt. Es geht dabei nicht um Show, sondern um Ausstrahlung. Viele Männer haben diese unsichtbaren Regeln verinnerlicht, viele Frauen haben keine Ahnung von ihnen.

Gibt es ein Alphatier im Raum, das zu allen Entscheidungen nicken muss? Gut, dann sollte man rechtzeitig da sein und in direkter Blicklinie sitzen. Es schadet nicht, wenn man vorher mal hingeht, sich mit Handschlag begrüßt und etwas smalltalkt.

Den Raum betritt man aufrecht und selbstbewusst, mit festem Schritt und einer klaren Idee davon, wo man hinwill. Bei Veranstaltungen nutzt man Pausen dafür, wofür sie da sind, zum Netzwerken. Man stellt sich nicht einsam an einen leeren Stehtisch und stochert im Dessert oder steht die ganze Pause in der Schlange vor der Toilette (das erledigt man besser während eines langweiligen Vortrages), sondern pickt sich vorher die interessantesten Gesprächspartner raus (von der Redner- oder Teilnehmerliste), sucht sie im Gewühl, stellt sich dazu und mischt sich aktiv ins Gespräch – das geht auch ohne als Eindringling rüberzukommen. Natürlich vergisst man dabei nicht, sich anständig vorzustellen und auch immer mal was von der eigenen Arbeit zu erzählen. So kann man erreichen, dass man nicht nur auf dem Radarschirm der eigenen Firma präsent ist, sondern auch außerhalb. Ein Arbeitgeberwechsel bietet oft die interessantesten Karriereoptionen. Aber dafür muss die eigene Expertise bekannt sein, Kontakte müssen vorhanden sein und Sympathien auch – die entstehen beim Small Talk am Stehtisch oder abends beim Kongressdinner.

Teflon ist nützlich, nicht nur in Raumfahrt und Bratpfanne

Viele selbstbewusste Frauen stoßen auf beinharte Barrieren, auf Ablehnung, Diskriminierung, Alltagssexismus auch am Arbeitsplatz, auf Erniedrigungen und Abwertung ihrer Leistungen. Es gibt keinen Weg, das alles kurzfristig zu ändern, dazu sind die gläsernen Decken noch zu präsent in unserer Gesellschaft. Nicht jede Frau auf dem Weg nach oben trifft auf die gleichen Widerstände, aber auf die eine oder andere Art hat wohl jede damit zu tun. Frauen sind häufig emotionaler als Männer, wir nehmen Kritik oft persönlicher, wir sind schneller verletzt und langsamer wieder versöhnt. Das macht den Umgang mit Widerständen doppelt schwer. Ich bin auch kein Klotz, Aggression oder Sexismus verletzen mich, aber mit der Zeit habe ich gelernt, anders damit umzugehen, und mir eine kleine Schicht Teflon zugelegt. Bestimmte Dinge lasse ich einfach nicht mehr an mein Inneres heran. Es geht nicht darum, zu verhärten oder unempfindlich zu werden, aber durchaus darum, sich nicht vom Gegenwind fertigmachen zu lassen. Karriere ist auch Konkurrenzkampf, und natürlich werden einen nicht alle lieben, die Konkurrenten schon gar nicht. Es geht in der Welt nicht immer fair zu, und nicht alle Vorgesetzten sind anständige, nette

Menschen, die es nur gut mit uns meinen. Aber mal ehrlich – ist der Rabenmuttervorwurf nicht ein Relikt der Steinzeit und daher keinen weiteren Gedanken wert? Ist es nicht einfach nur armselig, dass der Kollege einen verleumdet hat, nur weil er weiß, man ist besser und wird die Beförderung bekommen und nicht er? Ist das aktuelle Problem nicht – zehn Jahre in die Zukunft vorgespult – ziemlich lächerlich und daher auch kein Grund, deshalb nächtelang wach zu liegen? Teflon können wir uns zulegen, indem wir Dinge weniger auf uns beziehen, sondern auf die Strukturen, in denen wir leben, oder indem wir Probleme aus einer Perspektive betrachten, die ihre Bedeutung auf ein Normalmaß relativiert. Dann wird aus einem Elefanten schnell wieder eine Mücke, und die Panik verschwindet.

Sexismus in Marketing und Medien: Auf in den Shitstorm!

Durch sexistische Werbung werden Männer und Frauen gleichermaßen beleidigt. Frauen, weil man sie auf Sexobjekte reduziert, mit denen ein Mann machen kann, was er will. Männer, weil man sie als Wesen anspricht, die mit dem Schwanz denken und auf alles hereinfallen, was mit nackten Titten oder Minirock angeboten wird. Wir sollten uns das alle nicht mehr gefallen lassen und unserem Missfallen Ausdruck verleihen. Erst wenn diese Ablehnung lautstark genug ist, werden Unternehmen umdenken – es muss ihrem Image schaden oder ihrem Umsatz. Mit dem Internet haben wir jetzt viel mehr Einfluss. Wir haben die Macht, uns zu wehren und Veränderung durch Öffentlichkeit zu erzwingen. Ich habe mich mehrfach an solchen Initiativen beteiligt, fast immer waren sie erfolgreich. Von einer möchte ich erzählen.

Am Abend des 19. Juni 2012 erhielt ich auf Twitter als persönliche Direktnachricht einen Link auf ein Forum, in dem sich Vielflieger mit Goldstatus, sogenannte Senatoren, über einen seltsamen Brief unterhielten, den sie von der Lufthansa geschickt bekamen. Der Brief war wie von einer Freundin oder Ehefrau an den Senator adressiert, in Schreibschrift gedruckt und mit einem Kussmund aus rotem Lippenstift unterschrieben. Er hatte folgenden Wortlaut:

Lieber Schatz,
das Gefühl, das Wichtigste in deinem Leben zu sein, ist für mich wunderschön. Uns verbinden so viele unvergessliche Augenblicke. Dabei hast du immer wieder ein gutes Gespür dafür, wie du mir eine Freude machen kannst.
Nun habe ich eine kleine Bitte: Es gibt eine Woman's Special Partnerkarte zu deiner Miles & More Kreditkarte, die echte Vorteile bietet. Ich werde damit sogar auf exklusive Events eingeladen und nehme an tollen Überraschungsaktionen teil.
Und das Beste: Ich bekomme ein 2-Jahres-Zeitschriftenabo der VOGUE, myself oder Architectural Digest geschenkt! Du weißt doch, wie gerne ich in solchen Magazinen stöbere ...
Selbstverständlich möchte ich mit meiner Kreditkarte auch Meilen sammeln, so wie du, die wir dann gemeinsam in eine schöne Reise – vielleicht nach Paris – einlösen!
Ich würde mich unheimlich freuen, wenn du diese Partnerkarte für mich beantragst: www.womans-card-de
Tausend Dank
Deine Special Woman[129]

Was für eine Ansammlung verstaubter Vorurteile! Ich war mehr als ein Jahrzehnt Vielfliegerin, fast zehn Jahre auch mit Senatorstatus. Aber Frauen als Senatorinnen kamen in diesem Werbekonzept nicht vor. Keine wird einen Werbebrief von ihrem »Freund« erhalten haben, in dem er sie um eine Kreditkarte bittet. Für die Lufthansa sind Frauen keine Vielflieger, nicht einmal wirtschaftlich selbstständige Wesen. Frauen shoppen mit der Kreditkarte ihres Mannes, können sich nicht einmal eine bunte Zeitschrift selbst abonnieren und freuen sich auf »tolle Überraschungsaktionen« wie das Kind auf ein Überraschungsei als Mitbringsel. Danke, Lufthansa. Ich kannte stereotype Werbung von allen möglichen Zeitschriften. Aber von einem seriösen Markenunternehmen, mit dem ich in über 15 Berufsjahren mit häufigen Flügen viel zu tun hatte, wollte ich das nicht mehr hinnehmen.

Ich leitete den Link am selben Abend an Anatol Stefanowitsch weiter, einen Berliner Sprachwissenschaftler, den ich für seine brillanten Analysen sehr schätze und von dem ich wusste, dass er leidenschaftlich gegen Sexismus eintritt. Ich fragte ihn, ob er nicht Lust habe, diesen Brief der Lufthansa in seinem Blog auseinanderzunehmen. Ich würde dann auf Twitter für die entsprechende Verbreitung und Mobilmachung sorgen.

Am folgenden Tag, den 20. Juni 2012 mittags, veröffentlichte er seinen Blogtext unter dem Titel »Special Woman sucht vielfliegenden Kreditgeber. Oder: Wie Lufthansa die Welt sieht.«[130] Bissig und intelligent zerlegte er den Werbebrief Absatz für Absatz. Zu den Zeitschriften-Geschenkabos etwa schreibt er:

> »Die Auswahl der Zeitungen selbst bestätigt, was man schon vermutet: Die Briefschreiberin ist nicht besonders hell im Kopf. Sie interessiert sich für Mode und für die Häuser anderer Menschen – das aber so sehr, dass ein Zweijahres-Abo ›das Beste‹ an der Kreditkarte ist. Andererseits aber nicht so sehr, dass sie die Zeitungen auch tatsächlich lesen würde – sie ›stöbert‹ nur darin. Das einschmeichelnde ›Du weißt doch …‹ zementiert einerseits die Abhängigkeit, in der sich die Briefschreiberin zu ihrem Mann befindet, andererseits hat sie auch wieder etwas Manipulatives: Er weiß es ja ganz offensichtlich nicht, sonst müsste sie es nicht erwähnen. Selbst abonnieren kann sie die Zeitschriften nicht, denn sie hat ja kein eigenes Geld.«

Ich war gerade unterwegs nach Stuttgart zu einer Social-Media-Konferenz, wo ich am kommenden Tag einen Vortrag halten sollte, in dem es um digitale Demokratie ging und die Möglichkeiten der Mobilisierung über das Internet. Erst am nächsten Morgen war ich wieder online. In der Universität Stuttgart lauschte ich einem Vortrag zur Entstehung von Shitstorms – massenhafter Kritik, die sich in sozialen Netzen gegen bestimmte Institutionen oder auch Individuen richtet. Nebenbei twitterte ich fleißig mit dem Smartphone und startete meinen eigenen Shitstorm.

131

anke domscheit-berg
@anked

. @lufthansa_de: als viel fliegende geschäftsfrau mit eigener M&M kreditkarte verstört mich die #sexistischekackscheisse Ihrer werbung!

9:33 AM - Jun 21, 2012

132

anke domscheit-berg
@anked

. @lufthansa_de: bekomme ich auch einen beküssten brief von meinem liebsten, um für ihn 1e partnerkarte zum shoppen zu beantragen? #sexismus

9:35 AM - Jun 21, 2012

Ich nutzte mein Twitternetzwerk für diesen Zweck, bat ausdrücklich Journalisten, die meine Tweets verfolgen, über diesen Fall von Sexismus zu berichten, und verlinkte auf den Blog von Anatol Stefanowitsch.

anke domscheit-berg
@anked

liebe medien, die Ihr mir zahlreich folgt, könntet Ihr die #sexistischekackscheisse v @lufthansa_de thematisieren? goo.gl/uxWR3 thx!

9:59 AM - Jun 21, 2012 [133]

Die Rechnung ging auf. Innerhalb von 24 Stunden berichteten mehr als zehn Medien, auch aus Österreich, der Schweiz und dem englischen Sprachraum, über diesen Fall. Die Überschriften klangen für die Lufthansa-Presseabteilung sicher nicht vorteilhaft, da ist vom »Gruß aus den 50er-Jahren« die Rede, vom »empörenden Frauenbild in der Lufthansa«, von »sexistischer Lufthansa-Werbung«. Es berichteten große Medien wie *stern*, *Focus*, die *Süddeutsche Zeitung*, der österreichische *Standard*, aber auch Wirtschaftsmedien wie *Finanzen.net*, *Wallstreet-online* und der *Börsenexpress*. Von »Turbulenzen« war die Rede. Ein negatives Image ist für ein Unternehmen gefährlich, insbesondere dann, wenn es vom guten Ruf seiner Marke lebt. Ich war gespannt, wie lange das Lufthansa-Management sich das mit ansah. Nach ein paar Stunden reagierte die Lufthansa – wie viele Organisationen vorher in ähnlicher Situation – mit einer halbherzigen Entschuldigung, in der sie öffentlich die unbeabsichtigte Wirkung bedauerte, jedoch nicht den Sexismus selbst:

> »Es war zu keiner Zeit unsere Absicht, überholte Rollenbilder zu bedienen oder Teilnehmer von dem Programm auszuschließen. Wir entschuldigen uns bei allen Kunden, bei denen dieser Eindruck entstanden ist!«

Für mich und viele andere war das Grund genug, die Kampagne aufrechtzuerhalten. So eine Entschuldigung ist nichts wert. Es geht nicht um den Eindruck bei anderen, sondern um den Fakt als solchen – einen Fehler des Unternehmens, der Schaden anrichtet. Noch am Abend dieses 21. Juni knickte die Lufthansa ein und ließ endlich eine richtige Entschuldigung folgen:

[134]

anke domscheit-berg @anked Jun 21
"@astefanowitsch: #lesetipp Die @sz über die @lufthansa_de-Kampagne goo.gl/vqRQX #lovelettergate" << danke #sz.

Deutsche Lufthansa
@Lufthansa_DE

@anked LH und Miles&More entschuldigen sich für das Woman's Card Mailing. Alle begleitenden Maßnahmen haben wir gestoppt.

7:20 PM - Jun 21, 2012

Gleichzeitig veröffentlichte die Lufthansa eine Presseerklärung, um den Schaden zu begrenzen. Auf der Website für die Special Woman's Card wird das Bild eines Lippenstift-Kussmundes durch ein Foto von zwei Frauen ersetzt, beide beladen mit Shoppingtüten – ganz ohne Stereotyp ging es dann wohl doch nicht.

Es gibt sehr viele Beispiele von übelstem Sexismus in der Werbung – die Lufthansa war nur eines davon. Der Shitstorm zeigt aber auf eindrucksvolle Weise, dass Unternehmen heute nicht mehr davon ausgehen können, dass Werbung, die Frauen in einem erniedrigenden Kontext zeigt, einfach so durchgeht. Selbst Männer regt das auf. Ich wurde von Männern auf den Fall aufmerksam gemacht, die ihre Empörung weitergetragen haben. Mit Anatol Stefanowitsch hatte ich einen kompetenten Mitstreiter, gemeinsam mit dem Internet als Verstärker erreichten wir unser Ziel. Wir alle haben heute mehr Mittel als früher, wo ein Brief an das Unternehmen oder eine Beschwerde an den Werberat die einzigen Möglichkeiten waren. Beides blieb meist folgenlos. Heute kann man sich besser wehren. Tut man das gemeinsam und intelligent, kann es klappen.

Ich wünsche mir, dass wir alle aufmerksamer werden, solche Manipulationen in den Medien entlarven, aber auch, dass wir uns weigern, dieses Spiel mitzuspielen. Wir sind die Konsumenten, wir haben die Marktmacht – Männer und Frauen. Wir müssen uns das nicht gefallen lassen. Wir dürfen das auch nicht, wenn wir nicht wollen, dass unsere Kinder mit fragwürdigen Vorstellungen der Rollen und Eigenschaften von Männern und Frauen groß werden. Wenn wir eine andere Welt wollen, müssen wir das oft genug und laut genug äußern. Sonst pflegen die Marketingchefs dieser Welt ihr vorsintflutliches Geschlechterbild noch bis in alle Ewigkeit.

Sexismus bei Spielen: Was Eltern tun können

Kinder suchen ihre Rolle im Leben, die Geschlechteridentifikation ist ein wichtiger Teil davon. Aber wir schränken ihre Wahl- und Entwicklungsmöglichkeiten extrem ein, wenn wir sie durch geschlechtsspezifisches Spielzeug früh auf bestimmte Eigenschaften festlegen. Für Jungen gilt das sogar noch mehr. Ein Mädchen kann leichter einen Starwars-Todesstern aus Lego bauen, ohne ausgelacht zu werden, als dass ein Junge in einem rosa Lego-Friends-Dorf im Beautysalon spielen kann. Kaum einem Jungen würde man ein Mädchen-Ü-Ei schenken, Mädchen können alle Arten Ü-Eier bekommen. Auch Jungen haben also unter Einschränkungen zu leiden. Wer sagt denn, dass sie nicht gern soziale Elemente in ihre Spiele einbauen und dass Mädchen nicht gern mit Superhelden spielen? Warum presst man Kinder in vorgefertigte, einseitige Geschlechterschubladen? Nebenbei gibt es Hunderttausende Transsexuelle in Deutschland, deren Geschlecht nicht eindeutig ist. Sie als Kind zwanghaft festzulegen, wird ihnen schaden.

Im Roberta-Projekt, vom Fraunhofer-Institut für Intelligente Analyse- und Informationssysteme (IAIS) entwickelt, können Mädchen schon ab der Grundschule Roboter bauen, um herauszufinden, ob sie Spaß daran haben. Das Programm, das sich ursprünglich nur an Mädchen richtete, ist inzwischen offen auch für Jungen und bietet jedes Jahr 20.000 Kindern die Chance, sich im Roboterbau zu üben und spielerisch, geschlechtergerecht und frei von stereotypen Zuschreibungen Kompetenzen zu entwickeln.[135] Roberta war so erfolgreich, dass andere Länder das Konzept übernahmen. Als in Österreich erstmalig in den Kursen auch Jungen zugelassen wurden, hatte man vorher einige Mädchen geschult, die dann den Lehrerinnen als Assistentinnen zur Hand gingen. Von den Jungen wurde die Kompetenz der Mädchen ganz ohne Vorurteil anerkannt.[136] Stereotype kann man überwinden – wenn man das will und bewusst darauf achtet.

Ich hatte vor ein paar Jahren das große Vergnügen, die Schulleiterin Anja Tempelhoff aus Berlin-Spandau kennenzulernen. Sie ist eine der besten Roberta-Didaktikerinnen und hat mit ihren Schülerinnen schon bei etlichen Weltmeisterschaften Preise beim RoboCup Junior gewonnen – obwohl man ihre Schule wohl als Brennpunktschule bezeichnen würde. Ihre Mädchen kamen nicht aus privilegierten sozialen Schichten, viele hatten einen Migrationshintergrund, sie lernten an einer Schule, die kein Gymnasium war, und trotzdem waren sie besser als die Konkurrenz von deutschen Elitegymnasien und als internationale Wettbewerber. Ihrer Erfahrung nach ergreift jedes vierte Mädchen, das mit Roberta Roboter gebaut hat, später einen der sogenannten MINT-Berufe. Damit wäre dieses Programm das effektivste Mittel, mehr Mädchen für technische und naturwissenschaftliche Berufe zu begeistern, von dem ich je gehört habe. An der Schule von Anja Tempelhoff kann man erleben, wie Mädchen nicht nur Fähigkeiten im Technischen entwickeln, sondern insbesondere auch, wie ihre ganze Persönlichkeit sich während des Roberta-Projektes verändert, wie sie offener und selbstbewusster werden, wie sie lernen, im Team zu arbeiten, an sich zu glauben und Ehrgeiz zu entwickeln. Aber dazu brauchen sie eine Chance und jemanden in ihrer Umgebung, der sie dafür begeistert und nicht an ihren Talenten zweifelt – Menschen wie Anja Tempelhoff. Daran hapert es nicht nur an Schulen, es fängt schon viel früher an – etwa in den Entwicklungsabteilungen von Spielzeug und Kleidung für Kinder.

Manche Eltern wollen die überkommenen Geschlechterklischees bei Spielzeug nicht mehr hinnehmen, und manche werden dabei sehr kreativ. So hatte der kanadische Spielefan Mike Hoye die Nase voll davon, dass seine dreijährige Tochter sich nicht mit den Heldenfiguren seiner Klassiker-Lieblingsspiele identifizieren konnte.[137] Also programmierte er zwei der Spiele einfach um – *Donkey Kong*, ein Super-Mario-Spiel, in dem jetzt eine kleine Frauenfigur den vom bösen Gorilla gefangenen Super Mario befreit[138], und *Zelda – The Wind Maker*, bei dem er sogar Dialoge und Beschreibungen verändern musste. Die kleine Maya, Tochter des Programmierers, wird ihren Spaß daran haben, aber dennoch sind Einzelleistungen eines Elternteils keine Lösung – wir brauchen einfach bessere Spiele. *DER SPIEGEL* zitiert Mike Hoyes Kritik an den Spieleentwicklern: Es gebe nur »eine sehr kleine Handvoll Spiele mit starken weiblichen Hauptfiguren, aber die sind meistens für Kinder ungeeignet und selbst wenn, werden diese Figuren von den Entwicklern regelmäßig schrecklich behandelt«, und zwar »nur aufgrund der stillen Frauenfeindlichkeit, die darin steckt, anzunehmen, dass männliche Teenager ihr einziges Publikum sind«.[139] Der Vater gab als Motivation für seine Umprogrammierung auch an, dass er nicht möchte, dass seine »Tochter aufwächst und glaubt, Mädchen könnten keine Helden sein«.[140] Welche Eltern möchten das schon? Spiele umprogrammieren kann nicht jeder, aber jeder kann sich bei Herstellern beschweren oder im Handel überall nach anderen Produkten fragen. Wenn das viele machen, wird es etwas verändern.

Geschlechtergerecht in Wirtschaft und Gesellschaft

Väter und Vorgesetzte können die Arbeitskultur positiv verändern

Viele Väter wollen heute mehr Zeit mit ihrer Familie verbringen und haben keine Lust mehr, nur noch »Human Ressource« für ihre Arbeitgeber zu sein und mit 65 an Herzinfarkt zu sterben. Ich möchte alle Männer dazu ermutigen, Reißleinen zu ziehen, sich einer menschenfeindlichen Arbeitskultur zu verweigern, Elternzeit so lange zu beantragen, wie sie das wirklich möchten – ohne Angst vor der Auseinandersetzung mit dem Chef –, oder in Teilzeit zu arbeiten, wenn sie noch andere Prioritäten im Leben haben. Work-Life-Balance ist kein Mütterthema, es ist auch kein Frauenthema, es betrifft alle, die irgendwo arbeiten. Wer aus Furcht vor Konsequenzen auf Elternzeit verzichtet, verpasst die einmalige Gelegenheit, eine tiefe Beziehung zu seinen Kindern aufzubauen und ebenso unbezahlbare wie unvergleichliche Erfahrungen beim Aufwachsen eines kleinen Menschen zu sammeln. Wenn alle Väter Elternzeit nähmen, hätte das auch einen positiven Nebeneffekt für Frauen, auch für solche, die gar nicht Mütter sind. Dann können nämlich Arbeitgeber den Nachteil, dass eine Arbeitskraft eventuell in den Elternurlaub verschwinden wird, nicht mehr ausschließlich mit Frauen in Verbindung bringen.

Kein Vater sollte mehr den Kollegen sagen, dass er sein Auto aus der Werkstatt holen muss, wenn er sein Kind aus der Kita abholen will. Das klingt wie ein alberner Rat, aber es gibt noch viele Männer, die sich mehr um ihre Kinder kümmern wollen, aber Hemmungen davor haben, das offen zu leben. Sie erfinden Ausreden, um Zeit mit ihren Kindern zu verbringen. Vielleicht macht der Kollege das genauso? Eine Welt, in der es legitimer ist, ein Auto abzuholen als ein Kind, ist doch eine arme Welt.

Ich werde nie vergessen, wie beeindruckt ich war, als in einer

Telefonkonferenz bei Microsoft auf einmal ein Kind im Hintergrund zu hören war und der damalige National Technology Officer kurz erklärte, dass seine Tochter krank sei und daher nicht in die Kita könne. Seine Frau sei auf Dienstreise, also arbeite er an dem Tag daheim. Alle wünschten der Tochter gute Besserung, dann ging die Telefonkonferenz weiter – alle Beteiligten fanden die Situation total normal. Ähnlich überrascht war ich, als uns meine Vorgesetzte vor ihrem Osterurlaub per Mail mitteilte, dass sie nun für zwei Wochen mit Mann und Kind in die Sonne fahren würde. Laptop und Handy würden zu Hause bleiben, aber wir sollten keine Panik bekommen, denn erstens seien wir ja ein großartiges Team und schafften das auch mal zwei Wochen ohne sie und zweitens könnten wir in Notfällen ja einen Vorstandskollegen anrufen, der sie dann vertreten würde. Damit hat sie uns eine klare Botschaft vermittelt: Im Urlaub darf man unerreichbar sein und sich einfach nur erholen. Das klingt selbstverständlich, ist es aber nicht. Mir wurde bei früheren Arbeitgebern sogar während einer unbezahlten Freistellung (ohne, dass es ein besonderes Problem gegeben hätte) vorgeworfen, dass ich zwischen den Tafelbergen Venezuelas nicht erreichbar war.

Anonyme Bewerbungen und gendersensibles Recruiting bauen Vorurteile ab

Symphonieorchester waren lange eine fast oder sogar ganz frauenfreie Zone. Das liege nur an der unterschiedlichen Begabung, hieß es, Männer seien einfach besser. Aber irgendwann setzte sich durch, dass Bewerbungsvorspiele hinter einem Vorhang stattzufinden haben, sodass für die Auswahljury nicht erkennbar war, welches Geschlecht die Vorspielenden hatten. Die anonyme Auswahl führte zu einem Anstieg von 30 Prozent in der Einstellungsquote von Frauen. Offenbar ging es vorher eben doch nicht nur um die Qualität des Spiels.[141] Das eine oder andere Unternehmen experimentiert in Deutschland bereits mit anonymen Bewerbungen, um die Wirkung von Vorurteilen zu verringern. Ich halte das für den richtigen Weg, auch wenn er häufig nur für die ersten Bewerbungsschritte möglich ist.

Ob sich aber Frauen überhaupt bewerben, hängt davon ab, ob sie sich vom potenziellen Arbeitgeber angesprochen fühlen. Bei einer Strategieberatung wunderte ich mich über den sehr geringen Frauenanteil bei Technologieberatern. In der Personalabteilung hieß es, dafür könne man nichts, es würden sich einfach nicht mehr Frauen bewerben. Nun gibt es zwar weniger Frauen mit entsprechenden Ausbildungen, aber da neben Informatikern und Ingenieuren auch Personen mit naturwissenschaftlichem Hintergrund gefragt waren, schien ein einstelliger Prozentsatz bei Bewerbungen und Einstellungen deutlich unter dem möglichen Anteil. Das hieß für mich, dass das Unternehmen weibliche Kandidaten nicht ausreichend für sich interessieren konnte.

Ich wollte wissen, warum, und schaute mir Recruiting-Webseiten und -Veranstaltungen näher an. Das Ergebnis war ernüchternd. Ich konnte jede Frau verstehen, die sich nicht bewarb. Die letzten Recruiting-Events hatten fast alle einen Bezug zu Formel Eins, Extrembergsteigen und Fußball. Das lockt selten Frauen hinter dem Ofen vor. Wo sich auf der Homepage Berater vorstellten, gab es nur junge Männer mit spannenden Karrierewegen. Alle Texte verwendeten nur die männliche Form: Studenten, Doktoranden, Absolventen, Berater. Die einzige Stelle, an der ich eine Frau fand, war in der Rubrik Work-Life-Balance, in der eine Beraterin beschrieb, wie sie nach Geburt ihres Kindes die Projektarbeit verlassen hatte, um nun im Administrationsbereich zu arbeiten. Das war bestimmt die Karriere, die sich die von der Firma gesuchten »Spitzenabsolventen von Top-Universitäten« vorgestellt hatten. In spannenden Projekten mit großartigen Kollegen bei tollen Unternehmen arbeiten, dann ein Kind bekommen und leider, leider in den öden Backofficebereich zu wechseln, während die Männer weiter Karriere machen.

Man war sehr offen für mein Feedback, und es dauerte nicht lang, dann lasen sich die Recruiting-Seiten vollkommen anders.

Das Unternehmen ließ nun dort auch Männer zu Wort kommen, die ein halbes Jahr Elternzeit eingelegt hatten, Beraterinnen mit und ohne Kind erzählten von spannenden Projekten. Man entwickelte sogar neue Recruiting-Events, die andere Interessen ansprachen. Es gibt ja auch jede Menge Männer, die nicht unbedingt auf Fußball und Formel Eins stehen. Manche waren skeptisch, ob sich überhaupt genug hochkarätige Kandidatinnen auf ein zusätzliches Frauen-Recruiting-Event bewerben würden, aber die Sorge erwies sich als unbegründet. Die Teilnehmerinnen waren begeistert und schätzten allein den Umstand, sich mit anderen Frauen ihrer Studienfächer zu vernetzen. So oft treffen sich Doktorandinnen aus dem Feld Festkörperphysik im realen Leben eben doch noch nicht.

Bei der deutschen Telekom hat gezieltes Recruiting und der Ruf, ein Unternehmen mit Perspektiven für Frauen zu sein, dazu geführt, dass inzwischen mehr als die Hälfte der Lehrstellen für technische Berufe an Mädchen vergeben werden können – an Bewerberinnen mangelt es nicht mehr.

Als vor einigen Jahren Margret Suckale, damaliger Personalvorstand der Deutschen Bahn, ein Werbeplakat mit einer ICE-Chefin drucken lassen wollte, gab es innerhalb des Unternehmens viel Widerstand. Es gäbe ja gar keine ICE-Chefinnen, also dürfe man auch keine abbilden. Wer so denkt, hat offenbar gar kein Interesse daran, dass auch ICEs – wie längst die größten Flugzeuge der Welt – von Frauen gesteuert werden. Aber selbst bei der Bahn hat sich die Erde weitergedreht. 2012 veröffentlichte die DB einen Werbespot, in dessen Mittelpunkt eine ICE-Chefin stand, die einem Aufreißer an der Bar auf seine großspurige Angeberei mit den PS seines Autos einfach mit beeindruckender Coolness die Daten ihres ICEs nennt. Auf YouTube ist der Spot ein Renner, das Feedback ist überwältigend positiv.[142] Offensichtlich geht erfolgreiches Marketing auch jenseits ausgetretener Geschlechterpfade. Wer Frauen für die Bereiche eines Unternehmens begeistern will, in denen sie noch besonders selten sind, der muss sie direkt ansprechen. Die Deutsche Bahn hat gezeigt, wie das geht.

Geschlechtergerechtigkeit – weil jeder Einzelfall zählt

Bisher war von Zahlen und Fakten die Rede, von volkswirtschaftlichen Effekten und vom Vorteil der Geschlechtervielfalt für Unternehmen – aber ganz abgesehen davon gibt es natürlich auch eine ganz individuelle Perspektive, aus der heraus Geschlechterdiskriminierung ein unerträglicher Zustand ist. Keine Frau möchte, dass im Beruf statt ihrer Talente und Kompetenzen ihr Geschlecht die Hauptrolle spielt. Keine Mutter und kein Vater möchten, dass ihre Töchter in einem Umfeld aufwachsen, in dem ihr Aussehen wichtiger ist als ihre Stärken. Kein Partner möchte, dass seine Frau von ihrem Chef bei Gehaltserhöhungen übersehen wird. Kein Bruder möchte, dass irgendwelche Männer denken, der kurze Rock der Schwester ist eine Einladung zum Geschlechtsverkehr. Kein Kind möchte eine Mutter, die frustriert und enttäuscht ist, weil sie ihren Job nur aus Mangel an verfügbarer Kinderbetreuung aufgeben musste.

Für jedes Mädchen, für jede Frau, aber eben auch für deren Familien und Freunde ist es nicht egal, ob sie in einer geschlechtergerechten Welt leben können oder nicht, ob sie ihre Potenziale entfalten können oder nicht, ob sie Fairness erleben und die gleiche Meinungsfreiheit genießen können wie ein Mann – ohne damit rechnen zu müssen, für offene Meinungsäußerungen beleidigende, verletzende und auf ihr Frausein, ihr Aussehen oder ihre Sexualität bezogene Kommentare oder Drohungen zu erhalten. Jede Frau sollte in jedem Job arbeiten können, ohne sich herablassende Bemerkungen anhören zu müssen, die ihre Kompetenz von vorneherein infrage stellen, oder Witze, die ihr suggerieren, hier ist unser Laden und du gehörst da nicht rein.

Für jede Frau macht es einen Unterschied, für den es sich zu kämpfen lohnt. Und für jeden Mann auch, denn eine geschlechtergerechte Welt bietet auch Männern mehr Wahlmöglichkeiten für ihr Leben, jenseits eingefahrener Stereotype und einseitiger kultureller Muster.

Deshalb kann die Konsequenz für uns alle, Frauen und Männer, nur eine sein: Weg mit den gläsernen Decken – weil es uns allen nützen wird!

Teil 3

Hierarchien einreißen – wie Demokratie auf Augenhöhe funktioniert

Volk und Regierung – ein zerrüttetes Verhältnis

Nach dem Eisernen Vorhang und den gläsernen Decken soll es auch im dritten Teil meines Buches um Barrieren gehen, die wir meines Erachtens dringend beseitigen müssen. In noch viel direkterer Art und Weise betrifft dieser Abschnitt als Bürgerinnen und Bürger uns alle.

Es geht um eine in allen demokratisch verfassten Staaten zentrale Frage, nämlich die Gewaltenteilung, also das Verhältnis zwischen dem Volk auf der einen und Legislative und Exekutive auf der anderen Seite. Mit der Legislative ist das Parlament gemeint, also unsere »Volksvertreter«, die Gesetze erlassen. Die Exekutive umfasst die Regierung sowie die Verwaltungen mit all ihren Behörden und Institutionen auf allen Ebenen vom Bund bis zu den Kommunen, die für die Umsetzung der Gesetze zuständig sind. Die Gerichtsbarkeit, als Dritte im Bunde, die Judikative, stellt fest, ob wir alle uns an die Regeln halten, und verfügt Strafen, wenn das nicht der Fall ist. Auch die spielt natürlich eine wichtige Rolle, wenn wir von Gewaltenteilung reden, die in unserer Verfassung fest geschrieben ist.

Über all diesen geteilten Mächten schweben eigentlich wir, das Volk, der Souverän des Landes, als mächtigste Kraft. Eigentlich. Aber sind wir das wirklich? Diese eher rhetorische Frage möchte ich beantworten und auch Antworten geben auf die sich anschließenden Fragen: Wie können wir uns die fehlende Verfügungsgewalt zurückerobern? Wie muss eine Demokratie beschaffen sein, um die aus dem Gleichgewicht geratene Machtverteilung wieder in Richtung Volk zu verschieben? Wie bedingen Transparenz und Teilhabe einander, und wie lassen sie sich realisieren?

Der aktuelle Zustand ist ein trauriger: Das Verhältnis von Volk und Politikern scheint von tiefem Misstrauen von beiden Seiten geprägt. Forscht man in Umfragen nach dem Grad des Vertrauens, das die Bürger ihren Volksvertretern entgegenbringen, erhalten diese regelmäßig mieseste Werte. Umgekehrt werden wir Bürger vom Staat unter Generalverdacht gestellt (zum Beispiel Empfänger von Sozialleistungen unter den Verdacht des Sozialbetrugs) und massenhaft und ohne Anlass überwacht. Dieses gegenseitige Misstrauen ist jedoch eine große Barriere, wenn es um die Suche nach Lösungen unserer Probleme geht. Nur miteinander können wir die gewaltigen Herausforderungen unserer Zeit bewältigen und letztlich auch das große Ziel erreichen, eine Gesellschaft zu schaffen, in der alle Menschen das größtmögliche Maß an Glück erlangen können.

Bis dahin, scheint es mir, ist es noch ein weiter Weg. Zu groß ist die Entfremdung der Politik vom Alltag der Menschen. Zu konservativ die Mehrheit der Abgeordneten, von denen die meisten nicht einmal das Ausmaß der längst vollzogenen Entwicklungen begreifen, geschweige denn eine Vorstellung davon haben, wie die Zukunft aussehen könnte. Die immer noch an Stellschrauben von gestern drehen, um die Gesellschaft auf die Welt von morgen vorzubereiten – was natürlich nicht geht.

Die Politiker repräsentieren aber nicht nur unsere Zeit nicht mehr, sie repräsentieren auch das Volk nicht mehr. Eine politische Klasse hat es sich in unseren Parlamenten bequem gemacht, die sich von der Ministerialbürokratie oder gleich von Lobbyisten die Gesetzesvorlagen schreiben lässt, sich ansonsten recht bedeckt hält und nur ein sehr begrenztes Interesse an dem hat, was Bürger wollen – außer, es ist gerade Wahlkampf, dann passen sie kurzfristig die Rhetorik an und fangen an zu twittern.

Bei unserem Wunsch nach Veränderung der Gesellschaft wird das Internet eine entscheidende Rolle spielen. Denn es gibt uns mächtige Werkzeuge in die Hand, um ein wichtiges Ziel zu erreichen – Menschen und ihre politischen Vertreter wieder auf Augenhöhe zu bringen. Gleichzeitig birgt das aber auch große Gefahren für unsere Demokratie, nämlich die Überwachung von Bürgern durch ihren Staat, der einerseits offenbar »gläserne Bürger« regieren und kontrollieren will, sich selbst aber strikt weigert, ein »gläserner Staat« zu werden.

In einer digitalen Gesellschaft verlieren nationale Grenzen an Bedeutung. Während kulturelle Phänomene wie Fernsehserien oder ein bestimmter Musikstil früher häufig regional oder national begrenzt waren, entsteht heute mehr und mehr ein globaler Puls, der uns ein internationales kollektives Gedächtnis beschert. Auch die Art der Entstehung und die Geschwindigkeit ihrer Verbreitung haben sich stark verändert. Heute begeistern kurze Clips wie Gangnam Style oder Harlem Shake Hunderte von Millionen Menschen überall auf der Welt, weil sie innerhalb kürzester Zeit von den Fans aufgegriffen, kopiert und verändert wurden. Diese Fans schufen unzählige neue Versionen mit unglaublicher Kreativität und trugen auf diese Weise mit einer kindlichen Begeisterung alle zu einem weiteren Puzzlestein im globalen kulturellen Gedächtnis bei. Sie alle vereint der Geist des Schöpfens und des Teilens für ein größeres Ganzes. Das ist der Geist der neuen Zeit, einer Zeit, in der nicht nur das sogenannte »geistige Eigentum« neu definiert werden muss, sondern auch Rechtsgrundlagen für andere Formen des kollektiven Eigentums geschaffen werden müssen. Vor uns liegt das Zeitalter des Commonismus und der Shareconomy. Viele Menschen beginnen bereits nach seinen Regeln zu leben. Nur unsere Politik, die hat das noch nicht begriffen, sie hat noch nicht einmal eine Vorstellung davon. Sie macht hinter verschlossenen Türen, alimentiert und beeinflusst von finanzkräftigen Lobbyisten, Gesetze für eine vergangene Zeit.

Genau aus diesen Gründen wurden inzwischen die Wutbürger als Mutbürger wiedergeboren. Auch der Ruf nach mehr Demokratie ist ein internationaler. Er war der bestimmende Ton der Arabischen Revolutionen, er war der Geist der Occupy-Bewegung, und er ist die Ursache für die Entstehung von Piratenparteien in mehr als 40 Ländern.[143]

Seit Jahren reagieren immer mehr Länder auf das gestiegene Bedürfnis der Menschen nach Teilhabe. Open Government entstand, die politische Strategie der Öffnung von Regierung und Verwaltung gegenüber der Bevölkerung, und wurde selbst von Regierungschefs großer Nationen wie USA und Großbritannien ganz oben auf die politische Agenda gesetzt. Nur in Deutschland tut sich wieder mal (fast) nichts. Von einer Strategie oder Agenda keine Spur. Bei uns ist ersatzweise die Zivilgesellschaft recht aktiv und versucht, von unten nach oben Veränderungen durchzusetzen. Manchmal klappt das sogar, aber das ist weder nachhaltig noch ausreichend, noch führt es zu einer konsistenten Entwicklung.

Was uns fehlt, ist eine echte Vision für unser Demokratie-Upgrade. Aber ich möchte keine Vision entwickeln, deren Verwirklichung sich kein Mensch vorstellen kann. Zum Glück sind viele einzelne Elemente dieses Upgrades, wie ich es mir vorstelle, schon ganz oder teilweise irgendwo auf der Welt umgesetzt worden, funktionieren und zeigen die Vorteile in der Praxis. Was liegt also näher, als diese vielen Erfahrungen einfach zu einem Best-of zu bündeln und in ein umfassendes Konzept einzubetten? Diese meine Vision möchte ich vorstellen und in einen gesamtgesellschaftlichen Diskurs einbringen.

Das Volk traut der Regierung nicht

Nebeneinkünfte, Spenden und Sponsoring – intransparente Geldquellen

Unser Volk hat die Nase voll von der Politik. Das weiß man, seit es Umfragen gibt, aber man weiß es auch angesichts der steigenden Zahl der Nichtwähler – sie machen immer häufiger den größten

Wählerblock aus. Politiker, so heißt es auch am Stammtisch oft, die arbeiten doch alle nur für sich und ihre eigenen Interessen.

Das ist natürlich ein stark verallgemeinernder Vorwurf, aber man sieht Politikern halt nicht an, ob sie eine weiße Weste unter dem Jackett tragen. Sie behaupten es natürlich alle, und bei sehr vielen stimmt das sicher, aber sehen und beurteilen kann ich als Wählerin und Bürgerin das nicht. Es gibt jedoch viele strukturelle Elemente in unserem System, die mich an der Lauterkeit einiger Akteure zweifeln lassen.

Nehmen wir den seltsamen Umstand, dass Deutschland zu den ganz wenigen Ländern gehört (neben Nordkorea, Sudan und Syrien), die die UN-Konvention gegen Korruption noch nicht ratifiziert haben, obwohl auch die deutsche Regierung sie schon 1999 unterzeichnet hat, einschließlich der Aktualisierung von 2003.[144] Bisher scheitert die Ratifizierung daran, dass alle Bundesregierungen sich seither weigerten, die dafür nötige stärkere Bestrafung von Abgeordnetenbestechung in nationales Recht umzusetzen. Es scheint absurd, dass inzwischen sogar die CEOs von Großkonzernen die Ratifizierung fordern, weil sie sich auf dem Weltmarkt Wettbewerbsnachteilen ausgesetzt sehen. Immer wieder wird Deutschland international dafür kritisiert, unter anderem vom Europarat, der unserer Regierung ungenügende Regelungen zur Parteienfinanzierung vorwirft.[145]

Die Staatengruppe gegen Korruption des Europarats, deren Gründungsmitglied Deutschland ist, hat schon 2012 die zweite Stufe eines Rechtsverletzungsverfahrens (Non-Compliance-Verfahren) gegen Deutschland eingeleitet, weil von 20 Empfehlungen, die der Europarat 2009 für Deutschland aussprach[146] – alle bezogen sich auf Transparenz in der Parteienfinanzierung und die Kriminalisierung von Korruption –, nur vier umgesetzt worden waren.[147]

In einer repräsentativen Befragung des Meinungsforschungsinstituts Emnid haben Anfang 2012 fast 80 Prozent der Befragten erklärt, dass sie unzufrieden sind mit den strafrechtlichen Konsequenzen für Amtsträger, die ihre Positionen missbrauchen. Drei

Viertel sind unzufrieden mit den vorhandenen Maßnahmen und Regelungen, Korruption in Politik und Verwaltung zu bekämpfen.[148] Überall sieht man also Handlungsbedarf in diesem für eine Demokratie so wichtigen Feld. Nur nicht im Bundestag. Warum weigern sich unsere Abgeordneten, die Deklaration zu ratifizieren? Wenn alle Westen weiß sind, warum dann die peinliche Blockade?

Nicht anders ist es mit den Nebeneinkünften Abgeordneter. Erst aufgrund des hohen öffentlichen Drucks durch Bekanntwerden der Nebenaktivitäten des damaligen SPD-Kanzlerkandidaten Steinbrück wurde die bestehende Altregelung nachgebessert. Statt Nebeneinkünfte nur in drei Stufen einzuordnen und zu veröffentlichen, sind jetzt 13 Stufen vorgesehen. Allerdings zeigt eine Übersicht des Internetportals Abgeordnetenwatch.de, dass von den 1,2 Millionen Euro, die der damalige Kanzlerkandidat neben seiner Tätigkeit als Bundestagsabgeordneter insbesondere durch Vorträge verdient hat, nach der neuen Regelung nur für lächerliche 2 Prozent seiner Einkünfte mehr Transparenz geschaffen würde als nach der alten.[149] Es ist schwer vermittelbar, wieso ein Bundestagsabgeordneter selbst wichtige Abstimmungen schwänzt, um anderswo gegen Bezahlung Vorträge zu halten. Es ist noch schwerer vermittelbar, wenn ein SPD-Spitzenpolitiker einer verarmten SPD-regierten Kommune im Ruhrgebiet für einen Vortrag 25.000 Euro abknöpft. So ein Verhalten erschüttert natürlich das Vertrauen in unsere Abgeordneten. Bei der SPD kann man damit Kanzlerkandidat bleiben, das ist ja auch schon eine Aussage, denn es bedeutet den Abschied von ursozialdemokratischen Grundwerten und von der Orientierung an der Lebenswirklichkeit einfacher Menschen.

Überhaupt, die ganzen Nebenjobs. Ich war ja einmal der Annahme, Volksvertreter sei ein Vollzeitjob. Da ist man so unabkömmlich, dass man als junge Mutter oder junger Vater nicht einmal Elternzeit nehmen oder in Teilzeit arbeiten darf. Aber das ist natürlich ein Irrtum – nicht das mit der Elternzeit oder dem

Teilzeitvertrag, aber das mit dem Vollzeitjob in der Praxis. Natürlich gibt es Abgeordnete, die sich auf die anstrengende und verantwortungsvolle Arbeit, das Volk zu vertreten, voll konzentrieren. Ich kenne solche PolitikerInnen auch und schätze sie sehr. Aber es gibt sehr, sehr viele, die dem Abgeordnetendasein nicht ihre ganze Arbeitszeit widmen wollen. Weil sie nebenbei Kanzlerin sind oder Bundesminister oder Aufsichtsrat oder Rechtsanwältin oder gleich mehrere solcher Aufgaben parallel ausüben. Wie kann ein Bundesminister noch nebenbei ein anständiger Abgeordneter sein? Wie kann das eine Kanzlerin? Im Jahr 2013 waren von 16 Kabinettsmitgliedern nebenbei 14 auch Bundestagsabgeordnete. Rein rechtlich gilt übrigens Kanzlerin oder Bundesminister sein als Nebentätigkeit, die Einkünfte aus diesen Tätigkeiten sind als Nebeneinkünfte zu deklarieren. Es ist schon lustig, dass wir eine Kanzlerin haben, die ihren Job als Nebenbeschäftigung ausübt.

Problematisch ist vor allem die durch diese Praxis gestörte Gewaltenteilung. Wir erinnern uns: Die Legislative (das Parlament) macht die Gesetze, die Exekutive (dazu gehört nicht nur die Verwaltung, sondern auch die Bundesregierung) setzt sie um. Die Legislative kontrolliert die Exekutive. Aber wie soll das gehen, wenn in der Praxis Mitglieder der Exekutive auch Mitglieder der Legislative sind? Wie soll denn dieselbe Person sich selbst kontrollieren, ohne die Objektivität dabei zu verlieren? Das ist wie Aufsichtsrat und Vorstand in einer Person. In der Wirtschaft wäre das verboten und irrational. In der Politik ist es normal. Es ist mir ein Rätsel, warum dieser Skandal nicht stärkere Empörung hervorruft. Ich fühle mich als Bürgerin dieses Staates dadurch an der Nase herumgeführt, da dies faktisch die Gewaltenteilung aufhebt. Das zugrunde liegende Konzept wurde schon Ende des 18. Jahrhunderts entwickelt, um Freiheit und Gleichheit zu sichern und die Staatsmacht zu begrenzen, denn in der Zeit des Absolutismus waren Machtmissbrauch und Willkür an der Tagesordnung. Beides sind aber immer noch latente Gefahren – auch in einer demokratischen Staatsform. Daher braucht es unbedingt eine effektive

Gewaltenteilung und nicht politische Akteure, die auf beiden Seiten des Feldes spielen.

Der bisher übliche Grad an Intransparenz bei Nebentätigkeiten wirft aber noch weitere Fragen auf: Wer bekommt von wem Geld? Wofür? Wie viel? Alles das müssten wir Bürger genau wissen, um uns eine Meinung darüber bilden zu können, ob Abgeordnete ihre Entscheidungen nach Wissen und Gewissen oder vielleicht doch unter Einfluss von wirtschaftlichen Vorteilen getroffen haben. Ist es Zufall, dass das Finanzministerium unter Steinbrück einer gewissen Agentur Aufträge für mehr als eine Million Euro erteilt hat und ebenjene Agentur später Herrn Steinbrück zu lukrativen Vorträgen einlud? Ist es Zufall, dass ein Kanzler Gerhard Schröder die Verträge zur neuen Gaspipeline mit Russland unterschrieb und nur ein paar Monate nach seiner Amtszeit ausgerechnet von dem Unternehmen als Aufsichtsratsvorsitzender berufen wurde, das Eigentümer und Betreiber ebenjener Erdgaspipeline ist?[150] Diese Liste fragwürdiger Verwicklungen hochrangiger Politiker ließe sich noch sehr lang fortsetzen.

Besonders groß ist die Abneigung gegen die Offenlegung von Nebenaktivitäten bei Abgeordneten, die zugleich Anwälte sind. Sie berufen sich auf ihre Schweigepflicht gegenüber Mandanten. Dabei ist es nicht egal, ob eine Anwältin als Abgeordnete ein Gesetz zur Rettung von Banken verabschiedet und zugleich Banken zu ihren Mandanten zählen. Es liegt daher wohl auch an der massiven Präsenz von Juristen im Bundestag, dass die Blockade eines Antikorruptionsgesetzes und von Regelungen für mehr Offenheit bei Nebeneinkünften anhält. Immerhin sind fast ein Viertel der Bundestagsabgeordneten Juristen.

Auch auf Landesebene besetzen viele Minister gleichzeitig unterschiedlichste Funktionen. Beliebt sind Aufsichtsratsposten, die zum Teil qua Amt ausgeübt werden. Manchmal werden daraus resultierende Nebeneinnahmen an den Staat abgeführt, aber es bleibt dennoch ein Geschmäckle. Abgesehen von der Verflechtung wirtschaftlicher mit politischen Aufgaben stellt sich auch die Frage, wie man denn um alles in der Welt so viele höchst anspruchsvolle Aufgaben nebeneinander ausüben kann, etwa wenn ein SPD-Minister in Baden-Württemberg zugleich siebenfacher Aufsichtsrat ist, unter anderem in so großen Unternehmen wie der Landesbank und der EnBW. Auch der baden-württembergische Chef der Staatskanzlei hat sechs solcher Aufsichtsratsmandate inne, der Verkehrsminister immerhin noch fünf. Beide sind grüne Minister.[151] Die Zeiten sind wohl vorbei, wo die Grünen gegen Postenhäufung Stimmung machten. Das war damals, als sie selbst noch keinen Zugang zur Macht hatten.

Auch die gesamte Parteienfinanzierung finde ich hochgradig intransparent, und der Europarat sieht das genauso. Bürger erfahren viel zu spät und viel zu wenig über die Zahlungsströme, die von Privatpersonen oder Wirtschaftsunternehmen hin zu den Parteien fließen. Die meisten Informationen lassen sich den Rechenschaftsberichten der Parteien[152] entnehmen. Dumm nur, dass diese immer erst mit ein bis zwei Jahren Verzögerung veröffentlicht werden. Für das Jahr 2011 waren erst Ende März 2013 die Berichte zugänglich. Die bisherigen Transparenzregelungen sind auch in anderer Hinsicht ungenügend. Es gibt zwei relevante Grenzwerte: Erst ab 10.000 Euro sind Spenden mit dem Spendernamen zu veröffentlichen (aber eben erst in diesen Rechenschaftsberichten), und ab 50.001 Euro sind Spenden sofort bekannt zu machen. Dies allerdings nur, wenn die Spender nicht so clever waren, ihre Spenden einfach in kleineren Einheiten zu überweisen – addiert wird für diesen Grenzwert nämlich nicht. So kommt es dann auch, dass selbst Spenden in Höhe von 135.000 Euro an die CDU erst mit 15-monatiger Verspätung offengelegt werden, weil die großzügige Deutsche Vermögensberatung AG geschickt im Stückeln war.[153] Die stark verzögerte Veröffentlichung selbst von Großspenden macht eine Beobachtung und Beurteilung der Zusammenhänge von Spenden und politischen Entscheidungen viel schwieriger und Konsequenzen fast unmöglich.

Auch der Grenzwert von 10.000 Euro für namentlich zu benennende Spender ist viel zu hoch, denn auch die können durch geschickte Verteilung auf verschiedene Personen komplett durch das Raster fallen. Auf diese Weise sind 75 Prozent aller Parteispenden völlig intransparent. Sie werden einfach nur als Gesamtsumme veröffentlicht – 2011 immerhin 39 Millionen Euro.[154]

Eine beliebte Methode, Einnahmen zu verschleiern, ist auch das Sponsoring. Es muss überhaupt nicht einzeln deklariert werden, sondern taucht in den Rechenschaftsberichten der Parteien nur als Sammelposten mit sonstigen Einnahmen auf. Dabei ist es kein Geheimnis, dass etwa Parteitage gute Geldquellen sind, weil bis zu hundert Sponsoren die Gelegenheit nutzen, möglichst viele Politiker auf einmal für sich einzunehmen. Da kann ein Stand auf einem Parteitag schon mal mehr kosten als auf einer internationalen Messe. Die SPD nahm beispielsweise 2011 auf ihrem Parteitag 480.000 Euro ein.[155] Peanuts sind das nicht mehr.

Manchmal nimmt die Geldakquise auf Parteitagen schon groteske Züge an. So titelte der *DER SPIEGEL* im Jahre 2010: »Angebot an Sponsoren: NRW-CDU verkauft Gesprächstermine mit Rüttgers«. Für bescheidene 20.000 Euro konnten flüssige Unternehmen sich einen 15 Quadratmeter großen Stand und ein Einzelgespräch mit dem Ministerpräsidenten auf einem Parteitag buchen. So etwas wird sicher gern genommen. In diesem Fall hatte allerdings jemand das Angebot geleakt, und so wurde es etwas peinlich für die CDU.

Noch unauffälliger sind Einnahmen durch teure Anzeigen in Medien, die von Parteien verlegt werden. Ihr Werbewert ist gering, aber dafür bringen sie andere Vorteile für den Spender, pardon, Sponsor bzw. Anzeigenkunden. Erstens wird die finanzielle Unterstützung einer bestimmten Partei nicht veröffentlicht, zweitens kann man den ganzen Beitrag vollständig von der Steuer absetzen. Das geht bei größeren Spenden nur begrenzt. So finanziert auf einem Umweg verminderter Steuereinnahmen der Staat selbst einen nennenswerten Teil dieses Sponsorings an die Parteien. Drittens erhofft sich der edle Sponsor natürlich Goodwill vonseiten der Politik. Das nennt man Lobbyismus.

Eigentlich sollten sich Parteien ja primär durch Mitgliedseinnahmen finanzieren. Aber inzwischen ist der Anteil der Mitgliedsbeiträge an der Gesamtfinanzierung der Parteien auf ein Viertel gesunken. Mit anderen Worten: 75 Prozent der Einnahmen stammen nicht von den Mitgliedern, sondern sind Zuschüsse des Staates oder Spenden und Sponsoring von Dritten. Den starken Rückgang der Mitgliederzahlen in allen großen Parteien mussten offenbar kreative Finanzstrategien ausgleichen. Das *Handelsblatt* spricht folgerichtig von einem sprunghaften Anstieg der »Einnahmen aus Veranstaltungen, Druckerzeugnissen und sonstigen Einnahmen« seit 2003.[156]

Aber diese Praxis ist nicht nur Usus bei Parteien, selbst das Bundespräsidialamt, der Berliner Regierende Bürgermeister oder einzelne Bundesländer lassen sich große Feste von Firmen sponsern. Dabei üben sie auch Druck aus. Ich habe selbst erlebt, wie energisch ein Vertreter eines Bundeslandes werden kann, wenn er möchte, dass ein Unternehmen das Sommerfest der entsprechenden Landesvertretung unterstützt. Wenn hier Geld fließt, dann keineswegs nur, weil Unternehmen das so wollen, sondern oft, weil sie klare Signale von ihren Geschäftspartnern der öffentlichen Hand erhalten, mit denen sie es sich nicht verderben wollen. So entsteht Filz.

Allein ein Sommerfest des Bundespräsidenten sammelt mal eben 1,8 Millionen Euro an Sponsorengeldern von Großunternehmen ein. Die Gegenleistung ist dann nicht nur die Chance, sich vor erlesenem und einflussreichem Publikum am eigenen Stand zu präsentieren, sondern auch die Möglichkeit, 50 Personen auf die Gästeliste zu setzen.[157] Da kommen dann ein paar Vertreter des sponsernden Unternehmens, aber das Gros sind Journalisten oder andere wichtige Menschen, die sicher sehr dankbar dafür sind, dass man ihnen Zugang zu einem solchen High-Society-Event erkauft hat. Immerhin hat das suspekte Verhalten des Kurzzeitbundespräsidenten Christian Wulff und sein Ruf, stets einen wirtschaftlichen Vorteil für sich zu suchen, dazu beigetragen, dass sein Nachfolger im Amt die jahrelange Sponsorenpraxis zumindest auf Sachsponsoring begrenzt hat. Im Jahr 2012 co-finanzierte das Bundespräsidialamt seine Party mit 500.000 Euro aus eigenen Mitteln. Darüber empörten sich dann potenzielle und ehemalige Geldsponsoren – eine so schöne Gelegenheit, sich Kontakte zu erkaufen, war dahin.[158]

Gänzlich unverständlich ist es, wenn Unternehmen, an denen die öffentliche Hand Beteiligungen hält, Feste derselben öffentlichen Hand finanzieren. Dennoch ist es normal in Deutschland. Ein Journalist der *taz* erstritt vor Gericht, dass er Informationen über die Sponsoren des Berliner Sommerfestes erhielt. Er überführte so den Regierenden Bürgermeister Wowereit der Lüge, denn der hatte behauptet, Steuergeld fließe nicht für das Fest, alles werde von 90 Sponsoren bezahlt. Die Sponsoren gab es zwar, aber unter ihnen waren landeseigene Betriebe, die sich teilweise zu hundert Prozent in öffentlichem Besitz befinden. »Rechte Tasche, linke Tasche« nennt man das oder Missbrauch von Steuergeldern. Selbst die inzwischen in Verruf geratene Flughafengesellschaft, deren Aufsichtsratsvorsitzender Klaus Wowereit seinerzeit war, gehörte zu den Großspendern.[159] Verflechtungen, wohin man schaut, und überall herrscht die gleiche Abneigung dagegen, Transparenz zu schaffen.[160]

Noch mehr Geld – Parteien als Selbstbedienungsladen für die politische Klasse

Im Frühjahr 2013 erschien ein Buch von Hans Herbert von Arnim, einem renommierten Rechtswissenschaftler, der sich mit scharfen Analysen zu den Grundfragen von Staat und Gesellschaft einen Namen gemacht hat. Es heißt *Die Selbstbediener* und beschreibt anhand vieler deprimierender Fakten, wie Politiker in Bayern »sich den Staat zur Beute machen«.[161] Überall in der Republik erleben wir, dass eine politische Klasse sich selbst die idealen Rahmenbedingungen schafft. Anders als in allen anderen Berufen entscheiden hier die Bezieher über die Höhe der Bezüge und die Konditionen, die daran geknüpft sind, über Sonderzuschläge, die Ausstattungen der Fraktionen und über die Budgets für die Beschäftigung von Mitarbeitern – ganz allein. Kein Wunder, dass Diäten und Aufwandspauschalen recht großzügig ausfallen. Da kann man als Arbeiterin in einer Fabrik oder als Buchhalter in einem Großraumbüro schon ein wenig neidisch werden.

In Bayern regiert die CSU seit Jahrzehnten immer wieder mit absoluter Mehrheit. Vielleicht liegt es daran, dass man im Freistaat dieses System weit über die Grenzen des Sittlichen hinaus ausnutzte. Ohne unabhängige Kontrolle korrumpiert wohl jedes System.

Von Arnim führt in seinem Werk aus, wie in Bayern Gesetzesänderungen zugunsten der finanziellen Ausstattung von Parlamentariern und Fraktionen ganz ohne Debatte im Plenum von den Beteiligten abgenickt wurden. Immerhin hatten ja auch alle persönlich etwas davon. Von Arnim nennt das »parlamentarische Geheimverfahren«.

Liebe Leser, wenn Sie nicht zu dem einen Prozent Topverdienern Deutschlands gehören, machen Sie es sich erst bequem auf irgendeiner Sitzgelegenheit, bevor Sie hier weiterlesen:

1. Von 18 bayerischen Regierungsmitgliedern hatten 16 in 2013 zusätzlich ein Landtagsmandat. Sie beziehen hohe Mehrfachbezüge. Ein Minister in Bayern mit Sitz im Landtag kommt auf über 20.000 Euro monatliche Bezüge, selbst ein Staatssekretär verdient über 19.000 Euro und damit mehr als die Bundeskanzlerin für ihr Amt.[162]
2. In keinem anderen Bundesland sind steuerfreie Kostenpauschalen so hoch wie in Bayern. Drei Länder haben überhaupt keine steuerfreie Kostenpauschale, fünf weitere Länder zahlen dafür unter 1000 Euro je Abgeordneter. Die bayerischen Abgeordneten beziehen jedoch 3214 Euro – steuerfrei. Dazu kommt die zu

versteuernde Abgeordnetenentschädigung von über 7000 Euro (auch damit gehört Bayern zu den drei am meisten zahlenden Ländern).[163]

3. Die Gehälter für persönliche Mitarbeiter von Landtagsabgeordneten betrugen 2013 mit 9773 Euro mehr als 1500 Prozent des Wertes von 1981 und fast das Zehnfache des Gehaltes, das in Berlin gezahlt wird.[164]
4. Erst seit dem Jahr 2000 (nach einem Bericht der Sendung *Panorama*) wurde es bayerischen Landtagsabgeordneten untersagt, Ehegatten und eigene Kinder als Mitarbeiter anzustellen. Altverträge blieben bestehen. Die Beschäftigung war jedoch nur für Verwandte ersten Grades verboten worden. Angestellte Geschwister, Tanten und Cousins blieben legal. Im Bundestag ist das streng verboten, in Bayern war es normal. Selbst die Grünen hatten für diese Regelung gestimmt.[165]
5. Fraktionen dürfen nach dem geheim verabschiedeten Fraktionsgesetz Extradiäten für Funktionäre zahlen. Die Höhe der Extradiät und die Namen der Empfänger sind nicht veröffentlichungspflichtig – ein klarer Verstoß gegen das Transparenzgebot.[166] Die CSU zahlte ihren Fraktionsfunktionären 2011 fast 800.000 Euro.[167]
6. Die Fraktionen selbst haben ihr Staatsgeld in fünf Jahren um 50 Prozent erhöht – sie erhalten nun fast 16 Mio. Euro, bis in die späten 60er-Jahre war es nicht einmal eine halbe Million Euro.[168]
7. Die gesamte direkte und indirekte Parteienfinanzierung explodierte von 1,1 Mio. Euro auf 33,5 Mio. Euro in nicht einmal vierzig Jahren – ein Anstieg auf über 3000 Prozent des ursprünglichen Wertes.[169]

Die Buchveröffentlichung wirbelte in Bayern viel Staub auf. Die Landtagspräsidentin erklärte der Presse, der Verfasser würde damit seinen »Generalangriff auf die demokratische Grundordnung fortsetzen«.[170] Wer das Buch aufmerksam liest, wird eher aus einer anderen Richtung einen Generalangriff auf die demokratische Grundordnung feststellen – einen durch das Geld. Wenig später wurde bekannt, wie viele Verwandte ersten Grades tatsächlich im bayerischen Landtag beschäftigt waren: 17 Landtagsabgeordnete hatten enge Familienmitglieder angestellt, Ehegatten und Kinder, sie alle genossen den Schutz von Altverträgen. Fraktionschef Georg Schmid zahlte seiner Ehefrau bis zu 5500 Euro monatlich, 23 Jahre erledigte sie als Ein-Frau-Unternehmen Büroaufgaben für ihn, möglicherweise sogar als Scheinselbstständige.[171] Aber auch Minister und Staatssekretäre – die (siehe oben) bereits fürstlicher entlohnt werden als Ministerpräsidenten anderer Bundesländer – betrieben Vetternwirtschaft auf Bayerisch, darunter Kultusminister Ludwig Spaenle, der seine Gattin fast zwei Jahrzehnte von Steuergeld bezahlte, und Justizministerin Beate Merk, die ihre eigene Schwester anstellte.

Jedes fünfte CSU-Landtagsmitglied hatte enge Familienangehörige beschäftigt. Selbst Finanzstaatssekretär Franz Pschierer und Innenstaatssekretär Gerhard Eck gehörten dazu. Der peinlichste Fall ist jedoch der Chef des Haushaltsausschusses (!) im bayerischen Landtag, Georg Winter. Er beschäftigte nicht nur seine Ehefrau, sondern auch seine beiden Söhne. Seine Frau arbeitete für ihn seit 23 Jahren, seine Söhne zufällig seit dem Jahr 2000. Er stellte sie ein, kurz bevor das Verbot der Beschäftigung für Verwandte ersten Grades in Kraft trat, seitdem erhielten sie ebenfalls Steuergeld von ihrem Vater. Besonders pikant: Damals waren seine Söhne erst 13 und 14 Jahre alt. Kinderarbeit also, nur um anschließend für fast anderthalb Jahrzehnte die ganze Familie zu beschäftigten und das »ärmliche« Haushaltseinkommen aufzubessern.[172] Ausschussvorsitzende wie Georg Winter bekommen übrigens enorme Extradiäten in Bayern. Aber Gier kennt ja manchmal keine Grenzen.

CSU-Parteichef und Ministerpräsident Horst Seehofer erklärte, er habe keine Ahnung von dieser Ausnahmeregelung gehabt und auch nicht davon, wie großzügig seine CSU-Kollegen sie ausnutzten. Der anstehende Wahlkampf sorgte dafür, dass der CSU-Fraktionschef seinen Hut nehmen musste[173], Arbeitsverträge hastig gekündigt, einige Rückzahlungen getätigt wurden und innerhalb weniger Wochen ein Gesetz durch den Landtag gejagt wurde, das diese alte Ausnahmeregelung aufheben sollte. Seehofers Argument dafür: So eine Regelung sei der Bevölkerung heute nicht mehr vermittelbar.[174] Ich frage mich, ob so eine Regelung jemals normalen Menschen vermittelbar war und ob es nicht einfach nur deshalb so lange gut ging, weil die Bevölkerung nichts von dieser Praxis ahnte.

Seit dem 1. Juni 2013 gilt ein neues Abgeordnetengesetz in Bayern, das die Beschäftigung von Verwandten bis zum vierten Grad verbietet. Selbst Überkreuzbeschäftigung von Verwandten anderer Abgeordneter ist nun bis zum dritten Grad verboten. Eine neue Altfallregelung wurde ausgeschlossen, alte Verträge waren zu kündigen.[175] An dieser Buchveröffentlichung und ihren Folgen kann man die Macht der Transparenz erkennen. Nur im Dunkeln lassen sich schwarze Westen verbergen, dort wuchern Filz und Selbstbedienung.

Für von Arnim stellt die verdeckte Parteienfinanzierung aber noch aus einem anderen Grund ein Problem für unsere Demokratie dar: Sie benachteiligt kleine Parteien überproportional. So hat in Bayern die Linke nur 4,35 Prozent der Stimmen erhalten und ist damit an der Fünfprozenthürde gescheitert. Aber sie hat ein Anrecht auf staatliche Zuschüsse, die direkte Parteienfinanzierung. An die Linken in Bayern flossen etwa 115.000 Euro[176] – das ist etwa ein Zweihundertstel der Gelder, die der CSU durch direkte und indirekte Parteienfinanzierung zur Verfügung stehen. Wenn diese Gelder entsprechend dem Stimmenanteil einer Partei gezahlt worden wären, dann müsste die CSU 860 Prozent der Wählerstimmen errungen haben. Natürlich fallen bei einer Partei, die eine Fraktion in einem Landtag unterhält, mehr Kosten an als bei einer nicht im Landtag vertretenen, und es macht Sinn, dafür auch zusätzliche Gelder zu zahlen. Aber diese sollten in einem Verhältnis stehen, der den Wettbewerb zwischen großen und kleinen Parteien nicht derart unfair gestaltet.

Neue Parteien haben es durch die aktuellen Regelungen der Parteienfinanzierung besonders schwer. Das benachteiligt auch die Piratenpartei stark. Großspenden finanzkräftiger Unternehmen, wie sie die meisten anderen Parteien erhalten, die in deutschen Parlamenten sitzen, erhalten die Piraten nicht – zu stark setzen sie sich gegen Lobbyismus und gekaufte Politik ein, damit macht man sich keine spendablen Freunde. Durch all diese Gründe sind die Einnahmen der Piratenpartei stärker von den Mitgliedsbeiträgen abhängig – und die sind niedrig, um möglichst vielen Menschen ein Mitmachen zu ermöglichen. Das sind zwar lautere Gründe, aber sie führen zu einer geradezu prekären Einnahmesituation, die das deutsche Recht zur Parteienfinanzierung noch weiter verschärft. Nach dem Gesetz wird zwar pro erhaltener Wählerstimme eine Wahlkampfkostenerstattung aus Steuergeldern bezahlt, aber nur bis zur Höhe der eigenen Parteieinnahmen. Bei mehreren Landtagswahlen war die Piratenpartei erfolgreich, selbst bei Bundestagswahlen kamen sie über die für Wahlkampfkostenerstattungen erforderliche Mindestgrenze. Daraus leiten sich Ansprüche ab – von denen die Partei trotzdem weniger hat, da viele dieser Ansprüche verfallen, mangels eigener Einnahmen aus Spenden, Sponsoring und wirtschaftlichen Geschäftsbetrieben. Anständig sein zahlt sich für eine Partei in Deutschland nicht aus. Wer Geld hat, dem wird auch noch mehr Geld gegeben. Das handhabt jede Bank so, aber eben auch unser Staat. Es weiß bloß nicht jeder.

Lobbyismus – die unsichtbare Unterwanderung der Legislative

Das Vertrauen der Bevölkerung in seine Volksvertreter, in die Regierungen unterschiedlicher föderaler Ebenen und die Verwaltung wird noch durch einen weiteren Umstand erschüttert: die anhaltende Weigerung der Politik, gesetzliche Grundlagen für mehr Transparenz hinsichtlich des real existierenden Lobbyismus zu schaffen. Dieses Problem hat zwei Seiten. Die erste Hälfte des Problems liegt darin begründet, dass heute nicht nur die Legislative, also das Parlament, Gesetzesvorlagen verfasst, sondern ein Großteil bereits fertig geschrieben aus der Exekutive kommt, erstellt in der Ministerialbürokratie. Das Parlament ist dafür dankbar, denn trotz großzügiger Personalausstattung sieht man sich dort nicht in der Lage, alle Gesetze selbst zu schreiben. Das ist aus den gleichen Gründen bedenklich wie die Tatsache, dass Regierungsmitglieder zugleich auch Abgeordnete eines Parlaments sind: Die Gewaltenteilung wird ausgehöhlt.

Die zweite Hälfte des Problems ist die grundsätzliche Intransparenz, wie und von wem Gesetze von der Entstehung bis zur Verabschiedung beeinflusst werden. Hierbei spielen die Lobbyisten verschiedenster Interessensgruppen eine immense Rolle. An Lobbyismus ist nichts grundsätzlich Falsches. Es gehört zum Wesen einer Demokratie, dass bestimmte Gruppen ihre Interessen zu Gehör bringen und sich für eine Politik einsetzen, die sie unterstützt. Aber in einer Demokratie sollte jeder wissen können, wer wen und wie beeinflusst hat, und es sollte nicht der den größten Einfluss haben, der über die meisten Ressourcen verfügt. Sonst wäre unser Parlament ein Basar, auf dem man Gesetze kaufen kann. So eine Demokratie kann niemand wollen.

Für den Bundestag und in zwei Bundesländern (Rheinland-Pfalz und Brandenburg) gibt es ein Lobbyregister, das die unterste Stufe der Transparenz im Lobbyismus darstellt. Im Regelfall ist das nur ein Verzeichnis mit Verbänden, die Interessen ihrer Mitglieder vertreten, und ein paar Stammdaten, die Adresse, die Anzahl der Mitglieder oder die Namen der Geschäftsführung oder eines bestimmten Lobbyisten. Weder Zeit, Ort, Inhalt, Adressaten noch verfügbare Budgets für gezielten Lobbyismus sind diesem Verzeichnis zu entnehmen, es bleibt ohne Erkenntnisgewinn, Lobbyisten von Einzelunternehmen fehlen ganz. Dabei haben viele Großunternehmen ganze Abteilungen, die sich mit nichts anderem beschäftigen. Sie nennen sich »Verbindungsbüro

Berlin«, »Legal and Corporate Affairs« oder auch nur »Büro Berlin« – in dem wie bei Google Menschen arbeiten, die »European Policy Counsel« als Jobbezeichnung haben oder einfach Mitglied im »Policy Team« sind. Schon zur Eröffnungsfeier dieses Google-Büros kamen zahlreiche Vertreter aus Politik und Regierung – so war es auch gedacht. Sie waren sogar Teil des Abendprogramms – fünf Bundestagsabgeordnete waren dort Gast einer digitalen Talkshow.[177] Allein das Budget der acht EU-Lobbyisten von Google wird laut EU-Transparenzregister auf über eine Million Euro im Jahr 2012 geschätzt.[178] Microsoft beschäftigt 17 EU-Lobbyisten, bei einem geschätzten EU-Lobbybudget von 4,5 bis 4,75 Millionen Euro.[179] Aber um beim Beispiel Google zu bleiben: Die Einflussnahme umfasst nicht nur die direkte Beschäftigung hauptamtlicher Lobbyisten, die sich den Parlamentariern widmen, sondern geschieht auch etwas subtiler, etwa indem die Wissenschaft oder die (in diesem Fall internetaffine) Zivilgesellschaft[180] für die eigenen Absichten instrumentalisiert wird. So finanziert Google ein Berliner Institut für Internet und Gesellschaft, das natürlich vorgibt, eine völlig unabhängige Forschungsinstitution zu sein – aber wer weiß, vielleicht hinterlassen die mehr als vier Millionen Euro, die dafür fließen, doch einen bleibenden positiven Eindruck auf die Forscher, die dadurch ihrer wissenschaftlichen Arbeit nachgehen können?

In diesem Zusammenhang muss ich auch meine eigene Biografie erwähnen, immerhin war ich drei Jahre Director Government Relations bei Microsoft. Parlamentslobbyismus wurde bei Microsoft Deutschland auch von einer eigenen Abteilung abgedeckt, die gleichzeitig zuständig war für alle rechtlichen Fragen. Ich arbeitete nicht dort, sondern war für die IT-Chefs in Verwaltungen zuständig. Mein Job war es, zu erreichen, dass meine Gesprächspartner eine positive Meinung von Microsoft bekamen, uns für ein innovatives Unternehmen hielten und dass Vorurteile abgebaut wurden. Die Regeln waren streng, das Budget mickrig, wir hätten einen Kunden nicht mal auf eine Tasse Kaffee einladen dürfen – aber das ändert nichts an der Tatsache, dass meine Rolle die einer Lobbyistin war, auch wenn ich mich nie mit dem Begriff identifiziert habe. Ich habe zum Beispiel auf der CEBIT an Rundgängen mit Politikern und IT-Chefs von Behörden teilgenommen und erlebt, wie Unternehmen versuchen, sich positiv darzustellen. Solange das alles unter den Augen der Öffentlichkeit stattfindet, ist dagegen nur bedingt etwas zu sagen. Ich hätte damals kein Problem damit gehabt, alle meine Termine mit Vertretern der öffentlichen Verwaltung und die besprochenen Themen offenzulegen. Wer anständig arbeitet, braucht Transparenz im Lobbyismus nicht zu fürchten.

Leider gibt es diese Transparenz nicht. Selbst die rudimentäre Form eines Lobbyregisters haben die meisten Bundesländer nicht. Niemand kann sich darüber informieren, welche Firmen welche Parlamentsfrühstücke zu welchen Themen veranstalten und wer daran teilnimmt. Die dürftigen Informationen dazu werden von Graswurzelorganisationen zusammentragen und veröffentlicht, Lobbypedia[181] ist ein Versuch, hier ein kleines Kerzenlicht ins Dunkel zu stellen.

Fraktionszwang und Ochsentour – wie der herrschende Politikbetrieb falsche Eigenschaften fördert

Fraktionszwang und Ochsentour[182] – die Begriffe klingen schon negativ, und was dahintersteckt, ist es auch, denn beides steht im Widerspruch zu einer funktionierenden, lebendigen Demokratie und trägt dazu bei, dass Bürgerinnen und Bürger die Integrität von Politikern immer häufiger in Zweifel ziehen.

Üblich ist der Einwand, dass es den Fraktionszwang, also den Druck auf einzelne Abgeordnete immer so zu stimmen wie die Parteifraktion, nicht gebe und er auch verboten sei. Verschleiernd ist deswegen gern von Fraktionsdisziplin die Rede.

Das Grundgesetz ist in der Sache eindeutig: Fraktionszwang ist verboten. Artikel 38 Absatz 1 des GG besagt, dass die Abgeordneten des Deutschen Bundestags »an Aufträge und Weisungen nicht gebunden und nur ihrem Gewissen unterworfen« sind. Aber wer einmal Parlamentsfernsehen gesehen oder anderweitig Einblick in den Parlamentsbetrieb bekommen hat, stellt schnell fest, dass Ergebnisse von Abstimmungen fast ausschließlich nach folgendem Schema verkündet werden: Die Fraktionen X und Y stimmen dafür, die Fraktionen A und B dagegen.

In der Bundestagsgeschäftsordnung gibt es keine Vorgabe zum Abstimmverhalten nach Fraktionszugehörigkeit, aber auch ungeschriebene Regeln sind stark. Spätestens im Koalitionsvertrag findet sich meist doch ein Hinweis darauf, dass »wechselnde Mehrheiten« nicht vorgesehen seien. Auch die Arbeitsordnung der CDU/CSU-Fraktion sieht etwa vor, dass eine »von der Fraktionsmehrheit abweichende Abstimmungsabsicht [...] bis zum Vortag der Abstimmung, 17 Uhr mitgeteilt werden muss« – vermutlich nicht, weil Anmelder einer solchen Absicht dazu ermutigt werden sollen, zu ihrer abweichenden Meinung zu stehen.[183] Auch ohne schriftliche Regelung verhalten sich oppositionelle Fraktionen weitgehend gleich.

Bei aller Freiheit, die das Grundgesetz Abgeordneten einräumt, bleibt die normative Kraft des Faktischen bestehen – und Fakt ist ein Alltag, in dem das Abstimmverhalten der Volksvertreter vorab feststeht. Abweichlern droht sozialer Druck, offene Kritik, der Entzug von Redegelegenheiten und handfeste Sanktionen spätestens, wenn es um die Vergabe von Listenplätzen oder Parteiposten geht. Selbst wenn abweichendes Stimmverhalten nicht explizit als Grund für Unbeliebtheit benannt wird, karriereorientierte Politiker verstehen das System und verhalten sich entsprechend. Die Sanktionierung abweichender Meinungen kenne ich aus der DDR zur Genüge, in einer Demokratie erwarte ich das nicht. Dazu sollte nicht nur das Grundrecht auf die Meinungsfreiheit Einzelner gehören und die Zulassung von Parteien unterschiedlicher Richtungen, sondern auch die echte Freiheit von Abgeordneten, sich bei ihrer Stimmabgabe in einem Parlament ausschließlich ihrem Gewissen verpflichtet zu fühlen.

Nur in ganz speziellen Ausnahmefällen wird offiziell die Fraktionsdisziplin aufgehoben und den Parlamentariern die Abstimmung nach ihrem Wissen und Gewissen überlassen. Man erlaubt also explizit als Sonderfall, was nach dem Grundgesetz die Regel sein sollte. Interessanterweise geht es bei diesen Ausnahmen häufig um Fragen, die eigentlich das Selbstbestimmungsrecht der Frau betreffen, etwa Präimplantationsdiagnostik oder die Gesetzgebung zum Schwangerschaftsabbruch. Warum das Gewissen der Abgeordneten nicht auch bei Eurokrisen, Afghanistaneinsätzen, bei Energiewende, Hartz-IV-Gesetzen, der Gleichstellung von Partnerschaften Homosexueller oder dem Asylrecht eine relevante Rolle spielen soll, erschließt sich wohl niemandem. Mir zumindest nicht.

Die Verteidiger des Fraktionszwangs führen dafür scheinbar logische Gründe an: Die Regierung sei schlagkräftig und arbeitsfähig, Politik sei verlässlich und vorhersehbar. Dennoch haben sich die Mütter und Väter des Grundgesetzes vermutlich etwas dabei gedacht, als sie Vorgaben zum Abstimmungsverhalten für Bundestagsabgeordnete unterbanden.

Wem die Vorstellung eines parlamentarischen Alltags ohne Fraktionszwang schwerfällt, der kann zum Beispiel bei der Piratenfraktion im Berliner Abgeordnetenhaus sehen, wie das in der Praxis aussieht: Die Fraktion stimmt intern über einen Antrag ab; findet er eine Mehrheit, wird er eingebracht. Stimmt dann das Abgeordnetenhaus über diesen Antrag ab, kommt es vor, dass zwar die Mehrheit der Piraten dafür stimmt, aber ein Teil stimmt vielleicht dagegen und/oder enthält sich. Niemand empfindet das als Verrat an der Partei und ihren Zielen oder Werten, zumindest solange nicht Grundsatzfragen wie Transparenz oder der Datenschutz für Bürgerinnen und Bürger betroffen sind. Immerhin spiegelt die Meinungsvielfalt der gewählten Volksvertreter auch die der Mitglieder und Wählerinnen der Piratenpartei wider. Man mag das für naiv halten, ich finde es ehrlich. Ich bin sicher, Abgeordnete von Altparteien schauen deshalb manchmal mit Wehmut auf die Fraktion der jungen Partei.

Es ist schwer vorstellbar, dass die meisten Abgeordneten es gut finden, gegen ihre eigenen Überzeugungen stimmen zu müssen. Nicht nur bei der Diskussion um die Frauenquote wurde die Auflehnung der Abgeordneten gegen den Fraktionszwang öffentlich. Sie sind es schließlich, die sich in ihren Wahlkreisen und gegenüber der Öffentlichkeit für ihre Inkonsequenz rechtfertigen müssen. Das kratzt am Ego und ihrer Integrität, es untergräbt das Vertrauen der Wählerinnen, auf das die Volksvertreter angewiesen sind.

Der Fraktionszwang hebelt jedenfalls die Demokratie aus und entwertet den individuellen Akt des Wählens. Was hat eine Frau davon, wenn sie bewusst eine Direktkandidatin wählt, die sich immer für die Frauenquote und gegen das Betreuungsgeld ausspricht, wenn diese als Abgeordnete im Parlament dann gegen die von ihr vertretene Meinung stimmt? So eine Politik ist nicht glaubwürdig.

Der Begriff Ochsentour beschreibt den oft mühsamen und langwierigen Weg, den sich Parteimitglieder durch die untere Organisationsstruktur ihrer Partei bahnen müssen, bevor sie Funktionen auf Landes- oder Bundesebene übernehmen oder für Mandate kandidieren dürfen.

Dieser Usus hat einen ähnlich negativen Effekt auf die Glaubwürdigkeit von Politikern wie der Fraktionszwang. Denn beide betreffen direkt Prozesse der politischen Willensbildung, also was wer wie entscheidet. In den Altparteien macht man über die Ochsentour Karriere, wenige Ausnahmen bestätigen die Regel. Unter anderem deshalb trifft man dort wenig Jüngere in verantwortlichen Positionen.

Seltsamerweise wirken selbst die seltenen Jungen, die es bei CDU oder SPD auf Posten schaffen, als wären sie aus der Zeit gefallen. Ihr Habitus, die Gestik, die Sprache – sie scheinen älter, als sie sind. Der Grund dafür erklärt auch die nach wie vor mangelhafte Vielfalt in Parlamenten. Die Selektion des politischen Nachwuchses scheint in den meisten Parteien nach dem Prinzip der homosozialen Reproduktion, also nach dem Ähnlichkeitsprinzip zu erfolgen – und da dominieren ältere Herren. Der Altersdurchschnitt der Mitglieder von SPD, CDU, CSU lag 2010 bei 58 Jahren, bei den Linken sogar bei 60 Jahren.[184] Der Frauenanteil beträgt auch im 18. Bundestag nur ein gutes Drittel, die CDU/CSU-Fraktion kommt nicht einmal auf ein Viertel.[185] Da wundert frau sich nicht mehr über innerparteilichen Widerstand gegen Frauenquoten und das Votum für die Herdprämie. Diese Art der Auswahl begünstigt Elitenbildung und Old Boys Networks. Sie belohnt eine bestimmte soziale Herkunft und ein überdurchschnittliches Investment von Zeit und Energie in die Bildung guter Netzwerke. Je nach Partei können andere Kriterien dazukommen, so hatten zum Beispiel 24 Prozent der FDP-Abgeordneten im 17. Bundestag einen Doktortitel, der dort ganz offensichtlich ein karrierefördерndes Merkmal ist. Im Regierungskabinett der schwarz-gelben Regierung lag die Doktorenquote sogar bei fast 60 Prozent.[186] So macht auch mancher einen Doktor, der dazu offensichtlich aus eigener Kraft nicht in der Lage ist, und riskiert durch unglückliche Kombinationen von Copy und Paste seine Zukunft.

Man kann die darwinschen Selektionsprozesse auch auf politische Karrieren anwenden: Der am besten Angepasste überlebt. Angepasst im Sinne der politischen Nachwuchsauswahl heißt also zum einen, den bereits in der Hierarchie Erfolgreichen möglichst ähnlich zu sein, aber es heißt eben auch, diesen gegenüber maximal loyal zu sein. Was der Fraktion der Fraktionszwang, ist der Partei die Loyalität.

Es stellt sich die berechtigte Frage, ob Ähnlichkeit, massive Zeitinvestitionen in das richtige innerparteiliche Netzwerk und uneingeschränkte Loyalität genau die Eigenschaften sind, die wir uns bei Volksvertretern wünschen. Die Ausmusterung von Menschen mit Zivilcourage, die sich für ihre Überzeugung auch mal gegen den Strom stellen, zugunsten von Jasagern, die das tun, was andere ihnen vorgeben, hat weitere negative Effekte. Ich bin überzeugt davon, dass die Anfälligkeit eines politischen Apparates für alle Schattierungen von Korruption in dem Grad steigt, in dem die unglückliche Verbindung von Ochsentourkarrieren und Fraktionszwängen eigene Meinungen eliminiert und diejenigen erfolgreich werden lässt, die im Interesse ihrer politischen Karriere eigene Überzeugungen verraten. Von dort ist es kein besonders großer Schritt mehr, auch andere Werte zu verraten, wenn es denn dem Eigennutz dient.

Offenere Karrierewege, die mehr Varianz und mehr Widerspruch zulassen, könnten ein Korrektiv schaffen und zur Integrität von Parteien beitragen. Durch die klassische Ochsentour schleift man jedoch Talente ab und siebt allzu Aufmüpfige ebenso aus wie Junge, Frauen oder Menschen mit dem falschen Hintergrund – Migrantinnen etwa oder Menschen mit einer Arbeiterbiografie. Es ist auffällig, wie viel wahrscheinlicher es heute ist, dass ein MdB Beamter oder öffentliche Angestellte ist, als noch vor wenigen Jahrzehnten. Die Vielfalt der Lebenswege Abgeordneter hat in den letzten Jahrzehnten abgenommen. Es ist kein Zufall, dass man über den Bundestag als Hort von Juristen, Lehrern und studierten Politologen spottet. Fast ein Viertel der MdBs des letzten Bundestages waren Juristen, zusammen mit Lehrern (10 Prozent) und Politologen kommen sie auf fast 40 Prozent aller Abgeordneten.

Unter den Top-25-Berufen, die immerhin 442 der 613 Abgeordneten abbilden, findet sich kein einziger Arbeiterberuf.[187] Unser Parlament wird immer einseitiger.[188] Selbst die Grünen haben diese Entwicklung durchgemacht.[189] Mit dem heute so charakteristischen Karriereweg versammeln sich am Ende Volksvertreter in den Parlamenten, die vom normalen Volk wenig Ahnung haben, weil sie nie einen eher durchschnittlichen Beruf ausübten, nicht Metallfacharbeiterin oder Kindergärtner waren, nicht Altenpfleger und nicht Landwirtin. Fast alle kommen aus dem Bildungsbürgertum und sind mit dem Bildungsbürgertum verheiratet, verschwägert und vernetzt. Sie verstehen nicht besonders viel vom Alltag und den Nöten einfacher Arbeiterinnen und Angestellter, geschweige denn von prekär Beschäftigten im Dienstleistungssektor oder vom Alltag eines Hartz-IV-Empfängers.

Ochsentour und Fraktionszwang in Kombination mit einer sehr homogenen Gruppe von Parlamentariern, die die Bevölkerung nicht ansatzweise widerspiegelt, reduzieren Reibung und den Widerspruch innerhalb der Fraktionen und führen fast zwangsläufig zu einem eklatanten Mangel an neuen, mutigen Ideen. Öffentlich demonstriertes Rückgrat wird zum Karrierenachteil. Bedingungslose Loyalität – man könnte es auch Hörigkeit gegenüber der Politelite nennen – sticht Kompetenz, Courage und Vielfalt.

Kluge Köpfe fanden heraus, dass die Vielfalt einer Gruppe umso wichtiger ist, je komplexer eine Aufgabenstellung ist. Mit anderen Worten: Am Fließband Teile zusammenschrauben geht auch gut mit einer homogenen Gruppe, aber Eurokrise, Bildungsungerechtigkeit oder demografischer Wandel haben einen Grad von Komplexität, für den es gar nicht genug Vielfalt, neue Ideen und Mut geben kann.

Diesen Mut vermisse ich, aber auch ein Gespür für die Zukunft, das vielleicht am ehesten junge Abgeordnete einbringen könnten. Wenn man im Bundestag Debatten verfolgt, die mit der digitalen Gesellschaft zu tun haben, frage ich mich, ob MdBs in einer anderen Zeit leben als die Menschen, mit denen zumindest ich mich umgebe. Warum sie nicht merken, dass sie mit den Ansätzen von vorgestern weder heute und schon gar nicht morgen irgendein Problem lösen können.

Zum Beispiel die Debatte um das Leistungsschutzrecht: Große Verlage hatten darauf gedrängt, dass Google News für die Überschriften samt Anreißer von Zeitungsartikeln (»Snippets«), die auf der Website gezeigt werden, eine Gebühr zahlen muss. Die Unfähigkeit der Regierungskoalition für zukunftskompatible Konzepte war eklatant. Bemerkenswert war dabei vor allem, dass sämtliche Jugendorganisationen – von der Jungen Union über Junge Liberale bis hin zu Jusos, JuPis und der grünen Jugendorganisation, sich verbündeten und gemeinsam eine Erklärung gegen das Leistungsschutzrecht veröffentlichten. Wie müssen Parlamentarier gestrickt sein, wenn ihnen nicht einmal dann der Gedanke kommt, dass ihre Meinung mit einer durch ihr Alter eingeschränkten Sicht auf die Zukunft zu tun haben könnte, und sich nicht wundern, wenn sich ihr Nachwuchs von ihnen distanziert? Aber offenbar kümmerte das niemanden. Das Leistungsschutzrecht – ein Recht aus einer längst vergangenen Zeit – fand trotzdem eine Mehrheit. Über die Gründe wurde nicht nur gemunkelt. Zu groß seien die Abhängigkeiten von der Presse, deren Verleger hier Druck machten, zu groß der Einfluss der Lobbyisten. Damit sägen die vermeintlichen Nutznießer einer rückwärts gewandten Politik auch an dem Ast, auf dem sie selbst sitzen: Denn den älteren Männern, den Old Boys Networks, wird es in ihrer Borniertheit wohl kaum gelingen, ihre Medienunternehmen zukunftsfähig zu machen.

Was heißt das für Parteien mit einem Durchschnittsalter ihrer Mitglieder zwischen 58 und 60, wenn ihre Jugendorganisationen sich offen gegen ihre Politik stellen? Was soll eine jüngere Wählergeneration daraus schließen? Die Parteienverdrossenheit wird wohl weiter zunehmen, ebenso wie die Forderung von unten nach mehr Möglichkeiten der politischen Einflussnahme. Die Jugend mag benachteiligt sein beim Zugang zu politischen Machthebeln, aber sie hat Zugang zum Internet und kann Transparenz herstellen – auch gegen den Willen derer, die auf Verträgen oder Protokollen sitzen. Sie kann Doktorarbeiten auseinandernehmen und damit Bundesminister stürzen, sie kann auf YouTube, Facebook und Twitter zu Massenprotesten aufrufen und Gesetze wie ACTA verhindern. Und natürlich wird auch die Piratenpartei weiter eine wählbare Perspektive sein, selbst wenn *DER SPIEGEL* auf sie, wie 1985 auf die Grünen, schon wieder Abgesänge schreibt. Bei der U18-Wahl 2013 haben die Piraten mehr als 12 Prozent geholt, im Norden Brandenburgs wurden sie in einem Wahlkreis stärkste Partei.[190] Junge und politisch interessierte Menschen, die viel vernetzter, flexibler und internationaler denken als ältere Generationen, die noch ohne das Internet aufgewachsen sind, finden dort eine innerparteiliche Basisdemokratie, die weder Fraktionszwänge noch Ochsentouren kennt.

Eine junge Partei wie die Piratenpartei hat natürlich gar nicht genug »Altgediente« für Spitzenpositionen, aber ich glaube, dass es nicht nur am schnellen Wachstum der Piraten liegt, dass man dort auch als Neueinsteigerin so viel bewegen kann. Ende 2011 fragten mich Berliner Piraten, ob ich nicht für sie als Stadträtin in Friedrichshain-Kreuzberg kandidieren möchte. Ich war damals noch Mitglied bei Bündnis 90/Die Grünen, aber auf meinen Hinweis bekam ich die für mich damals noch überraschende Antwort: »Das ist uns egal. Wir wollen eine Stadträtin mit einem ganz bestimmten Kompetenzprofil, und das hast du. Deine Ansichten sind mit unseren vergleichbar, der Rest spielt keine Rolle.« Mich hat das sehr beeindruckt, denn ich kannte bis dahin keine einzige Partei, die einen Posten, der mit Einfluss und guter Bezahlung verbunden war, einer Kandidatin mit anderem Parteibuch gegeben hätte. Natürlich gab es auch Kritik von anderen Piraten, die lieber jemanden mit orangem Parteibuch dort gesehen hätten, aber dennoch fand der Vorschlag viele Unterstützer.

Inzwischen wundere ich mich darüber weniger. Trotz mancher Vorurteile von Parteimitgliedern bekleiden Neueinsteiger in der Partei immer wieder auch wichtige Rollen. Julia Probst war erst ein paar Monate Mitglied der Piratenpartei, als sie auf Platz drei der baden-württembergischen Landesliste für die Bundestagswahl 2013 gewählt wurde, und stand damit bei Überschreiten der Fünfprozenthürde auf einem sicheren Listenplatz. Ich selbst wurde nach einem halben Jahr Mitgliedschaft auf Platz zwei der Brandenburger Landesliste und als Direktkandidatin eines Wahlkreises gewählt, ebenfalls für die Bundestagswahl 2013. Ich war gerade ein gutes Jahr Mitglied der Piraten, als ich zur Landesvorsitzenden des Brandenburger Landesverbandes gewählt wurde. Es spornt an, sich aktiv einzubringen, wenn man damit etwas bewegen kann und es nicht nur um eine möglichst lange Parteizugehörigkeit geht.

Informationen hinter verschlossenen Türen – Verwaltung als Blackbox

Das große Misstrauen von Bürgerinnen und Bürgern gegenüber ihrem Staat rührt auch daher, dass Politik und Verwaltung den Zugang zu Informationen über ihr Tun und Lassen so erschweren. Weltweit gibt es eine dynamische Open-Government-Bewegung, an deren Spitze zuerst angloamerikanische Länder wie die USA, Großbritannien oder Australien standen, aber die längst auch von Regierungen anderer Länder unterstützt wird. Informationsfreiheitsgesetze überall auf der Welt regeln den Zugang zu staatlichen Informationen, um Bürgerinnen und Bürgern Einblick in staatliches Handeln zu gewähren.

In Deutschland ist es immer noch Glückssache, ob eine Anfrage auf Herausgabe von Informationen erfolgreich ist oder nicht, obwohl auch wir Gesetze zur Informationsfreiheit haben. Auf Bundesebene gibt es ein Informationsfreiheitsgesetz (IFG) seit Januar 2006.[191] Es sieht zwar eine Reihe von Ausnahmen vor, schreibt aber auch bestimmte Ansprüche der Bürgerinnen und Bürger fest: So soll etwa eine Antwort unverzüglich, spätestens jedoch innerhalb eines Monats erfolgen. Einfache Auskünfte dürfen nichts kosten, und bei aufwendigeren Auskünften darf die Gebührenhöhe den Zugang zu Informationen nicht wirksam einschränken.[192] Sehr aufschlussreich ist ein Abschnitt im IFG des Bundes, der den Bundesbehörden das Führen eines öffentlichen Verzeichnisses vorschreibt, »aus denen sich die vorhandenen Informationssammlungen und -zwecke erkennen lassen«. Das heißt, Organisations- und Aktenpläne sind allgemein zugänglich zu machen. Doch mit dieser Vorgabe gehen Bundesbehörden äußerst flexibel um. Organisationspläne sind auf Behördenwebsites meist leicht zu finden, bei Aktenplänen ist das schon schwieriger. Das Gesetz schreibt vor: »Die Behörden sollen die [...] genannten Pläne und Verzeichnisse sowie weitere geeignete Informationen in elektronischer Form allgemein zugänglich machen« – das heißt aber offenbar weder, dass sie einfach zu finden sind, noch dass die Aktenpläne Mindestanforderungen an Vollständigkeit und Aktualität genügen müssen.

Auf der Homepage des Bundesjustizministeriums ergibt die Suche nach »Aktenplan« null Ergebnisse.[193] Auch bei »Themen von A–Z« gibt es unter A nur Anti-Terrorgesetze, Abofallen und Abmahnmissbrauch. Das Bundeswirtschaftsministerium hat zwar sogar zwei Aktenpläne, aber beide sind von 2006 und nur zwei bzw. fünf Seiten lang. Die Gliederungspunkte sind so generisch, dass sie keine Aussagekraft mehr haben, zum Beispiel »Gruppe 14 Sozialwesen, Arbeitsmarkt«.[194]

Es gibt auch gute Beispiele, etwa das Bundesarbeitsministerium. Der Aktenplan ist schnell gefunden, stammt aus dem Jahr 2012, ist sauber strukturiert und erfasst auf über 500 Seiten detaillierte Ordnungsklassen.[195] Na bitte, geht doch. Genau so sollte es überall sein – ist es aber nicht.

Es gibt viele Hürden für Menschen, die sich mehr Informationen wünschen. Die allererste Hürde ist die bereits erwähnte Tatsache, dass kaum jemand weiß, welche Dokumente, Daten und sonstigen Informationen überhaupt in den Behörden vorgehalten werden – auch wegen fehlender oder unvollständiger Aktenpläne und Informationsregister. Aber nur wer weiß, welche Informationen existieren, kann auch eine Herausgabe fordern. Die nächste Hürde ist die Kenntnis der zuständigen Behörde. Fragt man die falsche, dann ist die Antwort kurz und schmerzlos: »Wir sind nicht zuständig, sorry.« Hat man doch die richtige Behörde erwischt, dann kommt es darauf an, den richtigen Menschen am richtigen Tag zu erreichen. Wer auf den falschen Beamten stößt, hat auch Pech gehabt. Wer die Anfrage nicht beantworten möchte, der kann sie einfach liegen lassen. Die Fristenvorgaben für die Erledigung solcher Anfragen werden häufig ignoriert. Sanktionen gibt es dafür keine. Und wer eine unbeliebte Anfrage wieder loswerden möchte, droht mit hohen oder nicht absehbaren Gebühren – so wie zum Beispiel das Auswärtige Amt: »Für den Arbeitsaufwand können Gebühren zwischen 15,- Euro und 500,- Euro erhoben werden. […] Eine Prognose, in welcher Höhe die Gebühren letztlich festgelegt werden, kann nicht zuverlässig abgegeben werden. Teilen Sie mir daher bitte zunächst mit, ob und ggfls. in welchem Umfange Sie Ihren Antrag aufrechterhalten.«[196] Da bekommen viele Angst vor den 500 Euro und geben auf. Eins zu null für einen unwilligen Sachbearbeiter.

Ausreden gibt es wirklich viele, gern wird auf ein Amtsgeheimnis, Geschäftsgeheimnis oder auf den Datenschutz verwiesen. Der Datenschutz soll vor allem die Herausgabe von Personendaten verhindern, was völlig in Ordnung ist, wenn es hier um Personendaten geht, die nicht unmittelbar mit der Amtsausübung zu tun haben. Wenn jedoch eine Anfrage nach den Personen abgelehnt wird, die zur ACTA-verhandelnden Delegation der Bundesregierung gehörten und mit der Gefährdung der öffentlichen Sicherheit argumentiert wird, dann ist das offensichtlich eine Ausrede.[197] Diese Delegierten haben in ihrer jeweiligen Amtsfunktion Verhandlungen für unser Land in einem internationalen Zusammenhang geführt, und damit sind ihre Namen, Funktionen und Dienststellen normale Informationen, zu denen die Bürger im Rahmen der Informationsfreiheitsgesetzgebung auch Zugang haben müssen.

Besonders interessant für die Öffentlichkeit sind Verträge der öffentlichen Hand, die enorme Verbindlichkeiten schaffen können, die mit Steuergeldern zu bezahlen sind. Aber gerade dann heißt es häufig »Geschäftsgeheimnis«, der Auftragnehmer habe im Vertragswerk wichtige Informationen stehen, die der Wettbewerber auf keinen Fall erfahren dürfe. Ja klar! Als würde Coca-Cola die berühmte Formel in einen Liefervertrag schreiben. Was sollen diese Geheimnisse denn sein? Wann wie viel geliefert wird und wovon? Für wie viel Geld? Zu welchen Konditionen? Was die Dienstleistungsqualitäten sind, die garantiert werden? Alles das sind keine Geschäftsgeheimnisse, sondern relevante Informationen.

Vor einigen Jahren hat zum Beispiel das Land Berlin seine Wasserbetriebe verkauft, in der Folge stiegen die Wasserpreise überproportional an. Die Bevölkerung wunderte sich, protestierte, wollte Einblick in die Wasserverträge haben. Ein runder Wassertisch gründete sich und machte Druck von unten. Aber das Land Berlin weigerte sich weiterhin, diese Informationen offenzulegen. Also schlossen sich Initiativen zusammen und sammelten in einem Volksbegehren mit fast 300.000 Unterschriften genügend Unterstützer. Es kam damit zwingend zu einem verbindlichen Bürgerentscheid, in dem über 98 Prozent der Wahlbeteiligten ihre Stimme für eine Offenlegung der Wasserverträge abgaben. Es war das erste Mal in der Geschichte des Landes Berlin, dass ein Bürgerentscheid erfolgreich war.[198] Aber noch vor diesem Wahltag wurde der Vertrag geleakt und über die Berliner *taz* veröffentlicht.[199]

Kurz nach der Veröffentlichung wurde klar, warum die Verwaltung kein Interesse an Transparenz hatte. Der Vertrag war ein staatlicher Ausverkauf, mit Konditionen, die das Land gegenüber den privaten Käufern auf viele Jahre wirtschaftlich benachteiligten. Die darin enthaltenen Gewinngarantien für den neuen Betreiber waren nicht nur gänzlich unüblich, sie verstießen wohl auch gegen geltendes Recht. Denn wenn das Land noch Jahre später zu geringe Gewinne des privaten Betreibers aus Landesmitteln ausgleichen muss, beeinflusst das den öffentlichen Haushalt. Der öffentliche Haushalt ist jedoch vom Parlament abzusegnen, um die parlamentarische Kontrolle in wichtigen Finanzfragen zu garantieren. Dieses Primat des Parlaments hat der höchst geheime Vertrag geschickt umgangen. Das Land kauft inzwischen nach und nach für etliche Millionen seine Anteile zurück, viel Geld war verloren, und viel Vertrauen war dahin. Diese Art »Geschäftsgeheimnisse« darf es nicht mehr geben.

Ein erfolgreicher Antrag auf Herausgabe staatlicher Informationen heißt übrigens leider nicht, dass man diese Informationen öffentlich machen darf. So interessierte sich der Vertreter einer Nichtregierungsorganisation für die Gästeliste und die Kosten der Party, die auf Einladung von Angela Merkel anlässlich des Geburtstages von Deutsche-Bank-Chef Josef Ackermann im Jahre 2008 im Kanzleramt stattfand. Natürlich wollte man auch in diesem Fall die Information nicht herausgeben, aber Thilo Bode, der Antragsteller, klagte unterstützt von einer Berliner Rechtsanwältin und gewann nach mehreren Instanzen im Jahre 2012 durch Urteil des Oberverwaltungsgericht Berlin-Brandenburg.[200] Er erhielt daraufhin die Liste persönlich, aber mit der Ansage, diese dürfe auf keinen Fall öffentlich gemacht werden. Damit war für den Aktivisten der Zweck der Anfrage natürlich sinnlos, denn dieser Zweck war eine Berichterstattung über die Verflechtung von Finanzwirtschaft und Bundesregierung am Beispiel dieser Party, wobei die Erwähnung der beteiligten Personen ein Kernelement der Geschichte war.

Inzwischen kann man sich dagegen auf intelligente Weise wehren. Man ruft im Internet andere dazu auf, die gleiche Anfrage zu stellen – abgelehnt werden kann sie ja nicht mehr, weil ein Gericht in der Sache schon entschieden hat. So wurde auch von Stefan Wehrmeyer über das Portal Fragdenstaat.de eine solche Anfrage mit Hinweis auf das abschließend ergangene Gerichtsurteil gestellt – am Tag nach dem Gerichtsurteil, das war der 21. März 2012. Man könnte annehmen, dass in diesem Fall wegen der eindeutigen Rechtslage mit einer besonders schnellen Beantwortung zu rechnen war. Dennoch erhielt Stefan Wehrmeyer erst drei Monate nach Ablauf der IFG-Bearbeitungsfrist die Antwort – ebenfalls mit Veröffentlichungsverbot.[201] Danach stellten über die Plattform Fragdenstaat.de mehr als 800 Bürger einen gleichlautenden Antrag[202], und wie zu erwarten, wurden die Dokumente an verschiedensten Stellen im Netz veröffentlicht – unter anderem bei Netzpolitik.org.[203] Das Kanzleramt sah sich einem Aufwand gegenüber, der nicht länger zu bewältigen war. Am Ende knickte man ein und hob das Veröffentlichungsverbot der Liste auf.[204] Vielleicht hat dazu aber auch der Bundesbeauftragte für Datenschutz und Informationsfreiheit beigetragen, bei dem Stefan Wehrmeyer um eine Einschätzung gebeten hatte. Die Antwort des Bundesbeauftragten, die auch an das Bundeskanzleramt zur Kenntnis ging, war eindeutig:

> »Das IFG sieht generell keine Verwendungsbeschränkungen, Einwilligungs- oder Zustimmungserfordernisse hinsichtlich der Verwendung amtlicher Informationen durch den Antragsteller vor, sofern und soweit dieser – wie hier auf Veranlassung anderer Antragsteller verwaltungsgerichtlich geklärt – einen Anspruch auf Informationszugang nach dem IFG hat.«[205]

Nicht einmal der Bundestag, der das Informationsfreiheitsgesetz im Jahr 2006 verabschiedet hatte, mag es auf sich selbst anwenden. Seit Jahren gibt es immer wieder Anfragen zur Freigabe von Gutachten, die etwa der Wissenschaftliche Dienst (WD) des Bundestages erstellt hat. Vom WD holen sich Abgeordnete Expertisen im Vorfeld politischer Entscheidungen oder zur eigenen Meinungsbildung ein. Das IFG findet Anwendung auf das Parlament, allerdings nur auf die Aktivitäten, die Verwaltungscharakter haben, nicht auf den parlamentarischen Betrieb. Der WD ist jedoch eine Unterabteilung der Verwaltung des Bundestags und damit eindeutig den Verwaltungsaufgaben zuzuordnen. Vielfach wurden in der Vergangenheit Anfragen nach dem IFG erstellt, unter anderem zu Studien, die der WD zu UFOs und Außerirdischen erstellt hatte, aber auch zu den Materialien, die Karl-Theodor zu Guttenberg für seine inzwischen ihrer Anerkennung beraubten Doktorarbeit genutzt hatte. Gegen die bisher stets erfolgten Ablehnungen zogen einige Kläger vor Gericht. Das Verwaltungsgericht von Berlin entschied dann im Dezember 2011: »Der Anspruch auf Zugang zu amtlichen Informationen nach dem Informationsfreiheitsgesetz (IFG) gilt auch für Ausarbeitungen des Wissenschaftlichen Dienstes des Deutschen Bundestages«.[206] Das ist eindeutig. Aber die Abgeordneten wollten trotzdem nicht ihr Gesetz auf das eigene Umfeld anwenden und legten Berufung ein. Seitdem hat das Oberverwaltungsgericht Berlin-Brandenburg diese Entscheidung auf dem Tisch.

Tausende von Anfragen beantwortet der WD, viele davon haben einen aktuellen politischen Bezug. Die mehr als hundert hoch qualifizierten Angestellten werden allesamt von Steuergeld bezahlt.

Dokumente, die im Auftrag einzelner Abgeordneter erstellt werden, bleiben für vier Wochen exklusiv, danach haben alle Abgeordneten und ihre Mitarbeiter auf dieses Know-how Zugriff. Es ist ein wesentlicher Input für die Arbeit in den Ausschüssen. Open Government heißt jedoch, Politik für Bürgerinnen und Bürger nachvollziehbar zu machen. Das bedingt geradezu zwingend, den Informationsvorsprung zwischen Politikern und Bürgern zu verringern. Mit der Geheimhaltung der unzähligen Werke des steuerfinanzierten WD wird dieser Informationsvorsprung künstlich aufrechterhalten. An einer Beteiligung auf Augenhöhe ist offenbar niemandem wirklich gelegen. Ein Informationsgefälle erzeugt jedoch auch ein Machtgefälle. Es wäre durchaus peinlich für manche Abgeordnete, wenn angeforderte wissenschaftliche Erkenntnisse in einem nachfolgenden gesetzgeberischen Prozess ignoriert würden, weil sie nicht den Erwartungen entsprachen. Als Bürgerin würde ich so etwas gern wissen, um zu beurteilen, ob Abgeordnete nach bestem Wissen und Gewissen entscheiden.

Am 19. April 2013 hatte ich selbst eine Anfrage über Fragdenstaat.de gestellt und den Bundestag um Einsicht in eine Übersicht der bisher erstellten und in Arbeit befindlichen Gutachten gebeten. Auch diese Anfrage wurde mit Verweis auf das durch die Berufung noch nicht rechtskräftige Urteil abgelehnt.[207]

Dass hinter der zögerlichen Bearbeitung von Informationsfreiheitsanfragen tatsächlich System steckt, wurde durch einen Leak bekannt. Der Wochenzeitung *DIE ZEIT* wurden im Frühjahr 2013 Sitzungsprotokolle der zweimal jährlich stattfindenden ministerienübergreifenden Sitzungen zum Umgang der Bundesbehörden mit dem Informationsfreiheitsgesetz zugespielt, die Erstaunliches offenbaren.[208] Es werden darin umfangreich Erfahrungen ausgetauscht, wie man Informationsfreigaben effektiv verhindert.

Beispiel 1: Rechtsanwälte

Ein Rechtsanwalt beantragt für seinen Mandanten Akteneinsicht mit Bezug auf ein Verwaltungsverfahrensgesetz. Die Einsicht wird abgelehnt. Zugleich unterbleibt absichtlich der Hinweis der Behörde darauf, dass eine Akteneinsicht bei Antrag mit Bezug auf das Informationsfreiheitsgesetz einfach möglich wäre. Schließlich ist es ein Anwalt, dem muss man das nicht sagen. Sein Mandant bleibt folglich ohne diese Information.[209]

Beispiel 2: Journalisten

Besonders Journalisten möchte man den Zugang zu Informationen erschweren. So heißt es in einem der Protokolle aus dem Jahre 2011: »Wenn ein IFG-Antrag eines Journalisten vorliegt, sind alle einschlägigen Ausnahmegründe, insbesondere die §§ 5 und 6 IFG zu prüfen.«[210] Schon 2006 enthält ein Protokoll den Hinweis auf die »besondere Brisanz von Journalistenanfragen« und empfiehlt daher, alle Antworten auf solche Anfragen vor der Herausgabe der Hausleitung zur Billigung vorzulegen.[211]

Beispiel 3: Empfänger von Sozialleistungen

Das IFG schreibt vor, dass die Gebührenhöhe niemanden wirksam vom Zugang zu Informationen abschrecken darf, weshalb »aus Gründen der Billigkeit die Gebühr um bis zu 50 % ermäßigt werden« und »in besonderen Fällen von der Erhebung der Gebühr abgesehen werden kann«. Ein solcher besonderer Fall ist ein Hartz-IV-Bezieher laut Protokoll offensichtlich nicht, denn die Sozialleistungen enthielten ja auch ein Budget »für andere Waren und Dienstleistungen«, und dazu könne man auch die Anfragen nach IFG rechnen. Das Protokoll stellt fest: »Für eine vollständige Befreiung von der Gebührenpflicht besteht keine zwingende Notwendigkeit«, es wird außerdem darauf hingewiesen, dass Sozialleistungsempfänger ja die Gebühr auf Raten zahlen könnten.[212]

Beispiel 4: Unverhältnismäßiger Aufwand

Ein Protokoll hält fest, dass in Einzelfällen eine Ablehnung wegen unverhältnismäßigen Bearbeitungsaufwands zurückgewiesen werden kann. Eine solche Möglichkeit gibt es laut IFG jedoch nicht.[213]

Die Datenjournalisten der *ZEIT* haben die Erfolgswahrscheinlichkeit von IFG-Anfragen seit Einführung des Gesetzes 2006 analysiert. Im ersten Jahr wurden immerhin 52 Prozent aller Anfragen an Bundesbehörden positiv beantwortet. Bis 2012 war dieser Anteil auf 45 Prozent gesunken. Während dieser Jahre veröffentlichte die Bundesregierung unter anderem einen Kabinettsbeschluss »Transparente und vernetzte Verwaltung«, in dem die Rede von einer Öffnung der Verwaltung ist. Die Praxis bleibt jedoch hinter der Absicht zurück – vielleicht weil sie nicht ernst gemeint war, vielleicht auch, weil man Kulturwandel nicht mit einem Gesetz erreichen kann.

Immer wieder einmal gibt es Vorstöße, das Recht auf Informationsfreiheit zu erweitern. Immer wieder werden sie abgeblockt. Im Mai 2012 bringt die Fraktion von Bündnis 90/Die Grünen einen Gesetzantrag im Bundestag ein, um den Informationszugang im Grundgesetz zu verankern.[214] Nicht nur CDU/CSU und ihr Koalitionspartner FDP stimmen dagegen (»populistisches Gesetz«, »IFG diene Partikularinteressen«, »IFG-Grundrecht nicht nötig«), auch die SPD lehnt das Gesetz mit Hinweis auf einen eigenen Entwurf ab.[215] Einen Monat nach der Ablehnung, im Mai 2013, kam dann der Entwurf der SPD zur Debatte in den Bundestag. Kein Wort von Verankerung im Grundgesetz steht darin, es ist eine zusammengewürfelte Mischung aus Gesetzesbausteinen des Verbraucherinformationsgesetzes und des Umweltinformationsgesetzes und enthält jede Menge Ausnahmetatbestände, aufgrund derer die Herausgabe von Informationen abgelehnt werden kann. Der Regierungskoalition ging es trotzdem zu weit – sie lehnte ab.[216]

Ein Evaluationsbericht zum IFG, erstellt für den Innenausschuss des Bundestages, hatte schon im Mai 2012 auf über 500 Seiten dargestellt, dass das Gesetz in der Praxis große Schwächen hat. Bei einem Drittel der Anfragen wird die Bearbeitungsfrist nicht eingehalten.[217] Besonders kritisiert wird ebenfalls die fehlende Pflicht zur Abwägung von privaten Geschäftsinteressen mit dem Interesse der Öffentlichkeit an Informationen, also die fehlende

Einschränkung der Ablehnungsgründe »Betriebs- und Geschäftsgeheimnisse« sowie »Schutz des geistigen Eigentums«.[218] Auch die unzureichende Initiative vieler Behörden, im Sinne eines Open-Government-Ansatzes proaktiv Informationen bereitzustellen, wird bemängelt. Dabei könnte ein offensiver Informationsansatz vielen Anfragen zuvorkommen.

Die OSZE und die UN haben dem Zugang zu Informationen einen hohen Rang gegeben. Die OSZE sagt: »Der Zugang zu Informationen ist ein Bürgerrecht.« In der Beurteilung des spanischen IFG-Entwurfs durch die OSZE wird eine Verankerung des Rechtsanspruches in der Verfassung empfohlen, um den Anspruch auf Information allen zu garantieren und Ausnahmen strenger zu begrenzen.[219] Auch die Vereinten Nationen propagieren die proaktive Bereitstellung staatlicher Informationen: »einfach, zeitnah und praktisch« im UN-Zivilpakt, den Deutschland bereits 1973 ratifiziert hat.[220]

Trotz aller Rückschläge und Behinderung von staatlicher Seite ist die Lektion aus den bisherigen Erfahrungen: Wir Bürger lachen (fast immer) als Letzte, und der Staat sieht dann alt aus, denn irgendwann kommt doch alles irgendwie heraus, und in dem Fall wird es meistens peinlich. Information sucht sich ihren Weg, durch Leaken, richterlichen Zwang, zivilen Druck, durch Bürgerentscheide. Dauerhaft lässt sich kaum noch etwas vor dem Volk verbergen, wenn das Interesse erst einmal geweckt ist. Umso unverständlicher ist die beharrliche Weigerung von großen Teilen der Verwaltung, solche Anfragen umfassend, zeitnah und professionell zu bearbeiten.

Open Data allerorten, nur kaum bei uns in Deutschland

In einer digitalen Gesellschaft sind Daten viel wert. Sie sind die Parallelwährung unserer Zeit. Aber nicht nur Google und Facebook horten sie, auch in der Hand der Verwaltung befinden sich unendlich viele Datenschätze. Gesammelt mit Steuergeld, liegen die meisten verschlossen in Behördentresoren, unerreichbar für eine Nutzung durch andere. Mit diesen Daten kann man eine Menge anstellen. Komplexe Sachverhalte etwa lassen sich durch visualisierte Daten oft viel verständlicher darstellen und ermöglichen es so, Zusammenhänge zu erkennen und sich eine persönliche, informierte Meinung zu diesem Sachverhalt zu bilden.

Man kann diese Daten auch in einer Anwendung verarbeiten, sogenannten Apps für das Smartphone oder den Computer. Jede Menge nützlicher Apps können so auf Basis der vielfältigen Verwaltungsdaten entstehen. Es gibt Daten zu öffentlichen Infrastrukturen (wo stehen öffentliche Toiletten/Bibliotheken/Bürgerbüros/Müllcontainer), zur Umwelt (Wasser- und Luftqualität, Radioaktivität, Feinstaubbelastung), zum Verbraucherschutz (Ergebnisse von Hygieneüberprüfungen in Restaurants, Fundorte von Ekelfleisch), zur Landschaft (Baumkataster, Parks, Seen und Flüsse, Naturschutzgebiete), zu Bildungs- oder Kultureinrichtungen (Kitas, Schulen, Theater), zu Verkehr (Staus, Baustellenpläne, Fahrzeiten, Haltestellen, Fahrradwege) und noch zu vielen anderen Bereichen.

Um diese Daten verarbeiten zu können, müssen sie in Rohform und maschinenlesbar zur Verfügung gestellt werden. Sie brauchen eine Nutzungslizenz, die jede Art der Nutzung erlaubt, auch die wirtschaftliche (das schafft Steuereinnahmen, zum Beispiel wenn kommerzielle Anwendungen daraus entstehen, Innovationen und Arbeitsplätze), und sie sollten kostenlos bereitgestellt werden. Wenn all diese Voraussetzungen erfüllt sind, kann man von Open Data reden – nur dann sind die Daten wirklich offen. In vielen Ländern gibt es seit etlichen Jahren sogenannte Open-Data-Portale, auf nationaler Ebene, auf Länder- oder Provinzebene, auf kommunaler Ebene oder auch für einzelne Behörden. Nur in Deutschland tun wir uns wieder einmal schwer.

Nein, es ist nicht so, dass wir da nichts zu bieten haben. Aber der Status quo ist unbefriedigend, Fortschritte gibt es meist nur nach viel Druck von unten und auch nur punktuell.

Das erste Open-Data-Portal Deutschlands entstand Ende 2011 in Berlin. Doch es war kein Leuchtturmprojekt des Regierenden Bürgermeisters Klaus Wowereit. Vermutlich hat er die Wörter »Open Data« noch nie in den Mund genommen. Dieses Portal kam nur zustande, weil ein ganzes Jahr lang die sogenannte Open-Data-Aktionsplattform Berlin, ein informeller Zusammenschluss von Menschen unterschiedlichster Hintergründe, gemeinsam auf dieses eine Ziel hinarbeitete. Sie kamen aus der Mitte der Verwaltung, aus der Wissenschaft oder von Unternehmen, es waren Studenten dabei und Journalisten, Selbstständige und Vertreter etlicher Nichtregierungsorganisationen. Von unten wurde die Verwaltung aufgerollt und ein gemeinsamer Berliner Open Data Day organisiert, an dem mit viel Neugier zahlreiche Mitarbeiter aus unterschiedlichsten Ebenen der Berliner Verwaltung teilnahmen. Auch ein Senator ließ sich blicken und einige Staatssekretäre. Mit diesem Open Data Day war das Eis gebrochen, der anstehende Wahlkampf erledigte den Rest. Das Portal kam – wenige Tage vor der Landtagswahl in Berlin, bei der die Piratenpartei zum ersten Mal in ein Landesparlament einzog. Es ist immer noch kein Lieblingskind der lokalen Politik, aber immerhin – Berlin war das erste deutsche Bundesland mit einem offiziellen Open-Data-Portal. Das war ein wichtiger Schritt.

Verschiedene Behörden stellen schon länger alle Arten von Daten auf ihren eigenen Plattformen zur Nutzung durch Dritte bereit. Aber kaum jemand kennt diese Plattformen oder diese Datensätze, die oft gut versteckt sind. Um wenigstens diese Daten auffindbar zu machen, haben sich engagierte Bürger zusammengeschlossen und mangels einer staatlichen Initiative einfach selbst eine Art deutsches Open-Data-Portal aufgebaut. Dieses Portal entstand bereits 2010 auf www.offenedaten.de. Es wird inzwischen von der Open Knowledge Foundation weiterbetrieben und sieht sich als Sammelplattform für alle Arten offener Daten, nicht nur aus der Verwaltung, sondern auch aus Wissenschaft, Wirtschaft oder von Bürgern durch Crowdsourcing gesammelte Daten.

Auf dieser Plattform wurden auch die Daten veröffentlicht, die im Rahmen des Wettbewerbs »Apps für Deutschland« von Behörden erfolgreich eingeworben wurden. Dieser Wettbewerb war ebenfalls (anders als seine zahlreichen internationalen Vorgänger) von Graswurzelbewegungen organisiert worden. Drei NGOs – das Open Data Network, die Open Knowledge Foundation und das Government 2.0 Netzwerk Deutschland e. V. haben den Wettbewerb gemeinsam veranstaltet. Das Bundesinnenministerium fungierte immerhin als Schirmherr – mehr war nicht drin. Die mittlere Ebene im BMI war sehr engagiert, aber was hilft das schon, wenn sich die eigene Hausspitze diese Themen nicht zu eigen macht? So hatten die rein ehrenamtlich arbeitenden NGOs die Arbeit, und Bundesinnenminister Friedrich stellte sich mit stolzgeschwellter Brust auf der CEBIT hin und schüttelte den Preisträgern vor der Presse die Hände, als wäre das einzig ein Event seines Ministeriums. Für die NGOs stand ich mit auf der Bühne, aber von Augenhöhe war da keine Spur, er ließ sich von mir die Trophäen reichen, stellte sich mir in den Weg, wenn auch ich gratulieren wollte, ging auf Abstand, wenn die Fotografen Bilder von ihm und den Preisträgern machen wollten – damit ich ja nicht mit auf »seinem« Foto war. Das klappte hervorragend. Die NGOs waren in der Bildberichterstattung praktisch unsichtbar. Es ist schade, dass diese sogenannte Community Public Partnership, also eine Kooperation zwischen der Zivilgesellschaft und staatlichen Stellen, nicht auf Augenhöhe funktioniert hat.

Selbst wo das ein erklärtes Ziel ist, passiert wenig – mit einigen löblichen Ausnahmen, etwa in Bremen. Die rot-grüne Regierung in Nordrhein-Westfalen dagegen hatte schon 2010 in ihrem Koalitionsvertrag eine besonders schöne Version von Open Data und Open Government beschrieben.[221] Auch drei Jahre später ist noch kein Open-Data-Portal realisiert.

Immerhin, nach Berlin kamen auch die Länder Hamburg, Bremen, Bayern, Rheinland-Pfalz und Baden Württemberg mit Open-Data-Portalen. Aber bei näherer Betrachtung entsprechen etliche dieser »Open Data« genannten Portale nicht dem Anspruch, der mit dieser Bezeichnung verbunden ist. Offenbar gibt es eine Art Nord-Süd-Gefälle. Während Bremen, Hamburg und Rostock auf echtes Open Data setzen, sieht es in den südlicheren Bundesländern anders aus. Kaum eines hat eine allgemein einheitliche Nutzungslizenz, häufig steht dabei »frei für die private Nutzung« – also ein Ausschluss der wirtschaftlichen Verwendung, oder sogar »Verwendung nur nach Genehmigung der datenhaltenden Behörde«. Das ist eine Verhinderungskonstellation für innovative und wertschöpfende Entwicklungen. Einige der jüngeren Portale, etwa das von Rheinland-Pfalz, nutzen vorwiegend die beiden sogenannten Deutschland-Lizenzen, die im Zusammenhang mit dem nationalen Open-Data-Portal des Bundes eigens entwickelt wurden. Eine der Lizenzen verbietet die kommerzielle Nutzung der Daten generell, die andere verlangt zwar nur die Namensnennung, aber enthält eine Art Widerrufsoption – damit kann niemand arbeiten.[222]

Das nationale Datenportal wurde im Vorfeld der CEBIT 2013 als Pilotprojekt freigeschaltet. Es war schon auf dem IT-Gipfel im Dezember 2010 angekündigt worden und hatte einen sehr langen Entwicklungsprozess hinter sich. Im Rahmen dieses Projekts fand auch ein wiederholter Austausch mit der Open Data Community statt. Ich habe selbst an einigen dieser Veranstaltungen und Workshops teilgenommen. Wir haben viel Energie und freie Zeit investiert, weil wir wollten, dass endlich auch Deutschland ein Open-Data-Portal bekommt, wie es viele andere Länder längst haben. Die Vorgeschichte war lang, und der Weg zu diesem Portal war steinig. Unsere Geduld wurde strapaziert. Als dann kurz vor der Freischaltung des Portals das Bundesinnenministerium verkünden ließ, dass man sich zur Umbenennung entschieden hatte und das Portal nun nicht mehr Open-Data-Portal, sondern GovData-Portal heißen sollte, weil es nicht nur offene Daten im Sinne der internationalen Definition enthalten würde, waren wir mehr als enttäuscht. Wir hatten uns den Mund fusselig geredet, aber leider umsonst. Das nationale Datenportal hatte zwar am längsten gedauert, würde aber besonders wenig bringen. Mit ebenjenem Datenportal kamen die bereits erwähnten »Deutschland-Lizenzen« auf die Welt, die einen nationalen Sonderweg darstellen und damit nicht nur eine europäische Integration, sondern auch eine weitere internationale Integration behindern. Aber es hat noch andere Geburtsfehler: So entstand es keinesfalls als festes Angebot der Verwaltung, sondern hat eine Testlaufzeit bis 2014. Erst dann wird es ein verlässliches Angebot sein oder auch wieder verschwinden. Erst dann wird es ein Budget dafür geben, das auf Nachhaltigkeit ausgelegt ist. Auch wenn es wenig wahrscheinlich ist, dass man das Datenportal wieder abschafft, ist das doch ein seltsames Signal der Unverbindlichkeit und der mangelnden Entschlossenheit, die Öffnung der Verwaltung anzugehen.

Das GovData-Portal der Bundesregierung enthält noch Monate nach seinem Start nur 3000 Datensätze. Auch das riesige Datenportal der USA hat klein angefangen, aber Barack Obama forderte alle Bundesbehörden auf, innerhalb von 45 (!) Tagen mindestens drei unveröffentlichte, hochwertige Datensets in offenen Formaten bereitzustellen.[223] Von Angela Merkel gibt es keine solchen Vorgaben. Ich habe nie von ihr irgendeine Ermutigung der Bundesbehörden vernommen, das Datenportal der Bundesregierung mit Daten zu unterstützen. Und so startete unser nationales Datenportal mit einem marginalen Anteil an Daten von Bundesbehörden. Ein Vierteljahr nach dem Start kam der Löwenanteil der Daten aus der Bundesebene vom Statistischen Bundesamt und war ohnehin öffentlich, ansonsten war nur das Bundesamt für Kartografie und Geodäsie beteiligt. Die übrigen Daten kamen von fortschrittlicheren Bundesländern, großen und kleinen Städten, man kann etwa den Bebauungsplan der Stadt Vallendar für die Schubertstraße und die Daten zu den Kleingartenvereinen von Moers herunterladen.

Trotz einer Vorlaufzeit von mehreren Jahren war die Bundesregierung nicht in der Lage, auch nur ein einziges Bundesministerium zur Bereitstellung von Daten zu bewegen. Von den

568 Bundesbehörden haben sich nur 0,35 Prozent beteiligt.[224] Kein Datensatz von Bundesagentur für Arbeit, Bundesanstalt für Finanzdienstleistungsaufsicht, Bundesanstalt für Immobilienaufgaben, Patent- und Markenamt, Bundeskartellamt, Bundesinstitut für Arzneimittel und Medizinprodukte, Bundesamt für Migration und Flüchtlinge, Bundeskriminalamt, Bundespräsidialamt, Bundespresseamt, Bundesrechnungshof oder Bundesnetzagentur. Ein offener Datensatz mit einem Verzeichnis verlegter Breitbandkapazitäten für das Bundesgebiet wäre zum Beispiel sehr interessant. Aber diese Art wirklich spannender Daten gibt es einfach nicht.

Das ist ein Armutszeugnis für Deutschland, erst recht bei Berücksichtigung der langen Entwicklungszeit. Auf der Website des US-Datenportals www.data.gov kann man in einer einfachen Tabelle eine Liste von 172 Behörden und nachgeordneten Behörden sehen und wie viele »high value«-Datensätze sie veröffentlicht haben, Geodaten sind dabei extra ausgewiesen, es sind 2013 fast 400.000 Datensätze.

Um es klar zu sagen: Ich finde es großartig, dass sich kleine Städte am nationalen Datenportal beteiligen. Moers und Wennigsen und all die anderen sind ausdrücklich zu loben. Aber es reicht nicht, in Deutschland kommunalen Goldstaub im Datenportal zu finden, wenn man nationale Goldnuggets sucht. Wir brauchen Zugang zu wertvollen, interessanten Daten von überregionaler Relevanz. Und diesen Zugang gibt es immer noch nicht. Wir brauchen darüber hinaus einen *offenen* Zugang – ohne Nutzungseinschränkung. Mitte 2013 war jeder fünfte Datensatz auf dem Bundesportal nur eingeschränkt verwendbar. Das ist einfach kein Open Data.

Staaten, Länder, Städte und Behörden, die es ernster meinen mit der Veröffentlichung von Daten und Bürgernähe, haben ihre Datenportale auch offener gestaltet. Woanders gibt es Buttons, wo man mit einem Klick bestimmte Daten anfordern kann. Man kann sortieren nach Daten bestimmter Behörden oder Einrichtungen, nach der Nutzerbewertung, der Anzahl an Kommentaren oder danach, wie häufig ein Datensatz aufgerufen wurde. Nichts davon geht beim deutschen nationalen Datenportal. Was lange währt, wird endlich gut? Bisher gilt das nicht für uns. Dabei muss die Bundesregierung nicht bis nach Washington schauen, bessere Portale gibt es auch in Deutschland. Das noch junge Datenportal der Stadt Rostock erlaubt nicht nur Anfragen nach neuen Datensätzen, sondern veröffentlicht alle diese Anfragen, inklusive Ampelstatus. So wurde eine Anfrage nach Daten zum Standort von Hundetoiletten im Stadtgebiet innerhalb von zehn Tagen bearbeitet und der Datensatz dazu veröffentlicht.[225] Das Portal hat auch ausschließlich echte offene Lizenzen verwendet, eine Lizenz, die international gebräuchlich ist – Open Data Commons Attribution License. Auf eine Anfrage über das Kontaktformular erhielt ich nach 20 Minuten eine fundierte Antwort. Transparenz und Bürgernähe sind möglich, wenn man will.

Es gibt Momente, da bin ich nicht nur frustriert oder enttäuscht von der Langsamkeit, mit der Open Data in Deutschland angegangen wird, ich bin wütend, richtig wütend. So einen Moment gab es im Frühsommer 2013, als (mal wieder) eine Jahrhundertflut durch Deutschland rollte, die Hab und Gut von Zigtausend Menschen bedrohte, ebenso wie kulturelle Schätze etwa in der überfluteten Altstadt von Meißen. Viele Bundesländer waren betroffen, von Passau im südlichen Bayern bis hoch nach Mecklenburg-Vorpommern. Durch das Ausmaß der Gefahr kam es zu einem exponentiell wachsenden Informationsbedarf von Einsatzkräften, Medien, Betroffenen und hilfsbereiten Menschen, der aber so schnell und in der gewünschten Art nicht befriedigt werden konnte. Server brachen zusammen, Hotlines waren zwar theoretisch rund um die Uhr erreichbar, praktisch aber meistens besetzt. Im Netz verfügbare Informationen waren unübersichtlich und nicht in der gewünschten Detailliertheit zu finden. Gerüchte machten schnell die Runde und waren nicht so schnell zu widerlegen. Gleichzeitig gab es eine Welle der Solidarität und Hilfsbereitschaft. Innerhalb von Stunden entstanden Miniplattformen im

Netz, auf denen Hilfsangebote und -gesuche eingestellt werden konnten. In Google Docs wurden Links gesammelt zu Informationsquellen, städtischen Websites, Hilfswerken, lokalen Medien, Polizei und Ähnlichem.

Aber die brennendsten Fragen, die sich Menschen tausendfach stellten, konnten sie sich oft nicht beantworten: Gehört mein Haus/meine Firma/die Schule meiner Kinder zu den gefährdeten Stellen? Wenn ja, unter welchen Bedingungen wird die Gefährdung akut? Wenn der Pegelstand von Fluss X auf die Höhe Y steigt, was heißt das für mein Haus?

Mein Großvater, fast 90 Jahre alt, wohnt allein im Einzugsbereich der Mulde bei Dessau. Ich brauchte sehr lange, um die Gefahrenlage für seine Siedlung herauszufinden. Im Internet gab es nur Prognosen für Pegelstände bestimmter Stellen des Flusses. Es gab Informationen über höchste Hochwasserstufen in Dessau, über mögliche Evakuierungen, potenzielle Dammbrüche, über Straßen- und Brückensperren. Aber nirgendwo gab es eine simple Karte, auf der zum Beispiel mit unterschiedlichen Farbschattierungen erkennbar war, welche Gegend unter welchen Rahmenbedingungen mit Überflutung rechnen muss.

Es ist nicht so, dass diese Informationen nicht existieren. Höhenkarten sind natürlich vorhanden, und sie zu kombinieren mit Hochwasserständen, ist keine Hexenkunst. Solche Karten kann man programmieren, selbst in Deutschland. Allerdings befinden sich diese Daten in den Hochwasserzentralen, Karten erhält etwa die Feuerwehr. Der normalen Bevölkerung stehen sie nicht zur Verfügung. Nur für die Bundeswasserstraßen und für das Land Niedersachsen sind die Pegeldaten frei verfügbar. Laut ZDF dauert es nach Schätzung von Experten noch ein bis zwei Jahre, bis solche Karten auch für Bürger verfügbar sein könnten.[226] Warum bitte dauert es ein bis zwei Jahre, eine bereits vorhandene (!) Karte einfach ins Internet zu stellen? Warum geht das woanders so viel schneller? Wieso haben wir solche Karten nicht längst, wo wir doch in Deutschland alle paar Jahre mit großen Fluten zu rechnen haben? Warum gab es das beim Hurricane Sandy in den USA im Netz, und alle, die es wissen wollten, konnten für jeden beliebigen Ort die Gefahrenlage sofort auf einen Blick erkennen und sich überlegen, ob sie noch schnell eine Ladung Sandsäcke organisieren oder sogar den ersten Stock leer räumen müssen und den Koffer für die Evakuierung packen?[227]

Diese Informationen können nicht nur Schäden verringern, weil mehr Bürger früher von der eigenen Gefahrensituation erfahren, sie können auch Leben und Gesundheit schützen, weil Gefährdete sich rechtzeitig in Sicherheit bringen können. Diese Informationen nicht freizugeben, ist absolut unverständlich und in meinen Augen ein Zeugnis fahrlässiger Politik.

Das Bundesinnenministerium versuchte bei der Flut 2013 sogar, hochauflösende Kartenausschnitte vom Überflutungsgebiet für jeweils 800 Euro an ein Flutopfer in Sachsen-Anhalt zu verkaufen, das damit die lokale Gefahrenlage besser einschätzen wollte. [228] Zynischer geht es kaum. Auf meine Informationsfreiheitsanfrage über Fragdenstaat.de, wie viel Geld man denn durch Verkäufe von Überflutungskarten an Privatpersonen bereits eingenommen hätte bei dieser und früheren Fluten, kam schnell die Antwort: null Euro.[229] Es gehen also nicht einmal Einnahmen verloren, wenn Betroffene kostenfrei informiert werden.

Dass es auch anders geht, kann man im Nachbarland Österreich erleben. Dort gibt es auch hochauflösende Karten im Netz mit Informationen zu Überflutungsgebieten.[230]

Informationszugang durch Abgeordnete – BERwatch made by Piraten Berlin

Großprojekte der Regierungen sind geradezu dafür prädestiniert, große Problemfälle zu werden. Im günstigeren Fall werden sie bloß viel teurer als geplant. Im ungünstigeren, leider häufigeren Fall werden sie auch viel zu spät fertig, erfüllen die Erwartungen nicht, und in besonders ungünstigen Fällen (Stichwort Stuttgart 21) führen sie auch zu massiven Protesten der Bürgerinnen und Bürger sowie zu Vertrauens- und Reputationsverlust der jeweiligen Politikgrößen. Dann können sie zu Regierungswechseln beitragen und Politiker die Karriere kosten. Ein Beispiel für einen besonders dramatischen Verlauf kann nicht nur Stuttgart vorweisen, sondern auch Berlin. Der Flughafen Berlin Brandenburg (BER) ist seit 2006 im Bau und soll eines schönen, aber immer noch fernen Tages 27 Millionen Passagiere pro Jahr abfertigen können. Bauherr ist die Flughafen Berlin Brandenburg GmbH, die dem Bund und den Ländern Berlin und Brandenburg gehört. Immer wieder wurde die Inbetriebnahme verschoben, besonders spektakulär im Mai 2012 – nicht einmal einen Monat vor der geplanten Eröffnung. Weitere Verschiebungen folgten. Probleme bereiten eine insgesamt dilettantische Gesamtplanung, mangelnder Brandschutz, Proteste wegen Lärmbelästigung und Flugrouten. Die Kosten explodierten von früher 1,7 Milliarden Euro auf mehr als 4 Milliarden Euro im Jahr 2012. Am Ende wird er sicher noch teurer geworden sein. Mehr als eine halbe Milliarde kostet allein die Verschiebung der Eröffnung.

Bei einem Reinfall solchen Ausmaßes stellt sich natürlich die Frage nach der Verantwortung – wer hat wann was gewusst und wie gehandelt, und welche Rolle spielten eigentlich die Spitzenpolitiker: Klaus Wowereit, Regierender Bürgermeister von Berlin, und Matthias Platzek, damaliger Ministerpräsident von Brandenburg, die beide (neben anderen fachfremden Politikern) im Aufsichtsrat saßen, aber offenbar nichts von den enormen Problemen ahnten. Viele Antworten sind inzwischen auf BERwatch zu finden, einem Portal, das die Fraktion der Piratenpartei im Berliner Abgeordnetenhaus eingerichtet hat, um mehr Transparenz zu schaffen, da wo es bisher nur ein großes, obskures Durcheinander gab. Ein Pirat, Martin Delius, leitet den BER-Untersuchungsausschuss im Abgeordnetenhaus Berlin. Er war unzufrieden mit der Art und Weise, wie die Flughafengesellschaft ihren Informationspflichten nachkam. Weil sich daran aber nichts änderte, handelten die Piraten ersatzweise. Alle Dokumente zum BER, die nicht einer Geheimhaltung unterlagen, sind nun öffentlich und an einer Stelle zugänglich, gut strukturiert etwa nach Themen wie Brandschutz oder Lärmbelastung. Auch Beziehungen werden erkennbar, unbekannte Verflechtungen zwischen Beteiligten, Teilnehmende an Meetings (zum Beispiel Aufsichtsratssitzungen), einschließlich der dazugehörigen Protokolle. Es ist nun nachvollziehbar, welche Personen zu welchem Zeitpunkt welchen Wissensstand hatten oder haben mussten. So ist inzwischen bekannt, dass man bereits zum Zeitpunkt der Veröffentlichung der geplanten Flugrouten wusste, dass dies nicht die Flugrouten sind, nach denen künftig Flugzeuge lärmerzeugend über Wohngebiete fliegen, und mithin Bürgerinnen und Bürger angeschwindelt wurden. Es dürfte niemanden wundern, dass es Proteste wegen unerwarteter Lärmbelästigung gab, die letztlich in Mehrkosten für zusätzlichen Lärmschutz mündeten.

Den Aufsichtsratsvorsitz musste Klaus Wowereit abgeben. Seine politische Karriere ist wohl am Ende. Wäre eine breite Öffentlichkeit früher umfassend informiert worden, wäre die Katastrophe vielleicht nicht so dramatisch ausgefallen.

Transparenz von unten – Leaken als Kulturtechnik der digitalen Gesellschaft

Transparenz ist die wirksamste Waffe gegen Korruption und viele andere Fehlentwicklungen einer Gesellschaft. Sie ist auch Waffe gegen Umweltverbrechen, Menschenrechtsverletzungen, Amtsmissbrauch und Auswüchse ungebremster Profitorientierung auf Kosten anderer. Den berühmten braunen Briefumschlag, mit dem etwa Journalisten anonym Informationen zugespielt wurden, gab es schon lange. Zu allen Zeiten gingen Whistleblower, Menschen, die diese Art hässlicher Geheimnisse »verraten«, offen oder verdeckt an die Öffentlichkeit, um schmerzhafte Wahrheiten ans Tageslicht zu bringen und damit Veränderungen anzustoßen, die offenbar anders nicht erreichbar waren.

Heute ist das in ganz anderem Maßstab und noch einfacher möglich. Wer kann schon eine Wagenladung Ordner unauffällig in die Redaktion einer Zeitung transportieren? Elektronisch ist das kein Problem, da sind auch große Datenmengen mit ein paar Klicks von A nach B transportiert und Dritten zur Verfügung gestellt. Auch das geht schon etwas länger, aber durch Graswurzelbewegungen wie WikiLeaks hat sich die Wahrnehmung von Whistleblowing verändert.

WikiLeaks wurde 2006 von Julian Assange gegründet. Als Daniel Berg, mein heutiger Ehemann, 2007 dazustieß, war die Organisation noch winzig klein und kaum bekannt. Gemeinsam mit Julian baute er WikiLeaks mit einem nur langsam wachsenden Kernteam auf. Eine Handvoll Menschen mit vielfältigen Begabungen, grenzenloser Motivation und dem festen Glauben an die Möglichkeit, mit ihrer Plattform die Welt zum Besseren zu verändern, erreichte ihr Ziel in wenigen Jahren. Egal, welche Rolle WikiLeaks in Zukunft spielen wird, der Beitrag zur Geschichte ist bereits geleistet: Das Leaken wurde gesellschaftsfähig. Jetzt erst ist es einer breiten Bevölkerung als Handlungsoption bekannt für die Fälle, in denen verantwortungsbewusste Menschen über Informationen verfügen, die nach Öffentlichkeit schreien, deren Veröffentlichung durch ihn oder sie aber mit persönlichen Nachteilen verbunden wäre, wenn ihre Identität bekannt würde.

In der Zeit, die mein Mann bei WikiLeaks verbrachte, wurden viele Leaks durch die Plattform veröffentlicht, die hierzulande kaum bekannt sind, anderswo aber viel Aufruhr verursachten und Konsequenzen nach sich zogen. Als durch WikiLeaks publik wurde, wie korrupt Teile der kenianischen Regierung waren, gab es Unruhen im Land, bei den Wahlen stürzte die Regierungspartei ab, es gab Rücktritte und starke Veränderungen in der politischen Landschaft.

Die Versuche der holländischen Firma Trafigura, über Verleumdungsklagen gegen investigative Medien in England ihre Schweinereien geheim zu halten, hätten beinahe funktioniert. Medienberichte wurden aus dem Netz genommen, es gab eine Schweigeverordnung vor Gericht und eine sogenannte »Super Injunction« – also eine Schweigeverordnung über die Schweigeverordnung, mit anderen Worten, die Medien durften nicht einmal erwähnen, dass sie einen Maulkorb erhalten hatten. Aber auf WikiLeaks waren alle Dokumente veröffentlicht und weiterhin zugänglich, die nachwiesen, dass dieses Unternehmen giftigen Müll einfach ins Meer vor der Elfenbeinküste hatte werfen lassen, mit der Folge, dass dort mehr als 30.000 Menschen erkrankten. Im britischen Parlament verlas man die Webadresse, unter der man den entlarvenden Bericht auf WikiLeaks finden konnte, denn Parlamentsprotokolle unterlagen anders als die Medien nicht den Zensurvorgaben der Gerichte.[231] So blieben dank der Whistleblowerplattform wichtige Informationen der Öffentlichkeit zugänglich. Trafigura wurde von einem holländischen Gericht zu einer Strafzahlung von einer Million Euro verurteilt, die Klage gegen den CEO wurde im Rahmen eines Vergleichs eingestellt.

Auch der Zugang zu staatsfinanziertem Wissen war Thema einer WikiLeaks-Veröffentlichung. Ähnlich wie in Deutschland gibt es einen wissenschaftlichen Dienst für das US-Parlament, der mit jährlich 100 Millionen Dollar üppig finanziert ist. Ähnlich wie in Deutschland ist das immense Know-how, das dort jedes Jahr in Form von Gutachten, Studien und Informationsblättern produziert wird, nicht öffentlich zugänglich – obwohl es häufig aktuelle Themen von hohem Allgemeininteresse betrifft und obwohl es steuerfinanziert ist. Viele Organisationen, selbst hochrangige Politiker haben für eine Veröffentlichung aller »Congressional Research Service Reports« (CRS-Reports) plädiert, darunter der Bundesverband amerikanischer Wissenschaftler (Federation of American Scientists). Dennoch waren die mehr als 6700 Berichte, die seit 1990 erstellt worden sind, immer nur Mitgliedern des

US-Kongresses zugänglich, sowie den Kongressausschüssen und einzelnen Behörden. Eine Veröffentlichung war zwar legal, aber durfte nur durch das beauftragende Kongressmitglied erfolgen. Das wurde entsprechend selten gemacht und immer nur dann, wenn der Inhalt des neutral verfassten Berichts die eigene politische Agenda unterstützte. Alles wie bei uns – nur dass im Jahre 2009 die genannten Berichte und Gutachten bei WikiLeaks landeten und damit der Weltöffentlichkeit zugänglich wurden.[232] Selbst Behörden machten davon Gebrauch, und Bürgerinnen und Bürger konnten sich nun Gedanken darüber machen, warum bestimmte Politiker die von ihnen in Auftrag gegebenen Gutachten unter Verschluss hielten. Damit war ein Schritt in Richtung Augenhöhe zwischen Wählervolk und Volksvertretern getan, denn über das gleiche Wissen zu verfügen ist dafür eine wesentliche Voraussetzung.

Wie sehr ein Leak Kräfteverhältnisse verändern kann, wurde bei der Finanzkrise deutlich, als ein kleines Land in Nordeuropa besonders hart von ihren Auswirkungen getroffen wurde. In Island hatten Banken mit einem hochriskanten Geschäftsmodell viel Kapital aus aller Welt angezogen, mit dem Ergebnis, dass nach dem Zusammenbruch der großen Blase die Schulden der isländischen Banken ein Vielfaches des nationalen Bruttoinlandsproduktes betrugen. Bei einem Banken-Bail-out hätten die Einwohner Islands wohl auf mehrere Generationen an den Lasten zu tragen gehabt. Aber in Island gelangten Unterlagen einer der drei größten isländischen Banken, der Kaupthing Bank, über WikiLeaks an die Öffentlichkeit. Diese zeigten, dass die Bank sehr wohl wusste, was für Risiken sie einging, dass sie viel früher Bescheid wusste über den drohenden Kollaps und dass sie dennoch ihre Kunden darüber im Unklaren ließ. Sie nutzte aber andererseits ihre Insiderkenntnisse dafür, Gelder abzuziehen und die eigenen Schäfchen ins Trockene zu bringen, und verschärfte damit die negativen Auswirkungen für die Anlegerinnen und Anleger noch weiter.

Wenn Menschen merken, dass man sie wissentlich derart über den Tisch zog, sinkt ihre Bereitschaft, eine solche Bank mit Steuergeldern und gemeinschaftlichen Opfern zu retten, gegen null. Es ist daher wenig überraschend, dass die Isländer in einem Referendum einen Bail-out und die Sozialisierung der riesigen Bankenverluste ablehnten. Drei Banken, Kaupthing, Landsbanki und die Glitnir Bank, gingen daraufhin pleite, zumindest was ihr gesamtes Auslandsgeschäft betraf, ein Ereignis, das in Europa seinerzeit einmalig war.

Trotz schlechter Prognosen zeigte sich ein paar Jahre später, dass es Island im Vergleich zu anderen europäischen Ländern vergleichsweise gut ging. In Europa betrachtet man den Umgang Islands mit der Finanzkrise heute als Erfolgsgeschichte. Seit die bei WikiLeaks veröffentlichten Unterlagen den Bürgerinnen und Bürgern Islands gezeigt hatten, wie sie von Wirtschaft und Politik hintergangen worden waren, wuchs ihr Wunsch nach Transparenz und Nachvollziehbarkeit staatlichen Handelns, aber auch nach staatlicher Kontrolle über das Finanzsystem. Island ist seitdem viele neue Wege gegangen, die im internationalen Vergleich sehr fortschrittlich sind. Ein Entwurf für eine neue Verfassung wurde im Crowdsourcing-Verfahren von Tausenden Bürgerinnen und Bürgern entwickelt, die Icelandic Modern Media Initiative (IMMI) vom Parlament beschlossen. IMMI wurde als Idee von WikiLeaks geboren, in der Zeit, als Julian Assange und mein Mann in Island aktiv waren. Sie gewannen rasch neue Unterstützer, wie Index on Censorship, die Icelandic Digital Freedom Society, aber auch Birgitta Jonsdottir, damals Parlamentarierin des »Movement«, einer isländischen Bürgerrechtsbewegung. Sie war aktive Helferin von WikiLeaks, vor allem bei der Vorbereitung der Veröffentlichung des Collateral-Murder-Videos, das Kriegsverbrechen im Irak öffentlich machte. Ihrem Engagement ist es zu verdanken, dass im Juni 2010 der IMMI-Antrag einstimmig vom Parlament beschlossen wurde. Der Antrag legte den Grundstein für die Änderung von 13 unterschiedlichen Gesetzen. Diese Gesetzesänderungen würden gemeinsam dazu führen, dass Island ein »Freihafen« für Informationen würde. Der Wert von Transparenz sollte fester verankert werden in der nationalen Gesetzgebung, etwa in einem der fortschrittlichsten Informationsfreiheitsgesetze der Welt, aber auch in einem Gesetz zum Schutz von Whistleblowern und einem weitgehenden Gesetz zum Quellenschutz für Informanten von Journalisten und die Kommunikation von Journalisten allgemein. Auch technische Dienstleister, wie Internet-Service-Provider sollten vor Verfolgung geschützt sein.[233] So etwas wie die Störerhaftung, bei der in Deutschland WLAN-Betreiber für missbräuchliche Nutzung ihres WLANs durch Dritte haftbar gemacht werden, könnte es in Island also nicht geben. Auch Angriffe auf die Meinungs- und Pressefreiheit sollten erschwert werden. Diese Entwicklung hätte es in Island vermutlich ohne die Krise und ohne die geleakten Dokumente nicht gegeben. »Verschwende keine Krise« (never waste a crisis) war daher auch das Motto von Birgitta Jonsdottir, für die eine Krise von isländischen Dimensionen eine einmalige Chance war, große gesellschaftliche Veränderungen zu erreichen. Sie gründete 2012 die isländische Piratenpartei, ist ihre Vorsitzende und zog 2013 mit anderen als erste Fraktion einer Piratenpartei in ein nationales Parlament ein.[234]

Meinen ersten und für mehr als drei Jahre einzigen Urlaub mit meinem Mann Daniel verbrachte ich im Sommer 2010 in Island. Wir haben auch Birgitta in dieser Zeit besucht. Schon damals hat sie mich durch ihre Entschlossenheit, ihre klaren Werte und ihren Mut sehr beeindruckt. Birgitta ist eine Kämpferin für eine Gesellschaft, wie sie sie gern hätte. Auf ihrer Website steht: »Every person has the opportunity to change the world« – jeder Mensch hat die Gelegenheit, die Welt zu verändern. Dieser Satz passt zu ihr, genau so habe ich sie erlebt.

In Island brodelt es unter dem Boden, die Insel gründet auf Lava, Vulkan reiht sich an Vulkan, Geysire spucken Wasser haushoch in die Höhe, heißer Schlamm blubbert unter stinkenden Dämpfen. Vielleicht schafft diese Umgebung Menschen wie Birgitta, vielleicht ist es auch der Geist unserer Zeit. In Island jedenfalls habe ich die raue Natur sehr genossen. Aber unser Urlaub bestand nicht nur aus Sightseeing. Auch dort hat uns WikiLeaks begleitet. Drei Wochen vor unserer Reise hatte eine menschengemachte Katastrophe Duisburg erschüttert, als eine Massenpanik bei der Loveparade mehr als 20 Todesopfer und über 500 Verletzte forderte.[235] Sehr bald stellte sich die Frage, warum es zu diesem Unglück überhaupt kommen konnte, wieso gravierende Planungsfehler passierten und an welcher Stelle die zuständigen Behörden ihren Aufgaben nicht gerecht wurden. Eine wichtige Rolle spielte wie immer die Frage, wer wann was gewusst hatte. Nach dem Unglück waren natürlich alle unschuldig, und niemand hatte eine Ahnung. Die Öffentlichkeit hatte aber ein drängendes Interesse daran, herauszufinden, auf Grundlage welcher Informationen die Sondernutzungserlaubnis erteilt worden war und von wem. Was im Sicherheitskonzept der Großveranstaltung stand und wie die Umsetzung kontrolliert wurde oder wer wann von welchen Besucherzahlen ausging bzw. wie sie berechnet wurden. Ob es Warnungen gab, und wenn ja, warum und von wem sie ignoriert wurden. Antworten auf viele dieser Fragen gab es in mehr als 40 Dokumenten vor allem aus der Duisburger Verwaltung, die von verschiedenen Seiten mehrfach an WikiLeaks übermittelt wurden.[236] Diese Papiere mussten an die Öffentlichkeit, aber das erforderte ihre Sichtung, Aufbereitung, Anonymisierung und die Erstellung von Kurzbeschreibungen auf Deutsch und Englisch. Eine Arbeit, die wir nachts in unserem Urlaub in Island erledigt haben, weil wir tagsüber als Familie mit einem Kind über Vulkanlandschaften wanderten. Ich erinnere mich an Nächte, in denen wir erst bei Anbruch der Morgendämmerung ins Bett gingen. Das waren Nächte nicht nur mit sehr wenig Schlaf, sondern auch mit schlechten Träumen, denn man nahm den Inhalt dieser Dokumente gedanklich mit ins Bett.

Manche Leaks auf der WikiLeaks-Plattform hatten breite internationale Auswirkungen und verursachten mehr als nur Schlagzeilen in großen Medien. Ich erinnere mich noch lebhaft an die ersten Monate im Jahr 2010, nachdem ich meinen Mann kennengelernt hatte. Er arbeitete damals noch sehr aktiv rund um die Uhr nur für WikiLeaks. Eines Abends erzählte er mir, dass WikiLeaks Material erhalten habe, das den Lauf der Welt verändern würde. Er hoffe, dass das Bekanntwerden dieser schrecklichen Fakten dazu führen werde, dass sich so etwas nicht wiederholt. Dann zeigte er mir das sogenannte Collateral-Murder-Video. Ich habe es an jenem Abend mehrfach gesehen, mit Wut im Bauch und Tränen in den Augen. Das Video stammt von einer On-Board-Kamera eines Militärhubschraubers, in dem US-Soldaten aus relativ großer Distanz mit einer 30-Millimeter-Kanone auf menschliche Ziele schießen konnten – und das an diesem 12. Juli 2007 auch taten, unter anderem auf Verwundete, Sterbende und zwei Reuters-Journalisten, selbst auf Kinder.[237] Ich habe an der Übersetzung der Untertitel ins Deutsche mitgearbeitet und dabei inständig gehofft, dass nach der Veröffentlichung des Videos dieses offensichtliche Kriegsverbrechen verfolgt wird. Leider ist genau das nicht geschehen. Stattdessen flog der Whistleblower auf. Die US-Soldatin Chelsea Manning (früher unter der männlichen Identität Bradley Manning bekannt), die dieses und andere Dokumente an WikiLeaks übermittelt hatte, wurde mit extremer Härte verfolgt. Drei Jahre war sie unter unwürdigen Bedingungen in Haft, ohne einen Richter zu sehen. Sie wurde mehrfach der Spionage, mehrfach des Diebstahls, des Betrugs mittels Computer und etlicher Militärvergehen für schuldig gesprochen. Mitte August 2013 wurde sie zu 35 Jahren Haft verurteilt.

Zu den Leaks von Chelsea Manning gehörten auch Protokolle aus den Militäreinsätzen in Afghanistan und im Irak, die Afghan War Diaries, die im Juli 2010 veröffentlicht wurden, und die Iraq War Logs, die im Oktober 2010 veröffentlicht wurden. Die Afghan War Diaries haben auch in Deutschland zu einer neuen Debatte über das Engagement unseres Landes am Hindukusch geführt. Der Bundestag debattierte insbesondere die offensichtlich mangelhafte Information selbst der Mitglieder des Verteidigungsausschusses durch die Bundesregierung bzw. das Verteidigungsministerium, denn etliche Informationen hatten sie erst durch die geleakten Dokumente erhalten. Dies betraf unter anderem das Engagement von US-Spezialeinheiten auf deutschem Hoheitsgebiet. Die Bundestagsfraktion von Bündnis 90/Die Grünen brachte im August 2010 eine Kleine Anfrage mit einem Fragenkatalog ein, der 38 Fragen mit vielen Unterfragen an die Bundesregierung stellte.[238] Alle betrafen die auf WikiLeaks zum Kriegseinsatz in Afghanistan veröffentlichten Dokumente. Mein Mann hat noch im Spätsommer 2010, vor der Veröffentlichung der Iraq War Logs, gemeinsam mit anderen Mitgliedern des Kernteams WikiLeaks verlassen, da es unüberbrückbare Differenzen in der Art und Weise der Ausrichtung der Organisation und der internen Zusammenarbeit gab. Aber selbst nachdem WikiLeaks seine frühere Bedeutung als Leaking-Plattform verlor, bleibt doch das Leaken als neue Kulturtechnik der digitalen Gesellschaft erhalten. Schon 2013 gab es einen neuen Mega-Leak, die sogenannten Offshore-Leaks. Sie umfassten Millionen von Dokumenten und legten ein weltweites Netz von Verflechtungen zum Zwecke der Steuerhinterziehung in großem Maßstab offen. Viele Prominente und Politiker bis hin zu Regierungsmitgliedern und ihren Familienangehörigen waren davon betroffen. Eines hat dabei vermutlich noch der letzte Millionär verstanden: Sichere Geheimnisse kann man heute für kein Geld der Welt mehr kaufen. Banken werden sauberer Geschäfte machen müssen, weil sie sonst noch mehr in Verruf geraten und die Regulierer auf den Plan rufen. Haben auch Regierungen bisher alle Augen zugedrückt, wenn es um Steuerhinterziehung ging, so ist das in Zeiten knapper Steuerkassen, zunehmender sozialer Spaltung und zu Empörung neigender Bürgerinnen und Bürger wenig empfehlenswert. Die Politik hat das verstanden und unternimmt nun intensiver denn je Versuche, internationale Vereinbarungen mit Ländern zu treffen, bei denen bisher das Bankgeheimnis in Stein gemeißelt war.

Schmutzige Geheimnisse kann man heute nicht mehr bewahren, weil es immer mehr Menschen mit Charakter und Gewissen gibt, die solche Dinge an die Öffentlichkeit bringen. Schwarze Schafe können sich nicht mehr länger in Sicherheit wiegen. Transparenz ist ihr größter Feind, und wir haben die Macht und die Pflicht, diese Transparenz auch zu erzwingen, wenn sie nicht von oben kommt – jedenfalls immer dann, wenn es sich um unsaubere Geschäfte handelt.

Bürgerbeteiligung als Feigenblatt

Alle Parteien behaupten, dass sie mehr Bürgerbeteiligung wollen. Mit der Umsetzung dieses Versprechens haben viele Menschen aber eher schlechte Erfahrungen gemacht. Es ist schlimm genug, ignoriert zu werden, aber wenn ihnen diese Ignoranz noch als Beteiligung verkauft wird, werden sie wütend. Diese Wut zeigte sich auch in Stuttgart, als der inzwischen berühmt-berüchtigte Bahnhof unter die Erde gelegt werden sollte. Es trieb die Bürgerinnen und Bürger zu Tausenden immer wieder auf die Straße, dass man staatlicherseits über ihre Wünsche und Prioritäten hinweg einfach Entscheidungen traf und Tatsachen schuf. Zwar wurde immer wieder betont, dass doch ein normales Beteiligungsverfahren durchgeführt worden war, aber das war eine Feigenblattbeteiligung. Ein echtes, ernst gemeintes Beteiligungsverfahren hätte anders ausgesehen.

Zu allererst hätte es ein Informationsgefälle verhindert – durch umfassende, transparente und gut strukturierte Informationen, sodass sich alle, die das möchten, ein eigenes Bild machen können. Eine städtebauliche Maßnahme, die allein durch Größe, Kosten, Dauer, Zentralität und Relevanz für viele Einwohner eine weit überdurchschnittliche Bedeutung hat, kann man nicht auf gewohnt paternalistische Art durchpeitschen, egal, ob der Prozess damals gültigen Rechtsvorschriften entsprach oder nicht. Heute sind die Erwartungen andere, und diese Erwartungen wurden ignoriert. Gutachten blieben verschlossen, falsche Fakten wurden kommuniziert, Verflechtungen von politischen Entscheidern mit Investoren und Banken wurden verschwiegen.

Wie sollen Menschen einem Staat vertrauen, der wie in diesem Fall ganz offensichtlich nur so tut, als wolle er Bürger nach ihrer Meinung fragen? Wo Entscheidungen schon vorab feststehen, wo manipuliert wird und sich der Gedanke an Korruption geradezu aufdrängt? Wo man Demonstranten – minderjährigen Schülerinnen und Schülern genauso wie Senioren – mit martialischer Polizeigewalt entgegentritt und sie mit Wasserwerfern und Pfefferspray an der Ausübung ihres Demonstrationsrechts hindert? Die Mediation und die Volksabstimmung danach kamen viel zu spät. Der Schaden war bereits angerichtet, das Vertrauen zerstört. Das war die Ausgangslage für die anstehenden Landtagswahlen, die mit einem Desaster für die damalige Regierung und dem Sieg der Grünen endeten, die seitdem den ersten deutschen Ministerpräsident mit grünem Parteibuch stellen.

Nicht nur Stuttgart hat gezeigt, dass der Wunsch nach Beteiligung und mehr Mitbestimmung in Deutschland groß ist. Nach einer repräsentativen Studie von Emnid wünschen sich 96 Prozent der Bevölkerung mehr Beteiligungsmöglichkeiten. 92 Prozent wünschen vor allem mehr Berücksichtigung ihrer Vorschläge, aber nicht einmal ein Drittel ist mit dem Status quo zufrieden. Ähnlich weit auseinander gehen Wunsch und Wirklichkeit aus Sicht der Bürger, was die Möglichkeiten betrifft, sich frühzeitig einzubringen und überhaupt ausreichend Informationen zu erhalten, welche Beteiligungsangebote es gibt.[239] Noch viel zu häufig werden Bürger zwar nach ihrer Meinung gefragt, aber diese Meinung spielt dann nie wieder eine Rolle, oder diejenigen, die Vorschläge einreichten, erfahren nie, was daraus geworden ist. Bürger beteiligen sich durchaus gern, auch in ihrer knappen Freizeit. Aber sie sind nicht doof, sie merken, wenn ihr Feedback nur für die Schublade ist und keinen wirklich interessiert. Es wird also höchste Zeit, diesem Wunsch der Menschen Rechnung zu tragen.

Auch ungefragt mischen wir uns ein[240]

Immer häufiger wehren sich Bürgerinnen und Bürger massiv gegen neue Gesetze, die ihre Bürgerrechte einschränken sollen. Sie schaffen das mit wenigen Ressourcen, indem sie über das Internet mobilisieren und Informationen viral auf allen möglichen Kanälen verbreiten.

Als im Frühjahr 2009 die Online-Proteststürme gegen die geplanten Internetsperren selbst die *Tagesschau* beherrschten, war klar, dass die Dimension des Widerstands eine neue Qualität erreicht hatte. Die damalige Familienministerin Ursula von der Leyen hatte ein »Internetzugangserschwernisgesetz« entworfen, mit dem erklärten Ziel, Kinderpornografie im Internet zu bekämpfen. Nach ihrer Vorstellung sollte eine schwarze Liste mit Weblinks vom Bundeskriminalamt entwickelt und täglich aktualisiert werden und die dort gelisteten Websites dann durch die sogenannten Internetsperren nicht mehr aufrufbar sein. Stattdessen sollten Besucher dieser Websites ein Stoppschild und eine entsprechende Sperrinformation sehen. Internetprovider sollten zum Filtern bestimmter Inhalte verpflichtet werden. Leider hatte dieser Plan von Ministerin von der Leyen gleich mehrere Mängel.

Zum einen zeigen Beispiele aus anderen Ländern, die mit solchen Listen operierten, dass sie fehlerhaft sind und häufig falsche Websites auf Sperrlisten geführt werden. Außerdem führt eine solche Praxis dazu, das Problem unsichtbar zu machen, statt es zu beseitigen. Denn die Internetsperren sind sehr einfach zu umgehen: Wer immer auf die dahinter versteckten Inhalte gelangen möchte, lernt mit ein paar Google-Klicks, wie das geht. Die Inhalte würden also weiter erreichbar bleiben, die Erstellung von Kinderpornografie fände weiterhin statt. Kinder werden weiter gequält, erniedrigt und missbraucht, man versucht nur, das Problem unsichtbar zu machen. Das kann wohl kaum die Lösung sein. Last but not least erfordert ein solcher Eingriff den Aufbau einer Zensurinfrastruktur, die – einmal installiert – für jeden beliebigen anderen Eingriff auf Inhalte im Internet nutzbar ist. All diese Nachteile haben Aktivisten frühzeitig und heftig kritisiert. Was man ihnen erst als Schwarzmalerei vorwarf, erwies sich jedoch schnell als berechtigte Kritik, denn bald forderten Politiker Internetsperren auch für Glücksspielseiten oder für rechtsradikales Gedankengut – man kann sich leicht ausrechnen, wie immer mehr Begehrlichkeiten geweckt werden.

Aber schon im Mai 2009 hatte die 29-jährige Franziska Heine eine Online-Petition für den Bundestag eingereicht, die in nur vier Tagen das Quorum von 50.000 namentlichen Unterzeichnern erreichte. Mehr als 130.000 Menschen unterschrieben diese Petition in wenigen Wochen Laufzeit, das war bis dahin der Rekord. Im Internet wurden Videos viral verbreitet, die das Internetzugangserschwernisgesetz und seine Problematik erklärten, selbst mit animierten Legosteinen. So wurde das komplexe Thema einer großen Öffentlichkeit verständlich gemacht. Der Druck auf die Politik wuchs. In den Koalitionsverhandlungen nach der Bundestagswahl 2009 von CDU/CSU mit der FDP wurde eine Aussetzung des Gesetzes beschlossen. Es trat zwar im Februar 2010 in Kraft, aber das Bundesinnenministerium wies das Bundeskriminalamt an, es nicht umzusetzen. Ende 2011 wurde das Gesetz endgültig aufgehoben. Der Widerstand hatte gesiegt.

Den Höhepunkt erfolgreicher Proteste stellte jedoch das Scheitern von ACTA (Anti-Counterfeiting Trade Agreement, deutsch Anti-Produktpiraterie-Handelsabkommen) dar. ACTA entstand über Jahre hinweg hinter verschlossenen Türen als multilaterales Handelsabkommen auf völkerrechtlicher Ebene, ohne öffentliche Debatte, ohne Beteiligung der Zivilgesellschaft. Lobbyisten aus den Industrien, die davon besonders profitieren würden, etwa die Pharma-, Musik- und Filmbranche, investierten viel Zeit und Geld, um die Interessen ihrer Auftraggeber durchzusetzen. Das Gesetz hatte das vordergründige Ziel der Pirateriebekämpfung. Der Missbrauch von »geistigem Eigentum« sollte verhindert und schärfer verfolgt werden. Der Zoll sollte befugt werden, Sendungen auf

Urheberrechtsverletzungen zu kontrollieren. ACTA galt als Wegbereiter für Vorratsdatenspeicherung, Internetsperren und das sogenannte Three-Strikes-Model, nach dem Internetnutzern bei der dritten festgestellten Copyrightverletzung (also zum Beispiel dem illegalen Download von Musik oder Filmen) das Internet gesperrt wird.

ACTA würde also rechtsstaatliche Grundprinzipien verletzen, zur Einschränkung der Freiheit von Menschen im Internet beitragen und die Überwachung ihrer Kommunikation und Handlungen erfordern. Das ist der Überwachungsstaat 2.0 und war nicht nur Bürgerrechtsbewegungen überall auf der Welt ein Dorn im Auge. Also formierte sich massiver weltweiter Widerstand. Seine Wurzeln hatte er in einem bei WikiLeaks 2008 veröffentlichten Dokument, dem ACTA-Entwurf 2007. In den folgenden Jahren arbeiteten zahlreiche zivilgesellschaftliche Initiativen in vielen Ländern an der Organisation des Widerstands. Das Hackerkollektiv Anonymous unterstützte den Protest ebenso wie die Piratenparteien vieler Länder. Bei ACTA-Protesten spielte YouTube eine ganz wesentliche Rolle, nicht nur wegen der millionenfach angeklickten Mobilisierungsvideos, sondern auch wegen der erfolgreichen Demonstrationsaufrufe von YouTube-Stars, deren Teenagerfans in Scharen auf die Straße liefen und insbesondere den deutschen Politikern unerwartet heftigen Gegenwind bescherten. Politiker schaffen es durchaus eine Zeit lang, kritische Kommentare auf Facebook oder Twitter als nicht relevant abzutun, aber mehr als 100.000 Menschen in 55 deutschen Städten bei minus zehn Grad auf der Straße lassen sich nicht mehr ignorieren.

In Polen erreichte der Protest eine Stärke, wie man sie seit der Solidarnocz-Bewegung in den frühen Achtzigerjahren nicht mehr erlebt hatte. Der polnische Regierungschef knickte ein und nach ihm eine europäische Regierung nach der anderen. Eine Bundestagspetition erreichte das Quorum von 50.000 Unterschriften, die Graswurzel-Petitionsplattform Avaaz.org sammelte international fast drei Millionen Unterschriften gegen ACTA, die dem Europäischen Parlament überreicht wurden. Der Druck der digitalen Zivilgesellschaft wurde einfach zu groß: Das EU-Parlament lehnte im Juli 2012 den ACTA-Entwurf endgültig ab – mit 478 Gegenstimmen bei nur 39 Jastimmen.[241]

Die Heftigkeit der Proteste hatte nicht nur mit der Art des Angriffs auf die Privatsphäre der Menschen und die Freiheit des Internets zu tun, sondern insbesondere auch mit der undemokratischen Entstehung des Handelsabkommens. Wir erinnern uns – die Informationsfreiheitsanfrage an die Bundesregierung nach Offenlegung der Delegationsteilnehmer wurde vom Auswärtigen Amt mit Verweis auf die Gefährdung der öffentlichen Sicherheit abgelehnt. Es dauert offenbar in Deutschland noch etwas, bis sich in der Verwaltung und der Politik herumgesprochen hat, dass Intransparenz und die allzu großzügige Auslegung des Amtsgeheimnisses für Vorgänge von öffentlichem Interesse nicht mehr in die digitale Demokratie passen.

Aber Bürgerinnen und Bürger mobilisieren nicht nur gegen Gesetze, sie mobilisieren auch für Gesetze, die sie haben wollen. Immer erfolgreicher werden ePetitionen, selbst für Themen, die nichts mit dem Internet zu tun haben. Erfolgreich waren Bundestagspetitionen der Hebammen, die damit eine Debatte zu ihrer wirtschaftlichen Lage im Parlament erzwangen, und auch die Petition für ein bedingungsloses Grundeinkommen, die Susanne Wiest, Piratin aus Mecklenburg-Vorpommern, anstrengte. Im Frühling 2013 erreichte eine Petition des 19-jährigen Johannes Scheller zur Netzneutralität mehr als 75.000 Unterschriften. Anlass dafür war die Ankündigung der Deutschen Telekom, für alle Verträge ab 2016 die bisherige Datenflatrate für das Internet auf eine festgelegte Datenmenge zu begrenzen und bei Überschreiten dieses Limits die Geschwindigkeit so weit zu drosseln, dass faktisch das Internet nicht mehr nutzbar ist. Kommerzielle Dienste könnten sich eine Sonderbehandlung erkaufen, wir hätten dann ein Zweiklasseninternet.[242]

Selbst ist die Bürgerin – wenn das Volk Gesetze schreibt

Noch faszinierender, als gegen unsinnige Gesetze zu protestieren oder Petitionen für neue Gesetze zu starten, sind die bisherigen Versuche, Gesetze einfach selbst zu schreiben, wenn die zuständigen Parlamente das nicht in gewünschter Weise tun.

Ein über die Grenzen Deutschlands bekannt gewordenes Beispiel dafür ist die ungewöhnliche Entstehungsgeschichte des Transparenzgesetzes in Hamburg.[243] In Hamburg war der Filz der Verwaltung berühmt-berüchtigt, so wie in anderen deutschen Großstädten auch. Es wuchs der Wunsch, diesen Filz erkennbar zu machen und damit seinen Einfluss zu schwächen. Aber die Bürgerschaft, wie die Volksvertreter in Hamburgs Parlament heißen, reagierte nicht auf den Ruf der Bürger nach mehr Transparenz, und so schlossen sich einige von ihnen zusammen und starteten eine Online-Plattform, die ein schlichtes Wiki ähnlich der Kollaborations- und Wissensplattform Wikipedia war, um in diesem Wiki gemeinsam ein Transparenzgesetz für die Stadt Hamburg zu schreiben. Im Sommer 2011 ging es los.

Zu den Initiatoren gehörten der Verein Mehr Demokratie e.V., aber auch die deutsche Sektion von Transparency International und der Chaos Computer Club. Später schlossen sich weitere Bündnispartner an, Vereine und Parteien der Opposition, einschließlich der Piratenpartei. Eine Volksinitiative »Transparenz schafft Vertrauen« wurde der gemeinsame Nenner, für den man sich in einem breiten Bündnis engagierte. Nach einigen Monaten war ein gutes Gesetz entstanden, sogar ein ehemaliger Verfassungsrichter wirkte daran mit. In einer ersten Stufe, ein halbes Jahr nach dem Start des Wikis, wurden für die Volksinitiative mehr als 15.000 Unterschriften gesammelt, ein folgendes Volksbegehren und ein Volksentscheid waren damit ein Stück realistischer geworden. Im Frühjahr 2012 gab es Anhörungen, eine Überarbeitung des Gesetzentwurfs und seine Einreichung als Grundlage für ein Volksbegehren. Langsam bekam die Hamburger Bürgerschaft kalte Füße. Die breite Basis hinter der Volksinitiative machte sie zu einer mächtigen Graswurzelopposition, und das Szenario eines erfolgreichen Volksentscheids, mit dem der Bürgerschaft das von den Wählern selbst geschriebene Gesetz aufgezwungen würde, erschien offenbar nicht attraktiv. Innerhalb weniger Wochen wurden Verhandlungen zwischen den Fraktionen in der Bürgerschaft und den Vertretern des Bündnisses geführt, und im Juni 2012 – weniger als zwölf Monate nach dem Start des Wikis im Internet – verabschiedete die Bürgerschaft einstimmig das erste deutsche Transparenzgesetz, das seitdem immer noch Aufsehen erregt.

Ein Jahr später gab es bereits in mehreren Bundesländern Gesetzesinitiativen für ein ähnliches Transparenzgesetz, teilweise wieder aus der Zivilgesellschaft heraus, wie in Baden-Württemberg, wo ein Netzwerk investigativer Journalisten einen Gesetzentwurf vorlegte. Der Vorsitzende des Netzwerkes, Oliver Schröm, begründete den ungewöhnlichen Schritt so:

> »Wenn die Verwaltung und die Regierung hier nicht liefern, dann muss offenbar die Zivilgesellschaft aktiv werden. Der gute Informationszugang ist die Grundvoraussetzung sowohl für Bürgerengagement als auch für einen kritischen Journalismus.«[244]

Auch dieser Gesetzentwurf orientiert sich am Transparenzgesetz Hamburg: Er bezieht Verträge der Daseinsvorsorge ein, Gutachten und Subventionen, unter bestimmten Bedingungen auch private Unternehmen, er etabliert die Bringschuld des Staates gegenüber der bisherigen Holschuld der Bürger, eliminiert vielfältige Antragspflichten und stärkt generell die Rechte der Bürgerinnen und Bürger durch kürzere Bearbeitungsfristen und geringere Kosten. Auch ein obligatorisches Informationsregister ist Teil dieses Gesetzentwurfs, sodass Bürgerinnen und Bürger erkennen können, welche Dokumente überhaupt vorliegen. Ausnahmen sollen strenger gefasst und eine Abwägungsklausel eingeführt werden, damit auch anwendbare Ausnahmen gegebenenfalls hinter berechtigtem öffentlichen Interesse zurückstehen müssen.[245] Bisher ist jedoch kein weiteres Transparenzgesetz in Kraft getreten.

Die Lieblingsausreden der Verwaltung gegen Open Government

Wir können nicht mehr warten, bis die Verwaltung von allein reagiert. Zu groß sind die Widerstände in der Fläche gegen eine Grundsatzreform, gegen einen echten Kulturwandel im öffentlichen Dienst. Immer wieder stoße ich auf die gleichen Ausreden. Open Government ist wahlweise zu teuer oder zu komplex, die Bürger wollen es eigentlich gar nicht oder wenn doch, dann wollen es die falschen Bürger; man hält das Volk für zu dumm/naiv/egoistisch, um sich mit klugen Gedanken an Entscheidungen mit Relevanz zu beteiligen; man hat Angst vor Haftungsfragen oder dem Kontrollwahn der Bürgerinnen und Bürger, die ja doch nur Transparenz wollen, um Beamte und Angestellte im öffentlichen Dienst kritisieren zu können. Eine hohe Verwaltungsbeamtin, die sich in ihrem Bundesland innerhalb der Behörden für Open Government starkmachte, erzählte mir, einige der Kollegen, mit denen sie sprach, fragten, warum sie sich denn freiwillig auf eine Bühne stellen und dem Publikum faule Eier in die Hand drücken sollten, sodass die dann fleißig damit auf sie werfen könnten. Wer Open Government nur so betrachtet, der wird natürlich kein Unterstützer werden.

Die Furcht vor Haftung nach öffentlich erkennbaren Fehlern ist in der Verwaltung groß. Dabei gilt dort das sogenannte Prinzip der »gesamten Hand«, das mir der damalige Innenminister de Maizière seinerzeit (sinngemäß) so erklärte: Beamte agieren immer als Beauftragte des Staates, also als Vertreter eines großen Ganzen. Alles, was sie bei ihrer Aufgabenerfüllung tun, ist daher dem Prinzip der gesamten Hand unterworfen, sie handeln dann nicht als

Einzelperson, sondern als Staat, der im Falle ihrer Fehler für sie haftend eintritt. Dadurch ist praktisch nie ein Vertreter des öffentlichen Dienstes persönlich an irgendetwas schuld und dafür haftbar zu machen, er oder sie agierte ja nur als Finger einer gesamten Hand. Dass das natürlich einen Spitzenpolitiker nicht vor einem Rücktritt schützt, wenn er/sie Mist gebaut hat, steht auf einem anderen Blatt. Die gesamte Hand schützt aber vor allem die mittlere und untere Ebene im Verwaltungsapparat. Die Sorge, durch mehr Transparenz als Individuum zur Verantwortung gezogen zu werden, ist also übertrieben. Dennoch tut eine neue Fehlerkultur in der Verwaltung not. Der aus der Historie des preußischen Beamtentums stammende Anspruch einer hundertprozentigen Fehlerlosigkeit hat in einer offeneren Verwaltung, in der alle Beamten auch in direkten Kontakt mit Bürgerinnen und Bürgern treten können, keine Berechtigung mehr. Fehler passieren jedem, sie sind menschlich. Gerade wenn man neue Wege geht, kann ein Schritt auch mal danebengehen. Das ist nicht schlimm, aber man muss damit rechnen und damit umgehen.

Aus der Landeshauptstadt eines westdeutschen Flächenlandes erreichte mich eine Information aus dem Stadtrat, nach der ein Bürgervorschlag, ein Open-Data-Portal für diese Stadt einzurichten, kurz diskutiert und aus Kostengründen abgelehnt wurde. Nach dem mir vorliegenden Kostenplan würde das Portal einer einzigen Stadt mehr als 900.000 Euro für die ersten 48 Monate kosten. Kein Wunder, dass dieser Vorschlag abgelehnt wurde. Aber warum hat das Datenportal des Bundes nur 155.000 Euro an Kosten verursacht, und wie konnte eine Großstadt in einem finanzschwachen ostdeutschen Bundesland mit 4000 Euro plus etwa zwei Personenmonaten vor dem Start und einem studentischen Praktikanten für drei Monate ein vorbildliches Open-Data-Portal entwickeln? Aus Kanada kenne ich ein Beispiel, wo in nur drei Wochen mit drei Personen ein Open-Data-Portal für eine Großstadt auf die Beine gestellt wurde, das danach Betriebskosten von wenigen Hundert Dollar monatlich verursachte. Als ich im Norden Ostdeutschlands nach der Kostenkalkulation für jenes Open-Data-Portal fragte und erwähnte, dass ich von einer anderen Stadt eine astronomische Kostenschätzung vorliegen hätte, antwortete der ostdeutsche Verwaltungsmitarbeiter treffend mit folgenden Worten: »In der Verwaltung ist die Kostenschätzung für unbeliebte Bürgerbeteiligungsprojekte immer umgekehrt proportional zu gewollten Prestigebauprojekten.« Fantasieschätzungen sollen Transparenz und mehr Bürgerbeteiligung verhindern. Dabei gibt es genug Beispiele, wo finanzschwache Länder oder Kommunen in der Lage sind, hier große Schritte zu gehen und vorbildliche Lösungen auf den Weg zu bringen. Was innovative Behörden von den Bedenkenträgern unterscheidet, ist nicht das verfügbare Geld, sondern allein der Wille und die Einstellung zu Open Government. Der bisher weitgehend ausgebliebene Kulturwandel ist die Hauptbarriere für die Umsetzung dieser Strategie. Sein Fehlen trägt dazu bei, dass Bürgerinnen und Bürger dem Staat immer weniger trauen.

Die Regierung traut dem Volke nicht – Die gläsernen Bürger

Die zwei Überwachungsstaaten vor der Zeit des Mauerfalls

Auch der Staat traut dem Volk nicht, und das schon länger. Dieses Misstrauen findet seinen Ausdruck in pauschaler Überwachung und der wachsenden Tendenz, Bürgerinnen und Bürger zu gläsernen Menschen zu machen. Ein Blick in die deutsch-deutsche Geschichte offenbart, dass es Überwachung etwa von Postsendungen oder Telefonaten keinesfalls nur im Osten gegeben hat. Dazu hat Prof. Josef Foschepoth mit *Überwachtes Deutschland*[246] ein

Augen öffnendes Buch verfasst, es ist die Quelle für die nachfolgenden Fakten zur Überwachung in Ost und West.

Natürlich bespitzelte die Stasi in der DDR die Bürgerinnen und Bürger in einem Maßstab, der sich schwer vergleichen lässt. Allein 1986 wurden über zwei Millionen Telefongespräche in der DDR durch die Staatssicherheit abgehört. Im Jahr des Mauerfalls arbeiteten circa 2200 Personen in der Postkontrollstelle der Stasi. In den Achtzigern wurden jedes Jahr täglich durchschnittlich 90.000 Briefe und 60.000 Pakete geöffnet.[247] Dazu kamen Tausende inoffizieller Mitarbeiter (IM) und ein riesiger Stab Hauptamtlicher, die uns in der DDR bespitzelten. Jeder konnte ein IM sein, es war nicht leicht, den Mitmenschen zu vertrauen, oft hat man sich in der Beurteilung vermutlich geirrt – in beide Richtungen.

Aber auch in Westdeutschland wurden allein von 1955 bis 1972 etwa 109 Millionen Postsendungen aus der DDR einfach aus dem Verkehr gezogen, die meisten davon wurden vernichtet. In den 60er-Jahren wurden jährlich zwischen 70.000 und 100.000 private Briefe aus der DDR geöffnet. Es gab eigene Einrichtungen, die nur für die Kontrolle und Zensur von Post aus dem Osten tätig waren. Beide Staaten, die BRD und die DDR, hatten das Briefgeheimnis in ihrer Verfassung verankert. Beide handelten gegen das Gesetz. Es ist ein dunkles und noch weitgehend unbekanntes Kapitel der westdeutschen Geschichte, das erst jetzt allmählich näher erforscht wird.

Durch meine Sozialisierung in der DDR bin ich sehr sensibel für Überwachung durch den Staat. Ich hatte mich nach dem Mauerfall in einer Demokratie gewähnt, die mich vor solchen Übergriffen auf meine Privatsphäre schützt. Immer mehr habe ich jedoch erkannt, dass die neuen technischen Möglichkeiten vom Staat zunehmend zur Bespitzelung der Bürger ausgenutzt werden – in einem Ausmaß, zu dem die Staatssicherheit seinerzeit nicht in der Lage war. Weltweit gibt es Tendenzen von Staaten, ihre eigenen Bürger und erst recht Menschen im Ausland engmaschig zu überwachen. Das macht mir Angst.

Du und ich – mit Internet und Handy sind wir potenzielle Terroristen, Betrüger, Päderasten

Immer wieder werden verfassungsfeindliche Gesetze vom Bundestag beschlossen und vom Verfassungsgericht kassiert, weil sie die Bürgerrechte auf unzulässige Weise einschränken. Die meisten dieser Gesetze waren Überwachungsgesetze. Aber auch unabhängig von der Existenz solcher Gesetze werden wir zu gläsernen Bürgern gemacht. Im schlimmsten Fall wird der Eingriff in die Privatsphäre im Nachhinein von einem Gericht für illegal erklärt, aber dann ist das Kind schon längst im Brunnen, die Daten längst gesammelt und ausgewertet.

Mich verstört auch, wie anerkannte und bis heute weitgehend respektierte Rechte ausgehebelt werden, wenn sich die Kommunikation von der Offline- in die Onlinewelt verlagert oder auch von der Festnetzwelt in die Mobilfunkkommunikation. Kann sich jemand vorstellen, dass der Bundesnachrichtendienst 37 Millionen Postbriefe in einem einzigen Jahr durchschnüffelt? Nein? Das wäre ja auch eine Verletzung des Briefgeheimnisses in großem Maßstab, und ein großer Skandal wäre gewiss. Aber im Jahr 2010 filterte der BND 37 Millionen E-Mails aus, weil sie verdächtig waren oder weil sie eines von insgesamt über 15.000 verdächtigen Wörtern enthielten, ohne dass ein Richter oder ein Datenschutzbeauftragter irgendeine Kontroll- oder Einflussmöglichkeit hatte. Verwertbare Infos gab es in genau 213 Fällen, das ist eine Erfolgsquote von 0,00058 Prozent. Und für dieses sagenhafte Ergebnis wird das eigentlich verfassungsrechtlich abgesicherte Brief- und Fernmeldegeheimnis millionenfach gebrochen.[248] Mehr als zehn Millionen Mails standen dabei unter Verdacht, Kommunikation von Terroristen zu sein, knapp 2000 Suchworte wurden für diese Filterung verwendet. Von diesen zehn Millionen Mails hatten 29 irgendeine nachrichtendienstliche Relevanz (ob sie zu Ermittlungsergebnissen führten, bleibt offen). Das ist eine Quote von 0,00029 Prozent. Für diese dramatisch schlechte Quote gibt es übrigens eine interessante Begründung: »Die zur Selektion unerlässliche Verwendung von inhaltlichen Suchbegriffen, bei denen es sich auch um *gängige* und *mit dem aktuellen Zeitgeschehen einhergehende Begriffe* handeln kann, führt unweigerlich zu einem relativ hohen Spam-Anteil, da viele Spam-Mails solche Begriffe ebenfalls beinhalten können.« Wer also »gängige und mit dem aktuellen Zeitgeschehen einhergehende Begriffe«[249] in seiner Kommunikation verwendet, hat Pech gehabt, er oder sie landet schnell mal in der Datenbank eines Geheimdienstes und ahnt von nichts.

Weil es sich um E-Mails handelt, bleibt der Skandal aus. Aber genau genommen schützt die Verfassung diese Art von Kommunikation ja auch gar nicht mehr, denn es gibt inzwischen das sogenannte G10-Gesetz, das »Gesetz zur Beschränkung des Brief-, Post- und Fernmeldegeheimnisses«, es regelt die Befugnisse der Geheimdienste mit Blick auf die Kommunikationsüberwachung, schreibt also fest, auf welche Weise der BND das Post- und Fernmeldegeheimnis brechen darf.[250]

Dieses G10-Gesetz erteilt unseren Geheimdiensten faktisch eine Generalvollmacht, ohne richterliche Genehmigung bis zu 20 Prozent des Kommunikations- und Internetverkehrs nach irgendwelchen Gesichtspunkten zu durchsuchen, die sich irgendwie in einen Zusammenhang mit der Bekämpfung von Terrorismus, Waffenhandel, Drogenhandel, Menschenhandel und Geldwäsche bringen lassen – und da reicht die Fantasie sehr weit. Man stelle sich vor, Behörden dürften jeden fünften Papierbrief aufschlitzen. Im G10-Gesetz steht auch, dass bei der Wahrung des »Prinzips der Gegenseitigkeit« diese Daten an ausländische Geheimdienste weitergegeben werden können. Letzteres ist besonders pikant, weil die meisten Länder eine klare rechtliche Trennung zwischen der Überwachung von Inländern und Ausländern vornehmen. Auch das deutsche G10-Gesetz verbietet zum Beispiel die Überwachung von Kommunikation, die in den Kernbereich privater Lebensführung fällt – aber nur für Inländer. Geheimdienste aller Länder – vereinigt euch! Wenn ihre Lobbyisten die Parlamente erfolgreich davon überzeugen, Überwachungsgesetze für Ausländer grenzenlos scharf zu gestalten (was scheren uns die anderen!) und für die eigenen Wählerinnen und Wähler auf den ersten Blick höhere Hürden für Überwachung einzurichten, dann wird die internationale Geheimdienstkooperation zur Win-win-Situation: »Ich überwache deine Staatsbürger und du meine, und dann tauschen wir unsere Datenbanken aus.« Schon hat man die zum Schutz der eigenen Bevölkerung eingeführten Hürden komplett wirkungslos gemacht – und keiner hat es gemerkt, obwohl sich diese Praxis schon seit Jahrzehnten etabliert hat.[251] Und es braucht erst recht keinen zu stören, wenn es um dieses Neuland geht, das Internet, wo lauter Schweinskram zu Hause ist, dieser Hort für Nerds, Klein- und Großkriminelle, Raubkopierer und diese Jugend, die alles kostenlos will; dieses Internet, das der Durchschnittspolitiker mit Durchschnittsalter 50+ in diesem Leben nicht mehr verstehen wird.

Unser Bundesdatenschutzbeauftragter ist im Übrigen auch außen vor. Gerade da, wo wir seinen Schutz am dringendsten brauchen, bei der Überwachung der Überwachungsorgane, hat er keinerlei Zuständigkeiten und Einsichtsbefugnisse. Allein zuständig ist ein elfköpfiges parlamentarisches Kontrollgremium, von dem man einmal im Jahr etwas hört: Dann gibt es einen etwa achtseitigen Bericht, der die Massenüberwachung herunterspielt. Wo es sich fast positiv anhört, wenn sich »27 Millionen Kommunikationsverkehre qualifizieren«, weil sie ein verdächtiges Stichwort enthielten. Dem neutralen Leser eines solchen Berichts kommt das Kontrollgremium eher wie ein Beihilfegremium zur Massenüberwachung vor. Im Regelfall sollen nach G10 die überwachten Menschen nach Ende der Überwachung von der Maßnahme unterrichtet werden. Im Jahre 2010 stimmte dieses Kontrollgremium allen Anträgen der Geheimdienste auf »vorläufige Nicht-Mitteilung« zu. Wie eine kritische Kontrolle sieht das eher nicht aus. Die theoretisch weitreichenden Befugnisse des Gremiums, wie unangemeldete Besuche bei Geheimdiensten und Akteneinsicht, nutzt es offenbar auch nicht.

Aber der Wunsch nach transparenten Bürgern geht weiter – so müssen sich Menschen, die Prepaidkarten für Mobilfunktelefone kaufen, seit 2004 mit Adresse und Geburtsdatum registrieren[252], damit bis zu 1000 Behörden Telefonate einzelnen Menschen zuordnen können. Sechs Millionen Mal im Jahr werden Kundendaten der Netzbetreiber von Behörden abgefragt.[253] Nie gab es eine Forderung, dass man an Telefonzellen zum Beispiel seine Personalausweisnummer eingeben muss oder irgendetwas Vergleichbares, das die Anonymität des Telefonierenden aufgehoben hätte. Was für die Telefonzelle unvorstellbar ist – bei Mobiltelefonen wird es einfach gemacht.

Bei Funkzellenabfragen, also der Abfrage von Verbindungsdaten, die in einer bestimmten, räumlich begrenzten Mobilfunkzelle in einem bestimmten Zeitraum anfallen, macht man das längst. Sie werden von der Polizei gern und auch gern in Massen genutzt. In Berlin gab es eine längere Serie von Autobrandstiftungen. Die Polizei tappte im Dunkeln. Also griff man zur weiträumigen Funkzellenabfrage und überprüfte Hunderttausende Handydaten von Tausenden Menschen, die sich rein zufällig in derselben Funkzelle befunden hatten wie eines der abgefackelten Autos. Irgendein Ermittlungserfolg durch diese massenhafte Verletzung der Privatsphäre? Nein. Kein einziger heißer Hinweis ergab sich aus diesem Vorgehen. Derartige Eingriffe in die Privatsphäre stehen unter Richtervorbehalt und sind nur zulässig, wenn sie zur Aufklärung schwerer Straftaten beitragen und zusätzlich andere Methoden der Ermittlung aussichtslos oder wesentlich erschwert sind. Sie stellen immerhin einen Eingriff in das Fernmeldegeheimnis dar, das durch Artikel 10 im Grundgesetz geschützt wird. Darüber hinaus ist dieser Eingriff eine besonders schwerwiegende Verletzung des Fernmeldegeheimnisses, weil durch die Art und Weise der Datenerhebung eine große Anzahl gänzlich unbeteiligter Menschen betroffen sein kann, die von der Erhebung nicht einmal etwas wissen. Genau das ist auch der Grund für die hohen rechtlichen Hürden, an die sich jedoch zumindest im Land Berlin kaum jemand hält.

Als schwere Straftaten zitierten Politiker regelmäßig Mord und Totschlag sowie Vergewaltigung. Einen Personenschaden hat es jedoch bei keiner einzigen dieser Brandstiftungen gegeben. Nur bei 6 Prozent der untersuchten Funkzellenabfragen ging es um Mord, Totschlag oder Vergewaltigung, der Rest waren Diebstahl, Betrügereien oder der Enkeltrick. Selbst bei versuchtem Diebstahl und geringen Schadenshöhen von 100 oder 200 Euro wurde das Post- und Fernmeldegeheimnis verletzt. Allein das untersuchte Fünftel der Funkzellenabfragen eines Dreijahreszeitraums umfasste sechs Millionen Datensätze nur in Berlin.[254] Der Einsatz einer solchen Abfrage ist als Ultima Ratio vorgesehen, aber immer wieder geht die Polizei dilettantisch vor und vernachlässigt normale Polizeiarbeit. Man könnte annehmen, weil ihr die Datensammelwut mehr Spaß macht. Funkzellenabfragen wurden beauftragt, bevor auch nur Zeugen befragt oder Fingerabdrücke vom Tatort ausgewertet waren – von Ultima Ratio kann man da wohl kaum noch reden.[255] Es ist ein geradezu klassisches Beispiel von Missbrauch technischer Möglichkeiten durch staatliche Behörden zum Nachteil der Bevölkerung.

Ein Post- und Fernmeldegeheimnis ist nichts mehr wert, wenn es sich um elektronische Daten handelt, da ist die Rasterfahndung gern gesehen. Auch die Unverletzlichkeit der Wohnung – ein ehernes Recht im Grundgesetz – wird unbegreiflicherweise nicht auf die digitale Welt übertragen. Dabei stehen heute die privaten Fotoalben nicht mehr im Wohnzimmerregal, sondern liegen auf der Festplatte – neben den elektronischen Büchern, den Musikdateien und der virtuellen Kiste mit den alten Liebesbriefen. Höchste Hürden für die Hausdurchsuchung bei dringendem Tatverdacht? Das gibt's nur für die Wohnung aus Stein und Beton, aber nicht für die virtuellen Räume, in denen wir heute leben. Staatliche Organe finden es völlig normal, sich die Zugangsdaten zu besorgen, einen Zweitschlüssel zu unserer digitalen Wohnung, unserem digitalen Lebensraum. Wer würde das im analogen Leben nicht absolut beängstigend finden? Wer würde dann immer noch sagen: »Sollen die ruhig mal nachsehen, ich hab ja nix zu verbergen«?

Gefährliche Wörter – wie unsere Kommunikation uns verdächtig macht

Nach 13.000 Stichwörtern durchsucht der BND unsere Kommunikation allein zum Thema Waffenhandel. Zum Vergleich: Auf etwa 1000 Wörter beziffert man den Grundwortschatz der deutschen Sprache, damit versteht man 80 Prozent deutscher Texte. Bei 2000 Wörtern versteht man schon 90 Prozent.[256] Ein Jugendlicher von 15 Jahren hat einen Wortschatz von 12.000 Wörtern.[257] Es gibt Erwachsene, die mit weit weniger Wörtern auskommen. Ist es vorstellbar, dass wir nie eines von 13.000 verdächtigen Wörtern verwenden?

Im Juni 2013, mitten in der heftigen Debatte zur Massenüberwachung von Internetkommunikation durch den US-Auslandsgeheimdienst NSA, war ich in einer Talkshow unter anderem mit dem Vorsitzenden der Polizeigewerkschaft. Am Ende der Diskussion wurden wir alle gefragt, was wir den Zuschauern raten würden: Wie könnten sie sich schützen gegen unerwünschte Überwachung? Die Antwort des Polizeivertreters: Man möge doch einfach keine Bombenanleitungen aus dem Netz herunterladen, sondern es bei Kochrezepten belassen. Diese Antwort ist zynisch und verlogen, denn zum einen gibt es ganz offensichtlich viele harmlose Anlässe, durch die man in das Visier der Überwacher rückt, und zum anderen kann ein Geheimdienst wohl kaum herausfinden, wer wann eine Bombenanleitung herunterlädt, wenn er nicht den gesamten Internet-Datenverkehr auswertet – einschließlich der Nacktfotos, Katzenvideos und Kochrezepte.

Nehmen wir ein Beispiel aus dem echten Leben. Der Begriff »Gentrifizierung« bezeichnet sozio-strukturelle Veränderungen in Wohngebieten, die zu einer Verdrängung sozial Schwächerer aus diesen Gebieten führt, und findet sich heute in vielen Medien. Vor ein paar Jahren war er noch etwas seltener. Der Sozialwissenschaftler Andrej Holm jedoch beschäftigt sich schon lange damit, es ist sein Forschungsschwerpunkt. So wundert es wenig, dass in seinen Arbeiten der Begriff Gentrifizierung ebenso wie der Begriff Präkarisierung häufiger auftauchte. Die gleichen Begriffe wurden jedoch in Pamphleten der sogenannten »militanten gruppe« verwendet, die unter dem Verdacht stand, eine terroristische Vereinigung zu sein. Mitarbeiter des Bundeskriminalamtes googelten ein bisschen nach diesen Wörtern herum (so steht es tatsächlich in den Ermittlungsakten) und stießen so auf den Forscher, der automatisch verdächtigt wurde, dieser »militanten gruppe« anzugehören. Eine weitere Begründung der Ermittler: Er verfüge »über Zugang zu Bibliotheken, um dort die Recherchen durchzuführen, die notwendig sind, um Texte für eine militante Gruppe zu verfassen«. So schnell wird man verdächtig: Man benutzt zwei Wörter, die nicht zum Standardvokabular der Bildzeitung gehören. Für Andrej Holm und seine Familie hatte das verhängnisvolle Folgen. Im Sommer 2007 wurde er wegen Verdacht auf Mitgliedschaft bei einer terroristischen Vereinigung verhaftet, ein Ermittlungsverfahren gegen ihn lief da schon fast ein Jahr. Man flog ihn mit dem Hubschrauber zum Bundesgerichtshof, danach kam er in Untersuchungshaft, die er in einer Einzelzelle verbrachte; alle 14 Tage durfte er für 30 Minuten Besuch bekommen, aber nur durch eine Trennscheibe reden.

Wer einmal verdächtig ist, verhält sich immer verdächtig, denn er oder sie wird nur noch durch die Brille der Verdächtigung gesehen. So hielt man ein Treffen, das er mit anderen (später ebenfalls freigesprochenen) Verdächtigen gehabt haben soll, für konspirativ, weil er vermutlich absichtlich (!) kein Handy bei sich führte. Wenn man beim Abhören nichts Verdächtiges heraushört, dann findet man das doppelt verdächtig, weil es zeigt, wie professionell kriminell einer sich verhält – so auffällig unauffällig. Mindestens ein Jahr lang wurde Andrej Holm und mit ihm die ganze Familie überwacht. Videokameras zeichneten auf, wann immer jemand das Haus betrat oder verließ. Die Kommunikation wurde abgehört. Wohnung und Arbeitsplatz wurden durchsucht. Ein Wissenschaftler wurde kriminalisiert und mit ihm Freunde, Bekannte und

Kollegen, deren Kontaktdaten er im Adressbuch hatte. Der Kreis wurde immer größer. Wer sich mit ihm verabredete, ohne am Telefon Ort und Uhrzeit zu nennen, der handelte »konspirativ«, weil er damit die Nutzung der Ergebnisse des Lauschangriffs erschwerte.

Es gab Proteste aus dem In- und Ausland, Wissenschaftler aus aller Welt unterschrieben einen Appell gegen die pauschale Verdächtigung Einzelner aufgrund des Gebrauchs von Wörtern.[258] Zeitungen titelten mit »Kommissar Google jagt Terroristen« oder »Durch Google-Suche in die Einzelhaft«.[259] Nach fast einem Monat in Einzelhaft und Beschwerden beim Bundesgerichtshof erhielt Andrej Holm erst Haftaussetzung, zwei Monate später wurde der Haftbefehl ganz aufgehoben. Ein dringender Tatverdacht bestehe nicht mehr. Eine Anklage wurde nie erhoben, das Verfahren wurde vier Jahre nach Beginn des Ermittlungsverfahrens eingestellt. Jahrelang Überwachung für eine ganze Familie – wegen der Verwendung zweier Wörter, die inzwischen längst in den allgemeinen Sprachgebrauch übergegangen sind. Wer solche Beispiele kennt, weiß, was er von den Behauptungen von Politikern und Vertretern staatlicher Organe zu halten hat, dass man ja nur Terrorismusverdächtige und andere Schwerverbrecher überwache. Es reicht eben doch nicht, einfach keine Bombenanleitungen herunterzuladen.

Anonym demonstrieren? Ein Verfassungsrecht verflüchtigt sich

Die Massen-Funkzellenabfrage in Berlin war leider kein Einzelfall. Bei einer Anti-Nazi-Demo in Dresden 2011 besorgte sich die Polizei mehr als eine Million Verkehrsdaten von über 330.000 Menschen, Anwohnern, Demonstranten, Anwälten, Journalisten und Abgeordneten. Auch Gäste der Stadt, die rein zufällig dort unterwegs waren, gerieten in das Visier der übereifrigen Ermittler. Ein Gericht erklärte dieses Vorgehen Jahre später für ungesetzlich, aber passiert ist passiert. Wie kann es keine Einschränkung der Meinungs- und Demonstrationsfreiheit sein, wenn die Kommunikationsdaten der Teilnehmenden einer ganzen Demonstration pauschal und ohne Verdacht auf irgendeinen Rechtsbruch gespeichert und ausgewertet werden? Wie kann das nicht abschreckend wirken auf potenzielle Teilnehmende künftiger Demonstrationen gegen Nazis? Und wie schwer wiegt die Verletzung der Privatsphäre derer, die überhaupt nichts mit der Demonstration zu tun hatten? Die einfach nur dort wohnten oder spazieren gingen, die dort arbeiteten in Supermärkten oder Büros oder in einer Straßenbahn durch die Gegend fuhren, auf dem Weg von A nach B – dummerweise durch eine Funkzelle hindurch, die die Polizei in Dresden komplett verdächtig fand?

Aber die Demonstrationsfreiheit sehe ich noch durch andere Veränderungen gefährdet. Das Grundrecht sichert vor allem auch die anonyme Teilnahme an Demonstrationen, denn politische Anschauungen sind Privatsache. Aber inzwischen gibt es kaum eine Demo mehr, bei der nicht Polizisten mit Kameras das Geschehen aus verschiedensten Blickwinkeln aufnehmen – obwohl überhaupt nichts Rechtswidriges passiert. Ich habe selbst mehrfach ganz normale, höchst friedliche Demonstrationen beobachtet oder an ihnen teilgenommen, bei denen die Polizei Aufnahmen machte. Im Gespräch sind auch Drohnen, die künftig mit Kameras aus der Luft hochauflösende Bilder von Demonstrationen machen sollen, die bei entsprechender Vergrößerung die Identifizierung einzelner Gesichter ermöglichen. Diese Phänomene gekoppelt mit einer Gesichtserkennungssoftware machen aus dem Recht auf anonyme Demonstrationsteilnahme ein Relikt der Vergangenheit. Auch hier bleibt der Aufschrei aus, obwohl man genauso von Demonstranten verlangen könnte, eine Kopie ihres Ausweises an ihrer Jacke zu befestigen, um eine Identifikation zu ermöglichen. Das Ergebnis ist das gleiche: Wir werden überwacht und identifizierbar – auch wenn wir dort zu Tausenden unterwegs sind. Die Technik macht es möglich, und was möglich ist, wird gemacht.

Leider betrifft die Identifizierbarkeit durch Überwachungskameras nicht einmal nur Demonstrationen, sondern alle öffentlichen Orte, an denen heute oder künftig solche Aufzeichnungsgeräte hängen. Wir scheinen gar nicht zu begreifen, was es für unsere informationelle Selbstbestimmung bedeutet, wenn staatliche Stellen jederzeit herausfinden könnten, wo wir gerade sind, mit wem und wohin wir uns gerade bewegen und auf welche Weise und was wir unterwegs so alles tun. Dank Fernsehkrimis glauben wir ja inzwischen, dass ohne Überwachungskameras im öffentlichen Raum kaum ein Verbrecher mehr gefasst werden kann. Es dürfte viele enttäuschen, dass das nur im Film so ist.

Privatsphäre war gestern – Datensammelwut durch deutsche Behörden

Seit vielen Jahren wechseln sich zwar die Regierungskoalitionen ab, von Rot-Grün über Rot-Schwarz bis hin zu Schwarz-Gelb, aber eines haben sie alle miteinander gemeinsam: Sie verabschiedeten neue Überwachungs- und Sicherheitsgesetze, von denen das Bundesverfassungsgericht etliche für verfassungsfeindlich erklärte.

Seit 1956 wurden 47 Überwachungs- und Sicherheitsgesetze in Deutschland verabschiedet (West- und Gesamtdeutschland). Davon entstanden 39 allerdings erst nach der Wiedervereinigung und 36 erst nach dem Jahrtausendwechsel. Mehr als die Hälfte all dieser Gesetze entstand, seit Angela Merkel Bundeskanzlerin ist (25 von 47). Neun der 47 Gesetze wurden bis 2013 vom Bundesverfassungsgericht für verfassungswidrig erklärt. Außer der Linken hatten alle im Bundestag vertretenen Parteien für derartige Gesetze gestimmt. Am häufigsten die SPD – bei sieben von neun grundgesetzwidrigen Gesetzen war sie beteiligt, aber auch Bündnis 90/Die Grünen hatten für vier dieser neun Gesetze gestimmt, die unsere höchsten Grundrechte verletzten. Selbst die Liberalen waren noch an jedem dritten verfassungsfeindlichen Gesetz beteiligt – die Liberalen, eine Partei, die mal für die Verteidigung der Bürgerrechte antrat.[260]

Und das sind die Überwachungs- und Sicherheitsgesetze, die das Bundesverfassungsgericht – die letzte Bastion zur Verteidigung unserer Bürgerrechte – ganz oder teilweise kassierte:

1. Präventive Überwachung des Post- und Fernmeldeverkehrs durch den Zoll (1992)
2. Strafrechtsverschärfungen, Erweiterung der Befugnisse des BND zur Überwachung nationaler Telekommunikation (1994)
3. Großer Lauschangriff (Abhören von Wohnungen, 1998)
4. Nachträgliche Sicherheitsverwahrung (menschenrechtswidrig, 2002)
5. Automatisiertes Abrufen von Konto- und Depotdaten durch Finanzbehörden (2003)
6. Befugnis zum Abschuss von Passagierflugzeugen (2004)
7. Bestandsdatenauskunft: 1. Versuch (2004)
8. Gemeinsame Datei aller Sicherheitsbehörden (2006)
9. Anlasslose Speicherung aller Verbindungsdaten – Vorratsdatenspeicherung: 1. Versuch (2007)

Weitere fragwürdige Gesetzesvorhaben wurden neu beschlossen, bei einigen darf man gespannt sein, ob sie nicht ebenfalls vor dem Bundesverfassungsgericht scheitern. Ein Kandidat dafür ist der zweite Versuch, die Bestandsdatenauskunft gesetzlich zu regeln und mit ihr eine elektronische Abrufmöglichkeit für zahlreiche Behörden zu schaffen. Damit können diese auf Knopfdruck Internetnutzer identifizieren sowie Passwörter, PINs und PUKs, Namen, Adressen und Kontodaten von Internet- oder Mobilfunknutzern erhalten. Für einige dieser Anfragen soll nun schon eine einfache Ordnungswidrigkeit reichen, und ein Richtervorbehalt ist auch nicht überall vorgesehen. Eine elektronische Schnittstelle wie die Bestandsdatenauskunft öffnet Massenabfragen Tür und Tor: Es geht dann eben nicht mehr um konkrete Ermittlungen im Fall einer Straftat, sondern um Überwachung. Daher ist es auch wenig überraschend, dass durch das neue Gesetz zur Bestandsdatenauskunft auch Geheimdienste ohne einen bestimmten Verdacht an diese privaten Daten herankommen sollen. Bestandsdaten werden schon seit Jahren von etwa 250 Behörden bei 140 Telekommunikationsunternehmen abgefragt. Sechs Millionen Mal war das allein 2011 der Fall[261], das heißt, wir werden immer transparenter für unseren Staat – dabei sollte es umgekehrt sein. Die SPD hat auch dieses Gesetz mitgetragen. Am Tag seines Inkrafttretens haben Patrick Breyer und Katharina Nocun, beide Mitglieder der Piratenpartei, eine Sammelbeschwerde beim Verfassungsgericht eingereicht, stellvertretend für 4000 Menschen, die sich der Beschwerde anschlossen, ich bin eine davon.[262]

Die Bestandsdatenauskunft ist nicht das einzige Überwachungsgesetz, das in einem zweiten Anlauf durchgebracht werden soll. Ähnliches steht für die Vorratsdatenspeicherung an, ein Gesetz, das Ende November 2007 vom Bundestag beschlossen wurde und das Telekommunikationsunternehmen zur Speicherung von Verbindungsdaten ihrer Kunden über sechs Monate verpflichtete. Auch dabei diente die Terrorbekämpfung als Argument für die Überwachung der Telekommunikation von Bürgerinnen und Bürgern. Auch in diesem Fall vernetzten sich die Kritiker, mobilisierten ihre Kräfte online. Allein das Aufklärungsvideo »Du bist Terrorist« wurde auf YouTube mehrere Millionen Mal angesehen.[263] So war es möglich, fast 35.000 Beschwerdeführer für eine gemeinsame Verfassungsklage vor dem Bundesverfassungsgericht zu bündeln – ein Novum in der deutschen Rechtsgeschichte. Die Klage war erfolgreich, das Bundesverfassungsgericht erklärte das Gesetz für nichtig. Allerdings ging die Vorratsdatenspeicherung auf eine EU-Richtlinie zurück, nach der Deutschland nach wie vor zur Umsetzung in nationales Recht verpflichtet ist – das zumindest sagen alle die Parteien, die sich in Bundestag und Bundesrat für eine neue Vorratsdatenspeicherung einsetzen. Dagegen sprechen aber gute Argumente.

Zum einen gibt es eine europäische Rechtsgrundlage, nach der Deutschland das aktuelle Verbot der Vorratsdatenspeicherung beibehalten kann – wegen wichtiger Erfordernisse des Grundrechtsschutzes. Außerdem verstößt die 2006 verabschiedete EU-Richtlinie zur Vorratsdatenspeicherung gegen die 2009 in Kraft getretene Grundrechtecharta der EU, in der es einen Artikel 8 gibt mit folgendem Inhalt:

»**Schutz personenbezogener Daten**

(1) Jede Person hat das Recht auf Schutz der sie betreffenden personenbezogenen Daten.

(2) Diese Daten dürfen nur nach Treu und Glauben für festgelegte Zwecke und mit Einwilligung der betroffenen Person oder auf einer sonstigen gesetzlich geregelten legitimen Grundlage verarbeitet werden. Jede Person hat das Recht, Auskunft über die sie betreffenden erhobenen Daten zu erhalten und die Berichtigung der Daten zu erwirken.

(3) Die Einhaltung dieser Vorschriften wird von einer unabhängigen Stelle überwacht.«

Ein irisches Gericht hat daher bereits beantragt, die EU-Richtlinie auf Verstoß gegen die Grundrechtecharta zu überprüfen. Darauf könnte sich die Bundesregierung berufen und eine weitere Aussetzung der Umsetzung in nationales Recht begründen. Wem das noch nicht genügt, der kann auch auf die Europäische Menschenrechtskonvention verweisen, denn nach Urteil des rumänischen Verfassungsgerichtshofs verstößt die EU-Richtlinie gleich gegen mehrere ihrer Artikel. Es ist einfach nicht wahr, dass Deutschland keine Handhabe mehr hat, auf die Umsetzung der EU-Richtlinie zu verzichten.[264] Das ist vielmehr eine willkommene Ausrede, um die Überwachungsmöglichkeiten in Deutschland weiter auszubauen.

Verboten wurden zuletzt anonyme Zahlungskarten über 100 Euro im Monat. Cash darf man zwar immer noch anonym einkaufen, aber bei Bezahlung mit Guthabenkarten soll das nicht mehr möglich sein. Personalausweise, Visa, Aufenthaltserlaubnisse: Alle diese Papiere müssen nun unsere biometrischen Merkmale enthalten, also Fingerabdrücke und Gesichtsgeometrie – Daten, die man früher nur bei Verbrechern erhob. Heute gelten wir alle als potenzielle Verbrecher, die ganze Bevölkerung wird erkennungsdienstlich behandelt. Das ist der gelebte Generalverdacht. Vermutlich deshalb dürfen Geheimdienste seit einigen Jahren auch Bankkontenregister und Fluggastdaten einfacher abfragen.

All diese Beispiele sind nur die Spitze eines bedrohlichen Eisbergs, der dabei ist, demokratische Grundrechte zu versenken. Die Würde des Menschen ist unantastbar? Dieses erste Grundrecht unserer Verfassung ist offenbar bald für keinen mehr gültig. Diese Erfahrung machen ja schon Hartz-IV-Empfänger ständig, die sich als potenzielle Sozialschmarotzer von den zuständigen Behörden durchleuchten lassen müssen. Inzwischen aber sind wir alle zu potenziellen Raubkopierern, Waffenhändlern, Terroristen und Pädophilen verkommen, denen man nicht trauen kann und deren Internetdatenverkehr überwacht werden muss.

Der gläserne Weltbürger – ausländische Geheimdienste durchleuchten uns

Seit Jahren geriet das Thema Datensammlung durch ausländische Organisationen – Geheimdienste oder Monopolisten wie Facebook und Google – immer wieder in den Fokus. Durch einen Bericht eines EU-Untersuchungsausschusses[265] erfuhr die Weltöffentlichkeit im Sommer 2001 vom US-Spionageprogramm »Echelon«, das in der Lage war, die Telekommunikation in jedem beliebigen Land anzuzapfen sowie die Daten zu speichern und auszuwerten. Auch Europa wurde massiv abgehört, den EU-Parlamentariern war dies offenbar nicht bewusst. Dem Bericht des EU-Untersuchungsausschusses folgte ein Antrag auf eine Resolution der EU[266], der unter anderen Umständen vermutlich enorme politische Konsequenzen gehabt hätte. Aber wenige Tage, nachdem der Antrag im EU-Parlament veröffentlicht wurde, flogen zwei von Terroristen gesteuerte Flugzeuge in die Twin Towers des World Trade Centers in New York City und brachten die sensible und bereits gestörte Balance zwischen Sicherheit und Freiheit vollends aus dem Gleichgewicht. Freiheit und Privatheit erschienen als notwendige Opfer im Kampf gegen den internationalen Terrorismus. Überall auf der Welt zogen Innenminister und Geheimdienstchefs fertige Konzepte aus den Schubladen und nutzten die Gunst der Stunde, Überwachungsregelungen durchzusetzen, die vor dem 11. September keine Chance auf Realisierung hatten. In dieser Zeit und vor diesem Hintergrund schien Echelon gar nicht mehr so schlimm, manchen sogar im Gegenteil recht nützlich – für eine wirksame Waffe gegen den Terrorismus musste man das bisschen Privatleben halt opfern. Es ging schließlich um Leben und Tod.

Mehr als fünfzig Terroranschläge hätten durch Massenüberwachungsprogramme verhindert werden können, sagte Barack Obama bei seinem Besuch in Berlin im Juni 2013. Aber genau wie in Deutschland immer die Vereitelung des Sauerland-Attentats als Rechtfertigung für alle Arten der Volksbespitzelung herangezogen wird, ohne dass es dafür konkrete Belege gibt, wurden in all diesen Fällen die Nachweise nicht erbracht. Es gibt keine der Allgemeinheit vorgelegten Beweise dafür, dass bestimmte Erkenntnisse aus solchen anlasslosen Überwachungsmaßnahmen ganz konkret zur Aufdeckung geplanter Terroranschläge führten. Auch Innenminister Friedrich musste zurückrudern, weil er für die angeblich fünf Terroranschläge, die dank US-Geheimdienstaktivitäten in Deutschland verhindert worden waren, Details schuldig blieb. Die Überwachung selbst jedoch ist höchst real, und sie betrifft uns alle.

Zwei Wochen vor Obamas Berlinbesuch im Juni 2013 bestieg ein junger Mann in Hawaii ein Flugzeug nach Hongkong. In seinem Gepäck hatte er jede Menge Informationen, die er von seinem letzten Arbeitgeber mitgenommen hatte. Diese waren von höchst brisanter Natur, denn sein letzter Arbeitsplatz war als externer

Dienstleister beim größten US-amerikanischen Geheimdienst, bei der National Security Agency (NSA) – Jahresbudget mehr als 10 Milliarden Dollar, über 50.000 Angestellte.[267] Edward Snowden entschied sich, sein bisheriges Leben an den Nagel zu hängen, die Heimat zu verlassen, riskierte, Freundin und Familie möglicherweise nie wieder zu sehen, und wurde zum Whistleblower. Er zahlte einen Höchstpreis an persönlichen Opfern, um der Weltbevölkerung Kenntnis zu verschaffen über die geheimdienstliche Massenüberwachung. Seine »NSA-Leaks« übergab er Journalisten des britischen *Guardian*. In den folgenden Wochen kamen stets neue überraschende Erkenntnisse, insbesondere über das unvorstellbare Ausmaß der Überwachung, ans Tageslicht.

Durch ihn erfuhren wir zuerst von »PRISM«, einem Programm, mit dem E-Mails, Chats, Facebook-Einträge, Google-Suchen, Skype-Telefonate von mindestens neun Internetgiganten, darunter Google, Facebook, Microsoft, Yahoo, AOL und Apple der NSA zugänglich gemacht wurden. Das Prozedere ist einfach, es ist ein sogenannter National Security Letter erforderlich, der von Sicherheitsbehörden selbst ausgestellt werden kann. Der Beschluss eines ordentlichen Gerichts ist dazu nicht nötig. Große Internetfirmen sind so gezwungen, ihre riesigen Datenmengen für die NSA zu öffnen. Nach den Terroranschlägen vom 11. September entstandene bzw. geänderte Gesetze wie der Patriot Act und der Foreign Intelligence Surveillance Act verpflichten sie dazu. PRISM nutzt die NSA, um Kommunikationsdaten vor allem aus dem Bereich »Auslandskommunikation« anzuzapfen, und zwar im großen Stil, sowohl Metadaten als auch Inhalte.

Es dauerte nicht lange, dann stellte sich heraus, dass auch die Telefonate und Internetkommunikationen von US-Bürgern abgehört wurden. Der Datenverkehr ganzer Weltregionen wurde direkt an Überseekabeln über einen sogenannten Splitter einfach für die NSA kopiert.

Die gigantischen Datenmengen werden gefiltert, zum Beispiel durch Programme wie Boundless Informant, das Daten verschiedenster Datenquellen miteinander verknüpft. Der NSA steht dafür ein Rechenzentrum mit fünf Billionen Gigabyte Speicherplatz zur Verfügung. Die werden wohl auch gebraucht, denn allein im März 2013 wurden fast 100 Milliarden Datensätze aus der internationalen Kommunikation gefiltert, kopiert, gespeichert. Drei Milliarden dieser Datensätze stammten aus den USA, der Rest waren Kommunikationen überall auf der Welt. Deutschland stand dabei besonders im Fokus. In keinem anderen Land in Europa wurde die Kommunikation so intensiv überwacht wie in Deutschland. Die Intensität entsprach der, mit der die US-Geheimdienste auch Saudi Arabien, den Irak oder China beobachteten. Jeden Monat wurden etwa 500 Millionen Verbindungen aus Deutschland von der NSA überwacht. 500 Millionen – jeden Monat![268] Vonseiten der Politik übte allein die liberale Justizministerin scharfe Kritik und forderte Aufklärung. Der Rest der Bundesregierung blieb entweder still oder indifferent oder forderte sogar eine Art PRISM für Deutschland. Bundesinnenminister Friedrich etwa fand PRISM nicht weiter schlimm, der Chef der deutschen Polizeigewerkschaft brachte unverhohlenen Neid auf die Amerikaner zum Ausdruck und den Wunsch, Gleiches auch für Deutschland nutzen zu können. Der BND äußerte den Wunsch nach Millioneninvestitionen, um die Internetüberwachung in Deutschland auf einen »besseren« Stand zu bringen – in derselben Woche, in der PRISM öffentlich wurde. Das nennt man politisches Gespür. Aber alle – Bundesinnenminister, Kanzlerin, Verfassungsschutz und Bundesnachrichtendienst – erklärten, diese Massenüberwachung durch US-Geheimdienste sei ihnen neu. An diesen Aussagen darf getrost gezweifelt werden, ich halte sie für gelogen – in den meisten Fällen.

Wenn unser Auslandsgeheimdienst tatsächlich nicht gemerkt hätte, dass unsere Kommunikation mit dem Ausland zu fast 100 Prozent von fremden Geheimdiensten überwacht und ausgewertet wurde, dann frage ich mich, wozu man diesen Geheimdienst überhaupt noch braucht, denn einen schlagkräftigeren Beweis für völlige Inkompetenz kann es kaum geben. Hat er aber davon gewusst – was sehr viel wahrscheinlicher ist –, dann stellt sich die Frage, ob ein nationaler Geheimdienst nicht seine Existenzberechtigung verloren hat, der nicht für, sondern gegen seine Bevölkerung Dienst tat, die eigene Verfassung ignorierte und sich jeder staatlichen und öffentlichen Kontrolle wirkungsvoll entzog. Nach und nach kam die Mitwisserschaft und Beteiligung deutscher Dienste und Politiker an den Tag – der BND selbst hatte die 500 Millionen Verbindungsdaten monatlich an die NSA geliefert und dafür selbst PRISM-Technologie verwendet. Der BND behauptet, deutsche Kommunikationsdaten seien nicht darunter. Wie der BND das technisch bewerkstelligen will, bleibt offen.[269]

Diese Debatte war gerade auf einem ersten Höhepunkt, als Barack Obama Deutschland besuchte. Ich wollte ein Zeichen setzen und Angela Merkel darauf aufmerksam machen, dass sie den Besuch des amerikanischen Präsidenten nutzen muss, um unsere Interessen klar und deutlich zu vertreten, ihm unmissverständlich zu sagen, dass Deutschland eine derartige Überwachung nicht toleriert, aber auch, dass Deutschland Straffreiheit für Edward Snowden wünscht. Da der Wunsch einer einzelnen Bürgerin Kanzlerin Merkel vermutlich recht egal ist, habe ich eine Petition bei change.org aufgesetzt, die innerhalb von fünf Tagen fast 40.000 Unterstützer fand. Gleichzeitig zum Obama-Besuch habe ich mit der Piratenpartei eine offene Protestveranstaltung am Großen Stern in Berlin organisiert und dort in einer Rede erklärt, warum der Vergleich der Massenüberwachung mit der Überwachung durch die Stasi berechtigt ist. Ich ging dabei auch auf meine eigene Jugend in der DDR ein und erzählte, wie dieses beklemmende Gefühl, auf einem Präsentierteller zu leben, das mir damals so verhasst war, jetzt zurückkehrte und wie meine Angst umso mehr wächst, je mehr wir erfahren über inländische und ausländische Überwachungen. Ich wies auch darauf hin, dass die Möglichkeiten der Stasi Kinderkram gegen das waren, was heute nicht nur möglich ist, sondern auch gemacht wird. Wollen wir in unserem demokratischen System denn mit Methoden operieren, die einer Diktatur alle Ehre machen würden? Müssen wir uns nicht gerade im Punkt der Überwachung ganz deutlich unterscheiden?

Ich berichtete, dass ich oft zu hören bekam, dass die Überwachung in der DDR viel schlimmer gewesen sei, weil man dort von Freunden, Bekannten und Kollegen bespitzelt wurde. Es sei doch damals um Gesinnung gegangen, heute gehe es um Kinderschänder und Terrorismus. Wer nichts zu verbergen habe, brauche doch keine Angst zu haben.

Haben wir alle wirklich nichts zu verbergen? Gibt es nichts in unserem Leben, das wir nicht unbedingt bekannt machen möchten, das einfach niemanden etwas angeht? Ein Seitensprung? Etwas ausgefallenere sexuelle Präferenzen? Ein Liebes- oder Hassbrief? Der LSD-Trip auf dem Festival vor 20 Jahren? Die Google-Suche nach den Anonymen Alkoholikern oder der Selbsthilfegruppe von Angehörigen HIV-Infizierter? Gibt es keine Fotos auf unseren Festplatten, die peinlich oder einfach nur sehr privat sind? Von uns oder von anderen? Ich muss den Menschen noch treffen, der auf all diese Fragen wirklich mit Nein antwortet. Denn es ist menschlich, Geheimnisse zu haben und ein Interesse an Privatheit – deshalb schließt man auch die Tür zur Toilette, hat Gardinen an den Fenstern oder flüstert jemandem etwas ins Ohr.

Viele IMs begannen nicht zu spitzeln, weil sie es toll fanden, für die Staatssicherheit zu arbeiten, auch nicht aus glühender Überzeugung. Viele wurden erpresst mit ihren Schwächen oder gelockt über ihre Laster. Ihr Privatleben wurde gegen sie verwendet. Und dies zeigt uns auch heute noch, dass zu viel Wissen über einen Menschen in den falschen Händen Macht verleiht, und Macht kann immer auch missbraucht werden. Informationen über uns machen uns manipulierbar, erpressbar, durchschaubar und damit unfrei. Es verletzt unsere Würde und unsere Privatsphäre und damit die Grundrechte, die uns die deutsche Verfassung garantiert.

Ich schloss meine Rede mit dem Wunsch, unsere Verfassung wieder buchstabengetreu gelebt zu sehen. Mit der Forderung nach höheren Hürden für den Zugriff auf Daten über uns durch staatliche Stellen und härteren Sanktionen, wenn diese Hürden verletzt werden. Ich forderte von Angela Merkel, die Gelegenheit zu nutzen, um Barack Obama ausdrücklich darauf hinzuweisen, dass Deutschland die Überwachung durch Programme wie PRISM nicht toleriert und dass die deutsche Bundesregierung sich klar gegen eine Strafverfolgung des NSA-Whistleblowers Edward Snowden ausspricht.

Angela Merkel trat an jenem Tag neben Obama vor die Presse und berichtete von den Vieraugengesprächen. Ihre Kritik war verhalten, aber sie sprach auch davon, dass man die Balance zwischen Freiheitsrechten und Sicherheitsanforderungen nicht verlieren darf, aber das Internet sei »für uns alle ja noch Neuland«. Ein Interesse an vollständiger Aufklärung war nicht erkennbar.

Auch in den folgenden Wochen blieb Kanzlerin Merkel merkwürdig still, obwohl immer neue Erkenntnisse ans Tageslicht kamen. So erfuhr die Welt von einem Programm, das Tempora heißt und noch um einiges perfider ist als das US-amerikanische PRISM. Tempora wird vom britischen Geheimdienst betrieben, also vom Boden eines EU-Mitgliedsstaates aus, und speichert den gesamten Datenverkehr, der über die vor Großbritannien liegenden transatlantischen Kabel geht – ein Großteil der Internetkommunikation Deutschlands: E-Mails, Chatnachrichten, Telefonate, Einträge in sozialen Netzen.[270] Großbritannien scheint jedes Maß verloren zu haben: Selbst hochrangige Diplomaten, die Teilnehmer eines G20-Gipfels in London, wurden 2009 ausspioniert. Für die Überwachung von Vertretern befreundeter Länder wandte man seltsame Methoden an. Ein Fake-Internetcafé wurde eingerichtet, in dem die Tastaturen der Computer die Eingabe von Log-in-Daten einfach aufzeichneten und so auch über die Zeit des G20-Gipfels hinaus einen Zugang zu den privaten Mailboxen der Teilnehmer ermöglichten. Jede Seite, die von den Nutzern aufgerufen wurde, schauten sich die Überwacher in einer eigens eingerichteten Zentrale auf großen Bildschirmen an.[271] Das ist Diplomatie 2.0. Sollten Terroristen unter den Regierungsspitzen aufgespürt werden? Das hat man nicht einmal vorgetäuscht. Aus den geleakten Unterlagen ging hervor, dass man die Informationen für politische Vorteile etwa bei Verhandlungen nutzen wollte. Wieder einmal erwies sich, dass wir belogen werden, wenn man unsere Ängste vor Terror schürt, um die Angriffe auf unsere Privatsphäre tolerierbarer erscheinen zu lassen.

Die Unterlagen von Edward Snowden verrieten jedoch noch mehr. Auch die Überwachung der Telefonie geschah in großem Stil. Im April 2013 besorgte sich die NSA von einem Spezialgericht eine geheime Anweisung, mit der sie von den großen Telekomprovidern der USA alle Metadaten aller Telefonate für einen Dreimonatszeitraum erhalten konnte. Bei Verizon[272] betraf das 99 Millionen Kunden, bei AT&T sogar 107 Millionen, bei Sprint waren es 55 Millionen Kunden.[273] Aber offenbar waren nicht nur Metadaten betroffen. Senator Feinstein, die Vorsitzende des Senate Intelligence Committee, bestätigte, dass Analysten der NSA auch Inhalte von Telefonaten abhören können. Mit Boundless Informant, dem Programm der NSA, das Metadaten unterschiedlichster Quellen miteinander verknüpft, wurden innerhalb von 30 Tagen 97 Milliarden Datensätze zu Kommunikationen irgendwo auf der Welt gesammelt.[274] Für die Geheimdienste gibt es offensichtlich keinerlei Hemmschwellen mehr.

Aus der Europäischen Union gab es erst massive Kritik, als auch noch herauskam, dass selbst die Behörden der EU verwanzt worden waren und auch die IT-Systeme, bis hin zum Cryptofax, von der NSA überwacht worden waren. Es lässt sich anhand dieser Fakten nicht mehr leugnen, dass der »Verbündete« USA die EU-Mitgliedsstaaten, allen voran Deutschland, als Feindesländer behandelt, die engmaschig und hinter ihrem Rücken überwacht werden müssen – bis hin zur Bundesregierung.

Und was sagt die Bundeskanzlerin? Offenbar findet sie das alles nicht so schlimm, von Empörung und Aufklärungsdrang war jedenfalls nichts zu vernehmen. Immerhin ließ Angela Merkel über ihren Regierungssprecher in Richtung Obama verlautbaren, dass »Abhören unter Freunden inakzeptabel« ist. Vielleicht sollte jemand sie einmal fragen, ob die eigene Bevölkerung nicht zu den Freunden gehört, denn die deutsche Überwachungsmaschinerie, die besonders die Regierungen unter Kanzlerin Merkel zu verantworten haben, behandelt uns ganz offensichtlich als 80 Millionen Feinde im eigenen Land.

Seltsam darf man auch finden, dass Kanzlerin Merkel angibt, erst aus den Medien von der Massenüberwachung durch US- und britische Geheimdienste erfahren zu haben.[275] Das ist ein schlechtes Zeichen, immerhin ist der BND – unser Auslandsnachrichtendienst – dem Kanzleramt direkt unterstellt. Irgendjemand lügt. Oder alle wissen Bescheid, aber schweigen, weil sie durch Geheimverträge dazu verpflichtet werden. Aber was wäre das für eine Demokratie, in der die Regierungschefin, gebunden durch solche Verträge, ihrem eigenen Volk nicht sagen darf, wie es durch ausländische Geheimdienste überwacht und ausgehorcht wird?[276] Warum fällt erst jetzt auf, dass irgendein Zusatzabkommen des NATO-Truppenstatuts von 1963 offenbar den US-Behörden eine Pauschalgenehmigung zur Spionage über unsere Bevölkerung erteilte?[277] Und warum bleiben Gesetze in Kraft, die auch nach der Aufhebung dieses Zusatzabkommens weiterhin die Überwachung unseres Landes durch ehemalige Besatzungsmächte ermöglichen?[278]

Aber auch Deutschland nutzt die digitalen Überwachungsmöglichkeiten breit aus, indem ausländische Firmen um Herausgabe von Kundendaten gebeten werden. Im Fokus sind dabei dieselben Firmen, die auch Hauptquellen für die NSA sind, etwa Microsoft und Facebook. Microsoft hat im Frühjahr 2013 erstmalig einen Law Enforcement Requests Report veröffentlicht, der Statistiken zu den Anfragen von Regierungsbehörden auf Datenübergabe nach Ländern und Diensten sortiert enthält. Demnach gab es 2012 Anfragen zu über 122.000 Microsoft-Kunden (ohne Skype) und mehr als 15.000 Skype-Nutzern. Deutschland liegt in der Häufigkeit der Anfragen zu Skype-Nutzern an dritter Stelle – gleich nach den USA und Großbritannien, bei allen anderen Microsoft-Services ist Deutschland immer noch an fünfter Stelle mit mehr als 13.000 Kundenanfragen. In praktisch allen Fällen, in denen Daten vorhanden waren, wurden auch Daten an unsere Behörden herausgegeben, nur in fünf Fällen war das nicht so.[279]

Sicherheit auf Kosten der Freiheit – geht die Rechnung auf?

»Einen Staat, der mit der Erklärung, er wolle Straftaten verhindern, seine Bürger ständig überwacht, kann man als Polizeistaat bezeichnen. Den Polizei- oder Überwachungsstaat wollen wir nicht. Aber wir wollen, dass der Staat seine Sicherheitsaufgaben angemessen erfüllt.« [280] Diesen weisen Satz hat im Jahre 2007, als die Vorratsdatenspeicherung wieder einmal in Diskussion war, Ernst Benda in der *Tagesschau* gesagt. Er war mehr als ein Jahrzehnt Präsident des Bundesverfassungsgerichtes.

Alle Menschen haben Angst und ein Bedürfnis nach Sicherheit. Von ihrem Staat erwarten sie zu Recht, dass er sie schützt vor Gefahren, die ihnen von Dritten, etwa durch Gewalttaten, drohen könnten. Aber dieselben Menschen erwarten auch, dass der Staat ihre Grundrechte achtet. Aus diesen beiden Bedürfnissen ergibt sich zwangsläufig für staatliche Stellen der Auftrag, beide Ziele gegeneinander abzuwägen und die Verhältnismäßigkeit im Mitteleinsatz zu wahren, denn oft wirken Maßnahmen zur Erreichung des Zieles »Sicherheit« diametral entgegengesetzt zum Ziel »Einhaltung der Grundrechte«.

Diese Verhältnismäßigkeit der Mittel sehe ich seit Jahren nicht mehr gewahrt. In den Parlamenten werden mit Bürgerkriegsrhetorik Bedrohungspotenziale durch Terrorismus an die Wand gemalt, die immer neue Überwachungsgesetze rechtfertigen sollen. Es ist ja »nur zu unserem Besten«, damit die Bürgerinnen und Bürger dieses Landes keinem Terroranschlag zum Opfer fallen.

Aber wie groß ist die Gefahr eigentlich? Als besonders gefährlich wird der islamistische Terrorismus beschrieben. In Deutschland kostete er zwei Menschen das Leben: Im März 2011 werden am Flughafen in Frankfurt am Main zwei US-Soldaten von einem Attentäter erschossen. Nach einer Statistik von Eurostat sterben jährlich weniger als 0,002 Prozent der Europäer als Opfer einer Gewalttat.[281] Aber Terrorismus macht nur einen verschwindenden Anteil aller Gewalttaten aus. Jutta Limbach benennt für einen Zehnjahreszeitraum einen Anteil von 0,2 Prozent der durch Terrorismus Getöteten an all denen, die Gewalttaten zum Opfer fielen.[282] Es sieht ganz danach aus, als bestünde genau in diesem Bereich der dringendste Handlungsbedarf für staatliche Interventionen – oder eben nicht, je nach dem, ob man als fanatischer Innenminister mit Hang zur totalen Volkskontrolle oder als Normalmensch auf diese Zahlen schaut.

Wer einen anderen Vergleich möchte: Die Weltgesundheitsorganisation veröffentlicht Daten zu den Todesursachen weltweit. In den reicheren Ländern sterben neun von zehn Menschen an nicht übertragbaren Krankheiten, die meisten kennt man unter dem Begriff Zivilisationskrankheiten. Man kann sie mit präventiven Maßnahmen recht gut bekämpfen. Mehr Bewegung, weniger rauchen und trinken, weniger stressige Arbeitsbedingungen, gesünderes Essverhalten. Prävention kostet aber Geld. Vielleicht sollte man die vom Bundesnachrichtendienst geplanten 100 Millionen Euro Investitionen für mehr Überwachung im Internet (»Sicherheit rettet Leben«) einfach in Präventionsprogramme stecken, die dadurch nennenswert mehr Menschenleben retten. Jährlich sterben 60.000 Menschen in Deutschland an Blutvergiftung – 20.000 Todesfälle könnte man vermeiden – jährlich![283] Oder man investiert in mehr Verkehrssicherheit oder bessere psychosoziale Betreuung – in den reichen Ländern sterben fast fünfmal so viele Menschen durch Suizid als durch eine Gewalttat.[284]

Alternativ könnte man die 100 Millionen Euro auch in den Abbau der Bildungsbenachteiligung von Kindern aus sozial schwachen

Familien oder die bessere Integration von Menschen mit Migrationshintergrund in den Arbeitsmarkt und in die Gesellschaft investieren. Das führt ganz bestimmt auch zu mehr Sicherheit, weil mehr Menschen eine Perspektive in der Legalität haben und nicht in die Kriminalität getrieben werden. Diese Senkung der Kriminalitätsrate (mehr Sicherheit!) oder Verringerung vermeidbarer Todesfälle (Leben retten!) fände dann auch nicht nur in der Theorie, sondern in der Realität statt.

Bei der Bewertung der Verhältnismäßigkeit von Überwachungsmaßnahmen sollte es daher um genau diese Fragen gehen: Welchen echten Mehrwert bringt ein zusätzlich investierter Steuer-Euro für unsere Sicherheit, und welchen anderen Preis zahlen wir dafür? Der Preis für vermeintlich mehr Sicherheit und tatsächlich mehr Überwachung ist nicht nur der Verlust unserer Freiheit und Würde (wenn man die Gesamtbevölkerung unter Generalverdacht stellt), sondern eben auch der Verzicht auf alternative Investitionsmöglichkeiten, die einen deutlich höheren gesamtgesellschaftlichen Nutzen hätten. Auch für unsere Sicherheit.

Es gab nach jedem Angriff auf die öffentliche Sicherheit (RAF, Attentate) einen Schub in Richtung Überwachungsstaat, der durch die technischen Möglichkeiten der digitalen Gesellschaft enorm beschleunigt wurde. Analysiert man die Ergebnisse dieser Entwicklung, dann haben wir offenbar einen sehr hohen Preis für sehr wenig Erfolg gezahlt. Die nach den Terrorangriffen des 11. September durchgeführte Rasterfahndung nach Personen mit »vermutlich islamischer Religionszugehörigkeit und vermutlich legalem Aufenthaltsstatus in Deutschland« brachte keinerlei Erkenntnis, stattdessen landeten Unschuldige im Gefängnis, die man nachts zum Verhör abgeholt und in U-Haft gesteckt hatte.[285] Schläfer wurden damit nicht gefunden, aber wieder einmal Unbeteiligte zu Verdächtigen gemacht. Diese Rasterfahndung erklärte das Bundesverfassungsgericht fünf Jahre nach ihrer Einführung für grundgesetzwidrig. Bis dahin waren schon mehr als acht Millionen Datensätze sinnlos erhoben worden.[286]

Die durch die rechtsradikale Terrorgruppe NSU verübte Mordserie war ebenfalls Anlass für eine ganze Reihe Rasterfahndungen. Da man aber die Verdächtigen im Umfeld der Opfer suchte und den Opfern eine Verwicklung in organisiertes Verbrechen unterstellte, waren es ihre Verwandten, Bekannten und Geschäftskontakte, die in großem Maßstab durch diese Rasterfahndungen erfasst und durchleuchtet wurden. Die Antwort auf eine Kleine Anfrage im Bundestag zeigt die Dimensionen: Bei 80 Massenauswertungen wurden 13 Millionen Finanztransaktionen (EC-Karten und Kreditkarten), 300.000 Hotelübernachtungen und eine Million Automietvorgänge erfasst.[287] Mehr als 20 Millionen Funkzellendatensätze wurden gesammelt zu circa 14.000 potenziellen Tätern, deren Daten vermutlich immer noch in irgendeiner Datenbank schlummern, ohne dass die Betroffenen ahnen, dass sie ins Visier der Ermittler geraten sind.[288] Da man aber neben all der Begeisterung für elektronische Überwachungsmaßnahmen die ganz klassische Polizeiarbeit vernachlässigt hat, also wichtigen Hinweisen entweder nicht nachging oder sie nicht an zuständige Stellen weitergab, blieben Ermittlungserfolge aus. Keine dieser Maßnahmen führte zur Ergreifung der Täter. Die Überraschung war groß, als sich der NSU als Hintergrund der Morde herausstellte. Hätte man sich nicht auf die Rasterfahndung fokussiert und einfach sauber gearbeitet, hätten Menschenleben gerettet und Morde verhindert werden können. Nicht Massenüberwachung schützt uns real, sondern professionelle Arbeit der Ermittlungsbehörden.

Es gibt viele zeitgenössische und historische Größen, die sich mit der Frage beschäftigt haben, inwieweit man auf Freiheit verzichten muss, um sich Sicherheit zu erkaufen, und wie die Maßnahmen, mit denen man diesen Zugewinn an Sicherheit erreicht, die Grundsubstanz unserer Demokratie angreifen. Ich zitiere sie gern, denn besser kann man dieses vermeintliche Dilemma gar nicht auf den Punkt bringen:

Benjamin Franklin, einer der Väter der amerikanischen Unabhängigkeitserklärung und 3. Präsident der Vereinigten Staaten von Amerika:
»Wer Freiheit aufgibt für mehr Sicherheit, der hat beides nicht verdient.«

Sabine Leutheusser-Schnarrenberger, Liberale und Justizministerin (17. Bundestag):
»Eine Gesellschaft ist umso unfreier, je intensiver ihre Bürger überwacht, kontrolliert und beobachtet werden. Sicherheit ist im demokratischen Rechtsstaat kein Selbstzweck, sondern dient der Sicherung von Freiheit.«[289]

Martin Kutscha, Berliner Professor für Staats- und Verwaltungsrecht:
»Wer mehr Sicherheit mit weniger Freiheit erkaufen will, unterliegt einem fatalen Irrtum. […] Wo aber ein Klima der Überwachung und Bespitzelung herrscht, kann kein freier und offener demokratischer Prozess stattfinden. Ein omnipräsenter und omniinformierter Staat kennzeichnet denn auch ein diktatorisches System, in dem eine nach den jeweiligen Machtinteressen definierte Staatsraison den Freiheitsrechten der Bürger allemal übergeordnet ist. […] Wer aber der Demokratie die Lebensluft zum Atmen erhalten will, muss dafür streiten, dass dieses Land nicht weiter mit Riesenschritten auf dem Weg in den Überwachungsstaat marschiert und damit auch das Ende der […] Zivilgesellschaft besiegelt wird.«[290]

Peter Schaar, Bundesdatenschutzbeauftragter:
»Die Definitionsmacht dessen, was zum Schutze unserer Sicherheit und unserer Demokratien notwendig ist, darf nicht an Geheimdienste delegiert werden. Die Bürgerinnen und Bürger müssen wissen und über ihre Parlamente entscheiden, wie weit staatliche Erfassung und Überwachung gehen dürfen.«[291]

Prof. Dr. Jutta Limbach, Richterin am Bundesverfassungsgericht:
»Der Respekt der Freiheitsrechte schützt nicht nur uns alle vor den Vor-

> und Fehlurteilen der Sicherheitsbehörden. Dieser Respekt pflegt vor allem den Humus, auf dem der demokratische Prozess gedeiht. [...] Eine demokratische politische Kultur lebt von der Meinungsfreude und dem Engagement der Bürger. Das setzt Furchtlosigkeit voraus. Diese dürfte allmählich verloren gehen, wenn der Staat seine Bürger biometrisch vermisst, datenmäßig durchrastert und seine Lebensregungen elektronisch verfolgt. [...] Menschen- und Bürgerrechte sind immer noch die besten Garanten der inneren Sicherheit.« [292]

Last but not least geht es nicht nur um unsere Sicherheit vor Gewalt und Verbrechen, sondern auch um unsere Sicherheit vor staatlicher Überwachung und ungerechtfertigter Verfolgung. Auch diese Sicherheit gilt es zu verteidigen, auch dafür sind unsere Rechtsorgane da. Manch ein Innenminister scheint diesen Teil des Auftrages aus den Augen zu verlieren, wenn er neue Überwachungsgesetze propagiert, die das eigene Volk immer systematischer durchleuchten, als wären wir alle Verbrecher. Manch ein Geheimdienst scheint zu vergessen, dass er unsere Bevölkerung gegen Angriffe aus dem In- und Ausland zu schützen hat, die auch als massive Verletzungen unserer Privatsphäre erfolgen können. Wenn ein Geheimdienst das nicht einmal mitbekommt, dann ist er offenbar nicht in der Lage, seinen Auftrag zu erfüllen, dann kann man ihn auch auflösen. Wahrscheinlicher und schlimmer ist, dass er vermutlich schlicht auf der falschen Seite steht: »Geheimdienste aller Länder vereinigt euch – gegen die Bürger, gegen das Volk.«

Das Verhältnis von Staat und Bürgern ist geprägt von tiefem gegenseitigen Misstrauen. Die Instrumente, um dieses beiderseitige Misstrauen auf ein demokratieverträgliches Maß zu reduzieren, hat der Staat in seiner Hand. Aber auch wir, die Bürgerinnen und Bürger, können indirekt etwas tun, und wir müssen es auch, denn ohne unseren Einsatz wird es zu dieser notwendigen Veränderung wohl kaum kommen. Es hängt also von uns ab, ob wir die Demokratie bekommen, die wir uns wünschen.

Barrieren einreißen – eine Vision für Demokratie auf Augenhöhe

Vertrauen schaffen durch Transparenz – her mit dem »gläsernen Staat«

Vertrauen wird langsam aufgebaut und schnell zerstört. Aktuell kann man wohl kaum davon sprechen, dass Volk und Regierung einander vertrauen. Vor allem das Grundvertrauen der Bevölkerung in die politische Klasse ist dahin. Fast täglich erfahren wir aus den Medien von Korruption, Selbstbedienungsmentalität und Irreführung der Wähler, die, so scheinen die Politiker zu hoffen, nach ein paar Monaten oder spätestens vor der nächsten Wahl alles wieder vergessen haben. Diese Situation gefährdet unsere Demokratie, und deshalb greifen Bürgerinnen und Bürger zur digitalen Selbstverteidigung. Sie stellen Öffentlichkeit von unten her, wenn sie vom Staat nicht kommt. Sie machen den Staat transparent. Diese Öffnung von unten erzeugt Spannungen und peinliche Schlagzeilen für die Regierenden, aber sie verschafft den Bürgern das, wonach sie heute verlangen: relevante Informationen über das staatliche Handeln. Hier ein Leak und da ein Leak erschüttern die politische Landschaft und sorgen dafür, dass sich – zwar langsam und erst an wenigen Stellen – die Erkenntnis durchsetzt, dass man einen Staat nicht mehr im Geheimen lenken kann und darf und dass die einzig sinnvolle Strategie von Politik und Verwaltung darin besteht, sich an diesem Prozess der Öffnung als gestaltende Kraft zu beteiligen.

Erst wenn der transparente, der »gläserne Staat« auch von oben gewollt und realisiert wird, gibt es eine Grundlage für die Entstehung eines neuen Grundvertrauens in die Politik. Wir wollen jederzeit umfassende Einblicke in die Prozesse und Entscheidungen unserer gewählten Volksvertreter oder öffentlichen Angestellten erhalten können, denn nur im Scheinwerferlicht können sich schwarze Schafe nicht verstecken. Im Hellen fühlt man sich auch sicherer und eher eingeladen, man sieht Stolperfallen und kann sie umgehen.

Aber wie sieht ein gläserner Staat aus? Was muss eine Regierung dafür tun? Was können wir Bürgerinnen und Bürger dazu beitragen?

Informationen müssen frei sein – von der Holschuld zur Bringschuld

Ganz oben auf der Prioritätenliste steht ein effektives Recht, das den Zugang zu staatlichen Informationen regelt. Auf Bundes- und Länderebene sollte es dafür Transparenzgesetze mit einem Mindeststandard geben. Der Anspruch darauf sollte in der Verfassung als Grundrecht verankert werden. Die Transparenzgesetze sollten gemeinsam mit Bürgerinnen und Bürgern entwickelt werden – so wie das in Hamburg der Fall war. Der Wildwuchs von Transparenzregeln – die bei Umweltinformationen teilweise sehr fortschrittlich sind und wenige Ausnahmen zulassen, weil die EU das so vorgibt – ist zu harmonisieren. Es gibt keinen überzeugenden Grund, hier Unterschiede zwischen verschiedenen Themenbereichen beizubehalten, und die jeweils höchsten Standards sollten unsere Richtschnur sein.

Alle Verträge der öffentlichen Hand müssen grundsätzlich veröffentlicht werden, wenn sie einen Bagatellschwellenwert pro Jahr überschreiten, der nicht viel höher sein sollte als etwa die in Großbritannien geltende Grenze von 10.000 britischen Pfund. Akzeptabel wären 15.000 Euro als Grenze, die jedoch nicht durch das Abschließen kleinerer Einzelverträge unterlaufen werden darf. Wenn akkumuliert der Schwellenwert überschritten wird, sind auch bisherige Verträge öffentlich zu machen. Dies muss auch für Verträge gelten, die öffentliche Dienstleistungen betreffen, die durch Dritte erbracht werden (alle Arten von Outsourcing). Die

Veröffentlichungspflicht muss die Rahmenbedingungen einbeziehen, zu denen Public Private Partnerships entstehen und operieren. Öffentlich müssen auch Pensionsvereinbarungen sein sowie Nebenleistungen, Arbeitsverträge oder vergleichbare Informationen zu Topführungskräften von Unternehmen, die mindestens zu 51 Prozent in öffentlichem Besitz oder unter öffentlicher Kontrolle sind. Abfindungsfilz gibt es leider nicht nur in der Bankenwelt, und selbst Kommunen, die sich als »arm, aber sexy« bezeichnen, zahlen teils exorbitante Managergehälter und nur als verrückt zu bezeichnende Abfindungen und Pensionsleistungen für ehemalige Manager, selbst an Führungskräfte, die nur kurz für städtische Betriebe tätig waren. Transparenz wird hier automatisch zu einer Verringerung dieser Zahlungen führen, auch das ist eine vertrauensbildende Maßnahme.

Open-Data-Portale mit hohen Standards, die sich gern an kleinen deutschen Erfolgsportalen wie der Stadt Rostock orientieren dürfen, sollte es überall geben. Sie sind weder Raketentechnik noch schrecklich teuer. Städte, die Kosten in sechsstelliger Höhe vorschieben, haben einfach keine Lust auf Open Data und dürfen mit dieser Haltung nicht durchkommen! Alle Daten, die nicht personenbezogen oder besonders sicherheitsrelevant sind, gehören ins Netz: maschinenlesbar, in Rohformat, kostenfrei, in einer international gängigen offenen Lizenz, die jede Nutzung – auch kommerzielle – erlaubt. Das nationale Open-Data-Portal muss über eine gute Suchfunktion auch die Suche nach Daten anderer föderaler Ebenen ermöglichen. Wo die Daten liegen, ist letztlich egal, Hauptsache, sie lassen sich schnell und intuitiv und ohne längere Überlegung und Recherche finden.

Alle Anfragen und die Antworten im Rahmen der Informationsfreiheitsrechte sind auf einem leicht zu durchsuchenden Portal (ähnlich wie Fragdenstaat.de) zu veröffentlichen und müssen frei verwendbar sein. Informationsfreiheit sollte als Grundrecht in der Verfassung verankert sein, damit der Zugang zu staatlichen Informationen nicht (wie heute) vom Wohnort abhängt und damit dieser Zugang auf allen föderalen Ebenen gleich hohen Ansprüchen genügt.

Die vielen Hintertüren, die heute standardmäßig genutzt werden, um Anfragen der Bürgerinnen und Bürger nicht oder nicht vollständig zu beantworten, müssen geschlossen werden. Insbesondere dürfen Geschäftsgeheimnisse nicht als Pauschalausrede gelten. Es muss daher transparent, nachvollziehbar und überprüfbar definiert sein, welche Art von Information sich als Geschäftsgeheimnis qualifiziert. Im Zweifel sind Geschäftsgeheimnisse, Argumente des Privateigentumsrechts und der Gewerbefreiheit mit dem öffentlichen Interesse und dem Informationsgrundrecht abzuwägen. Dabei ist Letzterem ein hohes Gewicht beizumessen. Grundsätzlich sollte gesetzwidriges Verhalten von Unternehmen niemals mit Berufung auf Geschäftsgeheimnisse unveröffentlicht bleiben, das öffentliche Interesse muss schwerer wiegen. Auch wenn öffentliche Dienstleistungen erbracht werden oder ein Unternehmen erheblich von öffentlichen Geldern finanziert wird, hat der Souverän, das Volk, ein überragendes Interesse, sich direkt eine Meinung zur Qualität dieser öffentlichen Dienstleistungen oder zum korrekten und effizienten Einsatz von Steuergeldern bilden zu können.

Der Zugang zu öffentlichen Informationen ist leicht und intuitiv zu gestalten, ein entsprechender Link sollte sich immer auf der Einstiegswebsite finden. Jede Behörde sollte dort auch ein Informationsregister bereitstellen, das einheitlichen (Mindest-)Standards genügt. Die Rechte von Bürgerinnen und Bürgern auf Informationszugang – einschließlich der Vorgaben zur Form, aber auch der Fristen und Einspruchsrechte – sollten sich auf einer auf jeder Behördenhomepage verlinkten Informationsfreiheitsseite finden, so wie heute jeder Flughafen die Rechte der Reisenden aushängen muss. Ebenfalls dorthin gehören die Kontaktdaten eines Informationsfreiheits-Beauftragten der jeweiligen Behörde, der für jede Behörde verpflichtend sein sollte.

Neben öffentlichen Verträgen, Gutachten, Bauplänen und ähnlichen Dokumenten sollten endlich auch alle Gesetze, die wir schließlich befolgen sollen, an *einer* Stelle im Netz kostenfrei und durchsuchbar veröffentlicht sein. Es ist nicht vermittelbar, warum Bürger auf 16 Länder- und einer Bundeswebsites suchen müssen, um spezifische Rechtslagen miteinander zu vergleichen. Eine solche Plattform gibt es bereits, sie wird vom Joint Venture »Juris« betrieben. Es genügen politischer Wille und minimale Ressourcen, um in kürzester Zeit diese Plattform auch für die private Nutzung durch Bürgerinnen und Bürger freizugeben. Wünschenswert ist darüber hinaus die Bereitstellung und Pflege aller Gesetze in einer Plattform wie GitHub, auf der bereits heute Aktivisten der Zivilgesellschaft Bundesgesetze als Rohdaten einpflegen.[293] Dieses Werkzeug ermöglicht das »Forken«, also Duplizieren und Abändern, von Gesetzen oder einzelnen Gesetzesbausteinen, um mögliche Verbesserungen vorzuschlagen und zu debattieren. Solche Plattformen zur gemeinschaftlichen Weiterentwicklung bereits bestehender Gesetze könnten künftig wertvollen Input für die Arbeit der Abgeordneten liefern, denn Expertenwissen gibt es überall, nicht nur bei Lobbyisten und im Wissenschaftlichen Dienst des Bundestages.

Bei allen veröffentlichten Informationen ist zusätzlich auf zwei Dinge zu achten. Zum einen sollte nicht ein bestimmtes Format, sondern der jeweilige Inhalt als zu veröffentlichende Information gelten. Auch maschinenlesbare Rohdaten sind Informationen im Sinne des IFG und nicht nur ein daraus generiertes Dokument, wie das Bundesfinanzministerium uns weismachen wollte, als es sich jahrelang weigerte, die Haushaltsdaten maschinenlesbar herauszurücken. Staatliche Dokumente sollten in offenen Formaten – idealerweise in mehreren – veröffentlicht werden. Es kann nicht von Bürgern verlangt werden, dass sie eine bestimmte kommerzielle Software oder sogar ein bestimmtes Betriebssystem verwenden müssen, um ihren Anspruch auf Informationszugang realisieren zu können. Gleiches gilt natürlich auch für jede andere Interaktion mit dem Staat. Ein Bauer in Mecklenburg-Vorpommern erzählte mir kürzlich, dass er Förderanträge nicht bearbeiten kann, weil eine Bearbeitung der elektronischen Unterlagen mit linuxbasierten Betriebssystemen nicht vorgesehen ist. Aber warum soll ein Bauer ein Apple- oder Microsoft-Produkt kaufen müssen, um Fördermittel für einen landwirtschaftlichen Betrieb zu beantragen? Derartige Vorgaben darf ein Staat nicht machen. Offene Formate, sogenannte Open Document Formats, die auch mit kostenfrei erhältlichen Softwareprodukten verarbeitet werden können, müssen Standard sein.

Gerade Open Data und Open Documents sollten auf internationalen Standards basieren, denn ein Vergleich staatlicher Informationen und ihre Weiterverarbeitung muss auch international möglich sein, um Innovationen zu fördern. Ein nationaler Alleingang, wie ihn die Deutschland-Lizenzen für Open Data darstellen, nützt uns nichts. Deshalb ist es entscheidend, dass wir unser deutsches Schneckenhaus verlassen und uns viel intensiver vernetzen mit den Open-Government-Enthusiasten anderer Länder. Es gibt so vieles, was wir voneinander lernen können! Für diesen Austausch muss man die Ressourcen erübrigen, denn ohne ihn wird unser Weg hin zu einem gläsernen Staat viel länger und viel steiniger sein. Dazu sollte auch ein schneller Beitritt zur internationalen Open Government Partnership und eine intensive Beteiligung an diesem weltweiten Netzwerk gehören.

Einen freien Zugang brauchen wir auch zu allem Wissen, das mit staatlichen Geldern entwickelt wurde. Open Access nennt man die freie Verfügbarkeit wissenschaftlicher Erkenntnisse, damit sie mehr Menschen zugänglich werden und nicht nur zu einem höheren Bildungsgrad beitragen, sondern auch weitere Forschungen erleichtern. Wenn wissenschaftliche Studien für ein Parlament oder in einem Forschungsinstitut entstanden und steuerfinanziert oder co-finanziert wurden, darf ihre Veröffentlichung nicht davon abhängen, ob die Forschungsergebnisse dem Auftraggeber gefallen haben. Sie müssen Teil werden des nationalen und damit auch des globalen Wissensschatzes der Menschheit, der potenziell Nutzen stiften kann. Gleiches muss gelten für kulturelle Werte, die mit staatlichen Geldern ganz oder teilweise bezahlt wurden. Gebührenfinanzierte Fernsehsendungen dürfen nicht nach sieben Tagen aus den Mediatheken öffentlich-rechtlicher Sender verschwinden. Verwaiste Kulturgüter, deren Rechteinhaber nicht ermittelbar sind, sollten frei verwendbar sein. Die Chancen der digitalen Gesellschaft, die mehr als jede andere eine Wissensgesellschaft ist, liegen im unbegrenzten, einfachen Zugang zu Wissen und Kultur. Wissen vermehrt sich, wenn man es teilt, und nie war das Teilen von Wissen einfacher als jetzt.

Die gläserne Verwaltung – auch Bürokratie muss durchschaubar werden

Wie auf der britischen Website Whoislobbying.org sollte man auch bei uns erfahren können, wen hochrangige Regierungsvertreter wann und zu welchem Zweck getroffen haben. Die Forderung nach gläserner Verwaltung bezieht sich aber nicht nur auf ihre Führungsspitzen, sondern auch auf den ganz normalen Alltag in Ämtern und Behörden. Bürgerfreundlichkeit hat jede Menge mit Transparenz zu tun, denn ein Großteil der Frustration, die im Kontakt mit Mitarbeitern des Staatsapparates entsteht, hat mit gefühlter oder tatsächlicher Willkür, der Undurchschaubarkeit von Abläufen und Zuständigkeiten, der Beliebigkeit von Bearbeitungsdauern und dem Gefühl des Ausgeliefertseins zu tun. Auch wenn die Frustration manchmal aus tatsächlicher Ungleichbehandlung und Willkür herrühren kann, entspringt sie häufig nur der Undurchschaubarkeit von Verwaltungsabläufen. Was man nicht durchschaut, das interpretiert man gern auch negativ. »Die Beamten« sind dann faul und unwillig, missbrauchen ihre Macht und sind alle korrupt. Das ist natürlich nicht der Fall, aber wenn Otto und Frieda Normalbürger es nicht besser wissen, kommen sie leicht zu diesem Schluss. Dann kommt zur Politikverdrossenheit die Staatsverdrossenheit hinzu.

Auch bei der Bekämpfung dieses Grundmisstrauens glaube ich an die Macht der Transparenz. Warum soll in der Verwaltung nicht funktionieren, was in der Wirtschaft längst gang und gäbe ist? Wenn ich ein DHL-Paket im Internet anhand einer Sendungsnummer verfolgen kann und genau weiß, wann es ausgeliefert wird, warum soll das nicht mit einem Behördenantrag gehen, zum Beispiel mit einem Bauantrag oder einem Reisepass? Wenn ich bei Amazon sehen kann, wie viele Exemplare von einem bestimmten Buch noch verfügbar sind, warum soll ich nicht die Anzahl verfügbarer Kitaplätze oder die Länge einer Warteliste im Internet nachsehen können? Warum kann ich Hundefutter und Druckerpapier im Netz bestellen, aber keine Kopie der Meldebestätigung oder ein polizeiliches Führungszeugnis? Als mein Sohn kurzfristig für eine Auslandsreise einen Personalausweis brauchte, mussten wir mehrfach ins Bürgeramt, um zu erfragen, ob der Ausweis schon unterwegs war. Im Softwareprogramm der Bearbeiterin war die Information ablesbar, sie ist also verfügbar. Diese Information auch für Antragsteller abrufbar zu machen, ist ein lösbares Problem. Man vergibt eine Auftragsbearbeitungsnummer und lässt die Daten in eine für Bürger zugängliche Plattform einlesen. Das ist nicht nur transparent und bürgerfreundlich, sondern spart am Ende auch Bearbeitungszeit, weil die Bürgerin nicht ständig ins Amt gerannt kommt. Selbst das Abholen könnte man sich sparen, wenn Dokumente auf Wunsch einfach per Post nach Hause geschickt werden – das geht bei wichtigen Papieren auch per Einschreiben.

Behördentransparenz muss sich auch auf die Organisation selbst beziehen. Bei vielen Behörden findet man bestenfalls ein grobes Organisationschart, aber keine genauere Übersicht der Zuständigkeiten, geschweige denn Details wie etwa die Gehaltshöhe. In England gibt es diese Daten zumindest für die Regierung und eine Reihe ausgewählter Behörden, zugänglich direkt vom nationalen Datenportal unter www.data.gov.uk. Unter der Überschrift »Public Roles and Salaries« (Funktionen und Gehälter im öffentlichen Dienst) lässt sich ein Ministerium oder eine Behörde auswählen, etwa das Gesundheitsministerium oder das Büro des Generalstaatsanwalts. Der Generaldirektor des Generalstaatsanwaltsbüros beispielsweise heißt Peter Fish, er verdient im Jahr zwischen 120.000 und 125.000 britische Pfund, seine Angestellten verdienen zusammen etwas über 600.000 Pfund, er hat Jura studiert, arbeitet Vollzeit und hat neben diesen Angaben auch seine Telefonnummer und persönliche E-Mail-Adresse in seinem Eintrag stehen. Für eine sehr große Anzahl Behörden lassen sich zumindest grobe Stellenbeschreibungen einsehen, fast überall gibt es direkte Kontaktmöglichkeiten. Warum nicht in Deutschland? Es sind öffentliche Angestellte, die im Auftrag der Bürgerinnen und Bürger tätig sind. Die Information, was sie tun und wie man sie erreichen kann, wäre ein weiterer Baustein zu einer transparenten Verwaltung, der Menschen vertrauen können.

Mehr Transparenz braucht es nach wie vor auch bei der Polizei. Immer wieder berichten Bürger gerade im Umfeld von Demonstrationen von Übergriffen der Polizei. Meist werden sie nicht aufgeklärt, weil der Korpsgeist Aussagen von Polizeikollegen verhindert und das Fehlen einer individuellen Kennzeichnung von Polizisten die Zuordnung von Straftaten im Dienst unmöglich macht. In kaum einem Bundesland hat sich die Kennzeichnung von Polizisten im Dienst durchgesetzt, einige debattieren darüber noch oder haben Anträge schon abgelehnt, andere haben eine Kennzeichnung nur für den Streifendienst oder nur für die Verkehrspolizei vorgeschrieben. Allein in Brandenburg gibt es eine weitgehende gesetzliche Regelung. Selbst bei Einsätzen in geschlossenen Verbänden müssen Polizisten dort zumindest eine Identifikationsnummer tragen. In Berlin bleiben Bundespolizisten von der Kennzeichnungspflicht ausgenommen, auch die häufig in größerer Zahl angeforderten Polizisten anderer Bundesländer unterliegen im Land Berlin nicht der ansonsten geltenden Kennzeichnungspflicht[294], die Grundlage ist kein Gesetz, sondern nur eine Dienstanweisung.

Wie immer werden und wurden Horrorszenarien an die Wand gemalt, was die Bürgerinnen und Bürger Furchtbares mit dem

Wissen um die Identität von Polizisten anstellen werden. Ihre Daten würden mit Aufrufen zu Gewalt im Internet landen, Polizisten würden bedroht und mit Strafanzeigen überzogen. Selbst der Missbrauch dieser kleinen Plastikschildchen als Waffe gegen Polizisten oder die Gefahr der Selbstverletzung an den Kanten wurden gegen eine Kennzeichnungspflicht ins Feld geführt. Tatsachenuntersuchungen im Land Berlin nach zwei Jahren Kennzeichnung ergaben, dass es keine solchen Fälle gab.[295] Dass Polizisten ihrem Job auch mit Kennzeichnung professionell nachgehen können, zeigen die Beispiele aus anderen Ländern. So müssen in Belgien, Estland, Litauen, Polen, Rumänien, Slowakei, Ungarn, Zypern und selbst in den USA Polizisten aller Einheiten ihren Namen sichtbar tragen. In vielen weiteren Ländern sind Polizisten zumindest verpflichtet, eine Identifikationsnummer zu tragen. Das ist auf jeden Fall eine aufwandsarme, nachweislich risikofreie vertrauensbildende Maßnahme.

Das gläserne Parlament – ein Mittel gegen Politikverdrossenheit

Zum gläsernen Staat gehört aber auch das gläserne Parlament, denn das Vertrauen der Menschen ist insbesondere in ihre Volksvertreter erschüttert. Gerade weil sie uns, das Volk, im Amt vertreten, brauchen wir viel mehr Transparenz, um sicher sein zu können, dass Wissen und Gewissen die Grundlagen des Handelns von Abgeordneten sind und nicht andere Interessen. Diese Transparenz muss dabei sowohl die Finanzierung der Parlamentarier abdecken als auch den gesetzgeberischen Prozess sowie sonstige parlamentarische Abläufe, wie Ausschüsse, Treffen mit Lobbyisten oder die Arbeitsergebnisse des Wissenschaftlichen Dienstes.

Nebeneinkünfte von Parlamentariern müssen auf Euro und Cent offengelegt sein, damit mögliche Einflüsse nachvollziehbar werden. Auch unbezahlte Funktionen in Verbänden, Vereinen, Unternehmen oder sonstigen Organisationen gehören veröffentlicht, soweit sie nicht ausschließlich privater Natur sind (das wäre beispielsweise der Ortsvorsitz im Kaninchenzüchterverein oder der Schatzmeisterposten der Selbsthilfegruppe Diabeteskranker). Richtschnur sollte dabei eine Abwägung sein, ob diese Organisation wirtschaftliche Ziele verfolgt und/oder von politischer Relevanz ist und/oder eine mehr als regional begrenzte Bedeutung hat.

Ausnahmen etwa bei Verdiensten von Anwälten darf es nicht mehr geben, andere Länder kommen auch ohne diese Ausnahmen aus. Wer damit nicht klarkommt, der muss nicht Abgeordneter werden. Da ein besonders hoher Anteil Bundestagsabgeordneter Juristen sind und von denen wiederum sehr viele als Anwälte Nebenverdienste haben, muss hier das eigene Interesse hinter das öffentliche Interesse zurücktreten. Auftraggeber und Vertragspartner dürfen nicht durch Mittler verschleiert werden, das heißt, auch bei Vermittlung von Vortragstätigkeiten durch Redneragenturen sind die eigentlichen Auftraggeber nebst Honorarhöhe kenntlich zu machen. Last but not least braucht Deutschland endlich ein im internationalen Vergleich vorbildliches Antikorruptionsgesetz, damit wir die entsprechende UN-Konvention endlich ratifizieren können und uns nicht mehr vor aller Welt schämen müssen. Beschäftigung von Angehörigen mindestens bis zum dritten Grad muss in allen Parlamenten verboten sein, aber auch Einstellungen von Partnern ohne Trauschein und Überkreuzbeschäftigungen, bei denen Abgeordnete gegenseitig Angehörige einstellen.

Einflussnahme kann auch ohne Geld, nämlich durch persönliche Beziehungen und Netzwerke erfolgen. Das ist nicht strafbar, aber für die Beurteilung der Integrität von Abgeordneten ist es wichtig, derartige Verflechtungen erkennen zu können. Deshalb muss ein Lobbyregister eingeführt werden, in dem alle Lobbyisten verzeichnet sind – und zwar nicht nur die, die für Verbände tätig sind, wie das heute der Fall ist, sondern auch solche, die direkt Unternehmen vertreten. Außerdem sollten Abgeordnete ihre Meetings mit Lobbyisten und/oder Unternehmensvertretern in einen öffentlichen Kalender eintragen. Das gilt nicht nur für den Bundestag, sondern für die Parlamente aller Bundesländer, also überall da, wo Gesetze für Bürgerinnen und Bürger gemacht werden. Ein neuer Goldstandard für transparentes politisches Handeln sollte unsere Richtschnur werden.

Eine Reform der Transparenz von Geldflüssen muss natürlich auch die Parteienfinanzierung umfassen. Die Herkunft von Spenden muss erkennbar sein, wann immer eine niedrige Bagatellgrenze (etwa 2000 Euro im Jahr) überschritten ist. Relevant muss die akkumulierte Summe je Spender sein, bei gemeinsam veranlagten Spendern die gemeinsam erbrachte Spendensumme. Verdeckte Parteispenden darf es nicht geben, alle Schlupflöcher dafür sind zu schließen. Sponsoring etwa für Parteiveranstaltungen muss den gleichen Transparenzregeln unterliegen wie direkte Parteispenden. Ausgaben für Aufträge an wirtschaftliche Geschäftsbetriebe, deren Mehrheitseigner eine Partei ist, sollten ebenfalls strengen Öffentlichkeitskriterien genügen, damit nicht länger Spenden als Geschäftskosten getarnt werden können.

Nicht nur Geldflüsse und persönliche Beziehungen, die parlamentarische Entscheidungen beeinflussen können, sind zu wenig transparent, auch die Arbeit im Parlament braucht mehr Öffentlichkeit, denn der parlamentarische Betrieb ist besonders anfällig für alle Arten illegitimer Einflussnahme bis hin zur Korruption. Ausschusssitzungen sollten mit wenigen Ausnahmen (etwa wenn es um personenbezogene Debatten geht) im Livestream über das Internet verfolgbar sein. Aufzeichnungen sollten als Video, Audio und Textdatei frei zur Verfügung stehen. Alle Unterlagen, die aus Ausschüssen und sonstigen parlamentarischen Gremien in Meinungsbildung und Entscheidungen einfließen, gehören in die Öffentlichkeit. Dazu zählen natürlich alle Gutachten des Wissenschaftlichen Dienstes. Zur Transparenz im gesetzgeberischen Prozess gehört auch, dass künftig erkennbar wird, wer welche Teile eines Gesetzes verfasst hat. Das Parlament braucht eine Stärkung seiner Rolle als (alleiniges) gesetzgeberisches Organ.

In einer sauberen Demokratie schreiben nur diejenigen Gesetzentwürfe, die dafür auch gewählt worden sind, nicht jedoch die Ministerialbürokratie. Solange in Deutschland jedoch Gesetzentwürfe auch außerhalb eines Parlaments entstehen, müssen für alle, die daran beteiligt sind, die gleichen Transparenzanforderungen gelten wie für Abgeordnete: Veröffentlichungspflicht für Nebeneinkünfte, nebenberufliche Funktionen und sonstige Verflechtungen sowie Lobbyaktivitäten.

Ich wünsche mir eine Plattform wie das US-amerikanische www.opencongress.com auch in Deutschland. Auf dieser Website kann man aktuelle Abstimmungen im Parlament verfolgen – nicht nur die Summe von Ja-, Nein- und Enthaltungsstimmen, sondern auch das Stimmverhalten einzelner Abgeordneter. Man kann so Abgeordnete hinsichtlich ihres Stimmverhaltens in der Vergangenheit miteinander vergleichen, Gemeinsamkeiten und Unterschiede werden deutlicher. Aber auch der Einfluss des Geldes wird durch opencongress.org offengelegt. Wenn Bürger wissen möchten, ob Abgeordnete sich von Geld leiten lassen, hilft ein Blick in die Tabelle der Branchen und untergeordneten Industriezweige. Wenn man zum Beispiel auf Agrarchemie (Düngemittel, Pestizide) klickt, bekommt man eine Liste von 20 Senatoren und Kongressabgeordneten mit der Angabe der von diesem Industriezweig erhaltenen individuellen Spenden. Für alle Abgeordneten und Senatoren lässt sich nachprüfen, welche Anträge sie einbrachten und wofür oder wogegen sie in der Vergangenheit stimmten. Wählerinnen und Wähler können also ihre Wahlentscheidungen davon abhängig machen, welche Abgeordneten den Fakten nach mehr oder weniger korrupt wirken. Für Marionettenpolitiker wird die Wiederwahl schwerer.

Wer Vertrauen wünscht, muss selbst vertrauen – weg vom gläsernen Bürger

Um das verspielte Vertrauen des Volkes zurückzugewinnen, reicht es nicht aus, dass der Staat selbst gläsern wird – er muss sich zugleich von seiner Vorstellung eines gläsernen Volkes verabschieden. Denn einer Überwachungsinstanz, die uns alle pauschal zu Verdächtigen macht, wollen und können wir nicht vertrauen.

Wir brauchen ein Grundgesetz, das zur digitalen Gesellschaft passt. Kommunikation und Privatsphäre in digitalen Räumen müssen den gleichen hohen verfassungsrechtlichen Schutz genießen wie private Wohnungen oder Briefe auf Papier. Unser Staat muss uns schützen gegen Übergriffe aus seinen eigenen Reihen und ebenso effektiv gegen solche aus dem Ausland. Wer Verantwortung verweigert, Aufklärung verhindert, gar wie es Bundesinnenminister Friedrich mitten in der NSA-Leak-Affäre den Menschen rät, sich selbst zu schützen, weil der Staat es nicht könne, der erklärt den Staat für bankrott und sich selbst für inkompetent.

Die 2013 öffentlich gewordene anlasslose Massenüberwachung durch ausländische Geheimdienste gibt uns auf nationaler und internationaler Ebene die Chance, auf echte Veränderung hinzuwirken. Genau jetzt können wir den Weg einschlagen zu einer digitalen Gesellschaft, in der die Begriffe »Freiheit« und »Grundrechte« noch eine Rolle spielen. Wenn wir jetzt nicht handeln, treiben wir blind und träge in eine Zukunft, die mehr mit dem Roman *1984* zu tun hat, als es jemals vorstellbar schien. In so einer Gesellschaft möchte ich nicht leben – wer überwacht wird, ist nicht frei.

Bei der Überlegung, was zu tun ist, muss man sich klarmachen, dass tatsächlich eine ganze Reihe von Grundrechten von Millionen von Menschen verletzt wurde. Diese Verletzung ist durchaus als militärischer Angriff zu interpretieren – als Cyberwar der eigenen und fremder Regierungen gegen einfache Menschen. Massenspionage nutzt dafür spezielle technische Werkzeuge. Die dafür verwendeten Programme sind als Waffen zu betrachten. Im Klartext bedeutet das, dass Zensur- und Überwachungstechnologie unter das Kriegswaffenkontrollgesetz fallen und einem Exportverbot unterliegen muss. Deutsche Firmen sollten nicht daran beteiligt sein, in anderen Ländern die Grundrechte ganzer Bevölkerungen einzuschränken. Das verträgt sich ebenso wenig mit unserem Wertegerüst wie der Export von Personenminen in eine Bürgerkriegsregion.

Wir müssen uns bewusst werden, dass sich die ganze Welt in einem Überwachungswettrüsten befindet, aber anders als im Kalten Krieg nicht zwei politische Lager gegeneinander, sondern jeder sich gegen jeden rüstet. Die Waffen dafür lagern nicht in irgendwelchen Depots, sondern sind bereits ständig im Einsatz – und zwar anscheinend in großer Willkür gegen Freund, Feind, Partnerland, Inland oder Ausland. Dieses Wettrüsten kann niemand gewinnen, es ist ein Spiel, bei dem alle Spieler verlieren. »The only winning move is not to play« (aus dem Film *WarGames*, 1983) – gewinnen kann nur, wer sich dem Spiel verweigert. Wir brauchen eine neue Abrüstungsinitiative, ein internationales Überwachungsabrüstungsabkommen. Deutschland ist die stärkste Wirtschaftskraft in Europa, die viertstärkste Ökonomie der Welt. Unser Land ist auch politisch kein Leichtgewicht. Wir könnten als Vorreiter Verantwortung übernehmen in dieser Bewegung, ähnlich unserer Vorreiterrolle bei der Energiewende. Dazu braucht es aber als ersten Schritt einen glaubwürdigen Richtungswechsel im eigenen Land. Wer seine eigene Bevölkerung mittels einer ganzen Reihe Überwachungsgesetze ausspionieren lässt, den wird niemand ernst nehmen, wenn er von anderen Ländern mehr Datenschutz fordert. Anfangen müssen wir also bei uns selbst:

- Alle Überwachungsgesetze gehören auf den Prüfstand. Ihre Wirkung ist objektiv zu untersuchen, und alle Regelungen, die einer strengen Prüfung auf Verhältnismäßigkeit nicht gerecht werden, sind abzuschaffen. Für die Bestandsdatenauskunft und die Vorratsdatenspeicherung liegen solche Evaluationen bereits vor – sie sind sinnlose Einschränkungen von Grundrechten und daher ersatzlos abzuschaffen bzw. nicht in nationales Recht umzusetzen.

- Geheimdienste sind ein Relikt des Kalten Krieges, sie passen nicht in unsere Zeit und sind aufzulösen. Eine gut ausgestattete Polizei kann Ermittlungen bei konkreten Verdachtsfällen hinreichend leisten. Wenn das politisch jedoch nicht durchsetzbar ist, sollten Befugnisse der Geheimdienste radikal beschnitten werden.
- Die Kontrolle der Geheimdienste ist in diesem Fall grundsätzlich zu reformieren, da das Parlamentarische Kontrollgremium offenbar ineffektiv ist. In die künftige Kontrolle der Geheimdienste sollten auch Nichtregierungsorganisationen wie Transparency International und unabhängige Richter mit hoher Verfassungskompetenz einbezogen werden.
- Aktivitäten von Geheimdiensten müssen außerdem einen Mindeststandard an Transparenz erfüllen. Es muss klar sein, was unter welchen Bedingungen zulässig ist. Berichte zur Arbeit der Geheimdienste müssen in kürzeren Abständen und mit mehr Details veröffentlicht werden. Diese müssen immer auch eine Evaluation der Wirksamkeit und Verhältnismäßigkeit aller Operationen enthalten.
- Alle Gesetze, Regelungen und Vereinbarungen, die Grundrechte einschränken, sowie ihre Auslegungen, sind öffentlich zu machen. Ihre Rechtmäßigkeit und Verhältnismäßigkeit ist in Parlament und Gesellschaft zu debattieren und neuen Maßstäben anzupassen.
- Verstöße gegen existierende Rechtsnormen etwa durch Geheimdienste, Polizei oder andere staatliche Organe, die Grundrechte berühren, sind öffentlich aufzuklären, etwa durch Untersuchungsausschüsse, und als schwere Verstöße zu ahnden. Beteiligte Mitarbeiter sind zur Rechenschaft zu ziehen. Solche Verstöße dürfen nicht als Kavaliersdelikt behandelt werden.
- Die Unterstützung ausländischer Geheimdienste, die unseren Rechtsnormen zuwiderlaufen, ist einzustellen.

- Die Privatsphäre von Ausländern ist genauso zu respektieren wie die von Inländern, denn Artikel 1 schützt die Würde des Menschen, nicht nur der Deutschen. In einer digitalen Gesellschaft, deren Rückgrat das Internet ist, das keine nationalen Grenzen kennt, ist diese Trennung außerdem Unfug.
- Politik und Verwaltung sollten den digitalen Selbstschutz durch geeignete Informations- und Aufklärungsmaßnahmen fördern, vergleichbar den Präventionsmaßnahmen in der Gesundheitsvorsorge. Dazu gehören auch Werkzeuge und die Vermittlung von Anwendungskompetenz für den Selbstschutz, wie etwa bei Cryptopartys. Die Entwicklung und Verbreitung solcher Werkzeuge sollte durch Fördermittel unterstützt werden. Open-Source-Anwendungen sind zu bevorzugen.
- Ein Whistleblowerschutzgesetz ist zu verabschieden, um auch künftig sicherzustellen, dass wir von Missständen erfahren, die unseren Wertmaßstäben und/oder Rechtsgrundsätzen zuwiderlaufen.

Auf europäischer Ebene sollte Deutschland als treibende Kraft wirken, die den Datenschutz stärkt. Dazu ist vor allem die Datenschutzgrundverordnung der EU den Anforderungen von Bürgerinnen und Bürgern anzupassen. Für Unternehmen, die in der EU wirtschaftlich tätig sein wollen, müssen Mindeststandards gelten, deren Verletzung empfindliche Strafen nach sich ziehen muss. Dazu gehört ein Verbot der Weitergabe von Kundendaten aus Europa an ausländische Geheimdienste, wenn keine entsprechende Einzelfallverfügung durch ein europäisches Gericht im Zusammenhang mit einer konkreten, schweren Straftat vorliegt. Zu diesen Standards sollte auch die Pflicht zur Voreinstellung restriktiver Datennutzung bei elektronischen Anwendungen gehören sowie die Verpflichtung zu einfachen AGB, damit Nutzer volle Transparenz über die Sammlung und Weitergabe ihrer Daten haben, ohne mehrere Seiten Kleingedrucktes interpretieren zu müssen. Die EU muss die Massenüberwachung innerhalb ihrer eigenen Grenzen verbieten, vor allem durch Mitgliedsstaaten untereinander. Die EU sollte sich ebenfalls für ein internationales Überwachungsabrüstungsabkommen starkmachen. Sie könnte mit einem europäischen Abkommen anfangen und Maßstäbe setzen.

Die Umstände der Flucht von Edward Snowden, dem Whistleblower, der die NSA-Akten geleakt hatte, zeigen auch, dass wir einen europäischen Whistleblowerschutz brauchen. Dass Europa seine Türen vor ihm verschloss und Mitgliedsländer seine Asylanträge ablehnten, ja dass sogar ein Staatsoberhaupt aus Lateinamerika keine Überfluggenehmigungen bekam, weil man vermutete, dass Edward Snowden in seinem Flugzeug saß, ist eine traurige und für Europa beschämende Geschichte. Dem Whistleblower, dem wir die Chance verdanken, die Erosion unserer Demokratie aufzuhalten, gebührt nicht nur unsere Dankbarkeit, sondern auch unser Schutz. Es ist eine Schande für Europa, dass Snowden in Ländern von zweifelhaftem demokratischen Ruf Zuflucht suchen muss und vom Goodwill eines Putin abhängt.

Wenn wir diese Veränderungen erreichen und 80 Millionen Menschen wieder Staatsbürger und nicht Staatsfeinde sind, die man vorsichtshalber auf Schritt und Tritt überwacht, dann ist das ein sehr starkes Signal an Bürgerinnen und Bürger, dass ihnen der Staat (als ihr eigenes Dienstleistungsorgan) das Vertrauen entgegenbringt, dessen Erwiderung man von ihnen erwartet. Solange von staatlicher Seite der eigenen Bevölkerung dieses Grundvertrauen nicht bewiesen wird, solange wird auch die Bevölkerung dem eigenen Staat nicht vertrauen können.

Bürgerbeteiligung auf Augenhöhe – Anspruch in der Demokratie 2.0

Die ersten Hürden zu einer Demokratie auf Augenhöhe sind genommen, wenn wir alle mehr über Abläufe und Entscheidungen in Verwaltung und Politik wissen und nicht länger behandelt werden wie ein Volk von Kriminellen. Wenn der Staat transparent agiert, wachsen nicht nur Vertrauen und Akzeptanz in staatliches Handeln, sondern auch die Lust und die Möglichkeit, sich sinnstiftend daran zu beteiligen. Transparenz und Freiheit sind der Humus, auf dem Partizipation gedeihen kann.

Die Beteiligung von Bürgerinnen und Bürgern insbesondere an großen Entscheidungen, wie erhebliche Infrastrukturinvestitionen, die ihre Region betreffen, sollten auf allen föderalen Ebenen verpflichtend sein. Und wer Partizipation ernst meint, muss alle Fakten auf den Tisch legen – frühzeitig und ohne Ausnahmen. Das Ressourcen- und damit Informationsgefälle zwischen Industrielobbyisten und der Zivilgesellschaft sollte möglichst ausgeglichen werden, etwa durch ein verpflichtendes Budget für externe Gutachten, über dessen Vergabe die Vertreter der Zivilgesellschaft unabhängig verfügen können.

Entscheidungen, die die Souveränität Deutschlands betreffen, zum Beispiel die Übertragung von Hoheitsrechten an die EU oder die Änderung unserer Verfassung, sollten einen obligatorischen Volksentscheid auf Bundesebene erfordern. Neben einem obligatorischen Referendum ist aber auch ein fakultatives Referendum nötig, das es Bürgern ermöglicht, vom Parlament verabschiedete Gesetze noch vor Inkrafttreten zu stoppen. Als dritte Art eines künftigen Volksentscheides auf Bundesebene brauchen wir generell die Möglichkeit, bei Vorliegen einer Mindestanzahl an Unterstützerunterschriften, etwa einer Million, die auch elektronisch zu sammeln sein müssen, ein verbindliches Referendum durchzuführen. Diese Methoden direkter Demokratie sind alle in der Schweiz gang und gäbe, ohne dass dort der Untergang der Demokratie zu beklagen wäre.

Eine neue Kultur der Mitbestimmung tut not. Partizipation kann ihre Chancen und Potenziale nur entfalten, wenn sie nicht länger als Bedrohung betrachtet wird, und sie ist nur sinnvoll, wenn sie früh genug erfolgt, auch zu Grundsatz- und Haushaltsfragen. Dabei muss gar nicht immer das Volk das letzte Wort haben, es sei denn, es geht um die Fälle obligatorischer Referenden. Viel häufiger aber wird es darum gehen, Bürgerinnen und Bürger auch dann ernsthaft in die Meinungsbildung einzubeziehen, wenn die Verantwortung für die am Ende getroffene Entscheidung bei den gewählten Vertretern bleibt.

Ein positives Beispiel dafür ist eine Initiative des Senats für Stadtentwicklung in Berlin, die 2013 durchgeführt wurde, um die Lärmbelastung in der Hauptstadt zu verringern und unter Beteiligung der Bevölkerung einen Lärmaktionsplan zu entwickeln. Unter www.leises.berlin.de konnten in der ersten Phase Anfang des Jahres Bürgerinnen und Bürger sowohl besonders laute Stellen auf einem virtuellen Stadtplan vermerken als auch Vorschläge abgeben, wie man den Lärm verringern könnte. Andere konnten diese Vorschläge bewerten und kommentieren. Hinweise konnte man auch telefonisch oder schriftlich loswerden. Neben einfachen Bürgern wurden gezielt auch Vereine, soziale Einrichtungen, Verbände, Unternehmen und andere Organisationen um Feedback gebeten.

Die zahlreichen Rückmeldungen – mehr als 3000 Vorschläge und 1900 Kommentare – wurden mit vorhandenen Erkenntnissen abgeglichen.

Diese Initiative machte viele Dinge richtig. Von Anfang an wurde der Prozess einfach und nachvollziehbar erklärt. So wurde nie der Eindruck erweckt, man könne auf jede Idee ausführlich antworten, sondern nur versprochen, dass die 50 am besten bewerteten Ideen eine Stellungnahme der Stadtverwaltung erhalten, die auch veröffentlicht wird. Das Versprechen wurde gehalten, die Liste mit allen Antworten steht im Netz.[296]

Man kann ihr entnehmen, wie die Verwaltung mit dem Feedback umgeht, welche Prüfungen vorgenommen werden, wer zuständig ist, welche weiteren Gespräche mit Betroffenen oder Ideengebern es gab oder geben wird. Insbesondere wurden die von den Bürgern vorgeschlagenen Lösungen bewertet[297] und nachvollziehbar begründet, wenn bestimmte Maßnahmen nicht umsetzbar sind.[298]

Den Ideengebern der 23 besten Ideen versprach man persönliche Gespräche. Diese fanden Ende Mai 2013 als Lärmworkshop statt. Ideengeber konnten dort direkt mit Vertretern der Senatsverwaltung, der Bezirke und zuständigen Behörden über die Probleme und Lösungen diskutieren. Der Workshop brachte neue Erkenntnisse nicht nur für Ideengeber, sondern auch für die Vertreter der Verwaltung. So stellte sich heraus, dass eine Lärmschutzwand an der A113 deshalb niedriger und damit ineffektiv ist, weil das abgeschirmte Gebiet als Kleingartensiedlung in den Karten der Stadt verzeichnet ist, obwohl dort ganz offensichtlich seit Jahrzehnten auch normale Wohngebäude stehen, die eine höhere Lärmschutzwand erfordern.[299] Bürgerinnen und Bürger, die an diesen Workshops teilnahmen, gaben sehr positives Feedback. Sie fühlten sich ernst genommen, bewerteten den gesamten Prozess als sehr transparent und Kriterien zur Bewertung von Vorschlägen als nachvollziehbar. Sie wünschten sich regelmäßiger Beteiligungsverfahren, die ähnlich ablaufen.

Als ich für den Online-Partizipationspreis 2013 Mitglied der Jury war, lernte ich etliche vorbildliche Projekte kennen, auch leises.berlin. Ihre gemeinsame Botschaft: Bürgerbeteiligung auf Augenhöhe, auf der Grundlage von Transparenz, ist möglich, findet bereits statt und führt zu besseren Ergebnissen und zufriedeneren Bürgern.

Das Erfolgsrezept solcher Beteiligungen ist nicht besonders komplex, erfordert aber den guten Willen der Verwaltung. Sie muss sich eigentlich nur an drei Grundregeln halten: früh und umfassend informieren, online und offline Bürger einbinden, Beteiligung nachvollziehbar ernst meinen. Im Detail enthält dieses Rezept die folgenden Zutaten:

- **Öffentlichkeitsarbeit**: frühe, umfassende Information der Bürger über unterschiedliche Kommunikationskanäle, einschließlich Werbung für die Beteiligung
- **Transparenz:** Information über Sinn und Zweck, Hintergründe, den Gesamtprozess, den Ablauf und die Rolle der Bürgerbetei-

ligung (Was passiert mit dem Feedback? Wie fließt es konkret ein?); Abgabe eines verbindlichen und eindeutigen Beteiligungsversprechens und dessen Kommunikation nach innen und nach außen

- **Dokumentation aller Zwischen- und Endergebnisse** und wie sie zustande kamen sowie die Reaktion der Verwaltung darauf
- **Ermöglichung von Interaktionen der Bürger:** also das eigene Einreichen von Ideen und Beiträgen und das Bewerten und Kommentieren anderer Vorschläge
- **Verbindung von Online- und Offline-Beteiligung**: Neben Internetplattformen sollten auch Runde Tische oder Werkstätten, Workshops, Diskussionsveranstaltungen o. ä. stattfinden.
- **Geringe Beteiligungshürden**: auch anonyme Beteiligung ermöglichen, weitere Daten nur auf freiwilliger Basis abfragen
- **Barrierefreiheit** der Angebote in verschiedenster Hinsicht – also nicht nur technische Lesbarkeit zum Beispiel für Blinde, sondern auch die Verwendung einer Sprache, die nicht nur Fachleute, sondern auch Laien verstehen
- **Ausreichend Zeit für die Beteiligung** und die Information und Diskussion vorab: Bürger investieren dafür ihre Freizeit. Zu kurze Fristen geben das Signal, dass man nicht wirklich an ihrem Feedback interessiert ist.
- **Direktansprache spezifischer Nutzergruppen**: Vereine, Initiativen, Interessengruppen gezielt einbinden
- **Kooperation mit Verwaltungseinheiten**, die direkt oder indirekt berührt werden, auch schon im Vorfeld des Beteiligungsvorhabens, um abgegebene Beteiligungsversprechen auch einhalten zu können
- **Professionelle Moderation**: zum Beispiel durch einen der sehr guten Dienstleister, die sich auf solche Projekte spezialisiert und viel Erfahrung haben.

Ein zweites Projekt, von dem man viel lernen kann, ist »München Mitdenken«[300], das den Online-Partizipationspreis 2013 gewonnen hat und schon 2012 stattfand. Es ging um die Weiterentwicklung der Stadt und war die Fortsetzung eines Vorgängerprojektes, das »Perspektive München« hieß. Debattiert wurden vier Leitlinien der Stadtentwicklungspolitik München:

- Offene und attraktive Ausstrahlung
- Solidarische und engagierte Stadtgesellschaft
- Qualitätsvolle und charakteristische Stadträume
- Weitsichtige und kooperative Steuerung

Bei diesem Projekt wurden praktisch alle empfohlenen Regeln beherzigt, es wurde wie auch die Initiative leises.berlin von einer hoch spezialisierten Beratung begleitet (manchmal ist externe Expertise eben doch sinnvoll). Dieses Erfolgsrezept sah umgesetzt so aus:

Kommunikation der Initiative: Zahlreiche Medien wurden eingebunden, Werbung online zum Beispiel über Twitter und den Facebook-Account der Stadt München gemacht. Der Stadt-München-Newsletter informierte und lud ein, es wurden auch 25.000 Gratispostkarten in gastronomischen Einrichtungen verteilt, 400 Plakate in U-Bahnen aufgehängt, vorab registrierte Bürgerinnen und Bürger sowie Multiplikatoren und Institutionen direkt angesprochen, Infopakete bei Veranstaltungen ausgelegt, es gab Anzeigen in Printmedien und umfassende Pressearbeit. Zur Medienarbeit gehörte nicht nur die Ansprache klassischer regionaler Medien, sondern auch der Direktkontakt von Blogs, die sich mit der Stadt befassen. Wer sich so viel Mühe gibt, ein Beteiligungsprojekt bekannt zu machen, der sendet ein klares Signal: »Wir wollen, dass ihr mitmacht.«

Transparenz des Prozesses: Schon auf der Eingangsseite der Homepage stand eine grafische Darstellung sowie detaillierte Beschreibung des Ablaufs, inklusive Zeitstrahl. Die Bürgerinnen und Bürger hatten ausreichend Zeit – die Online-Plattform konnte fast acht Wochen lang aktiv genutzt werden. Selbst nach Ablauf des Projekts können Unbeteiligte alles sehr gut nachvollziehen.

Einfachheit des Prozesses: Ansprechende Grafiken und Nutzerfreundlichkeit machten die Beteiligung einfach. Kleine Anleitungen beantworteten auch noch die letzten offenen Fragen zur Anwendung.

Vielfalt der Beteiligten: Eine eher seltene fast paritätische Beteiligung von Männern und Frauen wurde erreicht, für Menschen mit hoher Personendatensensibilität war eine anonyme oder pseudonyme Beteiligung möglich (jede vierte Idee wurde anonym eingereicht), es gab eigene Angebote für Kinder und Jugendliche wie Schülerworkshops sowie eine interkulturelle Expertenrunde. Im Ergebnis war zum Beispiel der Anteil Jugendlicher nennenswert höher als bei anderen Beteiligungsprojekten.

Integration von Online- und Offline-Beteiligung: Nicht nur das Marketing für das Projekt, auch der Beteiligungsprozess selbst verband beide Elemente auf kreative Weise. Neben der Online-Plattform gab es eine öffentliche Auftaktveranstaltung mit dem Oberbürgermeister (also offline), ebenso Stadtteilveranstaltungen, bei denen im direkten Gespräch mit Bürgerinnen und Bürgern Ideen gesammelt, entwickelt und debattiert wurden, sowie Expertenworkshops, Schülerworkshops und eine ganze Reihe Vortragsveranstaltungen. Auf der Online-Plattform konnte sich jeder mit eigenen Ideen und durch die Bewertung und Kommentierung der Ideen anderer einbringen. Auch vorgegebene Inhalte der Münchner Leitlinien konnten in einer eigenen Online-Umfrage priorisiert und kommentiert werden. Man konnte sich für einen elektronischen Newsletter registrieren und erhielt Neuigkeiten wie Hinweise auf Veranstaltungen oder neue Veröffentlichungen.

Umgang mit dem Bürgerfeedback: Die 15 besten Ideen wurden mit der Baustadträtin diskutiert und die Stadtentwicklungskonzeption überarbeitet. Zu jedem Thema erhielten die 20 besten Ideen eine schriftliche Stellungnahme der Stadtverwaltung. Über dieses Vorgehen wurde vorab transparent und verbindlich informiert (Beteiligungsversprechen). Die eigene Verwaltung wurde dazu eng eingebunden.

Transparenz der Ergebnisse: Ein über 80 Seiten starker Bericht wurde im Internet veröffentlicht.[301] Er enthält nicht nur eine Beschreibung des Prozesses und seiner Ergebnisse – zum Beispiel die jeweiligen Top-20-Ideen –, sondern auch einen Abschnitt »Lessons Learned«, um auch die Erfahrungen zur Bürgerbeteiligung selbst weiterzugeben. Bilder und Videos wurden auf Flickr und YouTube verfügbar gemacht.

Bei beiden Projekten ist es noch zu früh, die Bewertung ganz abzuschließen, denn wirklich gut ist eine Bürgerbeteiligung erst dann, wenn sie nicht nur ernsthaftes Feedback mündlich, schriftlich und öffentlich bekommt, sondern wenn die Ideen und Prioritäten der Bürgerinnen und Bürger sich auch in der Umsetzung widerspiegeln. Sowohl das Stadtentwicklungskonzept von München als auch der Lärmschutzaktionsplan von Berlin waren beim Schreiben dieses Buches noch nicht fertiggestellt. Ein Blick darauf lohnt sich, um ein Gesamtbild zu erhalten. Das Fazit im Münchner Abschlussbericht war jedenfalls, dass von Politikmüdigkeit keine Rede sein könne: »Die Bürgerinnen und Bürger wollen mitreden und mitarbeiten und sind bereit, Zeit zu investieren, um die Stadt und ihre Zukunft zu gestalten.« Diese Bereitschaft spiegelte sich auch in vielen Ideen und Kommentaren der Bürger wider, die sich ganz explizit mehr Beteiligungsmöglichkeiten, aber auch mehr Transparenz bei der Stadtentwicklung wünschen. So sind bei der Leitlinie »Weitsichtige und kooperative Steuerung« unter den Top-20-Ideen auch die Punkte »Uneingeschränkte Transparenz – keine

Geheimverträge mehr«, »Regelmäßiges Ideenforum zur Stadtentwicklung« sowie das inhaltlich ähnliche »Permanentes MitDenken« enthalten sowie ein »MünchnerBürgerInnenRatschlag« – ebenfalls ein Beteiligungsformat für Einwohner der Stadt. Bei der Priorisierung vorgegebener Ziele der Stadtverwaltung landete in dieser Rubrik auf Platz 1 der Satz: »München soll nachhaltig und langfristig auf neue Herausforderungen reagieren. Dafür halte ich für besonders wichtig, dass alle Bürgerinnen und Bürger sich an der Entwicklung der Stadt beteiligen können«.

Stadtentwicklung heißt dabei nicht nur, welche Großbaustelle als Nächstes auf dem Plan steht, sondern umfasst auch Themen wie Familien- und Kinderfreundlichkeit, emissionsarme Mobilität, Verringerung von Verkehrslärm, mehr Teilhabe an kulturellen Angeboten, freies WLAN in der Stadt oder Barrierefreiheit – und noch einiges mehr. Die Ideen machen deutlich, dass sich die Menschen von anderen Gegenden inspirieren lassen und sich zu Hause das wünschen, was ihnen woanders als besonders positiv aufgefallen ist. In München etwa waren das die von Künstlern bemalten Müllcontainer aus London, 24-Stunden-Tickets für den Nahverkehr wie in Zürich, die aus Berlin, Budapest und vielen weiteren Städten bekannten Stolpersteine, öffentliche Bücherschränke wie in Wien und Hannover, die Londoner Speakers' Corner aus dem Hyde Park oder das öffentliche Fahrradleihsystem aus Frankreich kombiniert mit dem Angebot an Fahrradwegen und Stellplätzen in Amsterdam. So könnten von überall her die besten Ideen zusammengetragen und gemeinsam die Lebens- und Wohnqualität für alle verbessert werden.

Der Bericht nimmt auch Bezug auf die Qualität und den Ton während der Beteiligung – auch bei Zulassung anonymer Mitarbeit – und sollte den Kritikern und Zweiflern an mehr Bürgerbeteiligung den Wind aus den Segeln nehmen:

> »Die Beteiligung verlief ausgewogen und sachlich – es kam zu einem Austausch von Meinungen und fachlichen Argumenten auf Augen-

höhe. Der Online-Dialog zeichnete sich durch eine hohe inhaltliche Qualität und eine anspruchsvolle Diskussionskultur aus. Zu einem Missbrauch der Anonymität des Mediums Internet ist es nicht gekommen.«[302]

Diese beiden Beispiele zeigen, dass offene und ernst gemeinte Bürgerbeteiligung möglich ist und negative Befürchtungen unberechtigt sind. Man könnte einwenden, dass beide Projekte nur auf kommunaler Ebene stattfanden. Es gibt aber ebenso gelungene Bürgerbeteiligung auf regionaler und nationaler Ebene, und das nicht nur in der Schweiz.

LiquidFriesland – ein neues Werkzeug vereinfacht Beteiligung

Will man mehr Bürgerbeteiligung in großem Maßstab auf unterschiedlichsten föderalen Ebenen, kommt man um eine Erweiterung des Demokratiebegriffs und um neue Werkzeuge zur Umsetzung der Beteiligung nicht herum. Liquid Democracy ist so ein neuer Begriff, der eine Verschmelzung von direkter und repräsentativer Demokratie beschreibt. In einem solchen liquiden System kann man nicht nur einmal pro Legislatur wählen und damit eine Stimme abgeben, sondern man kann das immer wieder tun und sogar die Stimmabgabe an Dritte delegieren. Das Innovative an Liquid Democracy ist gerade dieses Delegationsprinzip, nach dem man auf der Basis von Vertrauen und Kompetenzzuschreibung seine Stimme an Menschen delegieren kann, die man für besonders geeignet hält, einen entweder immer, vorübergehend oder nur zu ganz bestimmten Fachgebieten bei der Stimmabgabe zu vertreten. Diese Delegation kann jederzeit zurückgezogen und bei Bedarf an jemand anderen weitergegeben werden. Aber selbst wenn man eine Stimme delegiert hat, kann man jederzeit das eigene Stimmrecht selbst ausüben – dann gilt die Delegation für diese einzelne Stimmabgabe (vorübergehend) nicht.

Ein Anwendungsbeispiel bietet die Piratenpartei, die Liquid Feedback nutzt, eine Software, mit der man die Prinzipien der »flüssigen« Demokratie bei innerparteilichen Meinungsbildungsprozessen umsetzen kann.

Wenn über das Wahlprogramm für eine Landtags- oder Bundestagswahl oder über die Inhalte des Grundsatzprogramms der Piratenpartei entschieden werden soll, dann werden im Vorfeld der entsprechenden Parteitage, die diese Programme mit den Stimmen der Teilnehmenden beschließen, unzählige Anträge in Liquid Feedback eingestellt, debattiert und abgestimmt. Zu vielen Anträgen gibt es Anregungen für Veränderungen des Antrages, die von anderen bewertet werden können. Wer den Antrag eingestellt hatte, kann dann entscheiden, ob diese Anregungen berücksichtigt und in den Entwurf integriert werden sollen. Manchmal entsteht daraus auch ein alternativer, ähnlicher oder auch entgegengesetzter Antrag, zu dem gleichzeitig Meinungen abgegeben werden können. Nach einer gewissen Frist werden diese Anträge für zum Beispiel 15 Tage eingefroren und danach, sofern der Antrag eine Mindestmenge an Unterstützern hatte, abgestimmt. Bei konkurrierenden Anträgen kommt nur der zur Abstimmung, der die meisten Unterstützenden hatte. In der Abstimmungsphase dieses vollständig elektronischen Prozesses kann dann jeder eine Stimme für oder gegen den Antrag abgeben oder diese Stimme delegieren an jemanden, den man in diesem Themengebiet für kompetenter hält.

Ich kenne mich zum Beispiel sehr gut mit Open Government und innenpolitischen Fragen aus, auch mit Familien- und Geschlechterpolitik, habe ausgeprägte eigene Meinungen zu Bildungs-, Umwelt- und Energiepolitik und einen guten Überblick zu wirtschaftspolitischen Fragen. Es gibt aber Themenfelder wie Landwirtschaft oder Finanzpolitik, mit denen habe ich mich bisher noch kaum befasst. Je nachdem kann ich meine Stimme delegieren oder selbst abstimmen. Mit Liquid Feedback kann ich das jederzeit tun. Bin ich von jemandem enttäuscht, dem ich meine Stimme für ein bestimmtes Themengebiet übertrage habe, dann hole ich sie mir mit einem Mausklick zurück.

Es ist unrealistisch, sich eine Gesellschaft mit massiver Ausweitung der Möglichkeiten direkter Demokratie vorzustellen, in der eine nennenswerte Anzahl von Bürgerinnen und Bürgern sich für jedes Thema kompetent fühlt und entsprechend an Abstimmungen beteiligt. Niemand hat so viel Zeit. Niemand hat so viel Kompetenz. Selbst Abgeordnete, zu deren beruflichen Hauptaufgaben es gehört, sich an politischen Entscheidungen zu beteiligen, geben Verantwortungen häufig ab und stimmen mangels eigenen Durchblicks so, wie es die Fraktionsvertreter im Fachausschuss empfohlen haben – wenn sie sich nicht sowieso dem Fraktionszwang unterwerfen. Daher muss man eine Erweiterung direktdemokratischer Elemente mit einem flexiblen Delegationssystem kombinieren.

Liquid Feedback ist ein solches Werkzeug, aber es ist eines der ersten, und die Entwicklung solcher Werkzeuge steht noch ganz am Anfang. Die ersten Autos waren auch nicht so schnell, zuverlässig und komfortabel wie heute. So ist das auch mit diesem neuen Typ Demokratie-Software. Mit den Jahren werden diese Anwendungen immer besser und einfacher in der Bedienung werden. Das ist eine Grundvoraussetzung für eine hohe Beteiligung von Menschen. Aber besser werden solche Werkzeuge vor allem dadurch, dass man sie praktisch erprobt und aus ihren Mängeln und Fehlern lernt. Nur ein innerparteilicher Einsatz ist dafür nicht genug, es braucht auch Pilotprojekte, bei denen Bürgerinnen und Bürger sich an der politischen Meinungsbildung in ihrer Umgebung beteiligen können.

Ein solches Pilotprojekt gibt es inzwischen in Friesland, es heißt passenderweise LiquidFriesland.[303] Ein Landrat schlug die Einführung vor, alle Kreistagsabgeordneten stimmten zu. Damit ist Friesland bisher der einzige Kreis in Deutschland, in dem Bürger elektronisch regelmäßig Anträge und Ideen einbringen, miteinander debattieren und abstimmen können. Schon mit 16 Jahren darf man mitmachen, wenn man sich den erforderlichen Zugangscode geben lässt. Eine anonyme Beteiligung ist allerdings nicht möglich. Die Beteiligung ist bisher noch nicht überwältigend, erst gut 700 Menschen haben sich einen Zugangscode geben lassen, und nur knapp 500 haben diesen Zugangscode dann auch tatsächlich für eine Beteiligung genutzt. Entscheiden können die Bürger nichts, ihr Input gilt »nur« als Meinungsbild, aber es steht auf jeder Tagesordnung der zuständigen Fachausschüsse.[304] Ausbaufähig ist auch noch die Vielfalt der Beteiligten: Zwar sind nach Altersgruppen nur die unter 20-Jährigen und die über 70-Jährigen erwähnenswert unterrepräsentiert, andererseits sind jedoch 78 Prozent aller registrierten Nutzer Männer. Der typische Nutzer von Liquid Feedback ist ein Mann zwischen 40 und 50 Jahren. Die ideale Diversity ist das nicht.[305]

Dennoch ist der Kreistag damit als Anfang zufrieden, denn jeder, der sich beteiligt, ist einer mehr als vorher. Man ist sich einig, dass sich auch die Bürgerinnen und Bürger, die sich nicht aktiv beteiligen, nun ernster genommen und mehr eingebunden fühlen, da es dieses Angebot überhaupt gibt. Wie ein Schwimmbad, den Bus oder eine öffentliche Bibliothek kann man, muss es aber nicht nutzen, um es als einen Mehrwert für die Region zu empfinden. Nicht zuletzt war es auch ein preiswertes Marketing für Friesland, das sich bis nach England, Österreich und in das ferne Japan herumsprach. Das Projekt wurde vom Kreistag nach der einjährigen Pilotphase jedenfalls in ein unbefristetes umgewandelt und man hat sich auch Gedanken darüber gemacht, wie man die Beteiligung mit der Zeit ausbauen kann. Die Kosten halten sich dabei in Grenzen: Einführung und Betrieb im ersten Jahr kosteten 11.400 Euro, gerade einmal 7400 Euro wurden dafür im Haushalt 2014 veranschlagt. Aber nicht nur im Ausland, auch in Deutschland schauen Städte und Regionen aufmerksam Richtung Norden. Viele haben sich in Friesland über die Erfahrungen mit

Liquid Feedback informiert. Mit Seelze bei Hannover gibt es nun die erste Stadt, die es Friesland nachmachen möchte. Ab 2014 ist dort LiquidSeelze geplant. Die Friesländer im Kreistag wollen sich auch dafür einsetzen, dass die niedersächsische Kommunalverfassung entsprechend geändert wird, damit in ihrem Bundesland Online-Beteiligung stärker berücksichtigt wird.[306]

In China sagt man, auch ein langer Weg beginnt mit dem ersten Schritt. Die ersten Schritte in Richtung Liquid Democracy, in Richtung Demokratie-Upgrade sind auch bei uns schon gegangen worden. Es zeigt sich aber auch, dass diese wackeligen Schritte Lernprozesse aufseiten der Verwaltung und aufseiten der Bürgerinnen und Bürger begleiten. Verwaltungen können diesen Lernprozess durch gute Angebote unterstützen. In Friesland plant man nun auch die Einbeziehung von Schulen, um schon die Jugend an das Thema demokratische Beteiligung heranzuführen.

Bessere Gesetze gemeinsam schreiben

Von der Beschaulichkeit Frieslands möchte ich meine Leser nun in ein Land im Norden Europas entführen, um ihnen ein besonders ungewöhnliches Beispiel von Bürgerbeteiligung vorzustellen.

Die Nachwehen der Wirtschafts- und Finanzkrise wirkten noch heftig in Island, als 2009 ein revolutionärer Ansatz zur Schaffung einer neuen Verfassung beschlossen wurde. In den Jahren 2008 und 2009 gab es große Proteste der Bevölkerung und eine intensive Debatte sozialer Fragen. Die Verquickung von Legislative und Exekutive, die Geheimhaltung von Informationen mit öffentlichem Interesse, der wuchernde Einfluss des Lobbyismus und der fehlende Schutz für Whistleblower, die Fehlentwicklungen früher hätten aufdecken können – alles das machte man für die Wucht der Finanzkrise, mit der die kleine Insel und ihre Bevölkerung getroffen wurden, verantwortlich. Dazu kam der Trend, die natürlichen Reichtümer des Landes an ausländische Firmen zu verkaufen, den die Bevölkerung ablehnte. Der Druck auf die Politik stieg immens und entwickelte einen grundsätzlichen Charakter.

Die geltende isländische Verfassung stammt noch aus dem Jahr 1944, sie wurde von Dänemark übernommen und nie breit debattiert. Aber das änderte sich mit der Wirtschaftskrise, die Stimmung kippte, der Ruf nach Beteiligung und Transparenz wurde immer lauter, bis die Politik begriff, dass es mit Kosmetik nicht getan sein würde und man Verfassungsänderungen braucht, um die Demokratie weiterzuentwickeln und die Interessen des Volkes effektiver zu verteidigen.

Ende 2009 reichte die isländische Premierministerin Johanna Sigurdardottir ein Gesetz ein, mit dem ein Verfassungsbeirat (Advisory Constitutional Assembly) befugt wurde, die bestehende Verfassung zu evaluieren. Ein halbes Jahr später, im Juni 2010, beschloss das Parlament das Gesetz und damit auch die Schaffung eines Verfassungsrats (Constitutional Council) und die Durchführung eines sogenannten Nationalen Forums. Das Nationale Forum ist eine ungewöhnliche Bürgerbeteiligungsform, vor allem im Zusammenhang mit der Überarbeitung einer Verfassung. Dazu wurden 950 zufällig ausgewählte Bürgerinnen und Bürger eingeladen, um sich an einer intensiven Debatte zu beteiligen, die im November 2010 in der Hauptstadt Reykjavik geführt wurde.

Für den Verfassungsrat wurden 25 Mitglieder ernannt, die aus mehr als 500 Kandidaten hervorgingen, die von 9 Prozent der Bevölkerung vorgeschlagen worden waren. Der Verfassungsrat nahm seine Tätigkeit im April 2011 auf und übernahm das Feedback sowohl vom Verfassungsbeirat als auch vom Nationalen Forum, um einen eigenen Vorschlag zu entwickeln. Der Verfassungsrat tagte quasi öffentlich – alle Meetings wurden per Livestream übertragen, alle Protokolle ins Internet gestellt. Das Gremium war aktiv auf Facebook und Twitter und pflegte über die Ausgestaltung der neuen Verfassung einen sehr intensiven Austausch mit Bürgerinnen und Bürgern, mit Inländern und Ausländern. Jeden

Tag berichtete ein wechselndes Mitglied des Gremiums in einem Videointerview auf YouTube über den Fortgang der Arbeit. Die Resonanz war sehr gut, die Beteiligung hoch. Island hatte dafür die besten Voraussetzungen: 94 Prozent der Bevölkerung waren bereits online, mehr als zwei Drittel nutzten Facebook.

Thorvaldur Gylfason, ein damaliges Mitglied des Verfassungsrates, erzählte dem englischen *Guardian* selbst sichtlich beeindruckt von dem damaligen Ablauf: »Ich glaube, das ist das erste Mal, dass eine Verfassung buchstäblich im Internet geschrieben wurde.«[307] Die Faszination, die von diesem ungewöhnlichen Prozess ausging, erfasste Medien überall auf der Welt. Von *Al Jazeera* bis zu Medien in den USA, Großbritannien oder Deutschland, alle schrieben über die durch Crowdsourcing entstandene Verfassung. Tatsächlich verabschiedete der Verfassungsrat im Sommer 2012 einstimmig den neuen Entwurf für die Verfassung, der im Herbst desselben Jahres dem Volk für ein Referendum vorgelegt wurde. Das Ergebnis war sehr positiv. Alle sechs Fragen zur Verfassung wurden mehrheitlich mit Ja beantwortet. Eine Zweidrittelmehrheit bekam die erste Frage: »Wünschen Sie, dass der Entwurf des Verfassungsrates die Basis für eine neue Verfassung werden soll?« Sogar über 73 Prozent befürworteten, dass das Recht auf einen nationalen Volksentscheid in die Verfassung aufgenommen werden soll.[308] Leider diente das Referendum nur als Meinungsbild. Es konnte nicht bindend sein, da die geltende Verfassung für Verfassungsänderungen ein anderes Vorgehen vorschrieb. Zwei Parlamente müssen demnach der Verfassungsänderung zustimmen, und dazwischen muss eine Wahl liegen.[309]

Der neue Verfassungsentwurf enthielt viele äußerst progressive Elemente, etwa zur Gewaltenteilung oder zur Transparenz in Politik und Verwaltung sowie hinsichtlich der Mitsprache von Bürgerinnen und Bürgern. Enthalten war eine klare Trennung von Legislative und Exekutive, sodass ein Minister nicht länger auch Mitglied eines Parlaments sein konnte, wie es zum Beispiel heute in Deutschland noch der Fall ist. Die Amtszeit für Minister und

Präsidenten sollte beschränkt werden. Das Volk sollte nicht nur Parteien, sondern auch einzelne Personen in das Parlament wählen können. Sehr weitgehende Informationsfreiheitsrechte bis hin zur Bringschuld des Staates waren vorgesehen, also die proaktive Veröffentlichung von staatlichen Daten und Informationen einschließlich eines Informationsregisters. Staatliche Dokumente könnten nur auf Zeit und mit einer (guten) Begründung klassifiziert und damit der Veröffentlichung entzogen werden. Bürgern sollte das Recht eingeräumt werden, über ein vom Parlament verabschiedetes Gesetz per Referendum abzustimmen, wenn das von 10 Prozent der Wahlberechtigten innerhalb von drei Monaten beantragt wird. Wähler hätten auch selbst Gesetzentwürfe einbringen können, und ein Volksentscheid wäre sogar zwingend vorgeschrieben, bevor ein internationaler Vertrag unterzeichnet worden wäre, wenn damit eine Abgabe von Hoheitsrechten an internationale Institutionen (Beispiel EU) verbunden wäre. Auch einen stärkeren Schutz von Medien und ihren Quellen sah der Entwurf für die neue Verfassung vor.

Wissenschaftler aus den USA und England haben alle nationalen Verfassungen unabhängiger Staaten, die es seit 1789 gab, untersucht und verglichen. Sie haben sich auch dem isländischen Verfassungsentwurf gewidmet und folgende Beurteilung dazu abgegeben:

> »Diese isländische Verfassung wäre eine der inklusivsten, die es jemals gab, und damit deutlich über dem Durchschnitt zeitgenössischer Verfassungen.
> Das isländische Parlament erhielte einen deutlich überdurchschnittlichen Einfluss.
> Der Prozess, in dem die Verfassung entwickelt wurde, war ungeheuer innovativ und partizipativ.
> Diese Verfassung würde hinsichtlich der Gewährleistung von Bürgerbeteiligung an der Regierungsführung eine Spitzenposition im Vergleich einnehmen.«[310]

Man kann Folgendes daraus schließen: Wenn eine Verfassung in einem besonders transparenten, inklusiven und partizipativen Prozess entsteht, dann kommt dabei ein besonders gutes Gesetzeswerk heraus. Insbesondere führt das Ergebnis dazu, dass dieses Gesetz selbst künftig Transparenz, Inklusion und Partizipation stärkt.

Die bereits erwähnte isländische Parlamentarierin Birgitta Jonsdottir, Unterstützerin der neuen Verfassung, wies zu Recht darauf hin, dass man keine Krise verschwenden dürfe, denn nur Krisen ermöglichten fundamentale Veränderungen. Wie bitter, dass die Wirtschaftskrise in Island wohl leider nicht lang genug für den sich über Jahre hinziehenden verfassungsverändernden Prozess angehalten hat. Dem Land ging es schon 2012 wieder besser, und als im März 2013 am Ende der Legislaturperiode über diesen Verfassungsentwurf endlich im Parlament entschieden werden sollte, kniffen die Volksvertreter. Durch die nicht erfolgte Abstimmung liegt die wunderschöne neue Verfassung erst einmal auf Eis und damit all die Veränderungen, die die Macht demokratisiert und die Rechte der Bürgerinnen und Bürger gestärkt hätten.[311] Das ist zwar ein deprimierendes (vorläufiges) Ende, aber dennoch konnte die ganze Welt miterleben, dass man sogar eine Verfassung mit den Menschen gemeinsam entwickeln kann, dass das Volk weder zu dumm noch zu träge noch zu egoistisch ist, um eine der besten Verfassungen der Welt zu entwerfen. Ich ziehe aus diesem Fallbeispiel sehr viel Optimismus, weil es uns beweist, was möglich ist, wenn es gewollt ist. Wir haben sehen können, wie es geht, und beim nächsten Versuch wird es dann auch im Parlament klappen – wenn nicht, wird eben anders gewählt, damit es beim übernächsten Mal klappt. Zum Weltverbessern braucht man einen langen Atem, und man muss immer wieder dazulernen von guten Beispielen, die es längst überall gibt. Diese Ideen nähren auch den dringend notwendigen Optimismus, damit die Resignation nicht die Oberhand gewinnt.

Nachwort: Empört euch, aber gestaltet auch mit!

Bisher habe ich vor allem davon gesprochen, was Staat und Politik alles für das Upgrade unserer Demokratie tun müssen. Aber natürlich reicht das ebenso wenig, wie es reichen würde, alle Rahmenbedingungen in der Gesellschaft und in Unternehmen gerechter zu gestalten, damit mehr Frauen in Führungspositionen gelangen. Am Ende müssen auch die Individuen selbst mitspielen, um die es geht. Denn dafür müssen sie nicht nur dürfen, sondern auch wollen. Und das betrifft eben sowohl die Frauen, die wir uns in Managementpositionen wünschen, als auch die Bürgerinnen und Bürger, deren Beteiligung wir brauchen. Wie bei der Gleichberechtigung gibt es auch in der demokratischen Beteiligung einen nicht zu kleinen Teil der Verantwortung, den wir selbst tragen, und Einfluss, den wir selbst nehmen müssen.

Wie beim Phänomen der gläsernen Decken hilft es wenig, das richtige Argument ins Feld zu führen, dass letztlich die Gesellschaft daran schuld ist, die uns sozialisiert, wenn selbst hoch qualifizierte Frauen sich für Karriere nicht genug interessieren und weniger Bereitschaft zeigen, Risiken einzugehen und Forderungen nach einer Teilung der Macht zu stellen. Ja, es stimmt und es ist wichtig für die Zukunft, Kinder so aufwachsen zu lassen, dass Jungen und Mädchen ohne diese Prägungen groß werden, die ihre Entfaltung einschränken. Das entbindet aber die bereits Erwachsenen nicht davon, sich ihrer Prägungen bewusst zu werden und sich aus eigener Kraft über (Selbst-)Einschränkungen hinwegzusetzen. Nicht jede, nicht jeder wird das schaffen, aber die meisten könnten es, wenn sie denn wollten. Auch das Wahlrecht für Frauen fiel ja nicht vom Himmel. Die Suffragetten[312], wie man die Frauenrechtlerinnen damals nannte, haben es sich vor knapp 100 Jahren erkämpft und dafür viele Opfer gebracht. Während meines Studiums in England habe ich mich mit ihrer Geschichte beschäftigt. Ihr Mut, ihre Konsequenz und die Kreativität ihres Protestes haben mich sehr inspiriert. Sie vernetzten sich und bildeten Organisationen. Sie stürmten Männerveranstaltungen, seilten sich von Dachstühlen ab, ketteten sich an Gebäude, zerschmetterten die Schaufenster einer ganzen Einkaufsstraße, warfen sich auf Pferderennbahnen und traten in den Hungerstreik. Nicht einmal Zwangsernährung im Gefängnis konnte sie brechen. Weil sie genau wussten, was sie wollten, und weil sie ihre Angst überwanden, haben sie ihr Ziel erreicht – das Wahlrecht für Frauen. Wenn wir immer nur darauf warten, dass Fortschritt von selbst passiert, dann warten wir vielleicht bis Sankt Nimmerlein. Das gilt in der Geschlechtergerechtigkeit genauso wie bei der Weiterentwicklung unserer Demokratie.

Am Ende geht es immer um Fragen der Macht: Wer darf was entscheiden? Wer hat Zugang zu Ressourcen? Wer verfügt über welche Informationen? Open Government konsequent umgesetzt führt gleich auf zwei Ebenen zu einer Umverteilung von Macht. Durch maximale Transparenz wird zum einen Herrschaftswissen drastisch reduziert und damit den bisher Mächtigen ein Teil der Kontrolle insbesondere über die Ressourcenverteilungen und über Dritte entzogen. Zum anderen wird durch mehr Mitspracherechte und mehr Elemente direkter Demokratie Entscheidungsgewalt verteilt. Das schafft die repräsentative Demokratie und den Einfluss starker Lobbyisten nicht ab, aber es begrenzt ihre Macht durch eine Gegenmacht – die des Souveräns, der Staatsbürger eines Landes, derjenigen, die laut unserer Verfassung eigentlich das ultimative Sagen haben müssten, denn »alle Staatsgewalt geht vom Volke aus«.

Aber Macht wird nie freiwillig umverteilt und abgegeben. Wenn wir, das Volk, also mehr Macht wollen, bekommen wir sie bestimmt nicht geschenkt, wir müssen sie uns erkämpfen. Zum Glück leben wir nicht in einer Diktatur und haben anders als in einer solchen zahlreiche Möglichkeiten, auch jetzt schon Veränderungen zu bewirken. Abgeordnete verfügen über eine gewisse Macht (zumindest die der Regierungsparteien), aber immer nur für eine Legislatur. Wir können sie abwählen – die FDP hat das bei der Bundestagswahl 2013 schmerzlich erfahren. Wir können die Parteien wählen, die bekanntermaßen ein größeres Engagement an den Tag legen, wenn es um Transparenz und die Teilung von Macht geht.

Viele Menschen gehen heute nicht mehr wählen, weil ihr innerer Schweinehund ihnen unablässig einflüstert, dass Wählen auch nichts ändert. Wenn sie auf ihre Stimme verzichten, vergessen sie dabei, dass sie damit doch eine Stimme abgeben – nämlich zur Erhaltung der Macht, so wie sie gerade verteilt ist. Wenn uns der Status quo nicht gefällt, ist unsere mindeste und erste Pflicht, wählen zu gehen und alle, die wir kennen, auch vom Sinn des Wählens zu überzeugen. Im großen Parteienspektrum sollte es wenigstens eine Partei geben, die man zumindest für besser hält als die aktuell regierenden.

Warum erklären Menschen in Umfragen, dass sie mit der Aufklärung des NSA-Skandals durch die Bundesregierung unzufrieden sind und deren Aussagen nicht glauben, aber äußern gleichzeitig in Rekordzahlen, wie zufrieden sie mit der Regierung von Kanzlerin Merkel sind?

Daraus kann man zweierlei schließen: Entweder totale Überwachung juckt die Bürgerinnen und Bürger nicht besonders, was vielleicht auch daran liegt, dass dieser extreme Eingriff in die Freiheitsrechte so schwer vermittelbar und vorstellbar ist. Oder aber die Menschen finden es nicht weiter schlimm, von Politikern regiert zu werden, die ihnen nicht die Wahrheit sagen und eine der größten Grundrechteverletzungen per Deklaration beenden wollen. Doch eine Demokratie – die Herrschaft des Volkes – ist nur so gut wie das Volk, das diese Herrschaft ausübt, so gut also wie die Verantwortung, die jeder von uns in diesem System übernimmt. Es ist völlig sinnlos, auf Politiker zu schimpfen, weil sie nur dann lügen und an ihren Posten kleben können, wenn man durch das eigene Wahl- oder Nichtwahlverhalten die Grundlage dafür schafft. Kein Politiker kann erfolgreich weiter am Volk vorbeiagieren, wenn seiner Partei dafür die Stimmen fehlen. Wir sollten vielleicht die Wahlen als einen evolutionären Prozess verstehen, an dessen Ende sich bestimmte Charaktereigenschaften für Politiker »herausmendeln«. Wenn wir wollen, dass ehrliche und offene Politik gemacht wird, dann dürfen wir nicht die wählen, die weder ehrlich noch offen arbeiten. Alternativen gibt es immer.

Aber Wahlen finden bekanntlich nicht allzu oft statt, und noch seltener gehen sie so aus, wie wir uns das wünschen. Ganz streng betrachtet verliert bei jeder Wahl eine Mehrheit der Einwohner unseres Landes, weil sie entweder gar nicht wählen dürfen oder sich den Wahlen verweigern oder eine Partei wählen, die am Ende nicht in der Regierung sitzt. Wir müssen uns also parallel auch auf anderen Ebenen engagieren, um auf jede Partei Druck auszuüben und auch, um den Grundstein für einen nachhaltigen Politikwechsel zu legen.

Gesellschaftlicher Fortschritt wurde immer dann erreicht, wenn sich besonders viele Menschen gegen etwas Altes auflehnten. Das war in der Zeit der Reformation so, als Martin Luther die Abkehr vom katholischen Papstzentrismus mit einer protestantischen Glaubensalternative erreichte; es war so im amerikanischen Bürgerkrieg, in dessen Folge die Sklaverei abgeschafft wurde; es war so am Anfang des vorigen Jahrhunderts, als sich Frauen durch weltweite Proteste das Wahlrecht erkämpften. Auch 1968 waren es die Proteste vor allem der jüngeren Generation gegen »den Muff von tausend Jahren«, die nach der konservativen Wiederaufbauphase eine neue Freiheit und Dynamik in die Gesellschaft brachten. Und unvergessen ist natürlich der erfolgreiche Aufstand der Massen in der Wendezeit, gerichtet gegen das »sozialistische« Establishment.

Das alles ist lange her, und es ist ruhiger geworden in Deutschland. Hier und da mal ein Castortransport, der Staub aufwirbelt, ein kurzes Aufflackern der Antiatomproteste nach der Kernschmelze in Fukushima. Im Allgemeinen jedoch ist der deutsche Michel – und die deutsche Michaela – heute wieder überwiegend träge, resigniert und protestfaul.

Es ist keineswegs so, dass die Mehrheit der Menschen mit allem zufrieden ist und deshalb nicht mehr auf die Straße geht. Ganz im Gegenteil, unsere Gesellschaft ist zunehmend gespalten, und immer mehr Menschen finden sich auf der Seite wieder, die man als Verliererseite bezeichnen muss, wenn es um Verteilungsgerechtigkeit, um soziale Teilhabe, um eine Art Pro-Kopf-Glück geht. Dennoch bleibt der Ärger am Stammtisch oder am Küchentisch, wo er keine Öffentlichkeit erhält.

Als ich im Wahlkampf für die Bundestagswahl zu einer Selbsthilfegruppe eingeladen war, um mich als Kandidatin und das Programm der Piratenpartei vorzustellen, wollte ich das Gespräch in der recht kleinen Runde etwas offener gestalten. Also habe ich nach kurzer Vorstellung und einem Miniabriss des Wahlprogramms die Teilnehmerinnen darum gebeten, mir zu erzählen, was sie besonders problematisch finden und wo sie Handlungsbedarf der Politik sehen. Zwei Frauen sprachen daraufhin von fehlenden Umgehungsstraßen, schlechter Schulversorgung auf dem Land und von Altersarmut. Es waren dieselben beiden Frauen, die auch schon vorher Fragen stellten und Kommentare äußerten. Zwei weitere antworteten nur auf sehr direkte Nachfrage und wiederholten das bereits Gesagte. Die anderen schwiegen und schüttelten den Kopf. Einer entlockte ich einen Grund für ihr Schweigen: »Meine Meinung ist eh anders, also sag ich sie lieber nicht.« Auch bei einem Nachmittag des Seniorenvereins, zu dem circa 50 Seniorinnen gekommen waren, um uns drei Bundestagsdirektkandidaten kennenzulernen, kam es kaum zur Debatte. Es gab zwei oder drei Fragen, mehr nicht.

Wenn wir aber nicht einmal mehr Fragen stellen oder, noch schlimmer, unsere Meinung nicht mehr öffentlich äußern, weil wir fürchten, sie entspreche nicht dem gängigen Mainstream, dann ist das eine Kapitulation, ein An-den-Nagel-Hängen unserer Verantwortung als Staatsbürger. Daniela Dahn hat ein sehr lesenswertes Buch geschrieben: *Wir sind der Staat! Warum Volk sein nicht genügt* (Reinbek, 2013). Genau darum geht es. Ja, wir sind das Volk – und als solches haben wir nach unserer Verfassung die stärkste Macht im Lande. Aber diese Macht ist zuerst einmal nur eine theoretische Möglichkeit, keine von irgendwem verliehene Sicherheit für gar nichts. Wir müssen daher im Sinne von Daniela Dahn ganz bewusst Staatsbürger werden, die sich dieser Rolle stellen. Damit wir als Volk sagen können »L'état – c'est nous« – der Staat, das sind wir. Dazu brauchen wir das nötige Selbstbewusstsein, gepaart mit einer guten Portion Chuzpe und dem Verantwortungsgefühl, das sich aus dieser Interpretation von Volk und Staat ergibt. Wir sollten über den Sinn des Lebens nachdenken und was wir in unserem Leben für uns, den Rest der Welt und unsere Nachkommen erreichen wollen. Wir sollten uns bewusst fragen, ob wir die Gesellschaft, so wie sie ist, gut finden und ob es nicht doch etwas gibt, was wir selbst dazu beitragen könnten, damit sie sich in genau die Richtung verändert, in der wir sie lieber haben wollen. Das Allermindeste ist, in aller Öffentlichkeit laut und unmissverständlich zum Ausdruck zu bringen, wo wir Veränderungen einfordern, weil uns der Status quo gegen den Strich geht.

Tun wir das nicht, dann nehmen wir die Rolle der schweigenden Zuschauer ein, die im Schulhof beobachten, wie ein Kind gemobbt wird, und die damit ein ganz wesentlicher Grund dafür sind, dass überhaupt Mobbing stattfindet. Schweigen wird als Zustimmung gewertet – das ist im Schulhof so, wo sich ein Mobber bestätigt fühlt, wenn niemand einschreitet (die Ablehnung bleibt ja verborgen). Das ist auch in der Politik so, wo sich auch im schlimmsten Skandal die Protagonisten bestätigt fühlen, wenn ihnen die Wahlen keine negativen Auswirkungen bescheinigen und Massenproteste ausbleiben. Der CSU-Wahlerfolg trotz Vetternaffäre bei der letzten bayerischen Landtagswahl ist dafür ein ernüchterndes Beispiel.

Wir könnten das alles verändern – wenn wir es nur wollten. Wenn wir nicht lieber vor der Glotze hängen und die Bundesliga oder *Germany's Next Topmodel* gucken würden. Wenn wir nicht so überzeugt davon wären, dass »das doch alles gar nichts bringt«, dass »auf uns eh keiner hört«, dass »die da oben doch eh machen, was sie wollen«. Das ist vielleicht ein bisschen wahr, bezogen auf die Möglichkeiten jedes einzelnen Menschen. Aber es ist insofern falsch, als jeder Mensch Teil eines größeren Ganzen werden kann, einer großen und lauten Protestbewegung, die aber gemäß dem chinesischen Sprichwort mit einem ersten Schritt beginnt. Der ist natürlich immer am allerschwersten. Die gute Nachricht ist, dass es fast immer schon jemanden gibt, der diesen ersten Schritt gegangen ist – man braucht sich nur noch anzuschließen.

Im Sommer 2013 wurden auf dem Taksimplatz in Istanbul Bürgerinnen und Bürger auf brutale Weise von der Polizei an ihren Protesten gegen die Aufgabe eines der wenigen innenstädtischen Parks zugunsten eines Einkaufszentrums gehindert. Doch ein Mann, Erdem Gündüz, fand in seiner Ratlosigkeit und Wut einen anderen Weg, seinem Protest Ausdruck zu verleihen. Auf dem Taksimplatz stand er einfach still und schaute regungslos geradeaus. Menschen blieben stehen und guckten ihn irritiert an. Vielleicht fragten ihn einige, warum er das mache, und vielleicht antwortete er ihnen, dass das seine Form des Protests sei, denn demonstrieren dürfe man ja nicht mehr, ohne dass man mit Tränengas, Wasserwerfern und Gummigeschossen traktiert wird. Es dauerte jedenfalls nur ein paar Stunden, bis der »stehende Mann« (Standing Man) in den sozialen Netzen die Runde machte, und der türkische Begriff dafür, »duran adam«, wurde zum weltweiten »Trending Topic« auf Twitter. Innerhalb kurzer Zeit stellten sich um ihn herum und an vielen anderen Orten die Menschen genauso hin wie er. Ein eigentlich politisch neutrales Verhalten wurde umgedeutet zur Protestform. Sie begann mit einem einzigen Mann auf dem Taksimplatz in Istanbul, wurde dort kopiert von Hunderten anderer Menschen, aber auch in Ankara, Izmir und sogar im Ausland, in Amsterdam oder London.[313]

Wir unterschätzen unsere Macht, die Macht jedes Einzelnen.

Dieses Buch begann mit einem Zitat von Alice Walker. Ich möchte es auch an seinem Ende noch einmal zitieren: »Menschen geben am häufigsten ihre Macht dadurch ab, dass sie denken, sie hätten gar keine.« Erinnern wir uns wieder an die Macht, die wir haben, um etwas, das uns nicht gefällt, zu verändern. Lasst uns unsere Meinungen wieder laut und sichtbar äußern und die Furcht vor Unannehmlichkeiten überwinden. Lasst uns alle Hebel nutzen, um unsere Kritik unübersehbar zu machen. Lasst uns unsere Empörung wieder massenhaft auf die Straße tragen, lasst uns den Bundestag mit Petitionen überschütten und so die Agenda unseres Parlaments mitbestimmen. Lasst uns Abgeordnete anschreiben und anrufen und ihnen ehrlich unsere Meinung sagen. Stellen wir ihnen bohrende Fragen, auf die wir eine richtige Antwort verlangen und kein Blabla. Lasst uns mit Freunden und Kollegen debattieren und in zivilgesellschaftlichen Initiativen die Kräfte bündeln. Nutzen wir die sozialen Medien, um uns zu informieren, zu vernetzen und noch mehr Menschen zu mobilisieren.

Es ist nicht nur nie zu spät, der Mensch zu sein, der man gern sein möchte, es ist gleichermaßen nie zu spät, sich die Gesellschaft aufzubauen, in der man gern leben möchte und die man seinen Kindern hinterlassen will. In der DDR habe ich nicht nur gelernt, dass das alles möglich ist, sondern auch, dass es aufregend ist, Spaß macht und vor allem auch stolz macht, weil man Rückgrat bewiesen, nicht klein beigegeben und die eigene Angst und Trägheit überwunden hat. Selbst dann, wenn man nicht erfolgreich ist, verändert es das eigene Lebensgefühl. Wir erkennen es daran, dass wir unseren eigenen Blick im Spiegel gerne erwidern, dass wir gerader stehen als früher und dass wir uns noch etwas mehr aufrichten, wenn uns jemand kleinmachen will. Es macht uns zu Menschen, mit denen man gerne zusammen ist. Und da wir mit niemandem auf der Welt so viel zusammen sind wie mit uns selbst, ist das etwas sehr Positives. Wir sollten alle danach streben – weil es gut für uns ist und gut für den Rest der Welt. Weil wir Menschen sind und weil wir es können.

Dank

Es gibt unzählige Menschen, die direkt oder indirekt dazu beigetragen haben, dass ich dieses Buch schreiben konnte. Wer immer sich dabei angesprochen fühlt, hat vermutlich recht. Leider ist der Platz für Danksagungen begrenzt und mein Gedächtnis leider auch, daher habe ich nachfolgend ganz sicher nicht alle Menschen erwähnt, denen dieses Buch sein Zustandekommen verdankt.

Dem Heyne Verlag danke ich für die Idee, dieses Buch überhaupt zu schreiben. Ich habe zwar schon länger mit dem Gedanken gespielt, aber der Anstoß vom Verlag kam genau zur rechten Zeit, als eine Vollsperrung der Bahnlinie nach Berlin für neun Monate anstand und ich mir daher endlich vorstellen konnte, für ein Buch auch die notwendige Muße zu haben.

Daniel Mursa von der Agentur Eggers hielt mir den ganzen vertraglichen Kram vom Hals und hat sich auch um die kleinsten Details aufmerksam gekümmert. Über meine mangelnde Disziplin beim Beantworten von E-Mails hat er sich nie beklagt, er schrieb einfach eine freundliche Nachfrage nach der anderen. Danke dafür!

Von Anfang an begleitete Heike Plauert als Lektorin vonseiten des Verlages dieses Buch. Als meine Ansprechpartnerin Nummer eins kümmerte sie sich um tausend Dinge und die gesamte Koordination, von der Presse bis zur Covergestaltung, mit viel Verständnis für Sonderwünsche und verpasste Deadlines.

Meine Redakteurin Andrea Kunstmann hatte die undankbare Aufgabe, mir beim Kürzen von 200 Seiten Text beizustehen, aber half auch beim Spinnen des roten Fadens, arrangierte Texte neu und hat viel dafür getan, dass das Buch eine vernünftige und lesbare Struktur bekommt. Merci! Sehr hilfreiches Feedback erhielt ich bereits in einem sehr frühen Buchstadium von meiner Grundschulfreundin Cornelia Ewald. Sie hätte Lektorin werden sollen!

Meinen Eltern verdanke ich die Erziehung zu einem aufrechten Menschen mit stabilem Wertegerüst und eine Kindheit frei von Geschlechterkorsetten – dafür kann man nicht dankbar genug sein. Meiner Mutter, Margarete Domscheit, verdanke ich Aufmerksamkeit und Kenntnisse hinsichtlich geschlechtergerechter Sprache und Gleichberechtigung im Allgemeinen schon in Kindheit und Jugend. Viele historische Zusammenhänge habe ich durch sie verstanden. Meinem Vater, Dr. Wolfgang Domscheit, bin ich vor allem dankbar für das Vorleben von Widerstand und das Eintreten für Gerechtigkeit. Er hat mir beigebracht, was es heißt, den aufrechten Gang zu praktizieren und sich äußerem Druck nicht zu beugen. Auch den Mut zum Risiko habe ich durch ihn gelernt. Er hat mir immer sehr viel zugetraut, so konnte ich wachsen und mich auch später viele Dinge trauen, die riskant waren.

Meinem Mann Daniel möchte ich für die Übernahme des Löwenanteils an Hausarbeit und Kinderbetreuung danken, ohne die ich nie rechtzeitig fertig geworden wäre. Wertvoll waren aber auch seine Anregungen und unsere konstruktiven Gespräche zu den Themen dieses Buches sowie das fachliche Feedback zu seinen Spezialgebieten. Es ist großartig, mit einem Mann verheiratet zu sein, in dem das gleiche Feuer brennt wie in mir selbst und mit dem ich darüber hinaus erleben kann, was Geschlechtergerechtigkeit in einer Beziehung heißt. Es ist vor allen Dingen ein großes Glück.

Meinem Sohn Jacob danke ich dafür, dass er meinen Blick immer wieder auch auf andere, etwas irdischere Dinge lenkte, denn letztlich ist ein Buch auch nicht der Nabel der Welt. Manchmal ist Zeit mit der Familie wichtiger. Jetzt habe ich hoffentlich wieder etwas mehr davon!

Anhang

Anmerkungen

1 Text der Richtlinie unter http://www.bstu.bund.de/DE/Wissen/Publikationen/Publikationen/handbuch_grundsatzdokumente_engelmann-joestel.html?nn=1704068#PBBook_Inhaltsverzeichnis (Seite 245 ff.)

2 Uta Grundmann: Die Künstlergruppe Clara Mosch, Bundeszentrale für politische Bildung, 06.09.2012. http://www.bpb.de/geschichte/deutsche-geschichte/autonome-kunst-in-der-ddr/55822/clara-mosch, abgerufen am 26.08.2013

3 Deutsches Historisches Museum: Boheme und Diktatur in der DDR, Gruppen, Konflikte, Quartiere 1970–1989: Rebellion unterm Frauenrock: Die Produzentengalerie und Künstlergruppe »Clara Mosch« in Karl-Marx-Stadt, http://www.dhm.de/ausstellungen/boheme/katalog_zentren/chemnitz/chem1.html, abgerufen am 26.08.2013

4 Statement von Julian Assange, 20. August 2011, über Twitlonger: http://www.twitlonger.com/show/chdoeo, abgerufen am 01.01.2013.

5 Beispiele für solche im Grenzbereich eingesetzten Spezialboote finden sich hier: http://www.ddr-binnenschifffahrt.de/schiffstyp-dienst-kb-12.htm, abgerufen am 04.08.2013

6 Wofür die Abkürzung SAS steht, habe ich nicht herausfinden können, aber als SAS-Telefone bezeichnete man abhörsichere Telefonverbindungen, belegt u. a. in: Major a. D. Gerhard Lehmann: Erinnerungen und Gedanken aus vierzig Dienstjahren in Grenzpolizei und Grenztruppe der DDR, Amicus Verlag, 2007, Leseprobe auf der Verlagswebsite: http://amicus-verlag.de/pdf-dateien/lp-lehmann.pdf, abgerufen am 04.08.2013 (S. 128)

7 http://www.verfassungen.de/de/ddr/strafgesetzbuch74.htm

8 http://de.wikipedia.org/wiki/Wolfgang_Schnur

9 http://www.kulturfalter.de/index.php?id=845

10 http://www.chronikderwende.de/lexikon/glossar/glossar_jsp/key=amnestie.html

11 http://www.bstu.bund.de/DE/Wissen/DDRGeschichte/Vorabend-der-Revolution/1988_Sputnik-Verbot/_node.html

12 Daniel Erler/Susanne Dähner: Frauen machen Neue Länder. Lebenssituation und Perspektiven junger Frauen in den neuen Bundesländern – Forschungsstand, herausgegeben vom Bundesministerium für Verkehr,

Bau und Stadtentwicklung, 2008, http://www.frauenmachenneuelaender.de/images/pdf/studie_lang.pdf, abgerufen am 01.10.2013

13 http://www.diw.de/documents/publikationen/73/diw_01.c.414308.de/13-3.pdf

14 Nur Unternehmen mit mindestens 10 Mitarbeitern und mehr als 2 Mio. Euro Jahresumsatz wurden in die Datenbank aufgenommen.

15 Hoppenstedt Firmeninformationen GmbH, http://www.hoppenstedt-fim.de/studie/datenbasis/, abgerufen am 06.02.2013. Die Fakten: 29 Prozent Frauen im mittleren Management, 11 Prozent auf der Topebene.

16 McKinsey: Women at the top of corporations: Making it happen (Studie), 2010

17 gesis – Leibniz Institut für Sozialwissenschaften: Frauenanteile an Habilitationen, Berufungen, Professuren und C4/W3-Professuren, 1980–2011, http://www.gesis.org/cews/fileadmin/cews/www/statistiken/18_t.gif, abgerufen am 18.03.2013

18 gesis – Leibniz Institut für Sozialwissenschaften/Andrea Löther: Hochschulranking nach Gleichstellungsaspekten, 2011, http://www.gesis.org/cews/fileadmin/cews/www/download/cews-publik16.pdf, abgerufen am 18.03.2013

19 Equal Opportunities in Science and Research, 15th update of data (2009/2010) on Women in Higher Education Institutions and Non-academic Research Establishments, GWK Heft 24, 2011, S. 17.

20 Barriers for Women Scientists (Studie durchgeführt von Cell Associates im Auftrag von L'Oréal, unterstützt durch die AAAS), 2010, http://www.aaas.org/news/releases/2010/media/0928loreal_survey_report.pdf, abgerufen am 19.03.2013

21 Frauen – Macht – Regierung (Studie von Kienbaum Management Consultants), 2012, www.kienbaum.de/Portaldata/3/Resources/documents/downloadcenter/studien/andere_studien/Studie_FRAUEN-MACHT-REGIERUNG.pdf, abgerufen am 04.02.2013

22 Abteilungsleiter und höhere Positionen

23 Julia Schimeta: Einsam an der Spitze: Frauen in Führungspositionen im öffentlichen Sektor, DIW Berlin, S. 22, http://www.fes.de/forumpug/inhalt/documents/Expertise_Internet_.pdf, abgerufen am 12.02.2013

24 Statistisches Bundesamt 2011, zitiert in Julia Schimeta: Einsam an der Spitze: Frauen in Führungspositionen im öffentlichen Sektor, DIW Berlin, S. 11, http://www.fes.de/forumpug/inhalt/documents/Expertise_Internet_.pdf, abgerufen am 12.02.2013

25 Gabriele Fischer u. a.: Gleich und doch nicht gleich – Frauenbeschäftigung in deutschen Betrieben. Auswertungen des IAB Betriebspanels 2008, IAB Forschungsbericht 4/2009, S. 44 und 46

26 Gesetz im Wortlaut: http://www.gesetze-im-internet.de/bgrembg/BJNR141300994.html, abgerufen am 12.02.2013

27 Gremienbericht der Bundesregierung 2010 zur Legislatur 2005–2009, veröffentlicht im Dezember 2011, zitiert auf der Website des BMFSFJ, http://www.bmfsfj.de/BMFSFJ/gleichstellung,did=97948.html, abgerufen am 12.02.2013

28 Fünfter Gremienbericht der Bundesregierung zum Bundesgremienbesetzungsgesetz, Bundestagsdrucksache 17/4308 vom 16.12.2010, S. 22, http://dipbt.bundestag.de/dip21/btd/17/043/1704308.pdf, abgerufen am 12.02.2013

29 Ebenda, S. 25

30 Website der Bundesanstalt für Finanzmarktstabilisierung: http://www.fmsa.de/de/fmsa/organisation/ und http://www.fmsa.de/de/fmsa/hintergrund/ sowie Wikipedia-Eintrag zum Finanzmarktstabilisierungsfonds: http://de.wikipedia.org/wiki/Finanzmarktstabilisierungsfonds, abgerufen am 12.02.2013

31 Fünfter Gremienbericht der Bundesregierung zum Bundesgremienbesetzungsgesetz, Bundestagsdrucksache 17/4308 vom 16.12.2010, S. 26, http://dipbt.bundestag.de/dip21/btd/17/043/1704308.pdf, abgerufen am 12.02.2013

32 Ebenda, S. 17 und S. 26

33 Ebenda, S. 37

34 Schimeta, a. a. O., S. 7 und S. 11

35 Schimeta, a. a. O., S. 27

36 Für drei Bundesländer, darunter Berlin, fehlen die Daten.

37 Schimeta, a. a. O., S. 31

38 Ebenda

39 Statistisches Bundesamt, Wiesbaden, Pressemitteilung 345 vom 4. Oktober 2012, https://www.destatis.de/DE/PresseService/Presse/Pressemitteilungen/2012/10/PD12_345_621.html%29, abgerufen am 06.02.2013

40 Statistisches Bundesamt, Verdiensterhebung nach Berufen 2010

41 Niedriglohn und Beschäftigung 2010, Statistisches Bundesamt, Begleitmaterial zur Pressekonferenz am 10. September 2012, S. 7, 11, 18

42 Dossier Entgeltungleichheit zwischen Männern und Frauen in Deutschland, BMFSFJ, 2009, S. 16

43 Zweiter Erfahrungsbericht der Bundesregierung zum Bundesgleichstellungsgesetz, Drucksache 17/4307, Dezember 2010

44 Ursula Pasero: Gender Trouble in Organisationen und die Erreichbarkeit von Führung, in: Organisationen und Netzwerke: Der Fall Gender,

Hg. Ursula Pasero und Birger P. Priddat, VS Verlag für Sozialwissenschaften, 2004

45 Alison Wynn: Seeing through the glass ceiling, Website der Stanford University, 05.11.2012, http://gender.stanford.edu/news/2012/seeing-through-glass-ceiling-1, abgerufen am 03.01.2013

46 Alice H. Eagly: More Women at the Top: The Impact of Gender Roles and Leadership Style, in: Gender: From Cost to Benefits, Hg. U. Pasero, Westdeutscher Verlag, 2003, S. 151–169

47 Ulrich Kühnen and Sabine Sczesny: Haben maskuline Frauen mehr Erfolg?, Gehirn und Geist 4/2003, S. 20 f.

48 Carol Isaac/Barbara Lee/Molly Carnes: Interventions That Affect Gender Bias in Hiring: A Systematic Review, Academic Medicine, Bd. 84, Nr. 10/ Oktober 2009, S. 1443

49 Alice H. Eagly, a. a. O.

50 2012 waren nur 9 Prozent der Regisseure der Top 250 US-Filme Frauen (das ist der gleiche Wert wie 1998), und nur 15 Prozent der Drehbücher dafür stammten aus einer weiblichen Feder. Wenn man alle wichtigen Rollen jenseits der Kamera zusammenzählt – Drehbuchautoren, Produzenten, Herausgeber, Schnitt etc. –, sind es dennoch nur 18 Prozent Frauen. Vgl. Martha M. Lauzen: The Celluloid Ceiling: Behind the Scenes – Employment of Women on the Top 250 Films of 2012, http://womenintvfilm.sdsu.edu/files/2012_Celluloid_Ceiling_Exec_Summ.pdf, abgerufen am 26.02.2013

51 Stacy L. Smith/Katherine Pieper/Marc Choueiti: Exploring the Barriers and Opportunities for Independent Women Filmmakers, Annenberg School for Communication and Journalism, University of Southern California, 2013, http://www.sundance.org/pdf/press-releases/Exploring-The-Barriers.pdf, abgerufen am 19.09.2013

52 Rachel Larris: Oscars, Hollywood, Sexism and Women, Women's Media Center, 25.02.2013, http://www.womensmediacenter.com/blog/entry/oscars-hollywood-sexism-and-women, abgerufen am 18.03.2013

53 Spiegel Online vom 01.06.2012, http://www.spiegel.de/kultur/gesellschaft/henri-nannen-preis-g-j-chef-bernd-buchholz-reagiert-auf-proquote-a-836540.html, abgerufen am 26.02.2013

54 Global Media Monitoring Project, 2010. Dazu wurden in 108 Ländern knapp 1700 Zeitungen, Rundfunk- und Fernsehsender sowie Online-Kanäle analysiert: fast 18.000 Berichte, in denen über fast 40.000 Personen erwähnt wurden. http://www.whomakesthenews.org/images/stories/website/gmmp_reports/2010/global/gmmp_global_report_en.pdf, abgerufen am 26.02.2013

55 Ebenda, S. 80 und 85

56 Nach den Ergebnissen des Global Media Monitoring Projects war nur ein Prozent der Berichterstattung am Stichtag dazu geeignet, überkommene Stereotype infrage zu stellen, vgl. ebenda, S. 105

57 Ebenda, S. 87

58 Mehr über Yvonne Brill und ihr Werk kann man auf Wikipedia lesen – unbeeinträchtigt von Informationen zu ihrer Kompetenz als Mutter und Hausfrau: http://en.wikipedia.org/wiki/Yvonne_Brill, abgerufen am 03.04.2013

59 »She made a mean beef stroganoff, followed her husband from job to job and took eight years off from work to raise three children«, zitiert nach: NY Times Changes Yvonne Brill Obituary After Critism, Huffington Post, 31.03.2013, http://www.huffingtonpost.com/2013/03/31/ny-times-yvonne-brill-obituary-criticism_n_2988690.html, abgerufen am 03.04.2013

60 Douglas Martin: Yvonne Brill, a Pioneering Rocket Scientist, Dies at 88, New York Times, 30.03.2013, http://www.nytimes.com/2013/03/31/science/space/yvonne-brill-rocket-scientist-dies-at-88.html?pagewanted=all&_r=0, abgerufen am 03.04.2013

61 Dieser Test erhielt seinen Namen nach Alison Bechdel, die 1985 in einem ihrer Comics aus der Reihe »Dykes to watch out for« eine Comicfigur diese Regel erwähnen lässt, nach der die Comicfigur entscheidet, ob sie sich einen Film überhaupt ansieht oder nicht. Siehe auch Wikipedia: http://en.wikipedia.org/wiki/Bechdel_test, abgerufen am 17.03.2013

62 Auf http://bechdeltest.com/ kann man eine von NutzerInnen zusammengetragene Übersicht anschauen (und selbst ergänzen).

63 Anita Sarkeesian: The Oscars and the Bechdel Test, YouTube, http://www.youtube.com/watch?v=PH8JuizIXw8, abgerufen am 18.03.2013

64 Für die im Jahr 2011 in der Kategorie »Bester Film« für den Oscar nominierten Filme hat Anita Sarkeesian den Test mit dieser zusätzlichen Anforderung angewandt – genau drei Filme haben ihn bestanden.

65 Jennifer Kesler: Why film schools teach screenwriters not to pass the Bechdel test, The Hathor Legacy, 30.06.2008, http://thehathorlegacy.com/why-film-schools-teach-screenwriters-not-to-pass-the-bechdel-test/, abgerufen am 18.03.2013

66 Eine der Seiten mit Bechdel-Testergebnissen zu Videospielen ist http://bechdelgamer.wordpress.com/, abgerufen am 18.03.2013

67 Ergebnisse für Comics, die dem Bechdel-Test unterworfen wurden, finden sich auf einer Tumblr-Seite: http://bechdeltestingcomics.tumblr.com/, abgerufen am 18.03.2013

68 Die Mediamarkt-Kette richtete 2012 in allen österreichischen Filialen eine sogenannte Woman's World ein, in der es die beschriebene Ausstat-

tung gab. Siehe u. a. http://www.wiwo.de/unternehmen/handel/womans-world-media-markt-erntet-spott-fuer-frauenzonen/6553700.html, abgerufen am 25.02.2013

69 Zahlen werden u. a. von Caroline Heldmann in ihrem TEDx-Talk in San Diego »The Sexy Lie« zitiert, YouTube-Video (veröffentlicht 20.01.2013): http://www.youtube.com/watch?feature=player_embedded&v=kMS4VJKekW8, abgerufen am 13.03.2013

70 Ebenda.

71 Mädchenprodukte: »Weniger Lillifee, mehr Pippi Langstrumpf«, Interview mit Stevie Schmiedel (Gründerin von pinkstinks.de), Spiegel Online, 28.08.2012, http://www.spiegel.de/panorama/rosa-ueberraschungsei-gender-forscherin-gegen-produkte-nur-fuer-maedchen-a-852318.html, abgerufen am 13.03.2013

72 iconkids & youth international research: Trend Tracking Kids 2012, S.18, zitiert in: Grunddaten Jugend und Medien 2012, zusammengestellt von Internationales Zentralinstitut für das Jugend- und Bildungsfernsehen, S. 25, http://www.br-online.de/jugend/izi/deutsch/GrundddatenJugend_Medien_2012.pdf, abgerufen am 13.03.2013

73 Vgl. u. a. eTailment.de: http://etailment.de/2013/aufschrei-gegen-t-shirt-von-otto-in-mathe-bin-ich-deko/, abgerufen am 12.03.2013

74 Originalzitat: »This would be like saying all the women who have the chance of being promoted up the hierarchy to CEO are going to be in the race, along with both the most qualified men and a lot of men who are unlikely to be promoted. The fact that there aren't a lot of women choosing to be in that track isn't necessarily what keeps women out of the CEO office. When it matters, the women are just as competitive as the men.«, zitiert nach: Economists examine gender disparity in CEO ranks, Phys.org, 08.02.2013, http://phys.org/news/2013-02-economists-gender-disparity-ceo.html, abgerufen am 20.02.2013

75 McKinsey.com, http://www.mckinsey.com/Client_Service/Organization/Latest_thinking/Unlocking_the_full_potential.aspx, abgerufen am 20.02.2013

76 Deutscher Juristinnenbund: Aktionärinnen fordern Gleichberechtigung, Berlin, 2010, S. 50 ff.

77 OECD 2010, PISA 2009 Results: What Students Know and Can Do – Volume 1, S. 155, http://www.oecd.org/pisa/pisaproducts/48852548.pdf, abgerufen am 25.02.2013

78 Tagesspiegel, 27.05.2009, http://www.tagesspiegel.de/wissen/schulstudie-schaedliche-stereotype/1522298.html, abgerufen am 13.03.2013

79 Länder, in denen Mädchen bessere PISA-Ergebnisse im wissenschaft-

lichen Bereich erhielten als Jungen, sind u. a. Jordanien, Dubai, Bulgarien, Litauen, Finnland, Slowenien, Thailand, Japan.

80 Steven J. Spencer (University of Waterloo), Claude M. Steele (Stanford University), Diane M. Quinn (University of Michigan): Stereotype Threat and Women's Math Performance, in: Journal of Experimental Social Psychology 35, 1999, S. 4–28, http://www.lscp.net/persons/ramus/fr/GDP1/papers/spencer99.pdf, abgerufen am 25.02.2013

81 15. Shell Jugendstudie, 2006, zitiert u. a. auf der Website des BMFSFJ, http://www.bmfsfj.de/BMFSFJ/aktuelles,did=106332.html, abgerufen am 09.02.2012

82 Von der Werkbank zum Wickeltisch: Wenn Väter Elternzeit nehmen, focus.de, 28.01.2013, http://www.focus.de/finanzen/karriere/perspektiven/arbeit-von-der-werkbank-zum-wickeltisch-wenn-vaeter-elternzeit-nehmen_aid_907062.html, abgerufen am 06.02.2013

83 Ich halte das Bruttosozialprodukt für keine besonders gut geeignete Größe, um das Wohlergehen von Menschen ausreichend zu vergleichen, und insbesondere glaube ich nicht, dass ein ewiges BSP-Wachstum möglich und wünschenswert ist. Aber aktuell gibt es noch kein anderes Kriterium, das sich ähnlich eignet für einen Wohlstandsvergleich, da in den meisten Ländern (auch bei uns in Deutschland) das BSP immer noch als Ziel-Mantra gepflegt wird. Zumindest für viele Länder mit niedrigerem BSP lässt sich jedoch auch ein sehr direkter Zusammenhang zwischen einer Steigerung des Pro-Kopf-BSP und der Lebenszufriedenheit der Bevölkerung aufzeigen. Ab Erreichen eines bestimmten Pro-Kopf-BSP (ca. 15.000 US-Dollar) nimmt die Lebenszufriedenheit nicht mehr nennenswert zu. Grafik: http://www.keepeek.com/Digital-Asset-Management/oecd/economics/how-s-life/life-satisfaction-and-gdp-per-capita_9789264121164-graph123-en#page1, abgerufen am 25.09.2013

84 Auch McKinsey hat sich mit der Auswirkung einer höheren Frauenerwerbstätigkeit auf das Bruttosozialprodukt befasst. Für die USA errechnete McKinsey, dass eine Steigerung der Erwerbsbeteiligung von Frauen auf den höheren schwedischen Wert das US-BSP um 3 bis 4 Prozent steigern könnte. http://helloladies.com/2011/05/the-impact-of-women-on-the-gdp/, abgerufen am 19.02.2013

85 Booz&Company: Empowering the Third Billion – Women and the World of Work in 2012, 2012, http://www.booz.com/global/home/what_we_think/third_billion, abgerufen am 09.02.2013

86 Weltbank, World Development Report 2012, www.bmf.gv.at/Finanzministerium/VeranstaltungenForu_4524/Archiv/Jahresberichte20012_11128/Veranstaltungen2011/WorldDevelopmentRep_12685/World_Development_Report_2012.pdf, abgerufen am 25.02.2013

87 UNDP, Human Development Report 2011, Table 4 – Gender Inequality Index and related Indicators, http://hdr.undp.org/en/media/HDR_2011_EN_Table4.pdf, abgerufen am 25.02.2013

88 Hochschulreport, Statistisches Bundesamt, 2009, zitiert in: Isabell M. Welpe/Tanja Schwarz-Müller/Matthias Spörrle: Frauen in der Wissenschaft, in: Politische Studien Nr. 442, 2012, S. 42, http://www.hss.de/uploads/tx_ddceventsbrowser/PS-442_02.pdf

89 The Lehman Brothers Centre for Women in Business: Innovative Potential: Men and Women in Teams, 2007

90 http://www.computerwelt.at/detailArticle.asp?a=109718&n=3&s=109716 und http://www.it-jobs.stepstone.de/content/de/de/b2c_Frauen_in_IT_steigern_Erfolg.cfm, abgerufen am 20.02.2013

91 CBInsights, Venture Capital Human Capital Report – Part 2 (Gender and Education), 2010, S. 28 ff., http://www.cbinsights.com/blog/venture-capital/venture-capital-human-capital-report-gender-and-education, abgerufen am 25.02.2013,

92 Reine Frauenteams und reine Männerteams erhielten gleichermaßen durchschnittlich 2,2 Mio. US-Dollar Funding, gemischtgeschlechtliche Teams erhielten 4 Mio. US-Dollar.

93 McKinsey: Women at the top of corporations: Making it happen (Studie) 2010

94 D. A. D. Brown/D. L. Brown/V. Anastasopoulos: Women on Boards Not Just the Right Thing ... But the »Bright« Thing, The Conference Board of Canada, 2002, http://www.europeanpwn.net/files/women_on_boards_canada.pdf, abgerufen am 26.02.2013

95 bezieht sich auf Nicht-Finanzkennzahlen

96 Eine Liste zahlreicher Studien, die sich mit dem Zusammenhang der Geschlechtervielfalt in Vorständen und Aufsichtsräten und dem wirtschaftlichen Erfolg eines Unternehmens bzw. der Qualität der Arbeit in diesen Gremien befasst haben, findet sich hier: http://transatlantic.sais-jhu.edu/transatlantic-topics/Articles/economy/IFC_Women_Board_Diversity_Reference_Guide.pdf, abgerufen am 26.02.2013

97 Women Matter 2: Female Leadership, a competitive edge for the future, McKinsey & Company, 2008, und Women Matter 3: Women leaders – a competitive edge in and after the crisis, McKinsey & Company, 2009

98 Einbezogen worden waren Unternehmen mit mehr als 20 Mio. Euro Umsatz oder mehr als 200 Mitarbeitern.

99 DIW Wochenbericht 3/2011

100 IG Bau wirbt für mehr Kranführerinnen, Kranjournal, 07.03.2011, http://www.kranjournal.de/index.php?id=43&tx_ttnews[tt_news]

=7895&cHash=c9601f85c4b9a902bca748e020f0e66f, abgerufen am 25.02.2013
101 Tweet von @toxoplasmoese am 26.02.2013, https://twitter.com/toxoplasmoese/status/306430887355088896, abgerufen am 26.02.2013
102 Arbeitsgesetzbuch der DDR, §185, http://www.verfassungen.de/de/ddr/arbeitsgesetzbuch77.htm
103 http://www.wirtschaftswundermuseum.de/deutsch-deutsch-1.html, abgerufen am 13.03.2013
104 IAB-Kurzbericht 03/2011, www.doku.iab.de/kurzber/2011/kb0311.pdf, abgerufen am 05.02.2013
105 Hoppenstedt-Analyse 2012, http://www.hoppenstedt-fim.de/studie/datenbasis/, abgerufen 06.02.2013
106 IAB-Kurzbericht 03/2011, www.doku.iab.de/kurzber/2011/kb0311.pdf, abgerufen am 05.02.2013
107 McKinsey: A Wake Up Call for Female Leadership in Europe (Studie), 2007
108 IAB-Kurzbericht 03/2011, www.doku.iab.de/kurzber/2011/kb0311.pdf, abgerufen am 05.02.2013
109 Stephan Kühntopf/Susanne Stedtfeld: Wenige junge Frauen im ländlichen Raum: Ursachen und Folgen der selektiven Abwanderung in Ostdeutschland, Bundesinstitut für Bevölkerungsforschung, BIB Working Paper 3/2012, S. 71
110 IAB-Kurzbericht 03/2011, www.doku.iab.de/kurzber/2011/kb0311.pdf, abgerufen am 05.02.2013
111 Eurostat Online Datenbank, 14. März 2012, Daten veröffentlicht beim Statistischen Bundesamt, Wiesbaden, https://www.destatis.de/DE/ZahlenFakten/GesamtwirtschaftUmwelt/VerdiensteArbeitskosten/VerdienstunterschiedeMaennerFrauen/Tabellen/GenderPayGap_EU.html, abgerufen am 06.02.1013
112 Für Estland und Griechenland fehlten aktuelle Daten, diese Länder sind im Ranking nicht berücksichtigt.
113 Statistisches Bundesamt, basierend auf der Verdienststrukturerhebung von 2006 und 2010; fortgeschrieben mit den Ergebnissen der Vierteljährlichen Verdiensterhebung, https://www.destatis.de/DE/ZahlenFakten/GesamtwirtschaftUmwelt/VerdiensteArbeitskosten/VerdienstunterschiedeMaennerFrauen/Tabellen/Verdienstabstand.html;jsessionid=50A61ED9FDC613EAF4A296AB0DA68918.cae1, abgerufen am 06.02.2013
114 Gabriele Fischer u. a.: Gleich und doch nicht gleich – Frauenbeschäftigung in deutschen Betrieben. Auswertungen des IAB-Betriebspanels 2008. IAB Forschungsbericht 4/2009, S. 42

115 Michaela Schiessl: Flotte Feger am Riesenrüssler, in: Spiegel, 08/2011, 21.02.2011, http://www.spiegel.de/spiegel/print/d-77108537.html, abgerufen am 16.01.2013

116 Grundgesetz Artikel 12a: http://www.gesetze-im-internet.de/gg/art_12a.html, abgerufen am 02.02.2013

117 Susanne Lopez: Frauen in der Bundeswehr, 10.01.2012, Portal der Bundeswehr: http://www.bundeswehr.de/portal/poc/bwde?uri=ci%3Abw.bwde.streitkraefte.grundlagen.frauen_in_der_bw, abgerufen am 29.11.2013

118 Befehl Nr. 41/90 des Ministers für Abrüstung und Verteidigung über die Beendigung der Dienstverhältnisse der weiblichen Armeeangehörigen der NVA vom 7. September 1990, Quelle Nr. BA-MA, DVW 1/44497, in: Hans Ehlert (Hg.): Armee ohne Zukunft. Das Ende der NVA und die deutsche Einheit, Ch. Links-Verlag, 2002, S. 483, zitiert in Wikipedia: http://de.wikipedia.org/wiki/Frauen_im_Milit%C3%A4r#DDR, abgerufen am 02.02.2013

119 Frankfurter Rundschau, 24.08.2012, http://www.fr-online.de/politik/sexuelle-gewalt-bei-der-bundeswehr-jede-menge-einzelfaelle,1472596,16955840.html, abgerufen am 04.02.2013

120 Münchner Merkur, 01.03.2010, http://www.merkur-online.de/nachrichten/politik/charmante-seite-polizei-frauen-mm-653083.html, abgerufen am 16.01.2013

121 WDR-Bericht vom 27.10.2012, http://www.wdr.de/mediathek/html/regional/2012/10/27/aktuelle-stunde-frauen-polizei.xml, abgerufen am 16.01.2013

122 Carsten Holm: Immer einen Tick intelligenter, in: Spiegel, 18/2000, 01.05.2000, http://www.spiegel.de/spiegel/print/d-16310930.html, abgerufen am 29.11.2013

123 Ministerium des Innern, für Sport und Infrastruktur (hrsg.): Seit 25 Jahren: Frauen in der Schutzpolizei des Landes, in: Polizeikurier, 01.09.2012, http://www.polizei.rlp.de/polizeikurier/nav/c60/c602dd21-0a6a-6311-3c01-1f42680e4cdd,1c9675f8-2086-931c-b822-e16a313445c7,,,f8e8888c-c060-217a-52f6-1f42680e4cdd&_ic_print=true.htm, abgerufen am 16.01.2013

124 Pressemitteilung der Gewerkschaft der Polizei Nordrhein-Westfalen vom 31.01.2012, http://www.gdp.de/gdp/gdpnrw.nsf/id/DE_Steigenden-Frauenanteil-bei-der-Personalplanung-beruecksichtigen, abgerufen am 16.01.2013

125 Vgl. die Kurzbeschreibung des Promotionsthemas von Bettina Blum, http://promovierendentage.de/projekte/Blum.php, abgerufen 16.01.2013

126 Briefmarkenscan von Wikimedia Commons, http://de.wikipedia.org/w/index.php?title=Datei:Frauanders.jpg, abgerufen am 16.01.2013

127 Katarina Pluta: Frauen in Führungsfunktionen in Polizei und Wirtschaft – qualitative Interviewstudie, Diplomica Verlag, 2010, S. 21

128 Ebenda

129 Siehe u. a. https://www.carl-auer.de/blog/simon/liebesbrief/, abgerufen am 07.03.2013

130 http://www.scilogs.de/wblogs/blog/sprachlog/kultur/2012-06-20/special-woman-sucht-kreditgeber, abgerufen am 07.03.2013

131 https://twitter.com/anked/statuses/215708937490661376

132 https://twitter.com/anked/statuses/215709516065554432

133 https://twitter.com/anked/status/215715655113129984

134 https://twitter.com/Lufthansa_DE/status/215856752661508096

135 Mehr zum Roberta-Projekt findet sich auf der Projekt-Homepage: www.roberta-home.de und auf dem Flyer vom Fraunhofer-Institut, http://www.iais.fraunhofer.de/uploads/media/IAIS_Roberta_Flyer_DINlang_web.pdf, abgerufen am 18.03.2013

136 Anja Bardey: »Roberta«-Mädchen erobern die Technikwelt, Homepage des Goethe-Instituts, Januar 2009, http://www.goethe.de/wis/fut/bko/de4047944.htm, abgerufen am 18.03.2013

137 Wie sehr dieses kleine Spiel tatsächlich männliche Spieler direkt ansprach und mit dem Klischee »Mann rettet Frau« arbeitet, kann man sehr schön an einem Werbevideo zum Spiel erkennen: YouTube, https://www.youtube.com/watch?v=93jIILVKgf8&noredirect=1, abgerufen am 13.03.2013

138 Auf YouTube kann man sich die »Pauline-Version« von Donkey Kong ansehen: https://www.youtube.com/watch?feature=player_embedded&v=JeXDNg7scyU, abgerufen am 13.03.2013

139 Jenny Purt: Videospiel-Gerechtigkeit: Vater macht »Zeldas« Held zum Mädchen, Spiegel Online, 30.11.2012, http://www.spiegel.de/netzwelt/games/kanadier-macht-zeldas-link-zum-maedchen-a-867417.html, abgerufen am 13.03.2013; »Donkey Kong umgebaut: Pauline rettet jetzt Super Mario«, Spiegel Online, 11.03.2013, http://www.spiegel.de/netzwelt/games/donkey-kong-umgebaut-pauline-rettet-jetzt-super-mario-a-888013.html, abgerufen am13.03.2013

140 Original: »I'm not having my daughter growing up thinking girls don't get to be the hero.«, zitiert in: Casey Johnston »I am no man«: For Zelda-playing daughter, dad gives Link a sex change, Ars Technica, 08.11.2012, http://arstechnica.com/gaming/2012/11/i-am-no-man-for-zelda-playing-daughter-dad-gives-link-a-sex-change/, abgerufen am 13.03.2013

141 Claudia Goldin/Cecilia Rouse: Orchestrating impartiality: The impact of »blind« auditions on female musicians, in: The American Economic Review, 90/2000, S. 715–741. Zitiert in: Isabell M. Welpe/Tanja Schwarz-Müller/MatthIas Spörrle: Frauen in der Wissenschaft, Politische Studien Nr. 442, S. 48, http://www.hss.de/uploads/tx_ddceventsbrowser/PS-442_02.pdf
142 Werbespot der Deutschen Bahn, YouTube, https://www.youtube.com/watch?v=TLTlJ9IRJhY, abgerufen am 31.03.2013
143 Wikipedia-Eintrag »List of Pirate Parties«, https://en.wikipedia.org/wiki/List_of_Pirate_Parties, abgerufen am 11.08.2013
144 Homepage des United Nations Office on Drugs and Crime, http://www.unodc.org/unodc/en/treaties/CAC/signatories.html, abgerufen am 18.05.2013, Stand der Ratifizierungen vom 29.04.2013
145 Sven Becker: Deutschland versagt beim Kampf gegen Korruption, Spiegel Online, 28.11.2012, http://www.spiegel.de/politik/deutschland/maengel-bei-bekaempfung-von-korruption-europarat-ruegt-deutschland-a-869693.html, abgerufen am 08.04.2013
146 Die 20 Forderungen, eine Beschreibung, den Grad der Umsetzung und die Position deutscher Behörden finden sich bei Lobbycontrol.de (Stand 17.04.2012): https://www.lobbycontrol.de/2012/04/parteienfinanzierung-europarat-ermahnt-deutschland-bis-ende-juni-zu-handeln/, abgerufen am 18.05.2013
147 Timo Lange: Europarat: Deutschland versagt bei der Korruptionsbekämpfung, Lobbycontrol.de, 28.11.2012, https://www.lobbycontrol.de/2012/11/europarat-deutschland-versagt-bei-der-korruptionsbekampfung/, abgerufen am 13.05.2013
148 Arbeitskreis Open Government Partnership Deutschland: Open Government – Demokratie neu erleben. Ergebnisse und Analysen einer repräsentativen Befragung, Februar 2012, http://opengovpartnership.de/wp-content/uploads/2012/02/2012-02- 27_Studie_OpenGovernment.pdf, abgerufen am 18.05.2013 (Hinweis: Das Government 2.0 Netzwerk Deutschland ist Mitglied des Arbeitskreises, ich vertrete es im Arbeitskreis und habe am Studiendesign mitgearbeitet.)
149 Martin Reyher: Mogelpackung: Neue Regeln für Nebeneinkünfte bringen 1,9 % mehr Transparenz, Abgeordnetenwatch.de, 14.03.2013, http://beta.abgeordnetenwatch.de/2013/03/14/mogelpackung-neue-regeln-fur-nebeneinkunfte-bringen-mickrige-19-mehr-transparenz, abgerufen am 12.08.2013
150 Lobbypedia-Eintrag Gerhard Schröder, https://lobbypedia.de/wiki/Gerhard_Schr%C3%B6der, abgerufen am 12.08.2013
151 Joachim Rüeck: Minister sammeln Mandate, Mannheimer Morgen,

veröffentlicht auf Morgenweb.de, 21.01.2012, http://www.morgenweb.de/nachrichten/sudwest/minister-sammeln-mandate-1.163583, abgerufen am 08.04.2013

152 Die Rechenschaftsberichte sind auf der Website des Bundestags zugänglich: http://www.bundestag.de/bundestag/parteienfinanzierung/rechenschaftsberichte/index.html, abgerufen am 08.04.2013

153 Christina Deckwirth: Rechenschaftsberichte belegen intransparente Parteienfinanzierung, Lobbycontrol, 21.03.2013, http://www.lobbycontrol.de/2013/03/rechenschaftsberichte-belegen-intransparente-parteienfinanzierung/, abgerufen am 08.04.2013

154 Martin Rank: Stückeln bis zur Unkenntlichkeit, taz 02.04.2013

155 Aussteller und Sponsoren beim SPD-Bundesparteitag 2011, http://www.spd.de/linkableblob/74018/data/finanzen_sponsoren_bpt.pdf, abgerufen am 08.04.2013

156 Heike Anger/Daniel Delhaes: Kein Sponsoring mehr für Parteien?, Handelsblatt, 20.03.2012, http://www.handelsblatt.com/politik/deutschland/nrw-wahl-2012/parteienfinanzierung-kein-sponsoring-mehr-fuer-parteien/6348886.html, abgerufen am 08.04.2013

157 H. Gersmann/M. Kreuzfeldt: Fest in Sponsorenhand, taz, 05.07.2010, http://www.taz.de/!55086/, abgerufen am 09.04.2013

158 Keine Geldspenden fürs Sommerfest: Gauck lässt Sponsoren außen vor, n-tv, 04.07.2012, http://www.n-tv.de/politik/Gauck-laesst-Sponsoren-aussen-vor-article6652961.html, abgerufen am 09.04.2013

159 Niederlage für Klaus Wowereit: »taz«-Redakteur erzwingt Offenlegung von Sommerfest-Sponsoren, Interview mit Sebastian Heiser, Newsroom, 08.08.2012, http://www.newsroom.de/news/detail/%24HVEQJTHPEKFJ, abgerufen am 09.04.2013

160 Seit 2009 werden in Berlin die Sponsoren des Sommerfestes offengelegt – als Folge der Klage von 2008.

161 Hans Herbert von Arnim: Die Selbstbediener – wie bayerische Politiker sich den Staat zur Beute machen, Heyne, 2013

162 Ebenda, S. 151. Zum Vergleich: Ein Ministerpräsident von Schleswig-Holstein mit Landtagsmandat käme auf gut 12.000 Euro, ein niedersächsischer auf 15.000 Euro, die Bundeskanzlerin erhielt ab Mitte 2013 17.016 Euro für ihr Amt.

163 Ebenda, S. 122 f.

164 Ebenda, S. 91 f., 95 f., 185. Vor drei Jahrzehnten wurden an bayerische Fraktionsmitarbeiter noch bescheidene 1250 DM gezahlt, für den Doppelhaushalt 2013/2014 ermittelte von Arnim ein Gehalt von 9773 Euro. Pro Nase macht das 2013 ein Jahresgehalt von fast 100.000 Euro. Im Vergleich dazu erhalten die Berliner und Schleswig-Holsteiner Mitarbei-

ter von Abgeordneten nur einen Hungerlohn, im Jahr nur ca. 12.000 bis 16.000 Euro. Aber selbst die Hessen kommen mit Gehältern aus, die bei etwa der Hälfte des bayerischen Durchschnitts liegen. Im Doppelhaushalt 2013/2014 wird das jährliche Finanzvolumen für persönliche Mitarbeiter von Landtagsabgeordneten in Bayern 21,5 Millionen Euro betragen – es hat sich damit in fünf Jahren verdoppelt.

165 Ebenda, S. 79–81

166 Ebenda, S. 165 f.

167 Zum Vergleich: Auch die SPD zahlte 2011 mehr als 230.000 Euro als derartige Sonderzahlungen an Funktionsträger. Vgl. ebenda, S. 52 f.

168 Ebenda, S. 63 f.

169 Ebenda, S. 97 f. Betrug die Parteienfinanzierung 1967 noch umgerechnet etwa 0,6 Mio. Euro für Wahlkampfkostenerstattung (direkte Parteienfinanzierung) plus 0,5 Mio. Euro an Fraktionsgeldern (bezahlte Mitarbeiter von Abgeordneten gab es nicht), so waren es 2012 bereits 2,3 Mio. Euro Wahlkampfkostenerstattung plus 15,3 Mio. Euro Zahlungen an die Fraktionen und weitere 15,9 Mio. Euro Gehälter für Mitarbeiter von Abgeordneten.

170 Pressemitteilung des Bayerischen Landtags, 15.04.2013, http://www.bayern.landtag.de/de/16_10268.php, abgerufen am 26.04.2013

171 Job als Büromitarbeiterin: CSU-Fraktionschef zahlte Ehefrau bis zu 5500 Euro, Spiegel Online, 24.04.2013, http://www.spiegel.de/politik/deutschland/bayern-csu-fraktionschef-zahlte-ehefrau-bis-zu-5500-euro-im-monat-a-896254.html, abgerufen am 26.04.2013. Patrick Guyton: CSU-Landtagsfraktionschef Schmid tritt zurück, Tagesspiegel, 25.04.2013, http://www.tagesspiegel.de/meinung/vetternwirtschaft-in-bayern-csu-landtagsfraktionschef-schmid-tritt-zurueck/8124546.html, abgerufen am 26.04.2013

172 Paul Wrusch: Vetternwirtschaft bei der CSU – familienfreundliches Bayern, taz, 19.04.2013, http://www.taz.de/!114848/, abgerufen am 26.04.2013

173 Patrick Guyton: CSU-Landtagsfraktionschef Schmid tritt zurück, Tagesspiegel, 25.04.2013, http://www.tagesspiegel.de/meinung/vetternwirtschaft-in-bayern-csu-landtagsfraktionschef-schmid-tritt-zurueck/8124546.html, abgerufen am 26.04.2013

174 Machtwort von Seehofer, Bayerischer Rundfunk, 19.04.2013, http://www.br.de/nachrichten/abgeordnete-bayern-geld-100.html, abgerufen am 26.04.2013. Dort findet sich auch eine Liste aller 17 CSU-Landtagsabgeordneten, die Verwandte ersten Grades beschäftigten.

175 Wikipedia-Eintrag »Verwandtenbeschäftigung durch Abgeord-

nete des Bayerischen Landtags«, https://de.wikipedia.org/wiki/Verwandtenbesch%C3%A4ftigung_durch_Abgeordnete_des_Bayerischen_Landtags, abgerufen am 12.08.2013

176 von Arnim, a. a. O., S. 105

177 Pascal (ohne Nachname): Google eröffnet neues Büro in Berlin, Googlewatchblog, 27.09.2012, http://www.googlewatchblog.de/2012/09/google-eroeffnet-neues-buero-in-berlin/, abgerufen am 09.04.2013

178 In den USA fließt noch mehr Geld – waren es 2011 noch etwa neun Millionen Dollar, so stieg diese Summe 2012 bereits auf über 16 Millionen Dollar an: Opensecrets.org, http://www.opensecrets.org/lobby/clientsum.php?id=D000022008&year=2012, abgerufen am 09.04.2013. EU-Transparenzregister, http://ec.europa.eu/transparencyregister/public/consultation/displaylobbyist.do?id=03181945560-59, abgerufen am 09.04.2013

179 EU-Transparenzregister, http://ec.europa.eu/transparencyregister/public/consultation/displaylobbyist.do?id=0801162959-21&isListLobbyistView=true, abgerufen am 12.08.2013

180 Seit einigen Jahren unterstützt Google in Deutschland auch Vereine und Verbände, ist selbst Initiator einer vermeintlich zivilgesellschaftlichen Initiative, dem Co:llaboratory. Allein in den Jahren 2011 bis 2013 stand für die Finanzierung des sogenannten Co:Labs jeweils eine Viertelmillion Euro zur Verfügung (Co:llaboratory Homepage, http://www.collaboratory.de/w/Fragen_und_Antworten_zum_Co:Lab#Wie_finanziert_sich_das_Collaboratory.3F abgerufen am 12.08.2013).
In einer Community, die immer knapp bei Kasse ist, ist das viel Geld. Ehrenamtliche Akteure und Wissenschaftler waren eingeladen, dort in verschiedenen Arbeitsgruppen an Themen rund um die Internetgesellschaft zu arbeiten. Ergebnisse wurden in einer Art Buch veröffentlicht und breit verteilt. Man schmückte sich mit den Namen und der Reputation der Beteiligten, die für eine weitere Verbreitung der Materialien in ihren Communitys sorgten. Auch so geht Lobbyismus – hintenrum, still und leise. Und viele machen mit, weil es ihnen Zugang zu Ressourcen ermöglicht, ihnen eine Stimme gibt und eine Plattform, sie zu Gehör zu bringen. Dass sie dabei auch Google eine Stimme geben – mindestens indirekt –, das nehmen die meisten einfach billigend in Kauf.

181 https://lobbypedia.de, zuletzt abgerufen am 09.04.2013

182 Der Text in diesem Abschnitt geht auf eine Dinner-Rede zurück, die ich im Dezember 2012 bei der Demokratietagung an der Hochschule für Verwaltung in Speyer gehalten habe. Er wurde etwas angepasst und aktualisiert.

183 Arbeitsordnung der CDU/CSU-Fraktion im Deutschen Bundestag, 17. Wahlperiode, S. 6, http://www.cducsu.de/GetMedium.aspx?mid=881, abgerufen am 12.08.2013

184 Statistisches Bundesamt, http://de.statista.com/statistik/daten/studie/192255/umfrage/durchschnittsalter-in-den-parteien/, abgerufen am 03.12.2012

185 Wikipedia-Eintrag »Frauenanteil im Deutschen Bundestag seit 1949«, Stand vom 30.09.2013, https://de.wikipedia.org/wiki/Frauenanteil_im_Deutschen_Bundestag_seit_1949, abgerufen am 01.10.2013

186 Andreas Miehm/Julia Löhr: Der »Dr.« als Katalysator für die Karriere, faz.net, 20.02.2011, http://www.faz.net/aktuell/wirtschaft/wirtschaftspolitik/politiker-mit-promotion-der-dr-als-katalysator-fuer-die-karriere-1595214.html, abgerufen am 12.08.2013

187 Statistisches Bundesamt, Berufe Abgeordneter in der 16. Wahlperiode: http://de.statista.com/statistik/daten/studie/36615/umfrage/berufe-der-bundestagsabgeordneten-16-wahlperiode/, abgerufen am 03.12.2012

188 Für die 16. Wahlperiode gibt eine detaillierte Statistik Auskunft. Danach waren über die Hälfte der Mitglieder des Bundestages gelernte Politiker, öffentliche Angestellte oder Beamte. (Quelle: Majid Sattar, Sozialstruktur des neuen Parlaments: Männlich, mittleren Alters, Beamter, FAZ, 19.10.2005, http://www.faz.net/aktuell/politik/inland/sozialstruktur-des-neuen-parlaments-maennlich-mittleren-alters-beamter-1277634.html, abgerufen am 10.04.2013)

189 7 Prozent der ersten grünen Abgeordneten waren Arbeiter, mehr als siebenmal so viel wie bei der Arbeiter- und Volkspartei SPD. In ihrer 2. Wahlperiode waren es nur noch 2 Prozent, bei der 3. gab es keinen Arbeiter mehr. Dafür waren fast die Hälfte grüner MdB Beamte (35 Prozent) und Angestellte des öffentlichen Dienstes (12 Prozent). Vgl. Datenhandbuch des deutschen Bundestages 1949-2003, http://www.bundestag.de/dokumente/datenhandbuch/datenhandbuch_archiv/index.html, abgerufen am 10.04.2013)

190 Homepage des Projektes U18 – Die Wahl für Kinder und Jugendliche, http://www.u18.org/das-projekt-u18, abgerufen am 16.11.2013

191 Gesetz im Wortlaut: http://www.gesetze-im-internet.de/ifg/BJNR272200005.html, abgerufen am 19.04.2013

192 §10 (Gebühren und Auslagen), Absatz 2 des IFG: »Die Gebühren sind auch unter Berücksichtigung des Verwaltungsaufwandes so zu bemessen, dass der Informationszugang nach § 1 wirksam in Anspruch genommen werden kann.«

193 Suchergebnis der Homepage http://www.bmj.de bei Suche nach »Aktenplan«

194 http://www.bmwi.de/BMWi/Redaktion/PDF/A/aktenplan-gruppen,property=pdf,bereich=bmwi2012,sprache=de,rwb=true.pdf und http://www.bmwi.de/BMWi/Redaktion/PDF/A/aktenplan-hauptgruppen,property=pdf,bereich=bmwi2012,sprache=de,rwb=true.pdf, abgerufen am 23.09.2013

195 Aktenplan des Bundesministeriums für Arbeit und Soziales, Stand Juli 2012, http://www.bmas.de/DE/Ministerium/BMAS-Kompakt/bmas-abteilungsaktenplan.pdf?__blob=publicationFile

196 Antwortschreiben des Auswärtigen Amtes vom 15.02.2012 aufgrund einer Anfrage über Fragdenstaat.de vom 13.02.2012 zur Teilnahme an den Verhandlungsrunden für das ACTA Abkommen, https://fragdenstaat.de/anfrage/teilnahme-an-den-verhandlungsrunden-fur-acta-1/#nachricht-966, abgerufen am 12.08.2013

197 Antwortschreiben des Auswärtigen Amtes vom 23.04.2012 aufgrund einer Anfrage über Fragdenstaat.de vom 13.02.2012 zur Teilnahme an den Verhandlungsrunden für das ACTA-Abkommen, https://fragdenstaat.de/files/foi/2357/120423%20Bescheid-4184.pdf, abgerufen am 12.08.2013

198 Wikipedia-Eintrag »Volksentscheid über die Offenlegung der Teilprivatisierungsverträge bei den Berliner Wasserbetrieben«, Stand vom 05.07.2013, https://de.wikipedia.org/wiki/Volksentscheid_%C3%BCber_die_Offenlegung_der_Teilprivatisierungsvertr%C3%A4ge_bei_den_Berliner_Wasserbetrieben, abgerufen am 12.08.2013

199 Vertragstext auf http://blogs.taz.de/rechercheblog/files/2010/10/wasser.pdf, abgerufen am 12.08.2013

200 Gerichtsentscheidungen auf dem Portal Berlin-Brandenburg.de, http://www.gerichtsentscheidungen.berlin-brandenburg.de/jportal/?quelle=jlink&docid=MWRE120001613&psml=sammlung.psml&max=true&bs=10, abgerufen am 19.04.2013

201 Dokumentation der Anfrage auf Fragdenstaat.de, https://fragdenstaat.de/anfrage/informationen-zu-abendessen-mit-herrn-ackermann-im-april-2008/#nachricht-2769, abgerufen am 19.04.2013

202 Fragdenstaat.de, https://fragdenstaat.de/anfrage/informationen-zu-abendessen-mit-herrn-ackermann-im-april-2008/#nachricht-2769, abgerufen am 19.04.2013

203 Andre Meister: Exklusiv: Die offizielle Gästeliste von Ackermanns Geburtstagsdiner, die das Kanzleramt geheim halten will, Netzpolitik.org, 25.07.2012, https://netzpolitik.org/2012/exklusiv-die-offizielle-

gasteliste-von-ackermanns-geburtstagsdiner-die-das-kanzleramt-geheimhalten-will/, abgerufen am 19.04.2013

204 Brief des Bundeskanzleramts auf eine Anfrage von Stefan Wehrmeyer vom 30.07.2012, https://fragdenstaat.de/files/foi/4243/120730_geschwaerzt.pdf, abgerufen am 19.04.2013

205 Brief des Bundesbeauftragten für Datenschutz und Informationsfreiheit vom 01.08.2012, https://fragdenstaat.de/files/foi/4254/IX-735-001II0018_doc_geschwaerzt.pdf, abgerufen am 19.04.2013

206 Urteil des Verwaltungsgerichtes Berlin vom 01.12.2011, VG 2 K 91.11, http://www.berlin.de/imperia/md/content/senatsverwaltungen/justiz/gerichte/vg2/entscheidungen/vg_2_k_91.11____urteil.pdf?start&ts=1324024033&file=vg_2_k_91.11____urteil.pdf, abgerufen am 17.05.2013

207 Siehe dazu den Eintrag bei Fragdenstaat.de mit veröffentlichter Korrespondenz, https://fragdenstaat.de/anfrage/ubersicht-uber-gutachten-ua-dokumente-des-wissenschaftlichen-dienstes/, abgerufen am 17.05.2013

208 Kai Biermann/Martin Kotynek: Behörden tun sich mit Informationsfreiheit schwer, Zeit Online, 18.04.2013, http://www.zeit.de/digital/internet/2013-04/ifg-informationsfreiheit-protokolle, abgerufen am 19.04.2013

209 IFG-Ergebnisprotokoll der 4. Sitzung zum Erfahrungsaustausch vom 25.10.2006 im BMI, S. 9, https://www.documentcloud.org/documents/623662-ifg-protokoll.html#p36, abgerufen am 19.04.2013

210 IFG-Ergebnisprotokoll der 12. Sitzung zum Erfahrungsaustausch vom 28.03.2011 im BMI, S. 12, http://www.documentcloud.org/documents/623662-ifg-protokoll.html#document/p121/a99543, abgerufen am 19.04.2013

211 IFG-Ergebnisprotokoll einer Sitzung zum Erfahrungsaustausch vom 05.04.2006 im BMI, S. 3, https://www.documentcloud.org/documents/623662-ifg-protokoll.html#p8, abgerufen am 19.04.2013

212 IFG-Ergebnisprotokoll des 12. Ressort-Erfahrungsaustauschs vom 28.03.2011 im BMI, S. 5, https://www.documentcloud.org/documents/623662-ifg-protokoll.html#p114, abgerufen am 19.04.2013

213 IFG-Ergebnisprotokoll einer Sitzung zum Erfahrungsaustausch vom 05.04.2006 im BMI, S. 7, http://www.documentcloud.org/documents/623662-ifg-protokoll.html#document/p12/a99448, abgerufen am 19.04.2013

214 Entwurf eines Gesetzes zur Änderung des Grundgesetzes – Artikel 5 Informationszugangsgrundrecht von Bündnis 90/Die Grünen, Drucksache 17/9724 vom 22.05.2012, http://dipbt.bundestag.de/dip21/btd/17/097/1709724.pdf, abgerufen am 18.05.2013

215 Stefan Krempl: Bundestag will Informationsfreiheit nicht im Grundge-

setz verankern, heise online, 19.04.2013, http://www.heise.de/newsticker/meldung/Bundestag-will-Informationsfreiheit-nicht-im-Grundgesetz-verankern-1846346.html?from-classic=1, abgerufen am 18.05.2013

216 Pressemitteilung der SPD-Bundestagsfraktion vom 28.06.2013: Mehr Informationsfreiheit und Transparenz: Schwarz-Gelb blockiert wieder einmal, http://www.spdfraktion.de/presse/pressemitteilungen/mehr-informationsfreiheit-und-transparenz-schwarz-gelb-blockiert-wieder-ei, abgerufen am 12.08.2013

217 Evaluationsbericht, S. 436, http://www.bundestag.de/bundestag/ausschuesse17/a04/Analysen_und_Gutachten/Gutachten_IFG.pdf, abgerufen am 18.05.2013

218 Ebenda, u. a. S. 443

219 OSCE, COMMENTS ON THE DRAFT LAW ON TRANSPARENCY, ACCESS TO INFORMATION AND GOOD GOVERNANCE OF SPAIN, April 2012, Commissioned by the Office of the OSCE Representative on Freedom of the Media from Eduardo Bertoni, Director of the Center for Studies on Freedom of Expression and Access to Information (CELE, www.palermo.edu/cele) at Palermo University School of Law in Argentina, S. 3, http://www.osce.org/fom/89577, abgerufen am 18.05.2013

220 Vgl. Kommentar Nr. 34 des Menschenrechtskomitees der UN zum Internationalen Pakt über bürgerliche und politische Rechte – Artikel 19, 102. Sitzung, Genf, 11.-29.06.2011, Dokumentennummer: CCPR/C/GC/34, S. 4-5, http://www2.ohchr.org/english/bodies/hrc/docs/gc34.pdf, abgerufen am 18.05.2013, deutsche Fassung des Paktes (Auswärtiges Amt): http://www.auswaertiges-amt.de/cae/servlet/contentblob/360794/publicationFile/3613/IntZivilpakt.pdf, abgerufen am 18.05.2013

221 Koalitionsvertragstext unter http://www.nrwspd.de/db/docs/doc_30009_201252317330.pdf, abgerufen am 19.04.2013

222 Diese Deutschland-Lizenz verlangt zwar nur die Namensnennung, aber im Kleingedruckten steht, dass bei Veränderungen und Bearbeitung des Datensatzes (also faktisch bei jeder Nutzung für eine App) die Namensnennung durch die datenhaltende Stelle widerrufen werden kann und dann auch der Hinweis auf die Datenquelle entfernt werden muss. Das ist hoch problematisch, denn damit ist ein Datensatz immer nur auf Widerruf freigegeben. Muss eine App irgendwann den Quellverweis auf die Daten entfernen, wird die Akzeptanz dieser App stark sinken. Wer will sich schon auf eine Anwendung verlassen, die irgendwelche Daten obskurer Herkunft verwendet? Bei diesem Grad an Unsicherheit und mangelnder Verlässlichkeit der Verwendbarkeit der Daten wird also die

Bereitschaft sinken, ebendiese Daten sinnvoll zu nutzen und praktische Anwendungen daraus zu entwickeln.

223 Originaltext (Auszug): »Within 45 days, each agency shall identify and publish online in an open format at least three high-value data sets (see attachment section 3.a.i) and register those data sets via Data.gov. These must be data sets not previously available online or in a downloadable format.« Open Government Directive, Memorandum for the Heads of Executive Departments and Agencies, 08.12.2009, http://www.whitehouse.gov/open/documents/open-government-directive, abgerufen am 13.05.2013

224 Insgesamt gibt es 23 oberste Bundesbehörden, 69 obere Bundesbehörden, 36 Bundesmittelbehörden und 304 Bundesunterbehörden. Die 23 obersten Bundesbehörden üben Fachaufsicht über weitere 78 Körperschaften aus (wie z. B. Bundesagentur für Arbeit), 23 öffentlich rechtliche Stiftungen (z. B. die Stiftung Preußischer Kulturbesitz) und 35 Anstalten (u. a. Kreditanstalt für Wiederaufbau). Das macht allein 568 Bundesbehörden einschließlich der nachgeordneten Behörden, Ämter, Anstalten, Körperschaften und Stiftungen. Vgl. Webseiten der Bundesministerien, des Bundestages und Wikipedia: http://de.wikipedia.org/wiki/Bundesbeh%C3%B6rde_%28Deutschland%29, abgerufen am 13.05.2013

225 Datensatzanfrage für die Positionen Hundekottütenspender beim Open-Data-Portal Rostock, http://www.opendata-hro.de/feedback/de/requested-dataset/20/, abgerufen am 13.05.2013

226 Christiane Schulzki-Haddouti: Open Data im Hochwassertest, Blog ZDF Hyperland, 07.06.2013, http://blog.zdf.de/hyperland/2013/06/open-data-im-hochwassertest/, abgerufen am 09.06.2013

227 Rachel Haot: Hurricane Sandy, Open Data and Social Media, Open Government Partnership Blog, 02.01.2013, http://blog.opengovpartnership.org/2013/01/hurricane-sandy-open-data-social-media-nyc-rachel-haot/, abgerufen am 09.06.2013

228 Michel Vorsprach: Flutopfer sollen steuerfinanzierte Hochwasserdaten kaufen?, Blog Vorsprach, http://www.vorsprach.de/2013/06/flutopfer-sollen-steuerfinanzierte-hochwasserdaten-kaufen/, abgerufen am 21.07.2013

229 Anke Domscheit-Berg: Flutopfer sollen steuerfinanzierte Hochwasserkarten von Behörden kaufen? Danke, Frau Merkel! Blog Anke Domscheit-Berg, 11.06.2013, http://ankedomscheitberg.de/?p=304, abgerufen am 14.08.2013

230 Niederösterreich-Atlas im Internet: http://atlas.noe.gv.at/webgisatlas/%28S%283mop2bat2gurfq45yb1nak55 %29 %29/init.aspx?karte=atlas_hochwasser&cms=atlas_wasser, abgerufen am 21.07.2013

231 Wikipedia-Eintrag »Trafigura«, https://en.wikipedia.org/wiki/Trafigura#Waste_dumping_in_C.C3.B4te_d.27Ivoire, abgerufen am 23.09.2013
232 Change You Can Download: A Billion in Secret Congressional Reports, WikiLeaks-Plattform, Leak vom 08.02.2009, http://wikileaks.org/wiki/Change_you_can_download:_a_billion_in_secret_Congressional_reports, abgerufen am 19.05.2013
233 Wikipedia International Modern Media Institute, https://en.wikipedia.org/wiki/IMMI, abgerufen am 09.06.2013
234 André Meister: Parlamentswahl in Island: Konservative übernehmen Regierung, Piratenpartei gewinnt drei Sitze, Blog Netzpolitik.org, 30.04.2013, https://netzpolitik.org/2013/parlamentswahl-in-island-konservative-ubernehmen-regierung-piratenpartei-gewinnt-drei-sitze/, abgerufen am 09.06.2013
235 Wikipedia-Eintrag »Unglück bei der Loveparade 2010«, https://de.wikipedia.org/wiki/Ungl%C3%BCck_bei_der_Loveparade_2010, abgerufen am 09.06.2013
236 WikiLeaks: Loveparade 2010 Duisburg planning documents, 2007-2010, 20.08.2010, http://mirror.wikileaks.info/wiki/Loveparade_2010_Duisburg_planning_documents,_2007-2010/, abgerufen am 09.06.2013
237 Wikipedia-Eintrag »July 12, 2007 Baghdad airstrike«, https://en.wikipedia.org/wiki/12_July_2007_Baghdad_airstrike, abgerufen am 09.06.2013
238 Kleine Anfrage der Fraktion Bündnis 90/Die Grünen vom 16.08.2010, DS 17/2757; http://dip21.bundestag.de/dip21/btd/17/027/1702757.pdf, abgerufen am 09.06.2013
239 Open Government – Demokratie neu erleben, Ergebnisse und Analysen einer repräsentativen Befragung, Februar 2012, durchgeführt durch TNS Emnid im Auftrag des Arbeitskreises Open Government Partnership Deutschland, S. 4 u. 8
240 Teile dieses Abschnitts sind auch in einem Tagungsband der Hochschule für Medien Stuttgart als Beitrag von mir zu einem Vortrag bei der Social Mania Konferenz im Juni 2012 veröffentlicht, erscheint 2013/14.
241 Wikipedia-Eintrag »Anti-Counterfeiting Trade Agreement«, Stand vom 01.07.2013, https://en.wikipedia.org/wiki/Anti-Counterfeiting_Trade_Agreement, abgerufen am 14.08.2013
242 Protestwiki siehe: http://protestwiki.de/wiki/Drosselkom:Main, abgerufen am 11.06.2013
243 Teile des Textes über das Transparenzgesetz in Hamburg sind in einem Tagungsband der Hochschule für Medien Stuttgart als Beitrag von mir

zu einem Vortrag bei der Social Mania Konferenz im Juni 2012 veröffentlicht, erscheint 2013/14.

244 Informationsfreiheit: Netzwerk Recherche präsentiert Gesetzentwurf für Baden-Württemberg, 06.06.2013, http://ifg-bw.netzwerkrecherche.de/, abgerufen am 11.06.2013

245 Weitere Informationen: Fact Sheet zum Gesetzentwurf: http://www.netzwerkrecherche.de/files/transparenzg-bw-fact-sheet.pdf, abgerufen am 11.06.2013. Gesetzentwurf: http://www.netzwerkrecherche.de/files/transparenzgesetz_bw_entwurf_nr.pdf, abgerufen am 11.06.2013

246 Josef Foschepoth: Überwachtes Deutschland. Post- und Telefonüberwachung in der alten Bundesrepublik, Vandenhoeck und Ruprecht, 2013

247 Wikipedia-Eintrag »Postgeheimnis«, https://de.wikipedia.org/wiki/Postgeheimnis, abgerufen am 23.09.2013

248 Achim Sawall: E-Mail-Überwachung – dürfen die das?, Zeit Online, 28.02.2012, http://www.zeit.de/digital/datenschutz/2012-02/e-mail-ueberwachung-rechtliche-grundlagen, abgerufen am 25.06.2013

249 Unterrichtung durch das Parlamentarische Kontrollgremium, Drucksache 17/8639 des Deutschen Bundestages, S. 6, 10.02.2012, http://dip21.bundestag.de/dip21/btd/17/086/1708639.pdf, abgerufen am 25.06.2013. (Hervorhebung im Zitat von mir)

250 Gesetz zur Beschränkung des Brief-, Post- und Fernmeldegeheimnisses (Artikel 10-Gesetz – G 10), http://www.gesetze-im-internet.de/g10_2001/BJNR125410001.html, abgerufen am 25.06.2013

251 James Bamford: The Shadow Factory, Anchor Books, 2008, S. 212 ff.

252 Gesetze im Internet, Telekommunikationsgesetz (2004), § 111 Daten für Auskunftsersuchen der Sicherheitsbehörden, http://www.gesetze-im-internet.de/tkg_2004/__111.html, abgerufen am 01.09.2013

253 Wikipedia-Eintrag »Guthabenkarte«, Stand vom 23.08.2013, https://de.wikipedia.org/wiki/Guthabenkarte#Anonymit.C3.A4t_von_Guthabenkarten, abgerufen am 01.09.2013

254 André Meister: Funkzellenabfrage geht weiter: Jeder Berliner ist jedes Jahr zwei Mal verdächtig, Blog Netzpolitik.org, 28.08.2012, https://netzpolitik.org/2012/funkzellenabfrage-geht-weiter-jeder-berliner-ist-jedes-jahr-zwei-mal-verdachtig/, abgerufen am 01.07.2013

255 Abschlussbericht zur rechtlichen Überprüfung von Funkzellenabfragen des Berliner Beauftragten für Datenschutz und Informationsfreiheit vom 03.09.2012, http://datenschutz-berlin.de/attachments/896/Pr__fbericht.pdf, abgerufen am 01.07.2013

256 Wikipedia-Eintrag »Grundwortschatz«, https://de.wikipedia.org/wiki/Grundwortschatz, abgerufen am 22.06.2013

257 Wikipedia-Eintrag »Wortschatz«, https://de.wikipedia.org/wiki/Wortschatz, abgerufen am 22.06.2013

258 Offener Brief an die Generalbundesanwaltschaft vom 15.08.2007, http://einstellung.so36.net/de/offenerbrief, abgerufen am 22.06.2013

259 Uwe Rada: Kommissar Google jagt Terroristen, taz, 22.08.2007, http://www.taz.de/!3471/, abgerufen am 22.06.2013. Durch Google-Suche in die Einzelhaft, heise online, http://www.heise.de/newsticker/meldung/Durch-Google-Suche-in-die-Einzelhaft-Update-165722.html, abgerufen am 22.06.2013

260 Überwachungsgesetze bei datenspeicherung.de, http://www.datenspeicherung.de/index.php/ueberwachungsgesetze/, abgerufen am 04.07.2013

261 Jahresbericht der Bundesnetzagentur 2011, Seite 112, http://www.bundesnetzagentur.de/SharedDocs/Downloads/DE/Allgemeines/Bundesnetzagentur/Publikationen/Berichte/2012/Jahresbericht2011pdf.pdf?__blob=publicationFile&v=2, abgerufen am 11.07.2013

262 Verfassungsbeschwerde gegen die Bestandsdatenauskunft, http://stopp-bda.de/unsere-argumente/, abgerufen am 02.07.2013

263 Alexander Lehmann: Du bist Terrorist (Video), YouTube, 18.05.2009, http://www.youtube.com/watch?v=SGD2q2vewzQ&feature=youtu.be, abgerufen am 23.06.2013

264 AK Vorrat (Hg.): Ich habe doch nichts zu verbergen! – Irrtümer und Populismen zu Vorratsdatenspeicherung und Überwachung, November 2011, S. 26 f., http://wiki.vorratsdatenspeicherung.de/images/Populismen-zu-vds-und-ueberwachung.pdf, abgerufen am 23.06.2013

265 EU-Parlament: Report on the existence of a global system for the interception of private and commercial communications (ECHELON interception system) (2001/2098(INI)), 11.07.2001, http://www.europarl.europa.eu/sides/getDoc.do?type=REPORT&reference=A5-2001-0264&language=EN, abgerufen am 25.09.2013

266 EU-Kommission, Rede Erkki Liikanen, Mitglied der EU-Kommission zum Antrag des EU-Parlaments für eine Echelon-Resolution, 05.09.2001, http://europa.eu/rapid/press-release_SPEECH-01-368_en.htm, abgerufen am 25.09.2013

267 Wikipedia-Eintrag »NSA«, http://en.wikipedia.org/wiki/NSA, abgerufen am 09.07.2013

268 Laura Poitras/Marcel Rosenbach/Holger Stark: Geheimdokumente: NSA überwacht 500 Millionen Verbindungen in Deutschland, Spiegel Online, 30.06.2013, http://www.spiegel.de/netzwelt/netzpolitik/nsa-ueberwacht-500-millionen-verbindungen-in-deutschland-a-908517.html. Grafik dazu:

http://www.spiegel.de/fotostrecke/photo-gallery-nsa-documentation-of-spying-in-germany-fotostrecke-99672-2.html, abgerufen am 25.09.2013

269 Andreas Frischholz: Zumindest der BND soll Details über PRISM erfahren, Computerbase.de, 20.08.2013, http://www.computerbase.de/news/2013-08/zumindest-der-bnd-soll-details-ueber-PRISM-erfahren/, abgerufen am 25.09.2013

270 Wikipedia-Eintrag »Tempora«, https://de.wikipedia.org/wiki/Tempora, abgerufen am 23.09.2013

271 Ewen MacAskill/Nick Davies/Nick Hopkins/Julian Borger/James Ball: GCHQ intercepted foreign politicians' communications at G20 summits, The Guardian, 17.06.2013, http://www.theguardian.com/uk/2013/jun/16/gchq-intercepted-communications-g20-summits, abgerufen am 25.09.2013

272 Glenn Greenwald: NSA collecting phone records of millions of Verizon customers daily, The Guardian, 06. Juni 2013, http://www.theguardian.com/world/2013/jun/06/nsa-phone-records-verizon-court-order, abgerufen am 23.09.2013

273 Siobhan Gorman/Evan Perez/Janet Hook: U.S. Collects Vast Data Trove, The Wallstreet Journal, 07. Juni 2013, http://online.wsj.com/article/SB10001424127887324299104578529112289298922.html, abgerufen am 23.09.2013

274 Glenn Greenwald/Ewen MacAskill: Boundless Informant: the NSA's secret tool to track global surveillance data, The Guardian, 11. Juni 2013, http://www.theguardian.com/world/2013/jun/08/nsa-boundless-informant-global-datamining, abgerufen am 23.09.2013

275 Merkel verteidigt Abhören von Telekommunikation, Süddeutsche Zeitung, 10.07.2013, http://www.sueddeutsche.de/politik/internet-ueberwachung-merkel-verteidigt-abhoeren-von-telekommunikation-1.1718176, abgerufen am 11.07.2013

276 Die NSA darf in Deutschland alles machen, Interview mit Josef Foschepoth, Süddeutsche Zeitung, 09.07.2013, http://www.sueddeutsche.de/politik/historiker-foschepoth-ueber-us-ueberwachung-die-nsa-darf-in-deutschland-alles-machen-1.1717216, abgerufen am 11.07.2013

277 Wortlaut des Zusatzabkommens auf http://beck-online.beck.de/default.aspx?bcid=Y-100-G-NATO_TSZuAbk, abgerufen am 11.07.2013

278 Überwachungsabkommen aufgehoben, Tagesschau, 02.08.2013, http://www.tagesschau.de/inland/ueberwachungsvereinbarung100.html, abgerufen am 24.09.2013

279 Microsoft 2012 Law Enforcement Requests Report, http://download.microsoft.com/download/F/3/8/F38AF681-EB3A-4645-A9C4-D4F31B-8BA8F2/MSFT_Reporting_Data.pdf

280 Wikiquote-Eintrag zu Ernst Benda, http://de.wikiquote.org/wiki/Ernst_Benda, abgerufen am 18.07.2013

281 AK Vorrat (Hg.): Ich habe doch nichts zu verbergen! – Irrtümer und Populismen zu Vorratsdatenspeicherung und Überwachung, November 2011, S. 58, http://wiki.vorratsdatenspeicherung.de/images/Populismen-zu-vds-und-ueberwachung.pdf, abgerufen am 23.06.2013

282 Jutta Limbach: Ist die kollektive Sicherheit Feind der individuellen Freiheit?, Zeit Online, 02.02.2007, http://www.zeit.de/reden/deutsche_innenpolitik/200221_limbach_sicherheit, abgerufen am 25.06.2013

283 Blutvergiftung ist die dritthäufigste Todesursache, Focus Online, 13.09.2013, http://www.focus.de/gesundheit/news/erster-welt-sepsis-tag-am-13-september-blutvergiftung-ist-die-dritthaeufigste-todesursache-_aid_818329.html, abgerufen am 23.09.2013

284 Global Health Observatory, Causes of Death in 2008, World Health Organization, http://www.who.int/gho/mortality_burden_disease/causes_death_2008/en/, abgerufen am 25.06.2013

285 Martin Kutscha: Mit Riesenschritten auf dem Weg in den Überwachungsstaat – Das Sicherheitspaket der Bundesregierung: Schutz oder Gefährdung der Demokratie?, Frankfurter Rundschau, 07.11.2001, http://www.meinepolitik.de/ueberwa.htm, abgerufen am 25.06.2013

286 Martin Lutz: 11. September – Wie Deutschland Gesetze verschärfte, Die Welt, 06.09.2011, http://www.welt.de/politik/specials/911/article13588746/11-September-Wie-Deutschland-Gesetze-verschaerfte.html, abgerufen am 01.07.2013

287 Antwort des Bundesinnenministeriums auf die Kleine Anfrage des MdB Andrej Hunko (Die Linke), 30.10.2012, http://www.andrej-hunko.de/start/download/doc_download/260-80-rasterfahndungen-bei-ermittlungen-wegen-der-ungeklaerten-mordfaelle-des-nationalsozialistischen-untergrunds, abgerufen am 25.06.2013

288 André Meister: Funkzellenabfragen bei NSU-Ermittlungen: 20 Millionen Verbindungsdaten, 14.000 Namen und Adressen, 0 Täter, Blog Netzpolitik.org, 19.10.2012, https://netzpolitik.org/2012/funkzellenabfragen-bei-nsu-ermittlungen-12-millionen-verbindungsdaten-14-000-namen-und-adressen-0-verdachtige/, abgerufen am 25.06.2013

289 Sabine Leutheusser-Schnarrenberger: Prism-Skandal in USA: Sicherheit ist kein Selbstzweck, Spiegel Online, 11.06.2013, http://www.spiegel.de/politik/ausland/gastbeitrag-leutheusser-schnarrenberger-ueber-prism-skandal-a-904884.html, abgerufen am 02.07.2013

290 Martin Kutscha, a. a. O.

291 Peter Schaar: Prism und Tempora: Zügellose Überwachung zurückfahren!, Spiegel Online, 25.06.2013, http://www.spiegel.de/netzwelt/

netzpolitik/peter-schaar-zu-prism-und-tempora-ueberwachung-zurueckfahren-a-907793.html, abgerufen am 26.06.2013

292 Jutta Limbach, a. a. O.

293 Bundesgesetze auf GitHub, https://github.com/bundestag/gesetze, abgerufen am 14.08.2013

294 Wikipedia-Eintrag »Kennzeichnungspflicht für Polizisten« mit Übersicht über die Regelungen in Deutschland und anderen Ländern, https://de.wikipedia.org/wiki/Kennzeichnungspflicht_f%C3%BCr_Polizisten#cite_note-27, abgerufen am 24.07.2013

295 Plutonia Plarre: Keinen Kummer mit der Nummer, taz, 09.06.2013, http://www.taz.de/Individuelle-Kennzeichnung-ist-harmlos/!117806/, abgerufen am 24.07.2013

296 Berlin wird leiser: aktiv gegen Verkehrslärm, Topliste – die meistbewerteten Beiträge, https://leises.berlin.de/topliste, abgerufen am 30.07.2013

297 Einen Eindruck bekommt man zum Beispiel von der Stellungnahme zum Beitrag zur Lärmbelästigung in der Friesenstraße, https://leises.berlin.de/vorschlag/friesenstrasse, abgerufen am 30.07.2013

298 S-Bahn Lärm reduzieren – langsamer fahren, leises.berlin.de, https://leises.berlin.de/vorschlag/s-bahn-laerm-reduzieren-langsamer-fahren, abgerufen am 30.07.2013

299 Ergebnisprotokoll Fach-Lärmworkshop zur Öffentlichkeitsbeteiligung, leises.berlin.de, S. 17, https://leises.berlin.de/sites/default/files/information/downloads/Fach-L%C3%A4rmworkshop_LAP_Berlin_100712.pdf, abgerufen am 30.07.2013

300 Homepage München MitDenken, http://muenchen-mitdenken.de/, abgerufen am 31.07.2013

301 Abschlussbericht Auswertung Online Dialog München MitDenken, http://muenchen-mitdenken.de/sites/default/files/downloads/Auswertungsbericht_Online_Dialog_Muenchen_MitDenken.pdf, abgerufen am 01.08.2013

302 Abschlussbericht Auswertung Online Dialog München MitDenken, S. 81, http://muenchen-mitdenken.de/sites/default/files/downloads/Auswertungsbericht_Online_Dialog_Muenchen_Mitdenken.pdf, abgerufen am 01.08.2013

303 Homepage Liquid Friesland, https://www.liquid-friesland.de/, abgerufen am 01.08.2013

304 Johannes Klostermeier: Liquid Friesland: Bürger machen kaum mit, CIO, 24.06.2013, http://www.cio.de/public-ict/communication/2919841/, abgerufen am 01.08.2013

305 Liquid Friesland, Evaluierungsbericht – Juni 2013, http://50hz.de/wp-

content/uploads/2013/06/liquidfriesland_evaluierung_juni2013.pdf, abgerufen am 01.08.2013

306 Johannes Klostermeier, a. a. O. und Fabian Reinbold: Mitmach-Demokratie im Netz: Wirklich Neuland, Spiegel Online, 28.06.2013, http://www.spiegel.de/politik/deutschland/liquid-friesland-und-digitale-demokratie-in-deutschland-a-908028.html, abgerufen am 01.08.2013

307 Haroon Siddique: Mob rule: Iceland crowdsources its next constitution, The Guardian, 09.06.2011, http://www.guardian.co.uk/world/2011/jun/09/iceland-crowdsourcing-constitution-facebook, abgerufen am 01.08.2013. Originalwortlaut: »I believe this is the first time a constitution is being drafted basically on the internet«.

308 Wikipedia-Eintrag »Icelandic constitutional referendum, 2012«, https://en.wikipedia.org/wiki/Icelandic_constitutional_referendum,_2012, abgerufen am 01.08.2013

309 Der Prozess und die einzelnen Fragen des Referendums sind mit viel Hintergrund unter folgendem Link beschrieben: http://www.thjodaratkvaedi.is/2012/en/question_on_the_ballot.html, abgerufen am 01.08.2013

310 Zachary Elkins/Tom Ginsburg/James Melton: A Review of Iceland's Draft Constitution„ 14.10.2012, https://webspace.utexas.edu/elkinszs/web/CCP%20Iceland%20Report.pdf, abgerufen am 01.08.2013

311 Leo Mirani: Iceland's experiment with crowd-sourcing its constitution just died, Quartz, 29.03.2013, http://qz.com/68910/icelands-experiment-with-crowd-sourcing-its-constitution-just-died/, abgerufen am 01.08.2013

312 Der Begriff Suffragette leitet sich ab von *suffrage* – das Wahlrecht. Als Suffragetten bezeichnete man Ende des 19. und Anfang des 20. Jahrhunderts vor allem die Frauenrechtlerinnen in England und den USA.

313 Kerem Nisancioglu: Turkey's ›Standing Man‹ captured attention, but protest doesn't stand still – it forms assemblies, The Independent, 25.06.2013, http://www.independent.co.uk/voices/comment/turkeys-standing-man-captured-attention-but-protest-doesnt-stand-still-it-forms-assemblies-8672456.html, abgerufen am 03.08.2013